insieme

Our deepest gratitude to
Barbara Fougier and Darko Habeković,
not only for their practical assistance with the project
but for encouraging and supporting us
at every step along the way

insieme

AN INTERMEDIATE ITALIAN COURSE

Romana Habeković
University of Michigan—Ann Arbor

Claudio Mazzola
Vassar College

McGraw-Hill, Inc.

New York   St. Louis   San Francisco   Auckland   Bogotá
Caracas   Lisbon   London   Madrid   Mexico City   Milan   Montreal
New Delhi   San Juan   Singapore   Sydney   Tokyo   Toronto

This is an EBI book.

insieme: An Intermediate Italian Course

2 3 4 5 6 7 8 9 0 DOH DOH 9 0 9 8 7 6 5 4

ISBN 0-07-025367-6

Library of Congress Cataloging-in-Publication Data
Habeković, Romana, 1948–
    Insieme : an intermediate Italian course / Romana Habeković,
Claudio Mazzola.
      p. cm.
    English and Italian.
    Includes index.
    ISBN 0-07-025367-6
    1. Italian language—Textbooks for foreign speakers—English.
I. Mazzola, Claudio. II. Title.
PC1129.E5C37   1994
458.2′421—dc20   93-38318
                                       CIP

Senior sponsoring editor: Leslie Berriman
Development editor: Suzanne Cowan
Editing supervisor: Jan deProsse
Production supervisor: Tanya Nigh
Text designer: Paula Goldstein
Cover designer: Francis Owens
Photo researcher: Stephen Forsling
Logos by: Brad Thomas
Production assistance by: Lorna Lo, Jane Moorman, Pam Webster, Ann Potter,
    Anne Eldredge, and Elizabeth Williamson
Compositor: G & S Typesetters
Printer and binder: R. R. Donnelley & Sons
Cover art by: Marco Sassone
Cover color separator and printer: Phoenix Color Corp.

About the cover: Marco Sassone, *Casamenti a Portofino,* 1985, oil on canvas, © 1993 Marco Sassone. Marco Sassone was born in Florence, Italy, and has been working in the United States since 1967. He is known for his intensely envisioned landscapes and cityscapes, which combine a heightened sense of color with a powerfully expressive gestural style of painting. He maintains a studio in San Francisco.

 This book is printed on recycled, acid-free paper containing 10% postconsumer waste.

contents

Preface **xiii**

UNITÀ II

IL DISCORSO SULL'AMBIENTE

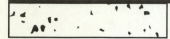

UNITÀ III

CULTURA E COMUNICAZIONE

UNITÀ IV

IL MONDO DELL'IMMAGINARIO

UNITÀ V

 L'ITALIA IN TRANSIZIONE

CAPITOLO 14 — ITALIA: SOCIETÀ MULTIETNICA? 286

CAPITOLO 15 — I PROBLEMI DEL NUOVO BENESSERE 309

preface

*i**nsieme: an Intermediate Italian Course* is a comprehensive, communication-oriented text designed for intermediate students of Italian. It offers a broad selection of readings and cultural activities together with a concise review of grammar. *Insieme* incorporates classroom-tested foreign language teaching methods that strengthen the four basic skills of listening, speaking, reading, and writing while providing an interactive framework for students to explore the many facets of contemporary Italian society.

Insieme has a flexible structure designed to accommodate different teaching styles and learning objectives. This text is unique in its balanced combination of streamlined grammar presentations and selected readings drawn from a variety of contemporary sources. This balanced approach allows students to explore Italian culture as an integral part of learning Italian. A rich range of creative exercises and activities encourages students to strengthen their communication skills, and the variety of readings help students to build their vocabulary.

Organization

The fifteen chapters of *Insieme* are grouped thematically into five units of three chapters each. The five units are these:

I. Com'è fatta l'Italia introduces the geography, educational system, and political structures of modern Italy.

II. Il discorso sull'ambiente presents an overview of the factors that threaten Italy's natural environment and some proposals for rebalancing ecological systems.

III. Cultura e communicazione provides insights into the mass media—television, film, and newspapers—and how the media help to shape Italians' awareness of contemporary issues.

IV. Il mondo dell'immaginario explores the realm of fantasy through the writings of three of Italy's most popular contemporary writers.

V. L'Italia in transizione offers observations about the major trends facing Italian society as it approaches the twenty-first century.

Within the unit, each chapter presents a different aspect of, or perspective on, the unit's theme. The vocabulary, reading, grammar, activities, and writing topics of the chapter work together to develop the theme.

Each chapter has the following structure:

• **Vocabolario tematico.** A list of key words and expressions is thematically related to the content of each chapter. Exercises and activities ask students to practice the new vocabulary in various contextualized formats. Exercise and activity types include grouping words into semantic categories, matching synonyms or antonyms, and using vocabulary items in contextualized sentences, narrations, or dialogues.

- **Prelettura.** This section "sets the stage" for the reading by motivating students to approach and discuss the general themes. *Entriamo nel contesto!* is a set of brainstorming topics and questions designed to involve students in a discussion of the primary themes they will encounter in the reading. *Strategie per la lettura* (in Chapters 1–9) introduces students to a specific reading strategy that they then practice in a brief activity. All of the *Prelettura* activities reinforce vocabulary acquisition by using words and phrases introduced in *Vocabolario tematico*.

- **Lettura.** The readings in *Insieme* include a wide range of authentic, literary, and author-written texts addressing aspects of contemporary Italian society and culture. Authentic readings are drawn from a variety of well-circulated Italian newspapers and magazines; these include, for example, an article that describes the spending habits of Italian consumers and examines some of the obvious drawbacks of the "new affluence" (*Il Corriere della Sera*); a feature on Italian women in the 1990s who increasingly divide their time between their careers and the traditional demands of motherhood and the home (*Panorama*); and an analysis of the measures needed to turn Italy into an environmentally safe, "green" nation ("*L'Espresso*"). The literary readings presented in Unit IV, *Il mondo dell'immaginario*, include a selection of whimsical, modern fables and poetry by three well-known contemporary writers: Gianni Rodari, Stefano Benni, and Luigi Malerba. The reading selection in every chapter is followed by *Avete capito?*, a series of comprehension questions and exercises, and *E ora, a voi!*, one or two open-ended, creative activities designed to encourage students to pursue the topic in greater depth.

- **Strutture I.** The grammar in each chapter of *Insieme* is divided into two sections, *Strutture I* and *Strutture II*, for easier assimilation. These grammar-review sections present the basic structures of the Italian language in a streamlined and contextualized fashion. Each grammar presentation is followed by a series of exercises and activities ranging from form-focused to more open-ended to interactive. Some are based on authentic contemporary documents. Activity types include brief conversational exchanges (*Quattro chiacchiere*) where students fill in key grammar items, partner/pair question-and-answer activities where students use the structure just presented, and activities based on popular newspaper and magazine announcements. Grammar activities are related to the chapter theme, encouraging students to broaden their knowledge of Italy while strengthening their language skills.

- **Al corrente.** This feature is based on an authentic visual item, such as an advertisement, public announcement, or graphic display of information, and offers students the opportunity to practice their spoken Italian while becoming acquainted with the language and style of popular communications in Italy. *Al corrente* is strategically placed between the two *Strutture* sections and thus provides a creative change of pace from the study of grammar and helps to separate the grammar material into two smaller, more concise units. *Al corrente* activities include, for example, a map of summer concerts that students use to locate and describe events; a listing of 25 classic Italian films that students use as a model to create and discuss their own list of the 25 greatest American movies; and a set of statistical tables, based on a national opinion poll, illustrating levels of political enthusiasm and apathy among young people in Italy today that students refer to while conducting a similar poll among their own classmates.

- **Strutture II.** The second grammar-review section introduces a new set of grammar points often functionally and thematically related to those of *Strutture I.* The exercises and activities are similar in type to those found in *Strutture I.*

- **Mettiamolo per iscritto!** Each chapter closes with a writing activity that presents stimulating composition topics related to the chapter theme. *Mettiamolo per iscritto!* encourages students to expand their writing skills while gaining additional practice with the grammar structures and vocabulary introduced in the chapter.

Supplements

Workbook/Laboratory Manual. The *Workbook/Laboratory Manual* complements the student text. Focused and contextualized exercises provide additional practice with the theme vocabulary and grammar structures presented in the corresponding chapters of the main text. Special features include supplementary readings, a section focusing on everyday, popular Italian language, and a variety of drawing- and realia-based exercises. The *Workbook/Laboratory Manual* is accompanied by a complete audiocassette program that develops students' pronunciation, speaking, and listening comprehension skills.

Audiocassette program. The audiocassettes that accompany the *Workbook/ Laboratory Manual* are provided to language laboratories and are also available for students to purchase.

Tapescript. The full printed text of the audiocassette program is available to instructors.

Instructor's Manual and Testing Program. This very practical guide for instructors includes a model course syllabus, guidelines for lesson planning and testing, suggestions for approaching the readings in class, and suggested techniques for teaching with *Insieme.* A complete testing program is provided, with tests for each chapter and unit.

Slides. A set of contemporary color slides of Italy is accompanied by a booklet containing suggested commentary and questions.

Video. The McGraw-Hill Video Library of Authentic Italian Materials: An Italian TV Journal. The video to accompany *Insieme* includes ten segments of 3–5 minutes each on topics related to contemporary Italian culture and society. All video segments are from Italian television (*RAI*). An Instructor's Guide contains pre- and post-viewing activities.

Acknowledgments

Several reviewers read the manuscript at various stages in its preparation and offered enormously useful thoughts and reactions. In particular, we wish to thank the following instructors for their thoughtful suggestions.

Clavio Ascari, Mary Washington College
Thomas Benedetti, Widener University
Linda L. Carroll, Tulane University
Elvira G. DiFabio, Harvard University
Catherine Feucht, formerly of University of California, Berkeley
Charles Franco, State University of New York at Stony Brook
Emmanuel Hatzantonis, University of Oregon
Peggy Kidney, University of California—Santa Cruz
Christopher Kleinhenz, University of Wisconsin
Elisabetta Nelsen, San Francisco State University
Pina Piccolo, University of California—Santa Cruz
Concettina Pizzuti, Northwestern University
Guy P. Raffa, Indiana University
Jonathan Shiff, University of Virginia
James O. Ward, University of Pittsburgh

We worked with many people over the course of several years to create this book; all of these people deserve our thanks. Special thanks go to Marion Lignana Rosenberg for her thoughtful and creative contributions to the grammar sections, and to Carole Cadoppi, for her valuable assistance with the reading materials. Mara Mauri Jacobsen offered expert advice on the reading materials and was enormously valuable as our native reader. Pina Piccolo applied her considerable research skills to help find readings and illustrations for the text. Many thanks also to Christine Hoppe for her fine work in compiling the Italian–English vocabulary.

We would also like to express our appreciation to Jan deProsse and the editing, design, and production staff at McGraw-Hill for their fine work: Karen Judd, Phyllis Snyder, Tanya Nigh, Francis Owens, Jane Moorman, and Pam Webster.

Our development editor, Suzanne Cowan, deserves particular thanks for seeing us through all the stages of development of *Insieme.* We are especially grateful to Leslie Berriman and Dr. Thalia Dorwick of McGraw-Hill for their expertise, guidance, and dedication.

We would like to thank our colleagues, for their continuing support and assistance in classroom testing of material, and our students, for their patience and inspiration.

insieme

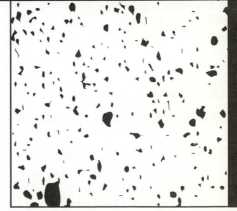

CAPITOLO 1

GLI ITALIANI E DOVE VIVONO

Questa è una piazza a Roma. C'è una piazza nella vostra città? È molto diversa da questa? in che modo?

This chapter's reading presents Italy as a collection of different lands within one small territory. What often astounds and delights first-time visitors to Italy is that despite the relatively small size of the country—its total land area is roughly equal to that of the state of California—it presents a seemingly endless variety of geographical, cultural, and even linguistic diversity. The provincial capital cities of Italy, which might be only fifty or one hundred miles apart, are remarkably distinct in their history, foreign influence, local economy, and geographical setting. These differences are reflected in their dialects, which have developed throughout the centuries as expressions of regional lifestyle and local culture.

Molte Italie presents a brief overview of the "many Italies" that form this unique peninsular nation. It describes the regional and local individualism that makes Italy so appealing and unusual in this age of mass media and diminishing cultural diversity.

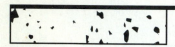 VOCABOLARIO TEMATICO

The following list of words will help you discuss various aspects of Italy's geographical and cultural diversity.

Sostantivi

l'abitudine, l'usanza (*f.*) habit, custom
l'alloggio housing
il capoluogo capital of a region
il confine boundary, border
la crescita growth
la ditta company, firm
la grandezza size
la mancanza shortage, lack
il paese country; town
il punto point
  punto di vista point of view
lo sviluppo development
il tasso rate, degree

Verbi

accorgersi to realize
affrontare to face; to confront
appartenere to be part of, belong
dividere to divide
ingrandirsi to grow
paragonare to compare
spostarsi to move, travel
svilupparsi to develop

Aggettivi

affascinante fascinating, charming
diverso different, diverse
notevole considerable, notable
pieno full
quotidiano daily

sconosciuto unknown
sorprendente surprising
straniero foreign

Altre parole ed espressioni

assieme (insieme) together
bisogna one must
cioè that is
comunque however
eppure yet, nevertheless
inoltre moreover
invece instead, rather
nonostante in spite of
parecchio quite a bit
quindi therefore
subito at first, at once, immediately

A. Completate le seguenti frasi con la scelta (*choice*) più logica.

ESEMPIO: (L'alloggio / L'usanza) è sempre un problema per gli studenti universitari.

1. (Le abitudini / I tassì) della gente di quel paese sono strane.
2. Ci sono (notevoli / inoltre) diversità (*differences*) tra alcune città italiane geograficamente vicine.
3. (La mancanza / Lo sviluppo) di quella zona è molto importante per il paese.

4. L'amministrazione non è capace (*capable*) di (affrontare / paragonare) tutti i problemi della città.
5. (È terribile / Bisogna) sempre ricordarsi (*remember*) che molte città italiane hanno problemi simili.
6. Per molti aspetti (*In many respects*) è possibile (paragonare / appartenere) Torino a Milano.
7. L'insediamento (*installation*) industriale determina (il tasso / la crescita) delle città.
8. Ho letto (parecchio / eppure) sulla situazione politica ed economica in Italia.
9. Milano è un centro commerciale, (cioè / quindi) non è (straniero / sorprendente) che molte ditte abbiano la sede principale (*main office*) in questa città.
10. L'Emilia-Romagna è (invece / nonostante) uno dei centri culinari più importanti d'Italia.

B. Abbinate (*Match*) le parole della colonna A con le definizioni o i sinonimi adatti della colonna B.

	A		B
1. _____	capoluogo	a.	di tutti i giorni
2. _____	ingrandirsi	b.	limite
3. _____	appartenere	c.	però
4. _____	dividere	d.	essere parte di
5. _____	straniero	e.	in altre parole, per precisare
6. _____	comunque	f.	crescere
7. _____	quotidiano	g.	centro amministrativo di una regione
8. _____	paese	h.	nazione o piccola città
9. _____	confine	i.	che viene dall'estero (*abroad*)
10. _____	cioè	j.	separare

C. Abbinate le parole della colonna A con quelle della colonna B che sono sinonimi oppure (*or*) logicamente associate.

ESEMPIO: spostarsi → svilupparsi, incontrarsi, (muoversi,) accorgersi

	A	B
1.	abitudine	abito, usanza, confine, regione
2.	alloggio	paese, ditta, casa, capoluogo
3.	accorgersi	appartenere, affrontare, rendersi conto, svilupparsi
4.	diverso	strano, straniero, differente, notevole
5.	mancanza	crescita, grandezza, sviluppo, bisogno
6.	affascinante	incantevole, sorprendente, assieme, sconosciuto
7.	pieno	straniero, confine, affollato, capoluogo
8.	punto di vista	mancanza, abitudine, paese, opinione

D. In gruppi di tre o quattro, cercate tutte le parole del **Vocabolario tematico** che possono essere collegate logicamente ai temi o alle categorie seguenti. Poi confrontate (*compare*) le vostre scelte con quelle degli altri gruppi della classe.

ESEMPIO: Tema: le opinioni
Parole: il punto di vista, accorgersi, sorprendente, sconosciuto, diverso, quindi...

Temi: l'attività economica, la geografia, il modo di vivere, le città, i contrasti

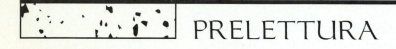 PRELETTURA

Entriamo nel contesto!

This section presents basic themes and questions that are dealt with in the chapter reading. The activities allow you to get acquainted with the subject matter of the reading by working with some of its key ideas and applying them to your own cultural experience, before encountering them in the context of Italian language and culture. Make an effort to use words and expressions from the **Vocabolario tematico**, wherever appropriate and possible, when doing these activities.

A. Le città americane. Abbinate ogni caratteristica nella colonna A con la città più appropriata nella colonna B.

	A		**B**
1. ___	bel paesaggio naturale con oceano e colline (*hills*)	a.	Detroit
2. ___	ex-centro industriale, capitale dell'automobile	b.	Miami
3. ___	famoso quartiere francese	c.	New York
4. ___	grandi autostrade e industria del cinema	d.	San Francisco
5. ___	sede del governo; grandi musei, biblioteche e palazzi di stile (*style*) «coloniale»	e.	Chicago
6. ___	centro bancario e culturale; enormi grattacieli e un grande parco pubblico in centro	f.	Los Angeles
7. ___	vitalità commerciale e industriale; clima freddo d'inverno, con venti molto forti	g.	Washington, D.C.
8. ___	clima tropicale; gran parte della popolazione di origine cubana	h.	New Orleans

B. Rispondete alle seguenti domande.

1. Qual è la regione o la città più industriale degli Stati Uniti?
2. In (*To*) quali stati, all'interno degli Stati Uniti, si trasferiscono (*move, relocate*) più spesso gli americani?
3. In quale stato americano troviamo il paesaggio (*landscape*) più vario?
4. Quali stati hanno il clima più freddo? e il clima migliore?
5. Quali sono alcune differenze fondamentali tra Los Angeles e New York?
6. Avete visitato città straniere? Elencate (*List*) le differenze che avete notato a confronto con (*in comparison with*) le città americane.

7. Ci sono delle regioni degli Stati Uniti in cui la geografia sembra (*seems*) influenzare molto le abitudini dei suoi abitanti? Quali? Cercate di descrivere alcune di queste influenze.

Strategie per la lettura

Recognizing cognates. The passage you are about to read contains some words which may be unfamiliar. The first step in learning how to read a foreign language text is to keep in mind that you don't have to stop reading every time you encounter a new word. You may be tempted to use the dictionary, but relying on it continually will not help you become a better reader. It is much more important to learn how to find your way around in a text, much as a traveler learns how to get around in unfamiliar territory through the use of a map.

The first useful landmark you will need to identify is the cognate—a word whose form and meaning are similar in both languages. One obvious example is **informazione** (*information*).

Read over the following sentences, which are adapted from the chapter reading. Try to guess the meaning, first, of the underlined words, then of the entire sentences.

1. Napoli è una grande <u>metropoli</u> con <u>gravi problemi economici</u>.
2. È <u>difficile immaginare</u> le differenze <u>politiche</u> che ci sono in Italia.
3. Nel <u>Nord</u> c'è la più alta <u>concentrazione</u> di <u>industrie</u>.
4. Nel <u>periodo</u> del dopoguerra (*postwar*) c'è stata una forte <u>immigrazione</u> dal <u>Sud</u> verso il <u>Nord</u> dell'Italia.
5. Le <u>diversità geografiche</u> dell'Italia possono... spiegare le differenze di abitudini... che <u>si notano</u> non solo tra <u>regioni</u> ma anche da città a città.

 LETTURA

Molte Italie

Se si guarda una mappa dell'Italia e la si confronta° con quella degli Stati Uniti viene quasi da ridere° a vedere quanto è piccolo quello stivale° nel sud dell'Europa. Per grandezza, si può infatti paragonare l'Italia a uno stato come la California. Eppure in quel piccolo paese ci sono sorprendenti differenze geografiche, politiche ed
5 economiche.

Politicamente, l'Italia è divisa in venti regioni. Ogni regione ha un capoluogo di provincia che è la città più importante dal punto di vista amministrativo e, di solito, è anche la città più grande della regione. Venezia, per esempio, è il capoluogo della regione Veneto; Roma è la capitale d'Italia e anche il capoluogo della regione
10 Lazio.

la... *one compares it*

viene... *it's almost laughable* / *boot* (*the shape of Italy*)

Scala di chilometri

Per chi° non conosce bene l'Italia è difficile immaginare che ci possano essere dif-   *Per... For those who*
ferenze di lingua e di abitudini da una regione all'altra. Ma bastano spesso pochi
chilometri° per spostarsi da una grande città all'altra in due regioni diverse, e   *bastano... a few kilometers is often*
trovare due mondi un po' differenti. Bologna, per esempio, è nell'Emilia-Romagna,   *sufficient*
15 a solo 90 chilometri da Firenze, che invece si trova in Toscana. Per dialetto e
tradizioni storiche, le distinzioni tra i due capoluoghi sono notevoli.

Il bolognese, grazie in parte al suo passato prevalentemente agricolo, è spesso considerato un bonaccione, cioè una persona d'indole° semplice e spontanea. È anche   *nature, character*
amante della buona cucina, la quale ha una funzione molto importante nelle attività
20 sociali e nella vita quotidiana. (Non bisogna dimenticare, però, che a Bologna c'è una
delle più antiche e famose università italiane, e che Bologna è una delle città culturalmente e politicamente più attive d'Italia.) Il fiorentino, dall'altro lato dell'Appennino,

mantiene un senso di orgoglio° per il suo passato artistico ed aristocratico che
risale° al medioevo. Fu° in quel periodo che il dialetto toscano cominciò° a evolversi
25 in ciò che sarebbe stata° la lingua nazionale italiana. Inoltre, dato che° Firenze è una
città cosmopolita e frequentatissima° da turisti, il fiorentino può sembrare inizialmente
meno ospitale° del bolognese. Esempi di due città italiane così vicine e apparentemente
così diverse sono comuni.

    In Italia quattro città hanno più di un milione di abitanti: Roma (2.840.000); Milano
30 (1.600.000); Napoli (1.210.000); e Torino (1.110.000). Milano, Torino e Genova
appartengono a quello che è comunemente chiamato «il triangolo industriale», una
zona nel Nord così definita per l'alta concentrazione di industrie. Durante il «boom
economico» degli inizi° degli anni '60, le industrie di questa zona si svilupparono°
molto velocemente. In quel periodo, si verificò° una fortissima immigrazione dal Sud
35 di persone in cerca di lavoro. Città come Milano e Torino si ingrandirono° parecchio,
ma la crescita fu spesso disordinata e poco pianificata.° Queste città infatti non erano
preparate a ricevere un così alto numero di persone; i problemi più gravi furono° quelli
dell'alloggio e della mancanza di scuole.

    Tra le maggiori città italiane, Roma conserva ancora la sua importanza storica e
40 soprattutto politica ed è forse la città più cosmopolita d'Italia. Ancora oggi molti artisti,
attori, scrittori e registi provenienti° da paesi diversi decidono di vivere a Roma.
Culturalmente è, insieme a Milano, il centro più attivo d'Italia. Milano, da parte sua,°
offre molte possibilità ricreative ed è soprattutto il centro commerciale italiano più
importante: la maggior parte delle grandi ditte internazionali ed italiane vi° hanno la
45 loro sede° principale.

    Napoli è la grande metropoli del Sud che spesso deve affrontare gravi problemi
economici, tra i quali un tasso di disoccupazione molto alto e la mancanza di adeguate strutture sociali come scuole e ospedali. Nonostante tutto, però, riesce a tenersi
sempre a galla,° mostrando una vitalità sconosciuta ad altre città italiane. Infatti, è gra-
50 zie alla intraprendenza° dei napoletani che la loro città è sempre piena di contrasti
affascinanti e di un'incredibile energia culturale.

    Parlando con gli italiani, è facile accorgersi che ci sono molti stereotipi che si
riferiscono agli abitanti di queste città. Per esempio, si dice che i milanesi sono buoni
lavoratori ma troppo freddi nei rapporti personali, mentre i napoletani sono generosi
55 ma hanno una concezione molto personale del tempo. Indubbiamente questi sono
stereotipi grossolani,° ma la diversità geografica dell'Italia può, almeno in parte, spiegare alcune differenze di abitudini e costumi che si notano non solo tra regioni ma
anche da città a città. Resta da ricordare inoltre° che ci sono profonde ragioni
storiche che stanno alla base° della varietà del panorama culturale ed economico ita-
60 liano. Per molti secoli l'Italia è stata infatti divisa in tanti piccoli stati e sotto il
dominio° di diverse potenze straniere, comprese° la Francia, la Spagna e l'Austria.
L'influsso delle lingue straniere sui vari dialetti, insieme ad una geografia di montagne,
valli e isole che tende a creare confini naturali tra le varie regioni, ha permesso° ad
ogni dialetto uno sviluppo particolare. Il dialetto è l'espressione più diretta delle realtà
65 quotidiane e dello spirito popolare delle varie regioni attraverso° i secoli.

---

pride

goes back / passato remoto of essere:
It was / passato remoto of
   cominciare
sarebbe... would (later) be / *dato...*
   since (lit., *given that*)
very frequently visited
hospitable

beginning / passato remoto of
   svilupparsi
si... passato remoto of verificarsi: there
   took place
passato remoto of ingrandirsi
planned

passato remoto of essere: *were*

coming

da... for its part

there

headquarters

tenersi... keep itself afloat

initiative

gross

Resta... Furthermore, one must
   remember
stanno... are at the root

domination, rule / *including*

ha... permitted, allowed

(down) through

Avete capito?

A. Trovate l'associazione logica tra le parole nella colonna A e le città nella colonna B.

A	**B**

1. _____ capitale e capoluogo   a. Napoli
2. _____ differenze di dialetti e abitudini   b. Firenze
3. _____ grande centro commerciale   c. Milano, Genova,
4. _____ patrimonio artistico e passato   Torino
        aristocratico   d. Roma
5. _____ triangolo industriale   e. Bologna
6. _____ capoluogo del Veneto   f. Firenze e Bologna
7. _____ grande vitalità ed energia culturale   g. Milano
        nonostante i gravi problemi   h. Venezia
8. _____ buona cucina; università antica e famosa

B. Rispondete alle seguenti domande.

1. Com'è divisa l'Italia?
2. Che cos'è un capoluogo?
3. Quali città italiane hanno più di un milione di abitanti?
4. Cos'è il triangolo industriale? Perché le città del triangolo industriale sono cresciute (*have grown*) moltissimo?
5. Quanto sono lontane Firenze e Bologna?
6. Quale città può essere considerata il centro artistico e culturale dell'Italia? Qual'è il centro commerciale più importante?
7. In quale città italiana vi sono enormi problemi economici e sociali e una grande vivacità culturale?
8. Quali sono alcuni dei motivi storici che possono aver alimentato (*contributed to*) le differenze fra le varie regioni italiane?

C. Tutte le seguenti parole o frasi sono collegate al brano (*passage* [*of text*]) che avete appena letto. A che cosa associate queste espressioni? Con vostre parole cercate di spiegare il loro significato nel contesto della lettura.

> **ESEMPIO:** Venezia →
> Venezia è il capoluogo del Veneto, cioè la città più importante di quella regione.

1. Bologna   4. potenze straniere
2. persone poco ospitali   5. dialetti
3. molti artisti, scrittori e registi   6. problemi d'alloggio

E ora, a voi!

A. Guardate la mappa d'Italia alla pagina 6 e rispondete alle seguenti domande.

1. Quali città sono situate nel nord d'Italia? E nel sud?
2. Dove vanno gli italiani d'inverno, per fare una vacanza sciistica (*skiing*)?

3. L'Italia è un paese in cui il turismo ha una grande importanza. Secondo voi, quali sono i posti più frequentati (*the most commonly visited spots*)?

4. Ci sono singoli stati negli Stati Uniti che hanno diversità geografiche e climatiche paragonabili (*comparable*) a quelle della penisola italiana? Se sì, quali?

B. Esodo (*Exodus*) dalle grandi città. In molte città italiane, problemi come il traffico automobilistico, il rumore, l'inquinamento, e lo spaccio della droga (*drug dealing*) minacciano sempre di più la tranquillità dei cittadini. Negli ultimi anni, molti italiani hanno lasciato le metropoli italiane per stabilirsi (*settle down*) in piccoli centri urbani o in campagna.

Questo grafico illustra (in migliaia di unità [*thousands of units*]) la distribuzione della popolazione italiana (negli anni 1971, '81 e '87) tra grandi città, piccoli centri urbani e campagna. Studiate il grafico e le informazioni date, e cercate la risposta corretta alle seguenti domande.

1. Negli ultimi decenni, la più alta concentrazione della popolazione in Italia si è registrata
   a. in campagna
   b. nelle grandi città
   c. nei piccoli centri urbani

2. In campagna, tra il 1971 e il 1981, la popolazione è cresciuta di (*by*)
   a. mezzo milione di abitanti
   b. un milione di abitanti
   c. un milione e mezzo di abitanti

3. L'esodo dalle grandi città è avvenuto (*took place*) particolarmente nel periodo
   a. dal 1971 al 1987
   b. dal 1971 al 1981
   c. dal 1981 al 1987

4. La popolazione dell'Italia dal 1971 al 1981
   a. è diminuita
   b. si è stabilizzata
   c. è aumentata

5. Dal 1971 al 1981 la crescita più marcata della popolazione si concentra
   a. nelle grandi città
   b. nei piccoli centri urbani
   c. in campagna

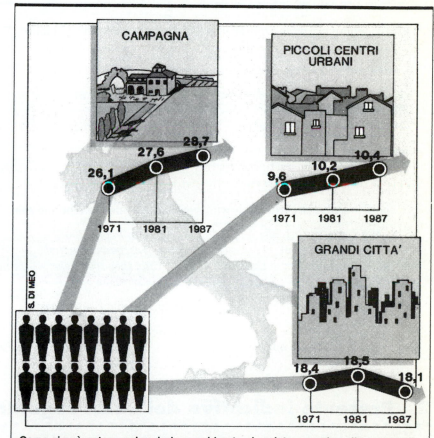

Come si può notare, nel periodo considerato si registra un calo nelle metropoli, a vantaggio dei piccoli centri e soprattutto della campagna. Qui la popolazione passa da 26 milioni e 100 mila abitanti nel '71, a 28 milioni e 700 mila nell'87: più della metà della popolazione italiana che nell'87 era di 57 milioni e 291 mila abitanti (Fonte: Istituto nazionale di sociologia rurale).

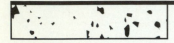 STRUTTURE I

1. Pronomi personali soggetto

SINGOLARE		PLURALE	
io	*I*	noi	*we*
tu	*you* (informal)	voi	*you*
lui	*he*	loro	*they*
lei	*she*		
Lei	*you* (formal)	Loro	*you* (formal)

Personal pronouns are often omitted in Italian because verb endings indicate the person and number of the subject. However, they are normally included

1. to avoid ambiguity or to draw a distinction between subjects

—Chi lavora in banca, Mario o Renata?
—**Lui** lavora in banca; **lei** fa l'interprete.

—*Who works in a bank, Mario or Renata?*
—***He** works in a bank; **she** is an interpreter.*

Io mi alzo presto, ma **tu** sei capace di dormire tutto il giorno!

*I get up early, but **you**'re capable of sleeping all day!*

2. for special emphasis, particularly with such expressions as **anche** and **solo**

—Posso venire anch'**io**?
—Sì, vieni anche **tu**!
Solo **loro** passano ogni estate nel Colorado.

—*Can **I** come too?*
—*Yes, **you** come too!*
*Only **they** spend every summer in Colorado.*

Note the position of subject pronouns in certain emphatic sentences

—Voglio pagare **io**.
—No, no; offriamo **noi**!

—*I want to pay.*
—*No, no; it's on us* [lit., ***We're** paying!*]

2. Presente indicativo dei verbi regolari

Forms

There are three conjugations of Italian verbs: -**are**, -**ere**, and -**ire**. All regular verbs of these three conjugations follow the pattern of endings shown in the chart.

	I	II	III	III **(isc)**
	ascolt**are**	ripet**ere**	sent**ire**	fin**ire**
io	ascolt**o**	ripet**o**	sent**o**	fin**isco**
tu	ascolt**i**	ripet**i**	sent**i**	fin**isci**
lui lei, Lei	ascolt**a**	ripet**e**	sent**e**	fin**isce**
noi	ascolt**iamo**	ripet**iamo**	sent**iamo**	fin**iamo**
voi	ascolt**ate**	ripet**ete**	sent**ite**	fin**ite**
loro Loro	ascolt**ano**	ripet**ono**	sent**ono**	fin**iscono**

Some third conjugation verbs require -**isc** between the stem and the ending in all but the **noi** and **voi** forms. Other common verbs in the III (-**isc**) category are: **capire, inserire, preferire, pulire, restituire, spedire, suggerire**.

Variations in Spelling and Pronunciation in Conjugated Verbs

1. Verbs ending in -**care** and -**gare** require an **h** in the **tu** and **noi** forms to maintain the hard sound of **c** and **g**: **dimenticare** → **dimentic*h*i, dimentic*h*iamo**; **litigare** → **liti*gh*i, liti*gh*iamo**.
2. Verbs ending in -**gere**, like **leggere, distruggere** (*to destroy*), and **dipingere** (*to paint*) follow a regular spelling pattern. However, they have a hard **g** sound in the first person singular and third person plural form: **le*gg*o, le*gg*ono**. All other present-tense forms use the soft **g** sound: **le*gg*i, le*gg*ete**.
3. Verbs ending in -**ciare** and -**giare** keep the soft **c** and **g** sound throughout: **cominciare** → **comin*c*io, comin*c*i, comin*c*ia**.
4. When verbs end in -**iare** and the **i** of the ending is stressed, the **tu** form requires an extra **i**: **inviare** → **inv*ii***. When the **i** of the ending is not stressed, no doubling occurs: **studiare** → **stud*i***.

Uses

The present indicative expresses

1. an action taking place at the present time

    Leggo un libro.   *I'm reading a book.*

2. an imminent future action

    Domani pomeriggio **pulisco** la   *Tomorrow afternoon I'll clean the*
       casa.   *house.*

3. a repeated action

    Telefoniamo a casa ogni settimana.   *We phone home every week.*

4. an action begun in the past and continuing to the present, conveyed by two possible patterns

   a. *present* + **da** + *time* + *expression*

   Studio l'italiano **da** un paio d'anni.   *I have been studying Italian for a couple of years.*

   b. **È** *or* **sono** + *time expression* + **che** + *present tense verb*

   Sono due anni **che studio** l'italiano.   *I have been studying Italian for two years.*

   È un mese ormai **che cerco** uno zaino decente.   *I have been looking for a decent backpack for a month now.*

3. Essere e avere

essere		avere	
sono	siamo	ho	abbiamo
sei	siete	hai	avete
è	sono	ha	hanno

Attenzione! Remember that the verb **stare** (**Capitolo 2**), not **essere**, is used in the most common expressions about health

Io **sto** bene, ma Franca **sta** male: ha l'influenza.   *I'm fine, but Franca is ill: she has the flu.*

However, *adjectives* referring to health are preceded by **essere**

Mario **è** sano come un pesce.   *Mario is as fit as a fiddle* [lit., *healthy as a fish*].

Quegli altri poveretti **sono** malati.   *Those other poor folks are sick.*

Un po' di pratica

A. Io, tu e gli altri. Completate gli scambi con la forma adatta del pronome personale dove necessario.

1. —Come mai _____ non parlano?
   —Non parlano _____ perché parli solo _____!
2. —Sai, anch'_____ voglio vedere il nuovo film con Stallone.
   —Va' al cinema _____, se vuoi; _____ non mi sento di (*I don't feel like*) vedere film violenti.
3. —Come sono eleganti quei signori! Cosa fanno _____?
   —_____ fa la scultrice e _____ è direttore d'orchestra.
4. —C'è tanto da fare. Dove cominciamo _____?
   —Facciamo così: _____ puliamo il bagno e _____ due lavate i piatti.

B. Dialoghi-lampo. Fate le domande e rispondete con le forme adatte dei verbi regolari, secondo gli esempi.

1. **ESEMPIO:** parlare →
   —Perché non parlate?
   —Parliamo già troppo!

   Verbi: studiare, leggere, lavorare, dormire, ripetere, pagare

2. **ESEMPIO:** lavorare →
   —Lavori subito?
   —No, lavoro dopo.
   Verbi: decidere, cominciare, telefonare, partire, scrivere, mangiare

3. **ESEMPIO:** aspettare →
   —Aspetta solo Lei?
   —No, aspettano anche gli altri.

   Verbi: soffrire, entrare, rispondere, scappare (*to run along*), partire, scendere

C. Dimmi tutto! Luca è un gran ficcanaso (*busybody*). Vuole sempre sapere tutto sugli (*about*) altri. Rispondete pazientemente alle sue domande con le forme adatte dei verbi regolari usando le parole in parentesi, secondo l'esempio.

ESEMPIO: —Quando parti per Napoli? (domani)
  —Parto domani.

1. Che cosa scrivi? (una lettera)
2. Chi aspetti? (un amico)
3. Quanto spendi per i vestiti? (poco)
4. Quali corsi segui questo trimestre? (matematica, biologia e letteratura inglese)
5. Quando torni a Roma? (sabato)
6. Che cosa dimentichi sempre? (le chiavi)

E ora Luca ripete le stesse domande a due amici. Fate le domande e rispondete.

ESEMPIO: —Quando partite per Napoli?
  —Partiamo domani.

D. Evviva la domenica! La domenica è il giorno preferito di Michele: ecco perché. Leggete il brano ad alta voce (*aloud*) cambiando il soggetto.

ESEMPIO: Michele → Michele e Laura
  La domenica mattina Michele e Laura...

La domenica mattina Michele dorme fino a tardi. Per colazione prepara delle uova (*eggs*) e un caffè, poi legge il *New York Times*. Più tardi gioca a tennis: passa a prendere le racchette dai vicini (*neighbors*). (Michele è uno studente e non ha molti soldi!) Restituisce le racchette il giorno dopo.

Se piove, preferisce stare a casa. Guarda un vecchio film alla TV, scrive delle lettere, o prepara dei dolci, che offre agli amici dopo cena. Poi pulisce la cucina, batte (*types*) al computer i compiti per lunedì, e cerca di andare a letto prima di mezzanotte.

E. Leggete il brano di nuovo usando come soggetto **io e il mio compagno (la mia compagna) di casa**.

F. Discorsi d'università. Con un compagno (una compagna) di classe, parlate dei corsi e degli studi universitari. Fate le domande e rispondete secondo l'esempio.

> **ESEMPIO:**   perché / studiare italiano →
> —Perché studi italiano?
> —Perché canto e studio musica d'opera. E tu?
> —Io studio italiano perché amo la cultura e la moda italiana.

1. come / arrivare all'università
2. dove / mangiare sul *campus*
3. con chi / studiare, di solito
4. quando / finire le lezioni ogni giorno
5. quale corso / preferire, e perché

Ora andate avanti con vostre domande.

disegno grafico

AL CORRENTE

This section consists of one or two activities based on material from contemporary, authentic sources such as Italian newspaper announcements, magazine ads, brochures, and flyers. The authentic material, related to chapter themes, allows you to gain familiarity with a variety of print media using the familiar language of Italian mass communications.

Mappa musicale. Questa mappa indica le regioni e le città dove quest'estate avranno luogo (*will take place*) i più importanti avvenimenti (*events*) musicali. Guardate attentamente il disegno e il testo (*text*); poi rispondete alle domande.

1. Un famoso cantante rock inglese suonerà al Nord, nella regione industriale più importante, e anche nella regione dove si trova Roma. Come si chiama questo artista (*entertainer*)?
2. In quale regione suonerà un gruppo cubano? (La regione ha come capoluogo Genova.)
3. Quanti artisti suoneranno in ognuna delle due maggiori isole italiane?
4. Nella regione dove si trova di Torino (e in quella alpina situata più a Nord) sono in programma due concerti di gruppi non italiani. Chi sono questi gruppi, e come si chiamano le due regioni?
5. In quali regioni della penisola sono in programma concerti di un famoso cantante inglese?
6. Quanti concerti avranno luogo nella regione che ha come capoluogo Firenze?
7. Il cantautore (*singer-songwriter*) Gino Paoli suonerà in tre regioni situate, rispettivamente, nel Nord, sulla riviera adriatica e nel Sud della penisola. Dove canterà Gino Paoli?
8. Quanti concerti avranno luogo nelle regioni che hanno come capoluoghi, rispettivamente, Napoli e Bologna?

Gli appuntamenti di questa settimana coi big della musica

I CONCERTI DELL'ESTATE

PIEMONTE e VALLE D'AOSTA

LIGABUE - 23 luglio a Canale d'Alba (Cn)
PIERANGELO BERTOLI - 24 luglio a Condove (To)
INTI ILLIMANI - 24 luglio a Stresa (No)
BIAGIO ANTONACCI - 25 luglio a Borghetto (Al)
NOMADI - 27 luglio a La Thuile (Ao) e il 28 a Condove (To)
ZIGGY MARLEY - 27 luglio a Torino

LIGURIA

LADRI DI BICICLETTE - 23 luglio a Savona
PAT METHENY - 24 luglio a Sanremo (Im)
PIERANGELO BERTOLI - 25 luglio ad Arenzano (Ge)
RICCARDO COCCIANTE - 26 luglio a Santa Margherita L. (Ge)
A. MINGHI - 26 luglio a Loano (Sv)
TROPICANA DE CUBA - 27 luglio a Santa Margherita L. (Ge)
R. VECCHIONI - 28 luglio a Savona

TOSCANA e UMBRIA

LUCA BARBAROSSA - 23 luglio a Camaiore (Lu)
PAOLO CONTE - 23 luglio a Fiesole (Fi) e il 24 a Pietrasanta (Lu)
UMBERTO TOZZI - 23 luglio a Grosseto, il 27 a Santa Sabina (Pg), il 28 a Cecina (Li) e il 29 a Lucca
AMEDEO MINGHI - 24 luglio a Camaiore (Lu)
COCCIANTE - 25 luglio a Chianciano (Si), il 27 a Camaiore (Lu) e il 28 a Todi (Pg)

LAZIO

EDUARDO DE CRESCENZO - 23 luglio a Roma e il 26 a Frosinone
TOZZI - 24 luglio a Ladispoli (Roma)
ELVIS COSTELLO - 25 luglio a Roma
STADIO - 25 luglio a Nettuno (Roma)
AL BANO e ROMINA POWER - 27 luglio ad Albano Laziale e il 28 a Rieti
TULLIO DE PISCOPO - 27 luglio a Genazzano (Roma)
MIETTA - 28 luglio a B. Ernica (Fr)

SARDEGNA

MARCO MASINI - 23 luglio a Olbia (Ss) e il 25 a Cagliari
TAZENDA - 26 luglio a Perdaxius (Ca) e il 27 a Lodè (Nu)
LADRI DI BICICLETTE - 26 luglio a Sassari e il 28 a Cagliari

LOMBARDIA

PIERANGELO BERTOLI - 23 luglio a Lodi Vecchio (Mi)
PAOLO CONTE - 25 luglio a Bollate (Mi)
TIMORIA - 25 luglio a Milano
ELVIS COSTELLO - 26 luglio a Milano
EUGENIO FINARDI - 26 luglio a Cerveno (Bs)
GINO PAOLI - 28 luglio a Suzzara (Mn)
ROBERTO VECCHIONI - 29 luglio a Casteldidone (Cr)

SICILIA

TULLIO DE PISCOPO - 24 luglio a Val Guarnera (En)
LUCIO DALLA con **ROSARIO DI BELLA** 24 luglio a Bagheria (Pa), il 25 a Trapani e il 27 a Scicli (Rg)

VENETO, FRIULI-VENEZIA GIULIA e TRENTINO

NOMADI - 23 luglio a Oderzo (Tv) e il 26 a Molina di Fiemme (Tn)
MILES DAVIS - 24 luglio a Castelfranco Veneto (Tv)
POOH - 24 luglio a Este (Pd) e il 25 a Grado (Go)
LIGABUE - 25 luglio a S. Biagio di Callalta (Tv)
MANHATTAN TRANSFER - 25 luglio a Udine
ROBERTO VECCHIONI - 25 luglio a Dueville (Vi), il 26 a Oderzo (Tv) e il 27 a Bordano (Ud)
PAOLO CONTE - 26 luglio a Codroipo (Ud)
PAOLA TURCI - 28 luglio a Lignano (Ud)

EMILIA-ROMAGNA

NOMADI - 24 luglio a Lugo (Ra) e il 25 a Filo d'Argenta (Fe)
LIGABUE - 24 luglio a Vignola (Mo) e il 26 a Masone (Re)
MICHAEL BRECKER - 25 luglio a Rimini (Fo)
BACCINI - 25 luglio a Rimini (Fo) e il 29 a Vignola (Mo)
PIERANGELO BERTOLI - 26 luglio a Lugo (Ra)
BIAGIO ANTONACCI - 26 luglio a Piacenza
POOH - 27 luglio a Cesenatico (Fo)

MARCHE e ABRUZZO

BACCINI - 24 luglio a Pescara
UMBERTO TOZZI - 26 luglio a Magliano di Tenna (Ap)
GINO PAOLI - 27 luglio a Iesi (An)
P. BERTOLI - 27 luglio a S. Ginesio (Mc)
POOH - 28 luglio a Numana (An) e il 29 a Tolentino (Mc)
MARCO MASINI - 29 luglio a Pescara

CAMPANIA

L. BARBAROSSA - 24 luglio a Sant'Arpino (Ce), il 25 a Napoli, il 26 a Telsi (Cb) e il 27 a Ponte Cagnano (Na)
R. FOGLI - 25 luglio a Campomarino (Cb) e il 29 a Baronissi (Sa)
MIETTA - 27 luglio a Mattinello di Paestum (Na)
P. TURCI - 27 luglio a Procida (Na)
MARCO MASINI - 27 luglio a Battipaglia (Sa)
A. MINGHI - 29 luglio a Fontana Blu (Na)

PUGLIA e CALABRIA

BACCINI - 23 luglio ad Altamura (Ba)
GINO PAOLI - 26 luglio a Bari
EDUARDO DE CRESCENZO - 27 luglio a Otranto (Le)
LUCA BARBAROSSA - 28 luglio a Limbadi (Cz)

estate **OGGI**

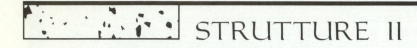 STRUTTURE II

4. Articolo determinativo

Forms

The form of the definite article (meaning *the*) is determined by the gender, number, and first letter of the word that follows it. This chart shows all the variants.

MASCHILE		
	Singolare	*Plurale*
before most consonants: **il, i**	**il** paese	**i** paesi
before **s** + consonant, **z**, **ps: lo**, **gli**	**lo** stereotipo **lo** zaino **lo** psicologo	**gli** stereotipi **gli** zaini **gli** psicologi
before vowels: **l'**, **gli**	**l'**alloggio	**gli** alloggi
FEMMINILE		
	Singolare	*Plurale*
before all consonants: **la, le**	**la** ditta **la** strategia **la** zebra **la** psicologa	**le** ditte **le** strategie **le** zebre **le** psicologhe
before vowels: **l'**, **le**	**l'**abitudine	**le** abitudini

Uses

1. In contrast to English, the definite article is rarely omitted in Italian. It is used

   • before a specific item or person, in the singular or plural

   il paese; **la** città; **lo** studente; **i** capoluoghi; **le** regioni; **gli** immigranti

   • before abstract nouns and ones that convey a general meaning or indicate an entire category

   La pazienza è una virtù.
   Lo spaccio della droga è un problema molto grave.
   I piccoli paesi sono più tranquilli.

- before family names or titles when speaking or writing *about* people

  Lo zio Eugenio vive nel centro storico.
  La professoressa Fredi studia i dialetti dell'Italia meridionale.
  I Costa viaggiano spesso.

- before nouns referring to body parts or personal possessions

  Pinocchio ha **il** naso lungo.
  Porto **gli** occhiali (*glasses*).

- before most geographical names

  Purtroppo, **il** lago Michigan è molto inquinato (*polluted*).
  Quale regione preferisci, **il** Lazio o **l'**Umbria?

- before days of the week to indicate a repeated action (all days except **domenica** are masculine)

  Il sabato lavoro ma **la** domenica sono libera.

- in most cases, before the names of languages

  Il cinese è tanto difficile. Preferisco **lo** spagnolo!

2. The definite article is omitted

- before family names or titles when addressing people directly

  Zio Eugenio, vieni da noi questa volta!
  Professoressa Fredi, quello che dice è veramente interessante.

- before unmodified names of cities and small islands

  Cagliari è il capoluogo della Sardegna.
  Capri è un'isola meravigliosa nel golfo di Napoli.

- after **essere** and verbs implying change of status, such as **diventare** (*to become*) and **eleggere** (*to elect*), followed by an unmodified profession

  John Kennedy è diventato (*became*) presidente nel 1960.

Attenzione! The definite article is *always* used in the expression **fare il/la** + *professione*

  La madre di Tommaso è giornalista: fa la giornalista.

Un po' di pratica

A. Articoli... di moda. La pubblicità alla pagina seguente presenta una linea italiana di abbigliamento (*clothing*) ed accessori. Guardate l'elenco (*list*) dei prodotti offerti da questo stilista.* Solo i primi sei prodotti sono accompagnati dai rispettivi articoli determinativi. Inserite (*Provide*) quelli che mancano.

---

*Nouns in this list that are borrowed from foreign words and end in **-s** are masculine, unless otherwise stated.

LE GIACCHE. I TAILLEURS, I BLAZERS,
GLI ABITI. LE T-SHIRTS, I PANTALONI,
GONNE. GIUBBOTTI. CAMICIE.
BLOUSONS. SAHARIANE. POLO.
MAGLIONI. CARDIGANS. SPUGNE.
PLAIDS. FOULARDS. POCHETTES.
CRAVATTE. BORSE. ZAINI.
SACCHE. VALIGIE. SCARPE.
SANDALI. GUANTI. CINTURE.
CARTELLE. OMBRELLI. JEANS.
FELPE. OCCHIALI. PROFUMO.
ARGENTI. PORCELLANE. MONDO

Nazareno Gabrielli

^a bomber jackets
^b lumber jackets
^c safari jackets (f.)
^d turtleneck jerseys (f.)
^e terry-cloth sportswear
^f scarves
^g clutch bags (f.)
^h knapsacks
ⁱ briefcases
^j sweatsuits
^k silver jewelry and accessories

Quattro chiacchiere.* Completate gli scambi con la forma adatta dell'articolo determinativo.

1. —Come sono cari _____ alloggi qui a Milano!
   —Caro mio, _____ costo della vita è alto dappertutto.
2. —Secondo Lei, quali sono _____ problemi più gravi della nostra regione?
   —Secondo me, _____ mancanza di scuole e _____ sviluppo troppo rapido dell'industria.
3. —Vedi spesso _____ professor Rossi?
   —No, lo vedo solo ogni tanto (*once in a while*). Ora abita a Montalcino con _____ famiglia; insegna _____ greco e _____ latino in un liceo.
   —E _____ professore trova bella _____ Toscana?
   —Sì, tanto!
4. —Quali sono _____ ore di ricevimento della professoressa Marino?
   —È in ufficio _____ lunedì e _____ giovedì dalle 2 alle 3.
5. —Lo sapevi (*Did you know*) che _____ moglie di Tommaso è avvocatessa?
   —E lui fa _____ ingegnere. Caspita, saranno (*good grief, they must be*) ricchi!

5. Sostantivi

· ·

Gender of Nouns

This table shows the most common forms of Italian masculine and feminine singular noun endings.

_____

*To express having an informal chat with someone, Italians say **fare quattro chiacchiere**.

GENDER	ENDING	EXAMPLE
maschile	**-o**	il libr**o**
femminile	**-a**	la cas**a**
maschile o femminile	**-e**	il giornal**e**
		la lezion**e**

There are many exceptions to these patterns—remember that endings are *not* always reliable indicators of gender. However, some general categories of noun endings can help you determine gender.

Masculine

1. -**ore: il colore, l'umore** (*mood*), **il rumore**
2. -**ma, -ta, -pa** (words deriving from Greek): **il sistema, il poeta, il papa** (*Pope*)
3. words ending with a consonant: **il bar, il film**

Feminine

1. -**à** and -**ù: la felicità, la virtù**
2. -**i, -ie, -(z)ione: la tesi** (*thesis*), **la specie** (*kind, species*), **la stagione, la nazione**
3. -**(tr)ice: la radice** (*root*), **l'attrice**

Nouns ending in -**ista** and many ending in -**ga** and -**e** can be either masculine or feminine, depending on the gender of the person to whom they refer. Use the context (accompanying adjectives and articles) to determine gender.

> **il** giornalist**a** american**o** e **la** giornalist**a** italian**a**
> **il** colleg**a** simpatic**o** e **la** colleg**a** antipatic**a**
> **il** cantant**e** pover**o** e **la** cantant**e** ricc**a**

Abbreviated nouns retain the gender of the words from which they derive: **il cinema** (from **cinematografo**), **l'auto** (*f.*), **la foto, il frigo, la moto**, etc.

Changes in Endings and Irregular Forms

Some words referring to people change gender by changing endings. Here are the most common instances.

MASCHILE → FEMMINILE	
-o, -e → **-a**	ragazz**o** → ragazz**a**
	camerier**e** → camerier**a**
-o, -e, -a → **-essa**	avvocat**o** → avvocat**essa**
	dottor**e** → dottor**essa**
	poet**a** → poet**essa**
-tore → **-trice**	scul**tore** → scul**trice**

1. Note these pairs of words that differ greatly in their masculine and feminine forms.

dio, dea (*god, goddess*)	marito, moglie (*husband, wife*)
re, regina (*king, queen*)	maschio, femmina (*male, female*)
strega, stregone (*witch, sorcerer*)	uomo, donna (*man, woman*)

2. Generally, names of fruits are feminine and the trees on which they grow are masculine: **la pera** (*pear*), **il pero** (*pear tree*).

Attenzione! These rules provide a solid grounding, but it is important to learn the gender of new vocabulary words along with their meaning. Many words that differ "only" in gender have completely different meanings: **il fine** (*purpose*), **la fine** (*end*); **il modo** (*way*), **la moda** (*fashion*); **il posto** (*seat, place*), **la posta** (*mail, post office*).

Un po' di pratica

A. Maschile/femminile. Completate le frasi con le forme adatte dei sostantivi maschili o femminili, secondo il caso.

> **ESEMPIO:**   Stefania Sandrelli è un'attrice italiana.
> (Gérard Depardieu / francese) →
> Gérard Depardieu è un attore francese.

1. Alberto era il marito della regina Vittoria d'Inghilterra. (Giuseppina / dell'imperatore Napoleone di Francia)
2. Apollo era un dio del panteon greco. (Minerva / panteon romano)
3. Christian Barnard è un dottore sudafricano. (Helen Caldecott / australiana)
4. El Greco era un pittore spagnolo. (Artemisia Gentileschi / italiana)*
5. Shirley MacLaine è la sorella di Warren Beatty. (Peter Fonda / Jane Fonda)
6. Günter Grass è uno scrittore tedesco. (Oriana Fallaci / italiana)
7. Emily Dickinson era una poetessa americana. (Giosuè Carducci / italiano)
8. Maddalena è un nome di donna italiana. (Michele / italiano)
9. Elisabetta II è la regina d'Inghilterra. (Juan Carlos / di Spagna)

B. Quattro chiacchiere. Completate gli scambi con la forma adatta dell'articolo determinativo.

1. —_____ sistema scolastico americano ha dei grossi problemi.
    —D'accordo, senatore, ma ne possiamo migliorare _____ situazione?
2. —Conosci _____ film «Roma»? Di chi è?
    —È di Fellini, _____ regista forse più importante dell'epoca moderna.
3. —Giulio, guarda _____ programma. Chi è Kiri te Kanawa?
    —Non ricordi? È _____ cantante che abbiamo visto alla TV.
4. —Alberto, come va? Hai finito _____ tesi?
    —Non ancora, ma quasi. La finirò entro _____ fine del semestre.

---

*Artemisia Gentileschi fu (*was*) un'importante artista romana del Seicento (*seventeenth century*).

5. —Ragazzi, guardate _____ foto. Qual è _____ città principale del Piemonte?
   —È Torino, dove fanno _____ FIAT.
   —E quali sono i colori della bandiera italiana? Nino?
   —Mi dispiace, professoressa. Ho dimenticato di studiare _____ lezione.

Plural Nouns

Most regular nouns form the plural according to a simple pattern based on the last letter of the singular.

SINGOLARE → PLURALE	
-**o** → -**i** -**a** → -**e** -**e** → -**i**	il libr**o** → i libr**i** la cas**a** → le cas**e** il giornal**e** → i giornal**i** la lezion**e** → le lezion**i**

Masculine

1. -**co** endings: The plural varies, depending on whether the next-to-last syllable is stressed or not.

NEXT-TO-LAST SYLLABLE STRESSED: -**co** → -**chi**
par**co** → par**chi**   gio**co** → gio**chi**   elen**co** → elen**chi**

Exceptions: **greco, nemico,** and **porco** all follow the pattern **amico → amici.**

PRECEDING SYLLABLE STRESSED: -**co** → **ci**
mẹdi**co**   → mẹdi**ci**   meccạni**co** → meccạni**ci**   pọrti**co**   → pọrti**ci**

Exception: cari**co** (*burden, load*) → *carichi*

2. -**go** endings: The plural usually ends in -**ghi,** as in **luogo → luoghi.**
   Exceptions are mostly scholarly and professional titles: **psicologo → psicologi, antropologo → antropologi,** etc.
3. -**io** endings: The plural varies, depending on whether or not the final **i** is stressed.

i in -**io** stressed → -**ii** **i** in -**io** unstressed → -**i**	zịo → zị**i** fịglio → fịgl**i**

4. **-ma**, **-ta**, **-pa** endings: The plural changes to **-i**, as in **il sistema → i sistemi, il profeta → i profeti, il papa → i papi**.

Feminine

1. in **-ca** and **-ga**: The plural changes to **-che** and **-ghe**, as in **l'amica → le amiche, la bottega** (*shop*) **→ le botteghe**.
2. in **-cia** and **-gia**: The plural varies, depending on whether or not the **i** is stressed.

i in **-cia** stressed → **-cie**	farma**cia**	→ farma**cie**
i in **-cia** unstressed → **-ce**	aran**cia**	→ aran**ce**
	mina**ccia** (*threat*)	→ mina**cce**
i in **-gia** stressed → **-gie**	bug**ia** (*lie*)	→ bug**ie**
i in **-gia** unstressed → **-ge**	spia**ggia** (*beach*)	→ spia**gge**

Invariable Plurals

The following classes of nouns, both masculine and feminine, do not change in the plural.

1. Words of one syllable: **il re → i re, la gru** (*crane*) **→ le gru**.
2. Words that end in a stressed vowel: **il caffè → i caffè, l'unità → le unità**.
3. Words borrowed from another language: **lo sport → gli sport, la performance → le performance**.*
4. Words ending in **-i** and **-ie: il brindisi** (*toast* [*to one's health*]) **→ i brindisi, la specie → le specie**.
   Important exception: **la moglie → le mogli**.
5. Words abbreviated from other words: **il cinema → i cinema, l'auto → le auto**.

Irregular and Variable Plurals

1. A few nouns have completely irregular plural forms: **il bue** (*ox*) **→ i buoi, il tempio** (*temple*) **→ i templi, il dio → gli dei, l'uomo → gli uomini**.
2. Some masculine nouns become feminine in the plural: **il braccio** (*arm*) **→ le braccia, il ciglio** (*eyelash*) **→ le ciglia**. Other nouns following this pattern: **il dito** (*finger*), **il labbro** (*lip*), **il miglio** (*mile*), **il paio** (*pair*), **l'osso** (*bone*), **l'uovo** (*egg*).

Un po' di pratica

A. Una visita a Roma. Completate il seguente brano, mettendo i sostantivi tra parentesi al plurale.

> Roma è una città molto pittoresca, con (parco)[1] pieni di monumenti antichi.
> È famosa anche per i suoi palazzi, (portico)[2] ed (arco)[3] di stile classico.
> Essendo un centro amministrativo e politico, Roma ospita molti (politico)[4]

---

*Plural nouns borrowed from other languages sometimes end in **-s**: **la T-shirt → le T-shirts**.

italiani e stranieri. C'è sempre presente anche un gran numero di (storico)[5] ed (archeologo)[6] che si occupano della Roma antica. La città offre molti (luogo)[7] interessanti da vedere ed è anche possibile organizzare (viaggio)[8] nei suoi dintorni (*surrounding areas*).

B. Geografia e abitudini. Completate le frasi, scegliendo la parola adatta dalla colonna B e mettendola al plurale nelle frasi della colonna A.

A	B
	industria
1. Siena, Pisa e Lucca sono _____ della Toscana.	barca
2. Le _____ che compriamo nel Sud d'Italia sono molto dolci (*sweet*).	spiaggia
3. Nel Golfo di Napoli galleggiano (*float*) molte piccole _____.	arancia
4. I piccoli negozi italiani si chiamano _____.	farmacia
5. D'estate molti italiani vanno sulle _____ del Mar Tirreno.	provincia
6. Nelle grandi città molte _____ restano (*remain*) aperte anche nei giorni festivi.	bottega
7. Le _____ più importanti si trovano al Nord.	

C. Coppie (*Couples*) famose. Alternandovi con un compagno (una compagna) di classe, date una categoria per ognuna di queste «coppie». Chi, o che cosa, sono?

ESEMPIO: Mead e Levi-Strauss → Sono antropologi.

Persone o cose: antropologo, auto, città, dio, papa, spiaggia, poeta, re, amico, sport, medico

1. Dante e Wordsworth   2. il tennis e il calcio   3. Paolo VI a Giovanni Paolo II   4. una Mercedes e una Chevy   5. Calvin e Hobbes   6. Madrid e Montreal   7. Christian Barnard e Doogie Howser   8. Apollo e Giove (*Jove*)   9. Enrico VIII e Luigi XIV   10. Waikiki e Daytona

METTIAMOLO PER ISCRITTO!

Viaggi e visite. Scegliete uno di questi argomenti come tema. Cercate di usare il più possibile (*as much as possible*) il presente indicativo dei verbi regolari, una varietà di sostantivi, e i vocaboli di questo capitolo.

1. Preparate un breve itinerario per un viaggio in Italia. Scegliete due o tre luoghi da visitare, e dite quello che avete intenzione di fare in ciascun (*each*) luogo.
2. Franco e Mirella, due vostri amici italiani, vi fanno visita e vogliono fare esperienze di vita in una «tipica» città americana. Scrivetegli (*write them*) una lettera in cui descrivete alcune delle caratteristiche della città dove abitate. (Scrivete anche dei problemi, se ce ne sono.)

CAPITOLO 2

LA SCUOLA E GLI STUDI

Notate delle differenze fra quest'aula universitaria italiana e un'aula tipica della vostra università? Nella vostra università c'è posto per tutti? Descrivete gli studenti in questa fotografia.

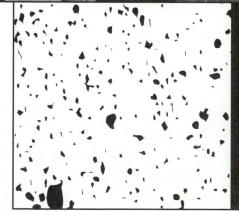

This chapter's reading, *Un itinerario scolastico*, presents an overview of the Italian educational system, seen through the eyes of a student just about to graduate from the university. In a series of flashbacks, the narrator recalls various stages of academic progress, from early childhood to the present, and the choices involved at each step along the way.

VOCABOLARIO TEMATICO

The following are some basic terms that describe this scholastic itinerary, and a few exercises to give you practice in using them in context.

Sostantivi

la facoltà academic department
la fiducia trust, faith
la fila line (of people)
la laurea university degree
il liceo high school
la maestra / il maestro elementary school teacher
le magistrali high school for teachers' training
la materia subject (of study)
le medie middle, junior high school
il professore / la professoressa teacher at middle school, high school, and university levels
la scelta choice

la scuola dell'obbligo legally required schooling
la segreteria administrative offices
lo sportello window (in bank, ticket office)
la tesi thesis

Verbi

affrettarsi to hurry
apprezzare to appreciate
consegnare to hand in
dare un esame to take an exam
discutere la tesi to defend one's thesis
iscriversi (a) to register, enroll
laurearsi (a) to graduate (from a university)

laurearsi (in) to get a degree (in)
occuparsi (di) to take care (of), attend (to)
prendere la laurea (*syn.* laurearsi) to get a university degree
riuscire (a) (*conj. like* uscire) to succeed (in), manage (to)
spingere to push, urge
superare to pass (an exam, test)

Aggettivi

affollato crowded

Altre parole ed espressioni

affatto at all, in the least
altrimenti otherwise

A. Trovate la parola o l'espressione che sembra «fuori luogo» (*which seems out of place*), e spiegate perché.

> **ESEMPIO:** scuola, istituto, (banca), università →
> *Banca* è fuori luogo perché è la sola istituzione non accademica; non ha studenti o insegnanti.

1. università, maestra, iscriversi, tesi
2. medie, professore, scuola dell'obbligo, facoltà
3. magistrali, laurea, facoltà, fiducia
4. fila, sportello, segreteria, materia
5. affrettarsi, superare, discutere la tesi, riuscire
6. professore, maestro, scelta, scuola

B. Scegliete il verbo giusto nel contesto di ogni frase.

> **ESEMPIO:** Da quanto tempo ((frequenti) / affronti) questa università?

1. Ho intenzione di (laurearmi / occuparmi) in lingue e letterature straniere.
2. I miei genitori non (superano / apprezzano) le materie umanistiche.

3. Gianni vuole (affrettarsi / iscriversi) a un'università americana.
4. Mara, tu (spingi / riesci) a finire la tesi per la fine dell'anno accademico?
5. Io non (mi occupo / mi iscrivo) affatto di politica.
6. Fra due mesi Roberto (apprezza / consegna) la tesi.

C. Completate le seguenti piccole conversazioni con alcune delle parole del **Vocabolario tematico.**

1.   ILARIA: Andrea, hai intenzione di _____ti all'università quest'anno?

    ANDREA: Non lo so ancora. Devo vedere se la _____ d'ingegneria offre corsi utili per il mio piano di studi.

    ILARIA: Allora vuoi _____ti in ingegneria?

    ANDREA: Sì, ma il corso di laurea è molto lungo. È difficile _____ la laurea in meno di cinque anni. Forse deciderò di frequentare un corso più breve, come economia e commercio. È una _____ difficile!

2.   FRANCO: Ormai ci sono troppi studenti e non abbastanza professori all'università. Guarda! Tutti i corsi sono _____. Non _____ neanche a trovare un posto (*place*) da sedermi. Succede anche a te?

    VIRGINIA: Ora non ho questo problema. Per fortuna devo solo _____ la tesi!

3.   PAOLA: Mi sembra inutile studiare e basta! Io voglio avere il tempo di _____mi anche di problemi sociali. Ma i miei genitori mi _____ a laurearmi in quattro anni, _____ non vogliono più pagare le tasse (*tuition*).

    MARIANGELA: C'è troppo materialismo in giro! I genitori non _____ più l'idealismo!

 PRELETTURA

Entriamo nel contesto!

A. Rispondete alle seguenti domande.

1. Esiste la scuola dell'obbligo in America? Quanti anni di scuola include?
2. Quali materie nella scuola media considerate importanti, e quali inutili?
3. Potete enumerare quattro o cinque caratteristiche che a vostro parere (*in your opinion*) sono importanti nel giudicare (*judging*) la qualità di un'università?
4. Siete favorevoli o contrari ad una specializzazione scientifica, letteraria, artistica o di un altro tipo sin dal (*starting in*) liceo?
5. A vostro parere, quali sono le qualità indispensabili per essere un bravo professore universitario?
6. Perché avete deciso di frequentare questa università?

7. In quale campo vi specializzate? Perché?
8. Secondo voi, la vostra università offre agli studenti delle buone possibilità per prepararsi al mondo del lavoro dopo la laurea? Se sì, in che modo; se no, perché no?

B. Siete o non siete d'accordo con le seguenti affermazioni? (Giustificate le vostre opinioni.)

1. Dodici anni di scuola elementare e di scuola secondaria sono sufficienti per preparare gli studenti all'università.
2. Per un professore universitario, la ricerca dev'essere più importante dell'insegnamento.
3. Cambiare l'insegnante ogni anno è meglio (*better*) che avere lo stesso insegnante durante tutti i cinque anni di scuola elementare.
4. Il liceo è il punto debole (*weak link*) del sistema scolastico negli Stati Uniti.
5. È molto importante che gli studenti della scuola elementare abbiano un unico programma scolastico in tutto il paese.
6. Un esame generale alla fine del liceo costringerebbe (*would force*) gli studenti americani a studiare più seriamente.

Strategie per la lettura

Using clues to anticipate content. In **Capitolo 1**, you were introduced to one technique for finding your way through a reading containing unfamiliar words. You learned that cognates allow you to use your familiarity with English to determine the meaning of these new terms.

Another useful strategy for guiding yourself through a text is to use clues to guess at its content before even starting to read. Rather than laboring through from beginning to end, first look at the title and paragraph lead sentences. From these simple signals you can often create a series of expectations based on the general knowledge of the subject which you already bring to the reading.

What material do you expect to be covered? What kind of information do you hope to find, and what may already be somewhat familiar to you? Can you use this previous knowledge to help orient yourself as you proceed from paragraph to paragraph?

Quickly look over the first paragraph, then just the first sentence of each paragraph, and try to answer the following questions:

1. Who is the main character in this reading, and where is he/she going?
2. What seems to be the central event in his/her life just now?
3. In what physical setting does the reading take place?
4. What causes the main character to reflect on episodes from the past?

Once you are able to answer these questions fairly accurately, you should be able to list the topics you expect to come up in the reading. Talk over your guesses with two or three classmates. Then, once you have had a chance to examine the text more thoroughly, see whether it confirms your prereading expectations.

LETTURA

Un itinerario scolastico

Oggi Francesca esce presto di casa: vuole arrivare all'università prima delle nove, quando di solito incominciano a formarsi° lunghe file agli sportelli della segreteria. Per Francesca è una giornata importante: deve consegnare la tesi, è finalmente vicino il momento della laurea. Sono le otto e le strade sono piene di studenti che vanno a
5   scuola. Ha l'impressione di guardarli con occhi diversi adesso che per lei la carriera scolastica è quasi finita.

Una bambina con uno zainetto° colorato sulle spalle le passa vicino, accompagnata dalla madre. Ha l'aria molto seria e sembra compiaciuta° del suo nuovo ruolo di studentessa. Guardando la bambina, a Francesca tornano in mente i suoi primi anni
10   di scuola, e comincia lentamente a rintracciare° il proprio passato scolastico. È un po' come rileggere un vecchio diario.

Scuola elementare (sei anni): «Che fortuna avere una maestra così simpatica! Sono contenta che sarà la stessa per tutti i cinque anni di scuola elementare. Quattro ore al giorno, sei giorni alla settimana. Ma le ore passano in fretta perché con questa
15   maestra ci divertiamo davvero. Giochiamo molto e recitiamo° piccole scene per ricordare le cose che impariamo. A me piace specialmente leggere storie e poesie. Il sabato cantiamo, dipingiamo e, se non è troppo freddo, usciamo per una passeggiata nel quartiere. A volte incontriamo le nostre mamme che fanno la spesa: *Ciao, fai la brava, ci vediamo dopo...* »

20   Francesca è ora alla fermata dell'autobus affollata di ragazzi e ragazze sugli undici anni.° Alcuni parlano del compito di latino e, ascoltando i loro discorsi, Francesca ripensa ai suoi tre anni di scuola media.

Scuola media (undici anni): «Il latino mi piace, ma la matematica, la geometria e le scienze mi mettono in crisi!° Per fortuna scrivo bene e sono brava nelle materie
25   letterarie, altrimenti... Bisogna dire che i miei genitori sono sempre d'aiuto° nei momenti difficili. Mi danno fiducia, non mi spingono o criticano... sanno che, se voglio, ce la faccio».°

Liceo (quattordici anni): «E infatti», continua a pensare Francesca, «finisco gli otto anni della scuola dell'obbligo «in gloria», e m'iscrivo al liceo classico. Escludo le magi-
30   strali perché non voglio occuparmi di bambini. Non voglio frequentare il liceo scientifico e gli istituti tecnici perché le materie scientifiche non m'interessano affatto. Al liceo comincia la mia passione per la filosofia. Studio volentieri anche la letteratura (italiana e straniera), il latino e anche il greco. Ma la filosofia mi sembra la strada per affrontare i grandi problemi dell'umanità. Dunque° la mia scelta universitaria, dopo
35   i cinque anni di liceo, è segnata:° la facoltà di filosofia e, naturalmente, Milano, la grande città, la vera alternativa alla vita soffocante della provincia».

to form

small backpack

pleased

to retrace

we act out

sugli... around eleven years old

mi... drive me to distraction

helpful

ce... I'll make it

Therefore

set, decided

L'università Statale è adesso a due passi.° Oggi Francesca riesce ad apprezzare l'edificio in tutte le sue bellezze architettoniche forse più di ogni altro giorno: i venti esami sono superati, la tesi è finita, anche l'università è un capitolo chiuso.° Ora può 40 riflettere sull'esperienza universitaria con calma.

a... just ahead

capitolo... "closed book"

Università (diciannove anni): «Imparo molte cose in questi anni milanesi ma forse più dalle diverse persone che incontro che dai libri.° All'inizio sono un po' confusa per la situazione completamente nuova, e per l'inconsueta° libertà: niente famiglia, niente orari obbligati,° posso frequentare le lezioni che voglio, quando voglio. Poi comincio a seguire con regolarità i corsi che mi interessano particolarmente. Per gli altri, concordo un piano di studi° col professore. Alla fine di ogni anno do quattro esami, cioè uno per ogni corso seguito. Mi resta abbastanza tempo per occuparmi di altre cose: ecologia, politica, teatro... »

più... more from the various people I meet than from books

unusual

orari... required attendance

concordo... I devise a study plan (to prepare for final orals)

«Ciao, Francesca!» una voce familiare interrompe i ricordi.° «Cosa fai adesso che ti laurei?» «Ah, sei tu Marco! Francamente non lo so. Naturalmente, devo ancora discutere la tesi... ma adesso non ci voglio pensare. In questo momento, penso più al passato che al presente!»

interrompe... interrupts her memories

Avete capito?

A. Scuola e università. Abbinate ogni parola o espressione nella colonna A con quella più appropriata nella colonna B, in base alla lettura.

A	B
1. _____ la scuola dell'obbligo	a. il liceo classico
2. _____ istituti tecnici	b. l'università Statale
3. _____ filosofia, latino e greco	c. consegnare, poi discutere
4. _____ la segreteria	d. dura otto anni
5. _____ Milano	e. la scuola elementare
6. _____ la tesi	f. le materie scientifiche
7. _____ la maestra simpatica	g. preparazione dei maestri/delle maestre
8. _____ le magistrali	h. la fila

B. Rispondete in modo completo alle seguenti domande.

1. Perché Francesca oggi guarda gli studenti per strada con occhi diversi?
2. Che cosa comincia a fare Francesca quando guarda la bambina con lo zainetto?
3. Perché l'esperienza della scuola elementare è positiva per Francesca?
4. In che modo i genitori di Francesca la aiutano alle medie?
5. Quale criterio spinge Francesca nella scelta del liceo? E della facoltà universitaria?
6. Perché Francesca si sente più libera all'università, rispetto al (*compared to*) liceo?
7. All'università Statale i suoi interessi sono puramente accademici?
8. Francesca è molto preoccupata di quello che farà (*what she will do*) dopo la laurea?

E ora, a voi!

A. Uno studente italiano vi chiede delle informazioni sulla vostra università in cui desidera studiare per un anno. In gruppi di tre o quattro persone, preparate alcuni suggerimenti da dare sui seguenti aspetti della vita universitaria negli Stati Uniti, e della vostra università in particolare. In che cosa differiscono i vostri suggerimenti da quelli degli altri gruppi della classe?

> **ESEMPIO:**   il sistema dei voti →
> Nei corsi universitari americani usiamo lettere. Il voto più alto è «A»; e quello più basso «F».

1. il numero di corsi da seguire al semestre
2. il dormitorio e la mensa
3. l'acquisto di libri (nuovi e usati)
4. il pagamento delle tasse d'iscrizione
5. i professori
6. i passatempi, le attività sociali e ricreative

B. Dite cosa pensate dei seguenti aspetti della vita universitaria. Poi suggerite uno o due modi per migliorare (*to improve*) queste strutture.

> **ESEMPIO:**   l'iscrizione ai corsi →
> L'iscrizione ai corsi è un processo troppo lungo e noioso. Bisogna fare la fila e perdere molte ore in segreteria. Perché non lo facciamo da casa, con il computer?

1. la biblioteca
2. i dormitori
3. le attività ricreative e culturali (film, concerti, ecc.)
4. la mensa
5. come sono dati (*are assigned*) i voti
6. le tasse (*tuition fees*) universitarie

 STRUTTURE I

1. Articolo indeterminativo

Forms

The form of the indefinite article (meaning *a, an*) is determined by the gender and
first letter(s) of the word that follows it. This chart shows all the variants.

MASCHILE	
before most consonants: **un**	**un** professore
before **s** + consonant, **z, ps: uno**	**uno** sportello **uno** zaino **uno** psicologo
before vowels: **un**	**un** istituto

FEMMINILE	
before all consonants: **una**	**una** materia **una** strategia **una** zoologa **una** psicologa
before vowels: **un'**	un'aula

Uses

1. In contrast to the definite article, the indefinite article refers to a nonspecific
   item or person.

    un articolo; **una** professoressa

UNA MOTO, UN CICLOMOTORE, UNO SCOOTER
E, SORRIDI!

2. The indefinite article is omitted after **essere** or **diventare** (*to become*) followed by
   an unmodified noun indicating profession, nationality, family status, political
   affiliation, or religion. When modified by an adjective, the article appears.

    È dottoressa.   È **una** dottoressa molto nota.
    È italiana.   È **un'**italiana di origine francese.
    Maurizio diventerà (*will become*)   Maurizio diventerà **un** pianista
    pianista.   famoso.

Attenzione! One important exception: **figlio unico** (**figlia unica**) (*only child*).

    Barbara è **figlia unica.**

Un po' di pratica

A. Cosa c'è nel *campus*? Nominate persone o cose che si trovano nella vostra università (nel vostro *college*). Usate la forma adatta dell'articolo indeterminativo.

> **ESEMPIO:**   piscina (*swimming pool*) →
> C'è una piscina. (Non c'è una piscina.)

Possibilità: casa dello studente, facoltà d'ingegneria (*engineering*), bar, infermeria, professore molto famoso, stadio, cinema, mensa, palestra (*gym*), ufficio postale

B. Chi sono? Ecco una serie di nomi di cose o di persone. Definite ogni nome, usando anche la forma adatta dell'articolo indeterminativo. (Per ora, usate l'articolo anche con i nomi che indicano professioni.)

> **ESEMPIO:**   Danielle Steele → È una scrittrice.

1. *Balla coi lupi*   2. Meryl Streep   3. Harvard   4. Michelangelo
5. Dr. Joyce Brothers   6. Il *Times* di Londra   7. *Aïda*
8. *Insieme!*   9. Sigmund Freud   10. Maserati

E adesso ripetete i nomi dell'elenco precedente senza l'articolo indeteminativo quando è opportuno.

> **ESEMPIO:**   Danielle Steele → È scrittrice.

C. Consumismo! Un compagno (una compagna) vi chiede se avete certe cose. Se rispondete «no», dite invece quello che avete.

> **ESEMPIO:**   motorino (bici) →
> —Hai un motorino?
> —Sì, ho un motorino. (No, non ho un motorino ma ho una bici.)

1. biglietto per il cinema (prenotazione per il teatro)
2. macchina per scrivere (computer)
3. zaino (cartella [*briefcase*])
4. cucina a gas (fornello elettrico)
5. appartamento grande (stanza con bagno)
6. agenda (calendario tascabile)
7. stereo (radio)
8. dizionario italiano (grammatica italiana)

2. Presente indicativo dei verbi irregolari
• •

Present-tense conjugations of some of the most common Italian irregular verbs are grouped (see pages 33 and 34) according to the similarities in their patterns.*

---

*Full conjugations of verb tenses and moods are provided in Appendix 000.

andare	to go
fare	to make; to do
stare	to be; to stay
dare	to give
sapere	to know (facts, information)
dire	to tell, say
tradurre	to translate

venire	to come
tenere	to have; to keep
porre	to place
rimanere	to stay, remain
salire	to go up; to board (bus, train, etc.), get in
scegliere	to choose

conoscere	to know (person, place), be acquainted with
uscire	to go out
bere	to drink
trarre	to pull

andare		**fare**	
vado	andiamo	faccio	facciamo
vai	andate	fai	fate
va	vanno	fa	fanno

stare		**dare**		**sapere**	
sto	stiamo	do	diamo	so	sappiamo
stai	state	dai	date	sai	sapete
sta	stanno	dà	danno	sa	sanno

dire		**tradurre**	
dico	diciamo	traduco	traduciamo
dici	dite	traduci	traducete
dice	dicono	traduce	traducono

venire		**tenere**	
vengo	veniamo	tengo	teniamo
vieni	venite	tieni	tenete
viene	vengono	tiene	tengono

porre*		**rimanere**	
pongo	poniamo	rimango	rimaniamo
poni	ponete	rimani	rimanete
pone	pongono	rimane	rimangono

---

*You will not encounter **porre** and **trarre** frequently in everyday Italian (see next page), but they do provide the paradigm for such commonly used verbs as **disporre** (*to dispose*), **imporre** (*to impose*), **proporre** (*to propose*); **distrarre** (*to distract*), **estrarre** (*to extract*), and **attrarre** (*to attract*).

salire		scegliere	
salgo	saliamo	scelgo	scegliamo
sali	salite	scegli	scegliete
sale	salgono	sceglie	scelgono

conoscere		uscire	
conosco	conosciamo	esco	usciamo
conosci	conoscete	esci	uscite
conosce	conoscono	esce	escono

bere*		trarre	
bevo	beviamo	traggo	traiamo
bevi	bevete	trai	traete
		trae	traggono

Un po' di pratica

A. Quattro chiacchiere. Completate le frasi con la forma adatta dei verbi.

1. —Noi usciamo spesso, però tu ed Angela _____ quasi ogni sera.
   —Questo non è vero, mia madre è quella che _____ regolarmente.
   —Ma più di lei _____ i Signorelli, non pensi?
2. —Fai un errore se dici una bugia (*lie*) al professore, anche se molti studenti
   ne _____ tante. Paolo è l'unico che non _____ mai bugie.
   —E voi, _____ bugie qualche volta?
   —Certo però le (*them*) _____ raramente.
3. —Che fa Vittoria, va a dormire o traduce quel brano (*passage* [*of text*])?
   —Va a dormire e io _____ il brano anche se non ne ho voglia. Perché non lo
   _____ tu?
   —Perché Carlo e Tina dicono che lo _____ loro. Che bravi!
4. —Quanti soldi tieni nel portafoglio?
   —Ne _____ pochi, preferisco fare assegni. Mia moglie però _____ sempre
   almeno 50 dollari in tasca!
5. —La domenica rimani a letto fino a (*until*) tardi?
   —Sì, ma i miei compagni di camera vi (*there*) _____ fino alle due del
   pomeriggio. E voi fino a quando _____ a letto?
   —Vi _____ fino alle nove e poi facciamo colazione.
6. —Bevete vino o acqua minerale?
   —Noi _____ vino, e tu?

Bere has the same conjugational pattern as **dovere, presented in the following grammar section.*

—Anch'io _____ vino, ma poco. I miei genitori _____ solo acqua minerale. Mio zio Luigi, però, _____ molto vino e anche molta birra!

7. —Io salgo sul tram in via Cerchi. Dove _____ tu e Luca?

—_____ in via Veneto e gli altri _____ con noi, tranne (*except for*) Marco che _____ in via Settembrini.

8. —Quella ragazza si veste sempre di rosso; attrae l'attenzione di tutti.

—Non mi sorprende, lei ama _____ l'attenzione della gente.

—Anch'io comunque _____ l'attenzione dei compagni di classe quando ho l'orecchino (*earring*) nel naso. Non dirmi che tu non _____ l'attenzione dei tuoi compagni quando hai quegli enormi anelli (*rings*)!

9. —Questi signori propongono un affare (*business deal*) interessante, ma l'avvocato Spinelli _____ un affare vantaggioso (*profitable*). Forse è ancora più vantaggioso di quello che _____ noi.

—Sì, lo so. È forse anche più interessante di quello che _____ tu.

B. Non più sola. Sonia sta bene a Venezia ma va spesso all'estero (*abroad*) per motivi di lavoro e di studio. Il mese prossimo si sposerà con Davide, e la coppia continuerà a viaggiare e a lavorare insieme. Rileggete la storia ad alta voce, cambiando il soggetto da **Sonia** a **Sonia e Davide**.

(Sonia e Davide sono due amici...)

Sonia è un'amica di Venezia. Le piace la vita libera e non rimane mai a lungo (*for long*) nella stessa città. Anche quando è lontana, però, mantiene sempre i contatti con gli amici. Lavora come traduttrice: traduce saggi (*essays*) e romanzi. È anche una brava pianista e compone molte belle canzoni. Guadagna bene, perché lavora con cura e diligenza.

Ha una villetta (*small house*) a tre chilometri dalla città. Sta a casa gran parte del giorno a lavorare, ma la sera, in genere, esce con gli amici, e propone sempre qualcosa d'interessante da fare. Dice poco, ma dà sempre degli ottimi consigli (*advice*) agli amici. Viene spesso a casa mia, ma fra poco parte per Parigi, dove ha intenzione di tradurre un romanzo importante. Conosco poche persone come Sonia!

C. Abitudini personali. Con un compagno (una compagna), preparate le domande e rispondete usando i verbi irregolari.

ESEMPIO: quando / bere / caffè →
—Quando bevi il caffè?
—Bevo il caffè (la mattina, dopo la lezione di chimica, alle due di notte). (Non bevo caffè.)

1. cosa / fare / di solito il sabato sera
2. con chi / uscire / in genere
3. dove / andare / per mangiare specialità cinesi
4. a chi / dare / il numero di telefono
5. in quali giorni / venire / all'università
6. quando / andare / a trovare (*visit*) i genitori (o altri parenti)

AL CORRENTE

· ·

L'ordinamento *(system)* scolastico italiano.   Per certi aspetti (*In some respects*) l'ordinamento scolastico italiano sembra più complicato di quello americano. Guardate il grafico e scegliete la conclusione adatta alle seguenti frasi.

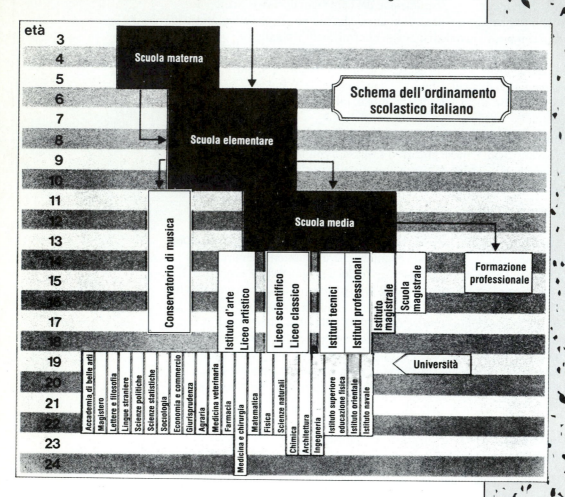

Schema dell'ordinamento scolastico italiano

1. Nell'ordinamento scolastico italiano, uno studente che frequenta un istituto artistico, tecnico o magistrale inizia la sua formazione professionale all'età di
   a. 18 anni   b. 19 anni   c. 14 anni
2. Il liceo italiano, rispetto alla *high school* americana, dura
   a. meno anni   b. gli stessi anni   c. più anni
3. Gli anni di studi universitari necessari per insegnare alla scuola elementare sono
   a. quattro   b. sei   c. zero

4. Uno studente può essere ammesso all'università se ha frequentato
   a. il liceo scientifico o classico   b. la scuola magistrale
   c. qualsiasi (*any*) scuola
5. Tutto sommato (*in all*), rispetto agli Stati Uniti, si fanno _____ di scuola per ottenere una laurea in Italia.
   a. meno anni   b. gli stessi anni   c. più anni
6. L'età minima per ottenere una licenza professionale è
   a. sedici anni   b. diciotto anni   c. ventidue anni
7. Quale delle seguenti affermazioni è falsa?
   a. Il conservatorio di musica non è una scuola preparatoria per l'università.
   b. In generale, le discipline letterarie ed artistiche richiedono più anni di studio delle discipline tecniche e scientifiche.
   c. I bambini americani iniziano la scuola elementare prima dei bambini italiani.
8. In genere, quali sono le differenze più importanti fra l'ordinamento scolastico italiano e quello americano? Trovate dei grandi vantaggi o degli svantaggi nell'uno o nell'altro? Spiegate la vostra risposta.

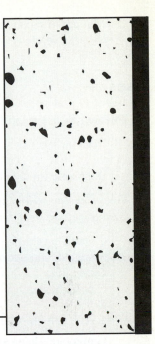

 STRUTTURE II

3. Dovere, potere, volere

Forms

1. **Dovere**, **potere**, and **volere** are modal auxiliaries: verbs that accompany other verbs and indicate their mood (*can, could, might, must*, etc.).* The following chart gives their complete present-tense conjugation.

dovere (*must, to have to*)		**potere** (*can, to be able to*)		**volere** (*to want*)	
devo	dobbiamo	posso	possiamo	voglio	vogliamo
devi	dovete	puoi	potete	vuoi	volete
deve	devono	può	possono	vuole	vogliono

2. **Dovere**, **potere**, and **volere** usually precede an infinitive.

   Giulio, non **devi** correre tanto!   *Giulio, you mustn't [shouldn't] rush around so much!*

---

*The verb **sapere** also has a modal function when used as *to know how* (*to do something*). **Sapere** is presented in detail in Chapter 3, Section 3 (**Conoscere e sapere**).

Non **posso** sopportare quell'uomo.   *I can't stand that man.*
Ragazzi, **volete** venire al cinema?   *Guys, do you want to come to the movies?*

Uses

1. **Dovere** can also mean *to owe.*

   Devo un sacco di soldi a mio fratello.   *I owe a whole bunch of money to my brother.*
   Dobbiamo un favore allo zio Luigi.   *We owe Uncle Luigi a favor.*

2. **Volere**, when accompanied by **ci** and used in the third person singular or plural, is an impersonal expression meaning *to take* (time) or *to require.*

   Ci vuole un'ora per preparare il sugo di pomodoro.   *It takes an hour to make tomato sauce.*
   Ci vogliono due uova per fare la pasta fresca.   *Two eggs are needed to make fresh pasta.*

3. **Voler bene a qualcuno** means *to be fond of, care for*, or *love someone.*

   Voglio tanto **bene ai** miei nonni; **gli voglio** tanto **bene**.   *I'm so fond of my grandparents; I'm so fond of them.*

4. **Voler dire** means *to mean.* In this use, it drops the final **e** from the infinitive and from the third person singular.

   Cosa **vuol dire** «arzigogolato»?   *What does "arzigogolato" mean?*
   Vuoi dire che è troppo tardi per iscriverci a questo corso?   *You mean it's too late to register for this class?*

Un po' di pratica

A. Dialoghi-lampo. Rispondete con la forma adatta dei verbi modali.

ESEMPIO: —Cominciamo? (**dovere**)
　　　　　　—Sì, dovete cominciare!

1. Ripeto?   2. Studiano?   3. Fai il compito?
4. Aspettate?   5. Finiscono il progetto?

ESEMPIO: —Rispondete? (**potere**)
　　　　　　—No, non possiamo rispondere.

1. Vieni a lezione?   2. Danno l'esame questo mese?
3. Propongo un film?   4. Esce stasera Gianfranco?
5. Facciamo un giro del *campus*?

ESEMPIO: —Prendo un caffè, e tu? (**volere**)
　　　　　　—Sì, voglio prendere un caffè anch'io.

1. Traduco una poesia, e Gianna?
2. Bruno va in biblioteca, e loro?
3. Frequentiamo questo corso, e voi?
4. Scelgo un libro di storia, e tu?
5. Loro dicono due parole al professore, e noi?

B. Quattro chiacchiere. Completate gli scambi con la forma adatta di **dovere**, **potere**, **sapere**, **volere** o **volerci**.

1. —Come mai (tu) _____ frequentare i corsi estivi
   (*summer school*)?
   —L'anno prossimo _____ andare a Parigi,
   e _____ imparare il francese prima di partire.
2. —Mi dispiace, Paola, ma non posso pagarti ora
   le £20.000 che ti _____.
   —Non ti preoccupare! Mi _____ dare i soldi la
   settimana prossima.
3. —Professoressa, cosa _____ dire «rompiscatole»?
   —Ve lo dico, ragazzi, ma è un'espressione un po'
   volgare che _____ usare solo tra amici!
4. —Tommaso, stai a casa tutto il giorno con
   la bambina. Non _____ uscire qualche volta?
   —Sì, ma _____ uscire la sera e il weekend. Comunque (*anyway*) sono contento di stare con Sandrina perché è mia figlia e le _____ bene.
5. —Franco, mi _____ accompagnare alla stazione?
   —Mi dispiace, Silvia, ma non _____; non _____ guidare!
6. —Quanto tempo _____ per andare a Boston?
   —Dipende; in aereo, _____ un'oretta; in macchina, _____ quattro ore.

Voglio tutto.

C. Problemi d'abitazione. L'alloggio è quasi sempre un problema per gli studenti. Parlate della vostra situazione con un compagno (una compagna), e date dei particolari (*some details*). Chiedete...

ESEMPIO: se può studiare a casa →
   —Puoi studiare a casa?
   —No, non posso perché i miei compagni di camera fanno troppo
      chiasso (*uproar*). E tu?
   —Posso studiare a casa se chiudo la porta.

1. a che ora deve alzarsi per venire all'università
2. dove vive, e se vive nel dormitorio (in una casa privata, un appartamento,
   ecc.) perché vuole, o perché deve
3. con chi vive, o se vive da solo/a perché vuole, o perché deve
4. dove vuole vivere l'anno prossimo
5. se può ascoltare lo stereo o guardare la TV quando vuole
6. se può preparare i pasti (*meals*) a casa
7. se può parcheggiare la macchina (la bici, la motocicletta) facilmente

Ora andate avanti voi con vostre domande.

4. Espressioni negative

niente; nulla	*nothing*
nessuno; nessun(o)...	*nobody; no . . .*
mai; non... mai	*never*
non... ancora	*(not) yet*
non... più	*(not) anymore, any longer*
neanche	*(not) either; (not) even*
né... né	*neither . . . nor*

1. Italian phrases become negative when **non** is placed before the verb. If **ci** or an object pronoun appears before the verb, **non** precedes them.

    Quest'anno **non** frequento
      l'università.

    Non m'iscrivo; **non** ci vado per ora.

    *This year I'm not attending the
      university.*

    *I'm not enrolling; I'm not going
      there for now.*

2. When a sentence requires other negative expressions, the word order is usually
    non + *verb* + *negative expression*.

STRUTTURA POSITIVA	STRUTTURA NEGATIVA
Faccio **tutto**.	**Non** faccio **niente**.
C'è **qualcosa** da bere?	**Non** c'è **nulla** da bere.
Conosci **tutti**? Conosci **qualcuno**?	**Non** conosco **nessuno**.
Conosco **tutti** i parenti.	**Non** conosco **nessun** parente.
Franco vince (*wins*) **sempre** a poker.	Franco **non** vince **mai** a poker.
Claudio e Gina sono **già** iscritti.	Claudio e Gina **non** sono **ancora** iscritti.
Mio fratello frequenta **ancora** l'università.	Mio fratello **non** frequenta **più** l'università.
Invitano **anche** Lisa.	**Non** invitano **neanche** Lisa.
Amiamo **sia** la musica classica **che** quella rock.*	**Non** amiamo **né** la musica classica **né** quella rock.*

3. **Nessuno** is always singular, whether it is used as a pronoun or an adjective.

    Non ho **nessun** orario fisso.

    Nessuno vuol fare una domanda?

    I have no fixed schedule.

    Nobody wants to ask a question?

4. When **nessuno** is used as an adjective, it is declined like the indefinite article.

    Non abbiamo **nessun**'idea di
      quando comincia il prossimo
      trimestre.

    *We have no idea when the next
      semester begins.*

---

*Sia... che = *both . . . and.* In contrast to English, **né... né** is *always* followed by a plural verb: **Né Michele né Laura vengono alla festa.**

| **Nessuno** studente s'iscrive al corso di fisica. | *No student is enrolling in the physics course.* |

5. When a negative expression precedes the verb, **non** is omitted.

| **Nessuno** mi aiuta, neanche l'assistente. | *Nobody's helping me, not even the teaching assistant.* |
| **Niente** è facile in questo corso di laurea. | *Nothing is easy in this curriculum.* |

6. **Niente** (**nulla**), like the positive expression **qualcosa**, takes **di** before an adjective and **da** before an infinitive.*

C'è **qualcosa di** interessante sul giornale?	*Is there something interesting in the newspaper?*
Non c'è **niente di** interessante sul giornale.	*There's nothing interesting in the newspaper.*
Cercate **qualcosa da** fare?	*Are you [folks] looking for something to do?*
Non cerchiamo **niente da** fare.	*We're not looking for anything to do.*

7. In the case of plural nouns, *not . . . any* or *no* can be expressed in more than one way. Study these examples:

Non abbiamo esami.		*We don't have any exams.* [*We*
Non abbiamo **nessun** esame.	}	*have no exams.*]
Non abbiamo domande.		*We don't have any questions.* [*We*
Non abbiamo **nessuna** domanda.	}	*have no questions.*]

Un po' di pratica

A. Siete proprio dei disgraziati! Alternandovi con un compagno/una compagna, fate delle domande e rispondete secondo l'esempio.

> **ESEMPIO:** amica →
> —Hai molte amiche?
> —No, non ho nessun'amica.

1. disco   2. idea   3. bel vestito   4. gettone
5. amico straniero (amica straniera)   6. videocassetta

Ora ripetete l'esercizio usando **neanche**.

> **ESEMPIO:** —Hai molte amiche?
> —No, non ho neanche un'amica.

B. Povero Pasqualino! Il vostro amico Pasqualino Passaguai è un gran pessimista. Ditegli che le cose vanno meno male di quanto non creda. (*Tell him things aren't going as badly as he thinks.*) Usate l'espressione **dai** (*come on!*) nelle vostre risposte.

---

*The use of **di** and **da** with indefinite pronouns is presented in greater detail in Chapter 6, Section 5 (**Altre preposizioni**).

ESEMPIO: Laura non mi telefona mai. →
Ma dai, ti telefona sempre (qualche volta)!

1. Nessuno mi invita alle feste.
2. Né Mirella né Claudia mi trovano simpatico.
3. Neanche il cane mi vuol bene.
4. Non c'è niente di bello nella mia vita.
5. Non sono più giovane.
6. Non ho niente da fare.

C. È una questione di carattere. Claudia e Claudio sono fratelli, ma hanno caratteri completamente diversi. Leggete ad alta voce la descrizione di Claudia, poi mettetela al negativo per parlare di Claudio.

Claudia è una persona allegra e simpatica. È amica di tutti. Ha sempre qualcosa di gentile da dire a tutti, e ha sempre qualcosa da fare. Trova tempo ogni giorno sia per il lavoro che per gli amici. È già laureata, ma frequenta ancora qualche corso all'università. Tutti ammirano quella ragazza!

...NON È VERO CHE NON C'È NULLA DA FARE...

CHI LO SA SI È MESSO IN "RETE" AIUTACI A DIMOSTRARLO ANCHE AGLI ALTRI

ADERISCI E SOSTIENI IL **MOVIMENTO PER LA DEMOCRAZIA**

RETE

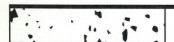 METTIAMOLO PER ISCRITTO!

Esperienze scolastiche. Scegliete uno di questi argomenti come tema. Cercate di usare il più spesso possibile (*as often as possible*) il presente indicativo dei verbi irregolari e i vocaboli presentati in questo capitolo.

1. Un vostro amico italiano (una vostra amica italiana) vuole iscriversi a un'università americana, e vi chiede informazioni. Descrivete quattro o cinque aspetti salienti (*notable*) della vita universitaria negli Stati Uniti.
2. Adottando la forma di un diario e usando il tempo presente, scrivete quattro o cinque riflessioni (*reflections*) sulle vostre esperienze della scuola. Cercate di dare un esempio per ogni livello della vostra carriera scolastica: le elementari, la scuola media, il liceo, l'università.

CAPITOLO 3

IL MONDO POLITICO

Una riunione politica. Che espressione hanno i politici? Qual è la loro età? Secondo voi, cosa c'è di strano in questa foto?

The reading in this chapter, *Tornano i boat people dall'Adriatico*, addresses the controversy of the massive influx of illegal immigrants who poured into Italy from Albania after that country relaxed its emigration laws a few years ago. Although this wave has receded to some extent, immigration policy continues to be a major concern for Italy, as for most Western countries. By examining the way in which a government formulates and applies such a policy, we can gain useful information about its political system.

 VOCABOLARIO TEMATICO

Here are some terms which can be useful in discussing the linked questions of immigration, government institutions, and political life in Italy today.

Sostantivi

l'accordo agreement
l'aiuto help, assistance
la coalizione coalition
il compromesso compromise
l'immagine (*f.*) image
l'immigrato immigrant
la maggioranza majority
il mito myth, false idealization
il partito (political) party
la patria homeland
il potere power
il profugo refugee
la vittima (*m.*, *f.*; *pl.* **le vittime**) victim

Verbi

accettare to accept
annegare to drown
contribuire (*conj. like* **capire**) to contribute
creare to create
fornire to provide
inserirsi to become part of, fit into
negare to deny
permettere (di) to allow
raggiungere (*p.p.* **raggiunto**) to reach, arrive at
regolare to control, regulate
rischiare (di) to risk
scontentare to displease

succedere (*p.p.* **successo**) to happen
trattarsi (di) to be a matter of

Aggettivi

capace capable
costretto forced
perplesso perplexed
unanime unanimous

Altre parole ed espressioni

clandestinamente secretly, "under cover"
comunque anyway
neppure not even

A. Cercate, tra le parole del **Vocabolario tematico**, il contrario di ciascuna delle seguenti parole.

1. l'emigrato
2. apertamente
3. la minoranza
4. respingere (*to reject*)
5. distruggere
6. accontentare
7. anche
8. l'impotenza

B. Date una definizione in italiano delle seguenti parole.

1. unanime
2. il mito
3. raggiungere
4. l'immagine
5. l'accordo
6. regolare
7. il partito
8. perplesso

C. Tre studenti italiani si incontrano in un caffè dopo la lezione. Guardando i titoli (*headlines*) del giornale, cominciano a lamentarsi della situazione politica in Italia. Completate le frasi con le parole adatte, secondo il contesto.

MARCO: Evidentemente il governo non è _____[1] di prendere provvedimenti efficaci (*effective measures*).

LAURA: Sì, è vero! Guarda il caso dei _____² albanesi (*Albanian*). Prima il governo decide di _____³ agli albanesi d'immigrare in Italia, e ora gli (*to them*) vogliono _____⁴ il permesso di restarci.

DONATA: Sì, perché il governo non capisce che se apre le porte agli _____⁵, gli deve anche _____⁶ adeguate strutture e servizi per aiutarli ad _____⁷ nella società, specialmente quando arrivano in tanti (*in such large numbers*)!

LAURA: È logico che vengano tutti in Italia! Nei programmi televisivi italiani trasmessi (*broadcast*) in Albania, vedono il tenore di vita (*standard of living*) che c'è qui. Per questo credono di trovare abbondanti opportunità di lavoro. Si formano una specie di _____⁸ dell'Italia e naturalmente i mass-media _____⁹ molto a creare questa _____¹⁰ falsa.

DONATA: Ma purtroppo, per stabilirsi in Italia, gli albanesi hanno bisogno di molto _____.¹¹

MARCO: È uno scandalo che il governo non lo abbia capito (*didn't understand it*) subito. E pensare che queste cose _____¹² tutti i giorni in Italia!

LAURA: Ma cosa vuoi (*what do you expect*)! I partiti politici formano la solita _____¹³ di governo e poi, invece di proporre qualcosa di nuovo, vanno avanti con vecchi _____¹⁴ che non accontentano nessuno!

D. Cosa succede in questa fotografia? Con l'aiuto di alcune parole del **Vocabolario tematico**, provate a rispondere alle domande.

Possibilità: annegare, clandeqstinamente, immagine, patria, permettere, profugo, rischiare, trattarsi di, vittima

1. Chi sono queste persone e che cosa sono costrette a fare?
2. Perché lo fanno?
3. Cosa rischiano nel farlo?

LECCE
Torna l'emergenza albanesi. Migliaia di disperati cercano in ogni modo di raggiungere l'Italia.

Ieri mattina, a San Foca di Lecce, sono sbarcati[a] 632 profughi a bordo di due navi salpate[b] da Valona. In trecento hanno guadagnato la riva a nuoto,[c] uno è morto annegato. Sono stati i turisti a prestare i primi soccorsi[d] ai fuggitivi, inviati nel campo di raccolta[e] di vernole, in attesa di essere reimbarcati[f] per l'Albania.

---

[a]*disembarked*   [b]*which set out from*   [c]*hanno… they swam to shore*   [d]*aid, assistance*   [e]*campo… refugee camp*   [f]*in… waiting to be shipped back*

 PRELETTURA

Entriamo nel contesto!

●●

A. Questo elenco presenta alcuni aspetti tipici del sistema politico americano e di quello italiano. Indicate a quale dei due sistemi si riferiscono.

	ITALIA	USA
ESEMPIO: Il referendum nazionale permette a tutti i cittadini del paese di votare pro o contro certe leggi (*laws*).	X	____
1. Insieme, le due camere (*chambers*) si chiamano «parlamento».	____	____
2. Le elezioni nazionali hanno luogo (*take place*) sempre il martedì.	____	____
3. Si forma un nuovo governo quando i partiti non riescono a formare una coalizione.	____	____
4. Molti partiti politici sono rappresentati nel governo.	____	____
5. La campagna elettorale è lunga e costosa per ogni singolo candidato.	____	____
6. Molte persone appoggiano (*support*) candidati e partiti di sinistra.	____	____
7. Il potere è diviso fra il presidente, il congresso e la corte suprema.	____	____
8. C'è un presidente, ma l'incarico (*office*) politico più importante è quello di primo ministro.	____	____

B. Rispondete alle seguenti domande.

1. Quali sono alcuni poteri decisionali (*decision-making*) che ha il presidente degli Stati Uniti?
2. Citate tre problemi politici attuali (*current*) che, secondo voi, destano (*arouse*) grande interesse e che sono controversi. Ne parlate qualche volta con altre persone? (Con chi? Quando?)
3. Gli americani parlano molto di politica? Perché sì o perché no?
4. Potete citare alcuni partiti politici negli Stati Uniti oltre a (*besides*) quello Democratico e a quello Repubblicano?
5. Cosa pensate del sistema bipartitico americano? Potete citare alcuni vantaggi e/o svantaggi?
6. In generale, qual è la politica (*policy*) degli Stati Uniti nei confronti dei profughi politici? E nei confronti degli immigranti che entrano nel paese illegalmente?
7. Secondo voi, la politica verso questi gruppi è giusta e ragionevole (*just and reasonable*)?

Strategie per la lettura

Guessing meaning through context. One useful way to guess the meaning of an unfamiliar word is to understand its function in a sentence, keeping in mind all the structural clues that context can provide. Meaning can often be inferred by first determining the part of speech to which the word belongs.

Consider the following sentence: *A bordo della nave ci sono 850 persone; otto si sono tuffati in mare e sono stati salvati dalla guardia costiera.* Some words and expressions may be unfamiliar to you, but look at their position within the sentence:

> **A bordo della nave** there are 850 people; eight **si sono tuffati** in the sea and were **salvati** by the **guardia costiera**.

Once you know if a word or expression is acting as a noun, verb, or adverb, for example, you can narrow down its possible meanings. To this process, you might add cognate recognition (discussed in **Capitolo 1**) for the words **salvati** and **guardia costiera**, to further clarify the meaning. You may not understand all the words, but you can still get a pretty good idea of the overall meaning of the sentence. This is the first step in using structural clues to interpret unfamiliar passages. Remember that this process is always made easier when you gain contextual meaning by looking over the sentences that precede and follow.

Try to identify the subject, verb, and object of the following sentences.

1. Sulle coste italiane i turisti hanno visto 18.000 profughi sbarcare senza soldi, vestiti o cibo.
2. Secondo il racconto dei giornalisti, per salire sulla nave sono morte almeno dieci persone.
3. A un certo numero di albanesi il governo ha dato alcuni mesi per cercare lavoro.

Can you now determine the overall meaning of each sentence?

 LETTURA

Tornano i «boat people» dall'Adriatico

Carlo e Ian, un suo amico inglese, sono seduti in un caffè. Ian legge l'inizio di un articolo di un giornale italiano. È perplesso, e chiede a Carlo alcune spiegazioni.

IAN: Perché questa gente vuole venire in Italia? Perché il governo italiano li reimbarca per l'Albania?

5 CARLO: Guarda, se ho capito bene, molti albanesi, scontenti del loro regime, hanno deciso di venire in Italia perché pensano che l'Italia sia il paese più ricco tra quelli che si trovano vicino all'Albania. Naturalmente, pensano anche che ci siano grandi opportunità di lavoro.

IAN: Ma devono attraversare° il mare!   *to cross*

10 CARLO: Preferiscono rischiare di annegare pur di venire° in Italia. Vedi, l'articolo dice   pur... in order to come
che la televisione italiana (che gli albanesi possono vedere nel loro paese) ha
contribuito a creare il mito di un'Italia prospera dove è facile trovare lavoro,
dove tutti hanno una bella macchina e si vestono bene. Diversi albanesi sono
venuti in Italia qualche mese fa e a loro il governo ha dato alcuni mesi per cer-
15 care lavoro e ottenere la possibilità di rimanere permanentemente.

Come tutte le decisioni politiche in Italia, anche questa è stata una scelta
molto difficile. Sai bene che ci sono tanti partiti politici in Italia e raggiungere
una decisione unanime è sempre molto complicato, soprattutto quando si tratta
di una questione così delicata come questa. Quello che succede è che passa
20 molto tempo prima di trovare un accordo e spesso viene fuori° un compro-   viene... the end result is
messo che scontenta un po' tutti.

IAN: Compromesso? Ma perché non decide il presidente?

CARLO: Il presidente ha dei poteri molto limitati. È il primo ministro che decide
insieme ai ministri che fanno parte del governo. Tu sai che ora il governo è
25 formato da una coalizione di vari partiti, perché non c'è un partito con la
maggioranza assoluta. Ma spesso non c'è un accordo neppure tra i partiti che
formano la maggioranza.*

Comunque, dopo la prima ondata° di albanesi, il governo ha deciso   wave
di non accettare più questi immigrati che arrivano clandestinamente nel
30 paese. Ha deciso, invece, di fornire aiuti umanitari al governo albanese.

IAN: E gli italiani, che ne pensano?

CARLO: C'è parecchia confusione. Molti vogliono aprire le porte a questi immigrati
perché vengono qui per cercare un futuro migliore che non possono trovare
in patria. Altri hanno paura che sia difficile regolare la loro entrata. A
35 molti italiani fa pena° vedere così tanta gente costretta ad emigrare senza niente.   fa... it brings sorrow

La maggioranza sono uomini tra i
venti e i quarant'anni, molti arrivano
solo con i vestiti che hanno addosso,°   on their backs
non hanno niente da mangiare e
40 non hanno soldi.

IAN: Ma chi li può aiutare?

CARLO: In realtà, sono vittime innocenti di
una situazione assurda. C'è solo da
sperare° che il loro governo decida di   C'è... one can only hope
45 attuare° quelle riforme democratiche   to put into effect
che permettano a queste persone di
trovare condizioni di vita migliori in
Albania. Se il governo italiano decide
di legalizzare la posizione di quelli
50 che sono già qui, deve farlo dando°   deve... it must do so (while) giving
loro tutte le possibilità per inserirsi
nella società italiana.

---

*Con la vittoria del «sí» al referendum del 18 aprile 1993 su un nuovo sistema elettorale, è incominciata
una profonda riforma del sistema politico italiano. I vari partiti saranno riuniti probabilmente in due
schieramenti (*groupings*), uno «progressista» e uno «moderato». Questa riforma forse porterà come conseguenza una maggiore stabilità ed una maggiore efficienza del governo italiano.

Avete capito?

A. In base alla lettura, scegliete gli aggettivi che descrivono meglio le parole o espressioni seguenti. Sapreste aggiungere (*Could you add*) qualche aggettivo alla lista per completare le descrizioni?

Aggettivi: scontento, ricco, prospero, difficile, complicato, delicato, confuso, povero, innocente, assurdo, complesso, numeroso, oppressivo, pietoso... altro?

1. il pubblico italiano
2. l'Italia
3. i partiti politici
4. gli accordi politici in Italia
5. la situazione degli albanesi
6. gli albanesi
7. il governo albanese

B. In base a quello che avete letto, formate una frase logica abbinando le parole e le espressioni nelle tre colonne.

A	B	C
1. Una coalizione di governo	sono vittime innocenti	il potere di decidere
2. L'Italia	ha una reazione confusa	di raggiungere un compromesso
3. Gli albanesi	non ha	da vari partiti
4. Il pubblico italiano	cercano sempre	un paese molto prospero
5. Il presidente italiano	è sempre formata	di un regime oppressivo
6. I quattro partiti della coalizione	sembra ai profughi	di fronte al problema dei nuovi immigranti

C. Trovate nella lettura quei fatti che possano contraddire o sostenere (*contradict or support*) le seguenti dichiarazioni.

1. Gli albanesi sono vittime di una grave recessione economica, ma per il resto (*for the most part*) sono contenti.
2. La sorte (*fate*) degli albanesi è una questione molto difficile da risolvere.
3. Il governo italiano ha dato ad alcuni albanesi il permesso di restare qualche mese in Italia, ma ha rifiutato il permesso ad altri.
4. Il governo ha invitato gli albanesi ad immigrare in Italia per fare i lavori più umili che gli italiani non vogliono più fare.
5. Grazie alla partecipazione di molti partiti al governo italiano è piuttosto facile raggiungere accordi politici.
6. Il Presidente della Repubblica Italiana ha dei poteri abbastanza simili a quelli del Presidente degli Stati Uniti.

D. In base alla lettura, siete o non siete d'accordo con le seguenti affermazioni? Spiegate le vostre opinioni.

1. Gli albanesi sono disperati.
2. I governi dei paesi sviluppati non dovrebbero (*should not*) aprire i confini ai profughi se non hanno adeguate strutture per aiutarli a trovare alloggio e lavoro.
3. Gli italiani (insieme agli altri paesi sviluppati) hanno il dovere (*duty*) umanitario di accettare i profughi albanesi, anche se ciò è causa di gravi problemi per la società italiana.

4. I problemi degli immigrati sono simili in Italia e negli Stati Uniti.
5. Negli Stati Uniti, c'è un sistema più efficace per trattare (*to deal with*) il problema degli immigrati entrati illegalmente nel paese e dei profughi politici.

E ora, a voi!

A. Immaginate di avere il potere di decidere quello che è possibile fare in una situazione simile a quella descritta (*described*) nella lettura. Guardate l'elenco qui sotto e dite quali soluzioni vi sembrano più giuste (*just*), e quali meno. Poi date una giustificazione per ciascuna delle vostre scelte.

1. Lasciate entrare tutti indiscriminatamente.
2. Lasciate entrare solo quelli che hanno già dei parenti (*relatives*) in Italia.
3. Lasciate entrare solo quelli che sono dei perseguitati politici.
4. Decidete caso per caso, ma cercate di convincere altre nazioni europee ad accettare dei profughi.
5. Non lasciate entrare nessuno.

B. I passeggeri sul pullman (*tour bus*) rappresentato in questa vignetta sono i segretari dei maggiori partiti italiani. Se il titolo della caricatura fosse (*were*) «il sogno degli americani» anziché (*instead of*) «il sogno degli italiani», quali leaders politici degli ultimi dieci anni troverebbero posto (*would have a seat*) sul pullman, secondo la maggioranza degli americani? E secondo te?

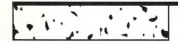 STRUTTURE I

1. Aggettivi qualificativi

Adjectives modify a noun, pronoun, or other adjective. They agree in gender and number with the word they modify. This chart shows the regular variants.

MASCHILE		
	Singolare	*Plurale*
-o → -i	l'uomo perpless**o**	gli uomini perpless**i**
-e → -i	l'accordo unanim**e**	gli accordi unanim**i**
-ista → -isti	il signore ego**ista**	i signori ego**isti**

FEMMINILE		
	Singolare	*Plurale*
-a → -e	la donna perpless**a**	le donne perpless**e**
-e → -i	la decisione unanim**e**	le decisioni unanim**i**
-ista → -iste	la signora ego**ista**	le signore ego**iste**

If an adjective modifies two or more words of different genders, it takes the masculine plural form.

Il partito e la coalizione sono compromessi.

Position of Adjectives

1. Adjectives normally follow the noun they modify. All adjectives preceded by an adverb (**molto, poco, troppo, tanto,** etc.) *must* follow the noun.

   Sono studenti **apatici**.
   Sono giornalisti **molto entusiasti**.

2. Certain commonly used adjectives precede the noun they modify. These include: **bello, brutto, buono, bravo, cattivo, grande, piccolo, giovane, vecchio, caro, stesso, vero, lungo, primo, ultimo, certo**.

   Quella senatrice è una **brava** persona.
   È sempre la **stessa** storia con i politici!

3. Some adjectives take on different meanings depending on the position they occupy. Common examples include:

una **cara** persona (*dear*)	una macchina **cara** (*expensive*)
un **nuovo** televisore (*another*)	un televisore **nuovo** (*brand-new*)
una **certa** signora (*certain*)	una cosa **certa** (*sure*)
un **povero** ragazzo (*unfortunate*)	un ragazzo **povero** (*with little money*)
diverse cose (*a few, several*)	cose **diverse** (*different*)
un **vecchio** amico (*known for many years*)	un amico **vecchio** (*elderly*)
un **grand'**uomo (*great*)	un uomo **grande** (*large, tall*)

4. Two or more common adjectives may precede the noun they modify if they belong to the type listed under number 2 above.

   È una **vecchia**, **cara** amica.

   In most cases, however, two or more adjectives follow the noun they modify.

   È un'università **vecchia** e **famosa**.

Buono, bello, grande, and *Santo*

1. In the singular, **buono** follows the pattern of the indefinite article (**Capitolo 2**) when it precedes the noun it modifies. Its plural forms are regular.

   Franco è un buo**n** padre.   Che buo**n'**amica!
   Il dottor Gilli è un buo**no** psicologo.   Ecco una buo**na** ricetta (*recipe*).

2. **Bello** follows the pattern of the definite article (**Capitolo 1**) when it precedes the noun it modifies.

   Che **bel** libro!
   Ancona è una **bella** città.
   Quel negozio vende tanti **begli** abiti!

MASCHILE		
	Singolare	*Plurale*
Before most consonants	un bel vestito	due be**i** vestiti
*Before **s** + consonant, **z**, **ps***	un bel**lo** spettacolo	due be**gli** spettacoli
Before vowels	un bel**l'**orologio	due be**gli** orologi

FEMMINILE		
	Singolare	*Plurale*
Before all consonants	una bell**a** foto	due bel**le** foto
Before vowels	una bel**l'**occasione	due bel**le** occasioni

3. Although their patterns are not so fixed as those of **buono** and **bello**, **grande** and **Santo** (*saint*) also have irregular forms when they precede the nouns they modify. Before plural nouns, **grande** and **Santo** are regular. Before singular nouns, they follow these patterns:

MASCHILE		
Before most consonants	un gra**n** signore	Sa**n** Francesco
*Before **s** + consonant, **z**, **ps***	un gran**de** zoo	San**to** Stefano
Before vowels	un gran**d'**amico	Sant**'**Antonio

FEMMINILE		
Before all consonants	una gran**de** signora	San**ta** Chiara
Before vowels	una gran**d'**amica	Sant**'**Anna

Attenzione! You will sometimes encounter **gran** before feminine nouns not beginning with **z**, **s** + consonant, or **ps**: **una gran signora**. **Gran** can also be an adverb meaning *really* or *quite*.

Sofia Loren è sempre una **gran** bella donna!

GRAN RAFFREDDORI. GRAN FAZZOLETTI.

Scottex

IL POSTO PIU' MORBIDO DOVE METTERE IL NASO.

Irregular Plurals of Adjectives

1. Most adjectives with irregular plurals follow a few general patterns, which are summarized below.

NEXT-TO-LAST SYLLABLE STRESSED	
-co → **-chi**	bian**co** → bian**chi**
-go → **-ghi**	lun**go** → lun**ghi**
-ca → **-che**	bian**ca** → bian**che**
-ga → **-ghe**	lun**ga** → lun**ghe**
-gia → **ge**	gri**gia** → gri**ge**

SYLLABLE BEFORE NEXT-TO-LAST STRESSED	
-co → **-ci**	simpati**co** → simpati**ci**
-ca → **-che**	simpati**ca** → simpati**che**

-i AS NEXT-TO-LAST SYLLABLE STRESSED	
-io → **-ii**	rest**io** (*reluctant, unwilling*) → rest**ii**
-ia → **-ie**	rest**ia** → rest**ie**

FINAL **-i** UNSTRESSED	
-io → **-i**	vecch**io** → vecch**i**
-ia → **-ie**	vecch**ia** → vecch**ie**

2. Adjectives denoting certain colors are invariable in the plural: **beige**, **blu** (*navy/dark blue*), **marrone** (*brown*), **viola** (*purple/violet*), **rosa** (*pink*).

> Ho i guanti (*gloves*) **beige** e gli stivali **marrone**.
> Preferisci queste calze (*socks*) **rosa** o queste **viola**?

3. In compound adjectives, only the ending of the second adjective changes in the plural: **i film italo-francesi**, **le teorie socio-politiche**.

Un po' di pratica

A. Trasformazioni. Mettete le espressioni singolari al plurale o vice versa.

ESEMPI: il partito socialista → i partiti socialisti
 i candidati popolari → il candidato popolare

1. l'ultima elezione
2. i voti unanimi
3. il senatore repubblicano
4. l'immigrato albanese
5. le scelte felici
6. i governi locali
7. lo studente egoista
8. l'accordo raggiunto (*reached*)
9. la deputata regionale
10. i comunisti perplessi

B. Descrizioni. Completate le frasi con gli aggettivi indicati. Attenzione alla posizione degli aggettivi!

ESEMPIO: Ho troppa roba. Devo affittare un... appartamento... (nuovo) →
 Devo affittare un **nuovo** appartamento.

1. Amo molto mia zia. È una... persona... (cara)
2. «I Repubblicani vinceranno le elezioni presidenziali negli Stati Uniti», dice il giornalista. «È una... cosa... » (certo)
3. I nostri vicini sono immigrati russi. Sono... persone... ma simpatiche e intelligenti. (povero)
4. La mia amica è traduttrice. Ha... dizionari... di lingue straniere. (diverso)

5. Conosco Fabia da molto tempo. È una... collega... di mio marito. (vecchio)
6. Non devi credere a Paolo; è un... bugiardo (*liar*)... (grande)
7. Quell'uomo è tanto noioso. Dice sempre le... cose... (stesso)
8. La signora Morelli insegna l'italiano ai profughi. Fa un... lavoro... (grande e importante)

C. Parlando di politica... Completate il dialogo tra Cathy ed i suoi amici italiani scegliendo tra gli aggettivi qui elencati. (Attenzione! Potete usare lo stesso aggettivo più di una volta.)

Aggettivi: bello, elettorale, enorme, esagerato (*excessive*), forte, medio (*average*), menefreghista (*indifferent*), minimo (*tiny, trivial*), molto, poco, privato, prossimo, repubblicano, stanco, tanto

MAURO: Dimmi cosa pensi, chi vincerà (*will win*) alle _____[1] elezioni?
CATHY: È difficile dire. Ci sono _____[2] candidati democratici e _____.[3] Le differenze fra i due partiti non sono _____,[4] quindi l'americano _____[5] in genere vota secondo le sue simpatie personali.
FRANCESCO: Ho sentito dire (*I've heard*) che _____[6] americani non votano. Come mai?
CATHY: Mah, è difficile generalizzare. Dopo gli scandali degli anni '70 e '80, _____[7] americani si fidano del governo. Poi, ci sono _____[8] giovani _____[9] negli Stati Uniti—gente «muta», senza grandi convinzioni (*convictions*)—come anche in Italia, purtroppo.
MAURO: È vero che la stampa e la TV hanno un' _____[10] influenza sulle decisioni dei votanti?
CATHY: Sì, e anche _____,[11] secondo me. Certi giornalisti insistono su ogni _____[12] particolare (*detail*) della vita _____[13] dei candidati. Ma molta gente è _____[14] di questo mentalità da cronaca rosa (*gossip columns*).

D. Piccole conversazioni. Completate le frasi con la forma adatta di **bello, buono** o **grande**.

1. —Chi si vede! Che _____ sorpresa! Come stai, Arturo?
   —Benissimo! Senti, voglio presentarti il mio _____ amico Bruno di Biasi.
   —Molto piacere.
2. —Il professore Zatti è un _____ studioso (*scholar*) del Cinquecento.
   —Ah, sì. Ho letto alcuni suoi saggi e li ho trovati molto _____.
3. —Che _____ stivali! Perché non li compri?
   —Purtroppo, sono troppo _____ per me. Porto solo il 34 (*size 6*).
4. —È un _____ _____ uomo il signor Mirollo.
   —È simpatico, ed è pure un _____ padre e un ottimo (*excellent*) marito.
5. —Di chi saranno questi _____ pantaloni?
   —Lo sai benissimo, Laura. Dammeli (*Give them to me*) subito!

E. Santi in cielo. Guardate, alla pagina seguente, la lista della feste dei Santi per i mesi di marzo e aprile. Leggete il nome del Santo (della Santa) che corrisponde alla data indicata.

ESEMPIO: il 20 aprile → Sant'Agnese

1. il 1º marzo
2. il 23 aprile
3. il 28 marzo
4. il 29 aprile
5. il 3 aprile

6. il 12 aprile
7. il 7 aprile
8. il 30 marzo
9. il 31 marzo
10. il 19 marzo

MARZO	APRILE
1 G ALBINO	1 D UGO
2 V MARZIA	2 L FRANCES. 14
3 S TIZIANO	3 M IRENE
4 D 1. QUARESIMA	4 M ISIDORO
5 L FOCA 10	5 G VINCENZO F.
6 M MARZIANO	6 V MARCELLINO
7 M FELICITA	7 S ISACCO
8 G GREGORIO	8 D DELLE PALME
9 V FRANCESCA	9 L MARIA CL. 15
10 S EMILIANO ☺	10 M APPOLL. ☺
11 D 2. QUARESIMA	11 M STANISLAO
12 L FABIO 11	12 G ZENONE
13 M RODRIGO	13 V ERMENEGIL.
14 M MATILDE	14 S VALERIANO
15 G CESARE	15 D PASQUA
16 V AGAPITO	16 L L'ANGELO 16
17 S PATRIZIO	17 M ARCANGELO
18 D 3. QUARESIMA	18 M GALDINO ☾
19 L GIUSEPPE ☾ 12	19 G CORRADO
20 M CLAUDIA	20 V AGNESE
21 M BENEDETTO	21 S ANSELMO
22 G LEA	22 D IN ALBIS
23 V VITTORIANO	23 L GIORGIO 17
24 S GABRIELE	24 M GASTONE
25 D ANNUNCIAZ.	25 M MARCO ●
26 L EGINAR. ● 13	26 G ANACLETO
27 M RUPERTO	27 V LIBERALE
28 M SISTO	28 S VALERIA
29 G SECONDO	29 D CATERINA
30 V QUIRINO	30 L PIO V 18
31 S BENIAMINO	

F. Aggettivi. Con un compagno (una compagna) inventate dei brevi dialoghi secondo l'esempio.

ESEMPIO: le opere di Mozart / i concerti di Brahms (lungo) →
—Le opere di Mozart sono lunghe.
—Anche i concerti di Brahms sono lunghi.

1. i signori Costa / le loro figlie (simpatico)
2. la borsa di Gianna / i suoi guanti (rosa)
3. Giacomo / i suoi amici (restio) a partecipare al dibattito
4. quei vestiti / quelle camice (bianco)
5. quest'armadio / questi quadri (vecchio)
6. l'ingegner Cardini / i suoi colleghi (stanco)
7. l'ombrello / le scarpe (grigio)
8. le lezioni di fisica / i compiti (lungo)

G. Indovinelli (*Riddles*). In piccoli gruppi, scrivete una descrizione di persone note ai vostri compagni di classe. Dopo, chiedete loro di indovinare (*to guess*). Usate molti aggettivi e siate specifici. Usate immaginazione!

ESEMPIO: Quattro inglesi famosi, originali, bravissimi musicisti, non sempre
simpatici. Sono molto ricchi, ma non tanto giovani. →
Sono i Rolling Stones!

Possibilità: Roseanne Barr, Bill e Hillary Clinton, Arnold Schwarzenegger, la principessa Diana, i quattro fratelli Marx

E adesso fate descrizioni simili di cose invece di persone.

ESEMPIO: Un'università americana vecchia e famosa, privata, non molto
grande, vicino a Boston. →
È Harvard!

Possibilità: i vestiti di Michael Jackson, la vostra aula, le canzoni di Barry Manilow, un ristorante molto frequentato (*popular*) vicino al vostro *campus*, i concerti dei Grateful Dead

2. Espressioni interrogative

There are several ways to ask questions in Italian.

1. *Yes* and *no* questions can be formed by changing intonation so that vocal pitch rises towards the end of a declarative sentence.

È di Bologna?   È italiana?

2. You can also simply add **non è vero? è vero? vero?** or just **no?** to the end of the sentence.

> Marco è egoista, **no**?   Sei spagnolo, **non è vero**?

3. The subject of a question may be placed either at the beginning or the end.

> **I vicini** restano a casa?   Restano a casa **i vicini**?

4. When you expect or desire a positive response, simply add questions like **D'accordo**? or **Va bene**? to the end of the sentence.

> Tornate presto, **va bene**?   Usciamo alle sette, **d'accordo**?

More complex questions are formulated using interrogative adjectives, pronouns, or adverbs.

Interrogative Adjectives

1. Interrogative adjectives modify nouns, pronouns, or other adjectives. They correspond to *what?*, *what kind of?*, *which?*, *how much?*, and *how many?* in English. With the exception of **che**, which is invariable, interrogative adjectives agree in gender and number with the nouns they modify.

2. **Quale** (*which* or *what*) has only two forms, singular and plural.

> **Quale** candidato sostieni?   *Which candidate do you support?*
> **Quali** partiti sono nella coalizione   *Which parties are in the govern-*
>   di governo?   *ment coalition?*

3. The invariable **che** (*what*) often substitutes for **quale** in informal Italian.

> **Che** partito sostenete?   *Which party do you [people]*
>   *support?*

4. **Quanto** (*how much, how many*) follows the normal patterns for regular singular and plural adjectives: **quanto**, **quanta**, **quanti**, **quante**.

> **Quanti** profughi chiedono asilo?   *How many refugees request*
>   *asylum?*
> **Quanta** roba portano con sè?   *How much property do they bring*
>   *with them?*

Interrogative Pronouns

Interrogative pronouns take the place of nouns, or refer back to previously mentioned nouns, in questions. They correspond to *who?*, *whom?*, *what?*, and *which (one/ones)?* in English.

1. **Chi** (*who, whom*) and **che**, **cosa** and **che cosa** (*what*) are invariable.

> **Chi** sostiene il partito socialista?   *Who supports the Socialist Party?*
> **Per chi** hai intenzione di votare?   *For whom do you intend to vote?*

Che (cosa) significa «lista elettorale?»

What does "lista elettorale" mean?

2. **Quale** and **quanto** can also be used as interrogative pronouns. They always agree with the nouns they replace. **Quale** drops its final **e** before a vowel.

Quali (candidati) preferite?

Which (candidates) do you prefer?

Quante (cioè, quante nostre amiche) vengono al comizio?

How many [i.e., how many of our friends (f.)] are coming to the rally?

Qual è il candidato che preferisci?

Which is the candidate you prefer?

3. In Italian, prepositions must *always* precede an interrogative pronoun; in contrast with informal English, they can never follow it.

Con chi studi?

Who do you study with?

A che cosa pensate?

What are you thinking about?

Interrogative Adverbs

Like all adverbs and adverbial expressions, **come** (*how*), **come mai** (*how come*), **dove** (*where*), **perché** (*why*), and **quando** (*when*) are invariable, although **dove** and **come** do elide before **e**. In questions using these adverbs and expressions, the subject usually appears at the end.

Come pensi di votare alle prossime elezioni?
Come mai mandano indietro (*send back*) i profughi?
Dov'è Valona? Com'è, piccola o grande?
Perché gli albanesi vogliono andare in l'Italia?
Quando riescono a raggiungere un accordo?

Un po' di pratica

A. Interrogatorio. Ognuna delle domande seguenti dovrebbe (*should*) cominciare con un aggettivo interrogativo. Tutti questi aggettivi sono stati cancellati (*have been deleted*). Reinseriteli (*Replace them*) nelle forme adatte. Poi scegliete la risposta corretta per ogni domanda. (Se non sapete le risposte, cercate di indovinare! Le risposte sono stampate alla rovescia, a piè di pagina [*printed upside-down, at the bottom of the page*].)*

B. Punti interrogativi. Formate le domande che corrispondono alle seguenti risposte.

ESEMPIO: Discutono l'accordo con **i lavoratori**. →
Con chi discutono l'accordo?

1. Le elezioni nazionali hanno luogo (*take place*) **a novembre**.
2. La senatrice va **a Tokio** alla fine del mese.

1 _____ popolarissimo attore è fratello di Shirley MacLaine?
E = Warren Beatty; **F** = Paul Newman; **V** = Robert Redford

2 _____ di queste sinfonie fu composta da Robert Schumann?
C = La Primavera; **Q** = La Tragica; **T** = Resurrezione.

3 _____ formulò la famosa «legge elementare» dell'elettrodinamica?
P = Ampère; **H** = Edison; **K** = Volta.

4 A _____ musicista fu sentimentalmente legata la scrittrice George Sand?
H = Chopin; **W** = Liszt; **G** = Wagner.

5 _____ nacque Carlo Collodi, il creatore di Pinocchio?
A = Firenze; **Y** = Roma; **S** = Torino.

6 In _____ opera lirica è il personaggio di Norina?
U = Il barbiere di Siviglia; **L** = Don Pasquale; **Q** = I pagliacci.

*Le risposte sono: E, C, P, H, A, L.

3. Sono sostenitori del **candidato democratico**.
4. Tanti giovani d'oggi sono **menefreghisti** (*apathetic*).
5. **Cinque** candidati partecipano al dibattito.
6. Il primo ministro ha dato le dimissioni (*resigned*) **per motivi di salute**.
7. **L'ambasciatrice** accompagna il presidente all'ONU (*U.N.*).
8. La nuova coalizione è **piuttosto** (*rather*) **fragile**.

C. Vita universitaria. Fate tutte le possibili domande che corrispondono alle seguenti risposte.

ESEMPIO: Bruno studia legge perché vuole fare carriera in politica. →
Cosa studia Bruno? **Perché** studia legge?
Chi studia legge? **Che cosa** vuole fare?

1. Giulio passa gran parte della giornata con la radio accesa mentre studia.
2. Ogni tanto apre il libro di chimica per studiare.
3. Tiziana prende la laurea entro il 20 giugno.
4. Il venerdì sera va in birreria con un gruppo di amici.
5. Elmo lavora durante l'estate per poter pagare le tasse d'iscrizione.

D. Chissà chi lo sa? Immaginate di essere professori e professoresse di scienze politiche. Usando le espressioni qui elencate, preparate un breve esame sul sistema politico americano. Quando avrete finito, utilizzate le vostre domande per una gara (*contest*) o per una discussione in classe.

ESEMPI: **Come** viene eletto il presidente—direttamente dai cittadini, o in un altro modo? **Chi** fu il primo vice presidente?

Espressioni: chi, cosa, come, come mai, dove, perché, quale, quanto, quando

AL CORRENTE

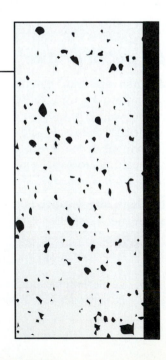

Apatici o impegnati (*Apathetic or committed*)? Secondo un sondaggio recente, apparso (*which appeared*) nel settimanale *Panorama*, molti giovani italiani si considerano apolitici e sono anche apatici. Mostrano poca curiosità o interesse per le cose che li circondano (*surround them*); poche speranze per migliorare le condizioni ambientali o cambiare lo status quo politico. Vogliono solo stare nel proprio brodo (*mind their own business*) e fare una vita tranquilla.

Guardate le seguenti tabelle e commentate le risposte date dai giovani italiani. In particolare:

1. Che cosa vuol dire per voi «fare una vita tranquilla»?
2. «Diventare ricco» viene considerata (*is considered*) qui una risposta apatica. Siete d'accordo?
3. Condividete molte delle opinioni che i vostri genitori hanno a proposito dei (*about*) soldi, del lavoro, e della politica?
4. Secondo voi, è importante vivere per proprio conto?
5. Qual è, secondo voi, la risposta più imprevista (*unexpected*)?

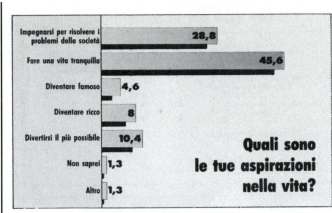

Quali sono le tue aspirazioni nella vita?

- Impegnarsi per risolvere i problemi della società — 28,8
- Fare una vita tranquilla — 45,6
- Diventare famoso — 4,6
- Diventare ricco — 8
- Divertirsi il più possibile — 10,4
- Non saprei — 1,3
- Altro — 1,3

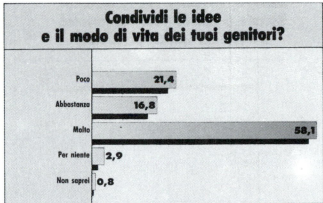

Condividi le idee e il modo di vita dei tuoi genitori?

- Poco — 21,4
- Abbastanza — 16,8
- Molto — 58,1
- Per niente — 2,9
- Non saprei — 0,8

Quali sono tra i seguenti i problemi sociali che reputi più gravi in questo momento?

- Difficoltà nel trovare un lavoro — 43,3
- Emarginazione — 26,9
- Inquinamento e ambiente — 41,7
- Violenza contro il singolo — 27
- Sottosviluppo del Terzo Mondo — 22,5
- Povertà — 14,2
- Non saprei — 0,4
- Altro — 1,6

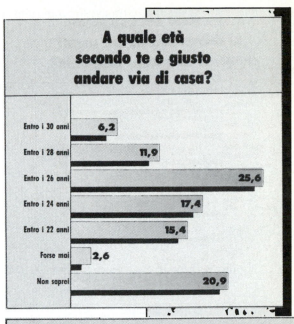

A quale età secondo te è giusto andare via di casa?

- Entro i 30 anni — 6,2
- Entro i 28 anni — 11,9
- Entro i 26 anni — 25,6
- Entro i 24 anni — 17,4
- Entro i 22 anni — 15,4
- Forse mai — 2,6
- Non saprei — 20,9

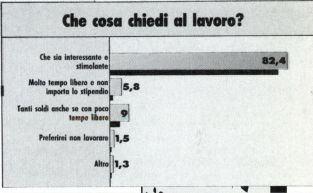

Che cosa chiedi al lavoro?

- Che sia interessante e stimolante — 82,4
- Molto tempo libero e non importa lo stipendio — 5,8
- Tanti soldi anche se con poco tempo libero — 9
- Preferirei non lavorare — 1,5
- Altro — 1,3

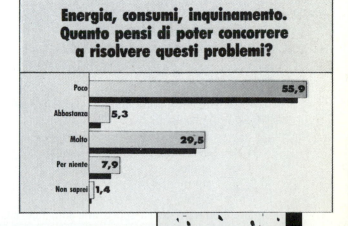

Energia, consumi, inquinamento. Quanto pensi di poter concorrere a risolvere questi problemi?

- Poco — 55,9
- Abbastanza — 5,3
- Molto — 29,5
- Per niente — 7,9
- Non saprei — 1,4

Sondaggio. Fate un sondaggio tra i vostri compagni su argomenti che riguardano i giovani di oggi.

1. Quali sono le tue aspirazioni nella vita?

   a. _____ impegnarsi per risolvere i problemi della società
   b. _____ fare una vita tranquilla
   c. _____ diventare famoso
   d. _____ diventare ricco
   e. _____ divertirsi il più possibile

2. Condividi le idee e il modo di vita dei tuoi genitori?

   a. _____ poco
   b. _____ abbastanza
   c. _____ molto
   d. _____ per niente (*not at all*)

3. A quale età secondo te è giusto andare via di casa?

   a. _____ entro i 30 anni (*by age 30*)
   b. _____ entro i 22 anni
   c. _____ entro i 18 anni
   d. _____ quando si finisce di studiare
   e. _____ quando si trova un buon lavoro

4. Che cosa chiedi al lavoro (*What do you expect from your job*)?

   a. _____ che sia interessante e stimolante
   b. _____ molto tempo libero e non importa lo stipendio
   c. _____ tanti soldi anche se con poco tempo libero
   d. _____ preferirei non lavorare

5. Quali sono tra i seguenti i problemi sociali che reputi (*you consider*) più gravi in questo momento?

   a. _____ difficoltà nel trovare un lavoro
   b. _____ emarginazione (*exclusion, discrimination*)
   c. _____ inquinamento e ambiente
   d. _____ violenza contro il singolo (*individual*)
   e. _____ sottosviluppo (*underdevelopment*) del terzo mondo
   f. _____ povertà

6. Energia, consumi, inquinamento. Quanto pensi di poter contribuire a risolvere questi problemi?
   a. _____ poco
   b. _____ abbastanza
   c. _____ molto
   d. _____ per niente

Ora sommate il numero delle risposte alle domande, e fate un paragone tra i risultati del sondaggio fatto in classe e quello fatto dai giovani italiani.

 STRUTTURE II

3. *Conoscere e sapere*

English has only one verb meaning *to know*, whereas Italian has two. **Conoscere** means *to be acquainted* or *familiar with someone or something*, or *to meet for the first time*. **Sapere** means *to know facts, to find out,* or *to know how to do something.** Consider the following examples.

Conosci il sindaco di Genova?	*Do you know the mayor of Genoa?*
Non **conosco** bene il sistema politico americano.	*I'm not well acquainted with the American political system.*
Hai voglia di **conoscere** il consigliere comunale Vanola? È mio zio!	*Do you feel like meeting city council member Vanola? He's my uncle!*
Sai che tipo di governo ha la Grecia?	*Do you know what kind of government Greece has?*
Ho saputo che in Italia ci sono dei referendum nazionali.	*I found out that there are national referendums in Italy.*
Mio fratello non **sa** giudicare le questioni politiche.	*My brother doesn't know how to judge political issues.*

Un po' di pratica

A. Conoscere o sapere? Completate le frasi con la forma adatta del verbo secondo il contesto.

1. —Claudio, _____ perché la maggioranza degli americani non vota?
   —_____ che non ha molto interesse per la politica.
2. —Molti giovani d'oggi _____ solo quello che imparano a scuola, vero?
   —Non sono d'accordo, _____ anche aspetti importanti della vita politica, sociale ed economica.
3. —Ragazzi, _____ un buon ristorante italiano?
   —_____ che ce n'è uno in via Dante.
4. —Mio fratello lavora per la FIAT, ma non _____ riparare la propria (*his own*) macchina. Per fortuna, _____ molti meccanici in città.
5. —Zia Adele _____ suo marito da venti anni, ma non _____ ancora per quale partito vota!
6. —Alberto, vuoi _____ una ragazza molto carina?
   —Eccome (*you bet*)! Chi è?
   —Mia sorella Chiara. (Io) _____ che stasera non è impegnata (*busy*); vuoi venire da noi?

_____

*Conoscere is a regular second-conjugation verb; the present-tense conjugation of **sapere** is given in Chapter 2, Section 2: **Presente Indicativo dei Verbi Irregolari.**

B. Chi conosci? Cosa sai? Con un compagno (una compagna), fate domande e rispondete alle frasi seguenti, usando la forma adatta di **sapere** o **conoscere**, secondo il contesto.

ESEMPIO: un buon ristorante cinese in questa città →
        —Conosci un buon ristorante cinese in questa città?
        —Sì, conosco un buon ristorante: «La Pagoda». (No, non conosco
            un buon ristorante cinese in questa città!)

1. i nomi dei candidati alle prossime elezioni municipali   2. il film thriller-politico «The Manchurian Candidate»   3. l'ultima moda maschile italiana   4. dove posso trovare un bell'abito nuovo senza spendere un patrimonio (*fortune*)   5. un bravo sarto (*tailor*) o una brava sarta   6. cucire (*to sew*)   7. che in Svizzera esistono tre lingue ufficiali   8. una persona che parla più di due lingue   9. quali lingue si parlano in Svizzera   10. parlare tedesco

4. Usi idiomatici di *avere*, *fare*, *dare* e *stare*

The verbs **avere**, **fare**, **dare**, and **stare** appear in many common Italian idioms. You probably know most of the expressions below; see if you can figure out any unfamiliar ones from the context.

AVERE

Mangia se **hai fame**! Bevi se **hai sete**!
I bambini **hanno sonno**; devono andare a letto.
Laura dice la verità; **ha ragione**.
«Spesso chi **ha torto** è quello che grida di più (*shouts loudest*)».
Che caldo! **Ho voglia di** un tè freddo.
*Chi **ha paura** di Virginia Woolf?*
Chiara **ha mal di testa**; **ha bisogno di** un'aspirina.
Perché corro (*am I rushing*)? Corro perché **ho fretta**!
La nonna **ha 65 anni** ma non vuole andare in pensione (*retire*)!

FARE

Se in classe non **fate attenzione**, non imparate nulla.
Facciamo un bel **regalo a** Gianni; è il suo compleanno.
Non ti **fanno paura** i libri di Stephen King?
Non **faccio colazione** a casa; la mattina prendo un caffelatte al bar.
Fa bel tempo oggi—**facciamo una passeggiata**.
Se **fa brutto tempo**, andiamo al cinema o a un museo.
Non ci vediamo da tanto tempo; **facciamo quattro chiacchiere**.
In genere, i bambini quando sono sporchi (*dirty*) **fanno il bagno** e gli adulti
    fanno la doccia.
Fai molte domande in classe.

Non c'è nulla in frigo; bisogna **fare la spesa**.

Ho bisogno di varie cose per il viaggio; vado a **far compere**.

La pornografia è disgustosa; mi **fa schifo**.

DARE

Povera Renata! Deve **dare un esame** alle 8,00 domani mattina.

Si può **dare del tu** solo agli intimi (*close friends/acquaintances*); bisogna
dare del Lei alle persone che non si conoscono bene.

Danno una festa per l'anniversario di matrimonio dei genitori.

STARE

Su, corri! Il treno **sta per** partire.

È una bambina molto attiva; non **sta** mai **ferma**.

Ragazzi, **state zitti**! Sto parlando al telefono.

Un po' di pratica

A. La mamma curiosa. La mamma di Luisa le fa sempre un sacco di (molte)
domande noiose. Immaginate le risposte di Luisa e rispondete usando alcune espressioni idiomatiche adatte con **avere**, **fare**, **dare** e **stare**, secondo il contesto.

ESEMPI: MAMMA: Perché non mangi?
LUISA: Perché non ho fame!

MAMMA: Perché la nonna ha preso l'aspirina?
LUISA: Perché ha mal di testa.

1. Perché non vuoi uscire?
2. Perché non c'è niente da mangiare in casa?
3. Perché devi correre alla stazione?
4. Perché tuo fratello non prende voti più alti a scuola?
5. Perché non porti il cugino Andrea a vedere *Jurassic Park*?
6. Perché non sei d'accordo con le opinioni politiche di tuo padre?
7. Perché hai i capelli bagnati (*wet*)?
8. Perché non vuoi mai invitare i Gardella con i loro bambini?
9. Perché non bevi qualcosa?
10. Perché hai comprato una torta e tre bottiglie di spumante?

B. Piccole conversazioni. Completate le frasi con la forma adatta di una delle
espressioni idiomatiche elencate.

Espressioni: avere bisogno di, avere fretta, dare del Lei, dare del tu, dare una
festa, fare la spesa, fare paura, fare un regalo, stare fermo, stare per

1. —Devo _____ a tutti in Italia?
   —A tutti, no; puoi _____ ad altri studenti e ai tuoi coetani (*people in your
   own age group*).
2. —I Barsanti _____. Hai ricevuto l'invito?
   —Sì. Gli voglio _____—sono così simpatici e generosi.

3. —Paolo, che c'è (*what's up*)? _____?
   —Sì, devo scappare (*rush off; run*). La mia telenovela (*soap opera*) preferita
   _____ cominciare!
4. —Ilaria, vengono a cena i miei genitori. (Noi) _____ pane, latte, caffè, acqua
   minerale...
   —Presto, andiamo a _____—non c'è niente da offrirgli (*to offer them*)!
5. —Perché non guardi mai i film dell'orrore?
   —Mi _____ troppa _____!
6. —Quel cane non _____ per un minuto. È tanto nervoso!
   —Poverino! Forse _____ uscire.

C. Chi, quale, come... ? Con un compagno (una compagna), fate le domande e
rispondete. Usate un'espressione idiomatica nella domanda *e* nella risposta. Usate
logica e immaginazione!

ESEMPIO: perché / voglia →
            —Perché non hai voglia di studiare?
            —Non ho voglia di studiare perché fa troppo caldo.

1. quando / doccia
2. perché / fretta
3. dove / passeggiata
4. che cosa / bisogno

5. chi / del Lei
6. quale / paura
7. come mai / sonno
8. quando / compere

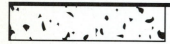 # METTIAMOLO PER ISCRITTO!

Problemi e scelte politiche. Scegliete uno di questi argomenti per tema. Cercate di
usare quanto più potete (*as much as possible*) gli aggettivi e i vocaboli di questo
capitolo.

1. Descrivete tre o quattro problemi politici che secondo voi dovrebbero (*should*)
   occupare l'attenzione dei leaders politici oggi. Poi citate alcune cose che voi personalmente credete di poter fare per contribuire alla soluzione di questi problemi. Se invece pensate che sia inutile tentare di influenzare le decisioni
   politiche, spiegate e giustificate la vostra opinione!
2. I problemi della società americana. Considerate l'elenco che segue. Secondo voi,
   quali sono i problemi più seri (*serious*)? Spiegate e giustificate le vostre scelte.

   - la disoccupazione
   - la mancanza di unità famigliare
   - la diffusione della droga
   - il sistema scolastico antiquato
   - la mancanza di assistenza sanitaria garantita a tutti
   - la mancanza di una vera parità di diritti (*equal rights*) per le donne

CAPITOLO 4

VACANZE IN CITTÀ

Tutti scappano dalle città, le spiagge sono sovraffollate e la gente si diverte! Com'è questa spiaggia? Vorreste fare una vacanza in un luogo simile? Perché o perché no?

Nearly all employed Italians receive six weeks of guaranteed annual paid vacation. The beaches, mountains, and countryside of Italy are preferred holiday destinations for native vacationers, as well as for the millions of foreign tourists who pour into the country each year.

In summer, especially during the high holiday season in July and August, the mass exodus of recreation-seekers from major Italian cities places an enormous burden on natural resources, which are already stretched to the limit by environmental problems such as drought and forest fires. Those few people who stay in town increase their demand on summer's most precious natural resource: water, an indispensable source of comfort and recreation during the sweltering summer months.

This chapter's reading, *Weekend bollente, tutti in fuga*, describes a typical July weekend in Milan for those who cannot join the summer migration. The remaining city dwellers are obliged to cope with record temperatures, few possibilities of relief, and a steadily dwindling water supply.

 VOCABOLARIO TEMATICO

Sostantivi

l'aria condizionata air conditioning
le ferie (*pl.*) vacation, holidays
il fresco cool temperatures
il grande magazzino department store
la piscina swimming pool
il sandalo sandal
il temporale thunderstorm

Verbi

accogliere to welcome, accommodate
mancare to be lacking, missing

ospitare to accommodate
rientrare (in) to come back to town (following a holiday or vacation)
rinfrescare to cool down, refresh
rinunciare (a) to give up (something)
somigliare, assomigliare (a) to resemble, look like
superare to exceed
tuffarsi (in) to dive

Aggettivi

afoso humid, muggy
bollente boiling

polveroso dusty
sospirato longed-for

Altre parole ed espressioni

circa about, approximately
fino a up to, until
intanto in the meantime
proprio really

A. Scegliete la parola adatta per completare le seguenti frasi.

1. Ho già consumato tutte le ferie per quest'anno, quindi devo _____ una settimana in montagna con gli amici.
   a. superare   b. rinunciare a   c. rientrare   d. accogliere
2. Marzia ha il carattere di suo padre, ma fisicamente _____ sua madre.
   a. appare   b. accoglie   c. assomiglia a   d. appartiene a
3. I temporali _____ l'aria torrida d'agosto in Italia.
   a. superano   b. accolgono   c. raggiungono   d. rinfrescano
4. 50.000 spettatori sono pochi per uno stadio come il Giuseppe Meazza di Milano, che può _____ più di 80.000 persone.
   a. ospitare   b. mancare   c. superare   d. rientrare in
5. Quest'anno prendo _____ in ottobre; voglio evitare le spiagge affollate.
   a. la piscina   b. il fresco   c. il temporale   d. le ferie

6. D'estate, quando non piove per molti giorni e il sole è caldissimo, le strade e i campi (*fields*) diventano _____.
   a. rinfrescati   b. polverosi   c. temporali   d. sospirati
7. Noi restiamo in città _____ luglio, poi andiamo sempre in montagna.
   a. intanto   b. fino a   c. proprio   d. circa
8. Da mesi penso alle ferie; andare in un bel posto tranquillo, dove l'aria è fresca e non c'è traffico, per me è una cosa tanto _____!
   a. superata   b. afosa   c. sospirata   d. rinunciata

B. Abbinate le parole nella colonna A con quelle nella colonna B che hanno un senso (*meaning*) simile o logicamente associato.

A	B
1. _____ afoso	a. più o meno
2. _____ bollente	b. acqua
3. _____ ferie	c. fortemente desiderato
4. _____ proprio	d. torrido
5. _____ circa	e. pioggia
6. _____ piscina	f. vacanze
7. _____ temporale	g. nel frattempo
8. _____ fresco	h. umidità
9. _____ intanto	i. veramente
10. _____ sospirato	j. aria condizionata

C. Definite in italiano le seguenti parole.

1. il grande magazzino
2. i sandali
3. bollente
4. assomigliare
5. il temporale
6. tuffarsi
7. afoso
8. rientrare

PRELETTURA

Entriamo nel contesto!

A. Usando la tabella (*chart*) come modello, elencate sei o sette attività caratteristiche dei mesi caldi in città, e fuori città. Ecco qualche suggerimento: prendere il sole, andare in ambienti (*locations*) dove c'è l'aria condizionata, leggere all'ombra, andare in piscina, mangiare il cocomero (*watermelon*).

	IN CITTÀ	FUORI CITTÀ (DOVE?)
ESEMPIO:	frequentare i bar all'aperto	dormire all'ombra

B. In Italia, è comune fare le vacanze al mare in agosto insieme a molta altra gente. Con 2 o 3 compagni, fate un elenco dei vantaggi e dei problemi relativi a una vacanza al mare in massa. Perché pensate che questa sia la vacanza preferita in Italia sin dagli (*ever since*) anni sessanta?

	VANTAGGI	PROBLEMI
ESEMPIO:	Tanti ristoranti sono aperti	Gli hotel sono più cari

Strategie per la lettura

Using headlines and lead sentences to guess content. In reading the following brief article from the daily newspaper *Il Corriere della sera*, apply some of the strategies you have used in previous chapters. Identify cognates, focus on the main components of each sentence (putting aside for further examination nonessential words or expressions), try to understand meaning through context and logic, and don't stop because of an unfamiliar grammatical form.

In a journalistic piece of writing you are almost sure to find the main points of the article stated in the title, subtitle, and the first sentence or two of each paragraph. In this article, the title *Weekend bollente, tutti in fuga* gives you the time frame (the weekend) and the fact that people are escaping the heat. Look at the subtitle (*Con il termometro a 33 gradi...*). It reveals the name of the city and the two groups of people in question: those who leave town, and those who stay behind.

Read the first two sentences of each paragraph of the article and look for information relating to this general subject matter. See if you can answer the following questions.

What is the general appearance of the city?
Which people are mentioned or implied?
What are people doing or feeling?
What kinds of problems are caused by this situation?
What is the hope of resolving such problems?

LETTURA

La temperatura ha raggiunto la massima stagionale[1] mentre continua l'emergenza idrica[2] nella zona di viale Certosa[3]

Weekend bollente, tutti in fuga[4]

Con il termometro a 33 gradi Milano si svuota[5] e per i sopravvissuti[6] non resta che l'Idroscalo[7]

Una Milano da «day after».[8] Ecco come appariva ieri la città. Silenzio, strade deserte e caldo appiccicoso,[9] i grandi protagonisti di un weekend d'inizio estate fatto apposta[10] per fuggire. A fare da comparse[11]
5 sono rimasti solo piccoli gruppi di stranieri. Giapponesi, soprattutto, e qualche tedesco con sandali e calzino corto[12] a bere gran boccali[13] di birra fresca all'ombra dei tavolini in Galleria.[14]

I milanesi? Tutti scomparsi.[15] I mariti hanno raggiunto
10 mogli e figli in vacanza al mare o al lago. E quelli rimasti si sono divisi tra i grandi magazzini (che grazie all'aria condizionata in questo periodo raddoppiano i clienti),[16] i polverosi parchi pubblici del centro, l'Idroscalo e le piscine comunali.[17]
15 Alla Argelati[18] ieri hanno staccato[19] circa 1.500 biglietti. Quasi un record, considerando che l'impianto è predisposto[20] per accogliere 800 persone. Al Lido invece si sono tuffati in 4.500.[21] Tanti? Non proprio, se si pensa che le piscine possono ospitare fino a 6.000
20 bagnanti e che la media,[22] in questa stagione, supera normalmente le 5.000 presenze.

L'acqua per fare il bagno non manca. Scarseggia[23] invece quella da bere. Sul fronte idrico,[24] infatti, continua l'emergenza, principalmente in tutta la zona nord: da
25 viale Certosa a Quarto Oggiaro fino a piazzale Maciachini. Finché il caldo non diminuirà, la situazione resterà critica. E i 33 gradi ieri pomeriggio non sembrano promettere nulla di buono.

Il treno non arriva, il caldo è rovente: c'è chi inganna l'attesa come può
(Foto De Bellis)

Al contrario, l'elevata temperatura degli ultimi giorni, con la punta massima[25] toccata in questo weekend,
30 ha dato a Milano il record di città italiana fra le più calde e afose di un'estate tanto ritardataria[26] quanto torrida.

Luglio, intanto, ha già cambiato faccia: somiglia molto più a Ferragosto,[27] quando in città non c'è pro-
35 prio nessuno, e devi penare[28] se hai finito le sigarette o se il frigorifero è vuoto. Basta un giro in centro per notare, già in questi primi giorni del mese, saracinesche abbassate[29] con la scritta «Chiuso per ferie».

Forse è un bene, se le abitudini dei negozianti
40 stanno cambiando in favore delle vacanze di luglio. Si può sperare, almeno, che il prossimo mese qualche esercizio[30] resterà aperto, in soccorso dei «forzati»[31] della città.

Quelli però che attendono[32] agosto per le sospirate
45 vacanze, non hanno rinunciato, dunque, al fine

---

[1] *seasonal high point*   [2] *drought*   [3] *zona... a neighborhood in Milan*   [4] *in... fleeing*   [5] *si... empties out*   [6] *survivors*   [7] *artificial lake outside Milan*   [8] *Una... Milan after the apocalypse*   [9] *sticky*   [10] *fatto... created specially*   [11] *A... As extras on the set*   [12] *calzino... sweat socks (particularly unstylish in Italy)*   [13] *mugs*   [14] *covered mall, a famous landmark of central Milan*   [15] *vanished*   [16] *raddoppiano... the number of shoppers doubles*   [17] *public*   [18] *athletic center with pool*   [19] *hanno... they've sold (lit. torn off)*   [20] *l'impianto... the facility is prepared*   [21] *si... 4500 people dove in*   [22] *the average*   [23] *There is a scarcity of*   [24] *Sul... With regards to the water*   [25] *punta... maximum temperature*   [26] *late*   [27] *Italian holiday on August 15th (Feast of the Assumption)*   [28] *suffer*   [29] *rolling shutters pulled down*   [30] *shop, establishment*   [31] *in... to aid the "prisoners"*   [32] *wait*

settimana e sono partiti per il mare o la montagna, a godersi[33] un po' di fresco. Nonostante il traffico ordinato di ieri mattina sulle autostrade lombarde, Milano nel pomeriggio era deserta. Segno[34] che anche i più indecisi, all'ultimo momento, hanno lasciato cadere ogni incertezza.[35] E hanno preso un treno, diretti in[36] Liguria o sull'Adriatico. Oppure, nella notte, hanno raggiunto in auto i laghi vicini.

Per chi rientra, un minimo di speranza arriva dagli esperti di Linate,[37] che non escludono nelle prossime ore piccoli temporali che dovrebbero rinfrescare, anche se di poco, l'aria.

—*Il Corriere della sera*

[33]*to enjoy*   [34]*A sign*   [35]*hanno... have overcome any indecision*
[36]*diretti... headed towards*   [37]*airport in Milan*

Avete capito?

A. In base alla lettura, le seguenti frasi sono vere o false?

		V	F
1.	A Milano, i grandi protagonisti di questo weekend estivo sono i turisti giapponesi e quelli tedeschi.	_____	_____
2.	I 33 gradi promettono bene per temperature più basse	_____	_____
3.	Molti negozi sono già in ferie.	_____	_____
4.	Chi ha programmato le vacanze per agosto ha dovuto rinunciare a questo weekend in luglio.	_____	_____
5.	Molti sono andati ai laghi per trovare un po' di fresco.	_____	_____

B. Rispondete alle seguenti domande.

1. Perché Milano è definita da «day after»?
2. Dove vanno i turisti rimasti in città?
3. Dove si rifugiano i milanesi rimasti in città? Sono in molti?
4. Com'è la situazione per quanto riguarda (*as far as . . . is concerned*) l'acqua da bere?
5. Com'è la città, di solito, durante il Ferragosto?
6. Dove si è registrata la temperatura record per quest'estate?

C. Tutte le seguenti parole o frasi sono collegate all'articolo che avete appena letto. A che cosa associate queste espressioni? Con vostre parole cercate di spiegare il loro significato nel contesto della lettura.

ESEMPIO: Giapponesi, e qualche tedesco →
              Questi stranieri sono quasi le sole persone che restano in città in un
              torrido weekend d'estate.

1. strade deserte
2. sandali e calzino corto
3. fronte idrico
4. 4.500 si tuffano
5. grandi magazzini
6. «Chiuso per ferie»

E ora, a voi!

A. Usando la tabella come modello, elencate le vostre reazioni alle seguenti vacanze, e spiegate le vostre opinioni.

Vacanze: Club Med nel Messico; una spiaggia sull'Adriatico in agosto; lo sci nel Colorado; un safari in Kenya; il campeggio su una spiaggia del Pacifico in luglio; Disneyland; una gita organizzata nelle maggiori città europee; una settimana a Parigi; un giro in barca a vela (*sailboat*); una settimana a Tokio; le città dell'Europa dell'Est; un giro che include vari festival musicali e teatrali

	REAZIONE POSITIVA	REAZIONE NEGATIVA
ESEMPIO:	Disney World Europa	lo sci nel Vermont

E ora aggiungete la vostra vacanza ideale e confrontate i risultati con quelli di un compagno (una compagna).

B. La siccità (*drought*) è un problema grave durante i mesi estivi (*summer*) in molte città italiane. In gruppi di quattro o cinque, preparate una lista di cinque o sei misure (*measures*) da proporre al Comune (*city council*) per risparmiare (*save*) acqua nei periodi di crisi.

 # STRUTTURE I

1. Verbi riflessivi e reciproci
• •

Reflexive Verbs

I		II		III	
alzarsi (*to get up*)		**mettersi** (*to put on* [*clothing, etc.*])		**vestirsi** (*to get dressed*)	
mi alzo	ci alziamo	mi metto	ci mettiamo	mi vesto	ci vestiamo
ti alzi	vi alzate	ti metti	vi mettete	ti vesti	vi vestite
si alza	si alzano	si mette	si mettono	si veste	si vestono

Forms

1. The action of reflexive verbs generally refers back to the subject. In English, most reflexive constructions are implicit: *Let's go wash* (*ourselves*) *up.* In Italian, reflexive pronouns must *always* be used with reflexive verbs.
2. Reflexive verbs follow the normal conjugation patterns. Their infinitive endings are -**arsi**, -**ersi**, and -**irsi**.
3. Reflexive pronouns generally precede the conjugated forms of verbs. They agree with the subject of the verb.*

Ti vesti sempre in fretta	*You always get dressed in a hurry!*
Ci alziamo ogni giorno alle sette.	*We get up every day at seven.*

4. When used with infinitives, the reflexive pronoun is attached to the infinitive ending, which drops its final -**e**.

Avete intenzione di **mettervi** i blue-jeans per andare alla festa?	*Do you intend to put on bluejeans to go to the party?*
Bisogna **abituarsi** a parlare una nuova lingua.	*You have to get used to speaking a new language.*

5. When modal verbs (**dovere**, **potere**, **volere**) are used with reflexives, the reflexive pronoun can either precede the modal or be attached to the infinitive.

Mi voglio riposare durante le vacanze.	
Voglio riposarmi durante le vacanze.	*I want to rest during the vacation.*
Il bambino non **si può vestire** da solo.	
Il bambino non **può vestirsi** da solo.	*The child can't get dressed by himself.*

Uses

1. Some verbs are considered intrinsically reflexive. For example, **radersi** (*to shave*) and **lavarsi** (*to wash up*) are actions that clearly refer back to the subject, since they are carried out upon one's own body. Others, such as **laurearsi** (*to get a college degree*) and **stabilirsi** (*to settle down, to get established*) may be described as reflexive in form, but not in intrinsic meaning. However, they all follow the same basic grammatical patterns. Some of the most common reflexives are

abituarsi (a)	*to get used* (*to*)	farsi male	*to hurt oneself*
accorgersi (di)	*to notice*	fermarsi	*to stop*
annoiarsi	*to become bored*	godersi	*to enjoy*
arrabbiarsi	*to become angry*	innamorarsi (di)	*to fall in love* (*with*)

---

*The use of reflexive verbs in the compound past tenses is presented in Chapter 5, Section 1: **Passato prossimo**.

lamentarsi (di)	*to complain (about)*	spostarsi	*to move*
laurearsi	*to graduate (from the university)*	stabilirsi	*to settle (in a place)*
levarsi, togliersi	*to take off (clothing, etc.)*	svegliarsi	*to wake up*
rendersi conto (di)	*to realize, become aware (of)*	trasferirsi	*to relocate*
riposarsi	*to rest*	trovarsi	*to be situated, to find oneself, to get along*
sentirsi	*to feel*		
sistemarsi	*to settle down, to get organized*	vestirsi	*to get dressed*
sposarsi	*to get married*		

2. Many verbs can be used either as reflexives or as transitive verbs, which act on a separate direct object.

Prima **lavano** la macchina, e poi **si lavano** per venire a tavola.	*First they wash the car, then they wash [themselves] up to come to the table.*
Devo **svegliare** Filippo domani alle sei.	*I have to wake up Filippo tomorrow at six.*
Domani Filippo **si sveglia** alle sei.	*Tomorrow Filippo wakes up at six.*

3. One very common use of reflexive verbs in Italian occurs when the subject acts upon his or her own body, an article of clothing, or a personal possession. In these cases, reflexive verbs and definite articles are used in Italian where possessive adjectives are used in English. Common expressions of this kind which use reflexive verbs include:

bruciarsi (il dito, il braccio)	*to burn oneself (one's finger, arm)*
cambiarsi (i vestiti, le scarpe)	*to change (one's clothes, shoes)*
dimenticarsi (le chiavi, la cartella)	*to forget (one's keys, briefcase)*
lavarsi (i capelli, la faccia)	*to wash (one's hair, face)*
mangiarsi le unghie	*to bite (lit., to eat) one's nails*
pulirsi (i denti, la camicia)	*to clean (one's teeth, shirt)*
slogarsi (il polso, la caviglia)	*to sprain (one's wrist, ankle)*
sporcarsi (il viso, le mani)	*to get (one's face, hands) dirty*

Sta' attento a non **bruciarti le mani**!	*Be careful not to burn your hands!*
Non **ti metti il costume da bagno**?	*Aren't you putting on your bathing suit?*
Paolo **si dimentica** sempre **gli occhiali da sole**.	*Paolo always forgets his sunglasses.*

Reciprocal Verbs

1. In the plural, reflexive constructions can be used to express a reciprocal action (*to each other, to one another*).

Si scrivono spesso.	*They write each other often.*
Ci incontriamo ogni estate nello stesso albergo.	*We meet [each other] every summer in the same hotel.*

2. Some verbs commonly used with reciprocal meanings

aiutarsi	Io e Luca **ci aiutiamo** sempre in cucina.
amarsi	«**Amatevi** come compagni di viaggio... » (Manzoni, *I promessi sposi*)
darsi appuntamento	**Ci diamo** appuntamento per il 15 giugno.
farsi regali	**Si fanno regali** ogni anno, a Natale.
odiarsi	Sono fratelli ma, purtroppo, **si odiano**.
(ri)vedersi	Allora, **ci vediamo** la settimana prossima!
salutarsi	Strano—**si salutano** ma non si fermano mai a parlare.
sentirsi	(*al telefono*): **Ci sentiamo** domani, va bene? Ciao, ciao!
volersi bene	È chiaro che **vi volete bene**, tu e tuo marito.

3. Certain expressions can reinforce or clarify the reciprocal meaning.

fra di noi (voi, loro)	*among ourselves (yourselves, themselves)*
l'un l'altro (l'un l'altra)	*each other*
reciprocamente ⎫ a vicenda ⎭	*reciprocally, mutually*

Si parlano spesso **fra di loro**.	*They often speak among themselves.*
Vi guardate **l'un l'altro** come due innamorati!	*You look at one another like two people in love!*
Ci aiutiamo **a vicenda**—è giusto, no?	*We mutually help each other— that's fair, isn't it?*

Un po' di pratica

A. Cosa ci mettiamo? Il vostro amico Bob si sposa con Elena, una ragazza italiana che ha conosciuto durante le vacanze. Dite quello che vi mettete per il ricevimento.

> **ESEMPIO:**   tu / una gonna molto elegante →
> Tu **ti metti** una gonna molto elegante.

1. io / la blusa e i pantaloni di seta
2. la mia amica / le perle
3. i miei compagni di camera / giacca e cravatta
4. voi due / il farfallino (*bow tie*)
5. Emanuela ed io / i nuovi sandali
6. tu / l'abito di Armani

B. Tanto da fare! Il ricevimento per il matrimonio di Elena e Bob sarà un'occasione di gala (*a gala event*). La mamma di Elena organizza la festa, e dice ai parenti quello che devono o non devono fare. Ripetete i suoi ordini, usando **dovere** e i verbi riflessivi.

ESEMPIO: Cugina Marta / mettersi il vestito viola →
La cugina Marta deve mettersi il vestito viola. (La cugina Marta si
deve mettere il vestito viola.)

1. Tu / alzarsi alle sette
2. Le gemelle (*twins*) / vestirsi molto bene
3. Voi / non arrabbiarsi se alcuni ospiti (*guests*) arrivano in ritardo
4. Carlo / fermarsi dal fioraio (*florist's*) a prendere le rose
5. Io / riposarsi prima della cerimonia
6. Il piccolo Luigino / lavarsi e pettinarsi con molta cura
7. Le zie / non lamentarsi del tempo
8. Noi tutti / divertirsi alla festa

C. Riflessivi vari. Completate le frasi con la forma adatta del verbo riflessivo, secondo il contesto.

Verbi: abituarsi, annoiarsi, arrabbiarsi, divertirsi, laurearsi, mettersi, rendersi conto, sposarsi, trasferirsi, trovarsi

1. Paola, quando _____ le scarpe eleganti?
2. Marcello scrive la tesi, e l'anno prossimo _____ .
3. Noi _____ sempre d'estate, al mare o in montagna.
4. In genere io _____ facilmente alle nuove situazioni.
5. Anna e Carlo _____ a giugno; poi Carlo _____ a Milano per motivi di lavoro.
6. Sei in ritardo un'altra volta! Forse non _____ dell'ora!
7. I professori _____ quando non facciamo attenzione in classe.
8. Pisa _____ a circa (*about*) cinquanta chilometri da Firenze.
9. Non voglio portare i bambini alla conferenza perché _____ sicuramente.

D. Cosa si fanno? Usando le espressioni seguenti, completate le frasi in modo logico con la forma adatta dei verbi riflessivi.

Espressioni: bruciarsi la mano, cambiarsi gli occhiali, dimenticarsi il portafoglio, farsi la barba, lavarsi le mani, mangiarsi le unghie, pulirsi i denti, slogarsi la caviglia, sporcarsi il viso

ESEMPIO: Quei bambini... mangiando tanti cioccolatini. →
Quei bambini *si sporcano il viso* mangiando tanti cioccolatini.

1. Marisa è molto nervosa perché sta per dare un esame molto difficile e...
2. Se... a casa non ho soldi per mangiare in mensa.
3. Tipicamente quando va in cucina a prepararsi la pastasciutta (*any pasta dish*), Pasqualino Passaguai...
4. Ragazzi, non dimenticate di... prima di andare a un colloquio di lavoro (*job interview*).
5. Claudia non vuole andare a sciare perché ha paura di...
6. Un medico deve sempre... prima di visitare un cliente.
7. La mattina mi faccio la doccia, mi pettino e, dopo mangiato, ...
8. Devo... per leggere e per guidare la macchina.

E. Un messaggio pubblico.
Qual è lo scopo di questa pubblicità? La trovate efficace? Perché sì (o perché no)? Ci sono annunci simili sui giornali e sulle riviste negli Stati Uniti? Se sì, dove e quando li avete visti? Cercate di descriverne qualcuno. Di quali problemi trattano (**trattare di:** *to deal with*)—la droga, l'AIDS,* la violenza sessuale, altro? Quali immagini e metafore usano? Riuscite ad inventarne uno voi?

SE TI DROGHI,ᵃ TI SPEGNI.ᵇ

Quelli che scelgono di prendere droghe spesso lo fanno perché hanno dei problemi, e sperano di risolverli così. Ma non è una idea che funziona. Certi ragazzi si ammalano. Certi finiscono in carcere, e certi muoiono. Nessuno può decidere per te come sarà la tua vita. Se hai bisogno di aiuto domandalo, e insisti per ottenerlo. Se hai bisogno di informazioni compila il tagliando che trovi in questa pagina. Anche saperne di più ti aiuta a scegliere: ed essere aiutato a non scegliere la droga è un tuo diritto. Decidere di non sceglierla, è la tua libertà.

ᵃdrogarsi = *to take drugs*
ᵇspegnersi = *to burn out, be extinguished*

F. Sciarada (*Charades*). Dividete la classe in gruppi di due o tre persone. Scrivete queste espressioni e altre simili su dei pezzettini di carta e distribuiteli ai gruppi. Mimate le azioni e fate indovinare gli altri!

Espressioni: amarsi, darsi appuntamento, farsi regali, incontrarsi, odiarsi, rivedersi, salutarsi, scriversi, telefonarsi

2. Preposizioni semplici e articolate

Forms

1. The most common Italian prepositions are: **a** (*at, to*); **con** (*with*); **da** (*from*), **di** (*of*); **fra** (*between, among*); **in** (*in, to*); **per** (*for, through*); and **su** (*on*).

2. When **a**, **da**, **di**, **in**, and **su** precede the definite article, the preposition and the article combine into special forms called articulated prepositions. This chart shows the variants.

PREPOSIZIONI ARTICOLATE							
	lo	*il*	*l'*†	*la*	*gli*	*i*	*le*
a	allo	al	all'	alla	agli	ai	alle
da	dallo	dal	dall'	dalla	dagli	dai	dalle
di	dello	del	dell'	della	degli	dei	delle
in	nello	nel	nell'	nella	negli	nei	nelle
su	sullo	sul	sull'	sulla	sugli	sui	sulle

*Pronunciato «A-i-di-esse»
†**L'** can precede either masculine or feminine nouns beginning with a vowel.

3. **Con** and **per** combine with the article primarily in archaic or poetic language. **Tra** and **fra** never combine with articles.

Uses

Prepositions are used in many idiomatic expressions, which must often be learned individually. Here are a few of the most common idiomatic uses of prepositions. Others are listed in Appendix II.

Place

1. **A** is generally used before cities.

> L'anno prossimo andiamo **a** Vienna e **a** Praga.
> Quelle ragazze abitano **a** Roma.

2. **In** is used with singular, feminine, unmodified geographical names. In all other cases, use **in** + *article*.

> Andiamo **in** Italia quest'estate.   *but*   Andiamo **nell**'Italia meridionale.
> Andate a sciare **in** Svizzera?   *but*   Andate a sciare **nel** Canadà (*m.*)?
> Facciamo un giro **in** Inghilterra.   *but*   Facciamo un giro **nei** Paesi Bassi.

3. **In** alone is used most often before unmodified places, rooms, or buildings: **in bagno**, **in biblioteca**, **in chiesa**, **in giardino**, **in montagna**. (Exceptions: **a casa**, **al mare**, **a teatro**.) If the place or room is modified, use **in** + *article*.

> Andiamo **in** banca a cambiare i soldi.   *but*   Andiamo **nella** Banca Nazionale.
> Andate **in** centro?   *but*   Andate **nel** centro storico?

Time

1. Before months, use either **a** or **in**. Before seasons, use either **in** or **di** (**d'**).

> **a** febbraio; **in** agosto   **in** primavera; **d'**inverno

When the month or season is modified (by a prepositional phrase, for example), use only the articulated form of **in**.

> Partono per l'Inghilterra **a** maggio.   *but*   Tornano **nell**'agosto del '95.
> Preferisco viaggiare in Italia **d'**autunno.   *but*   Ho intenzione di visitare l'Italia **nell**'autunno del 1995.

2. Before hours of the day, use the articulated forms of **a** (*at*) or **da** (*from*), in the feminine plural.

> —Quando parte il rapido per Torino?
> —Parte **alle** dieci e trenta, binario dodici.

> —Quando è aperto il museo?
> —**Dalle** nove **alle** due.

Exceptions: **a** mezzogiorno, **a** mezzanotte, **all'**una. Remember, too, the expression **A che ora**?*

Pasqualino dorme fino **a** mezzogiorno e mangia **a** mezzanotte.

—A che ora hai laboratorio di chimica?
—All'una il martedì e all'una e mezzo il giovedì.

3. The following expressions are often used after the hour: **di mattina, di sera, di notte** *but* **del pomeriggio**.

4. **Fra** (**tra**) + *time expression* means *in (within) an hour (minute, week, etc.)* when referring to a future event.

L'aereo parte **fra** un'ora. Su, andiamo ragazzi!
Vi mando i biglietti **fra** due settimane.

5. **Da** is used with verbs in the *present* tense to mean *for* or *since*. Contrast Italian and English:

—**Da** quanto tempo viaggiate insieme?

—Viaggiamo insieme **da** un paio di mesi (**dall'**anno scorso).

—*How long have you guys been traveling together?*

—*We've been traveling together for a couple of months [since last year].*

Transportation

Note these common expressions.

Non è facile fare il giro di Perugia **in bici** (bicicletta)!
È bello andare **in barca** sul laghetto del Boston Common.
In Italia preferisci viaggiare **in treno** o **in macchina**?
Nel Wyoming è bello andare **a cavallo**.
Si va facilmente **a piedi** dal Bargello al Duomo.

Un po' di pratica

A. Combinazioni. Combinate le parole usando la forma adatta delle preposizioni (semplici o articolate, secondo il caso).

ESEMPIO: regalo / da / nonna → il regalo dalla nonna

1. orario / di / treni
2. biglietto / per / Venezia
3. prenotazione / a / albergo
4. weekend / su / spiaggia
5. programma / per / vacanze
6. treno / di / 10,30
7. cartolina (*postcard*) / da / zio Luigi
8. bagno / in / acqua
9. distanza / fra / Palermo e Catania
10. problema / di / ambiente

---

*A more detailed presentation of time expressions appears in Chapter 5, Section 3: **Ora, giorno, mesi, anni e secoli**.

B. Guide turistiche per le vacanze. Completate i titoli con le espressioni adatte che descrivano il contenuto delle guide.

> **ESEMPIO:** Le rovine etrusche _____ Italia centrale. →
> Le rovine etrusche **dell'**Italia centrale.

1. Una visita _____ Mosca.
2. I parchi nazionali _____ Stati Uniti.
3. Il Grand Canyon _____ cavallo.
4. Andiamo _____ Francia!
5. Girare _____ bici—Rispettare l'ambiente.
6. Tutti _____ mare! Le spiagge _____ Adriatico.
7. Roma _____ notte.
8. _____ macchina _____ Paesi Bassi.
9. La Provenza _____ primavera.
10. _____ centro storico di Napoli.

C. Una moto... e sorridi! Secondo questa pubblicità, il possessore di uno di questi veicoli a due ruote (*two-wheeled vehicles*) è così felice che sorride quasi sempre. Ogni situazione che lo/la fa sorridere è accompagnata dalla preposizione articolata appropriata. Le preposizioni articolate appaiono solo davanti alle prime tre situazioni; quelle successive sono assenti (*absent*). Inserite le forme mancanti di **a** + l'articolo determinativo.

> **ESEMPIO:** Sorridi (...) traffico → Sorridi al traffico

UNA MOTO, UN CICLOMOTORE, UNO SCOOTER E, SORRIDI!

SORRIDI !

SORRIDI ALLO STADIO • SORRIDI ALLA PIZZA • SORRIDI AL TRAFFICO • SORRIDI TV MONDIALE • SORRIDI ESAMI • SORRIDI VACANZE • SORRIDI STRANIERI • SORRIDI CITTÀ • SORRIDI VERDE • SORRIDI LIBERTÀ • SORRIDI SCUOLA • SORRIDI SEMAFORO[a] • SORRIDI AMICI • SORRIDI BENZINAIO[b] • SORRIDI RAGAZZE • SORRIDI CENTRO STORICO • SORRIDI BAR SPORT • SORRIDI SVEGLIA[c] • SORRIDI WEEK END • SORRIDI SOLE • SORRIDI CINEMA • SORRIDI GARAGISTA • SORRIDI GELATO • SORRIDI VENTO • SORRIDI MONDO •

[a] *traffic light*
[b] *gas station attendant*
[c] *alarm clock*

D. Informazioni. Bob Douglas, turista americano, è in viaggio per Torino. Completate il dialogo con le preposizioni semplici o articolate adatte, secondo il contesto.

> BOB: Buon giorno, sa _____[1] che ora parte il treno _____[2] Torino?
> CONTROLLORE: Parte _____[3] 11,30 e arriva _____[4] Torino _____[5] 13,15.
> BOB: _____[6] quale binario parte?
> CONTROLLORE: Credo _____[7] terzo, ma deve controllare il monitor.
> BOB: Ho un biglietto di prima classe. Devo pagare il supplemento?
> CONTROLLORE: Sì, perché è un intercity.* Si ferma solo _____[8] Torino. Il supple-mento lo paga _____[9] treno o lo compra _____[10] sportello (*ticket window*). Mi raccomando, faccia presto (*hurry*): il treno parte _____[11] dieci minuti.
> BOB: Grazie mille! ArrivederLa!

*Intercity-treno rapido che va da una città principale ad un'altra senza fermarsi alle stazioni intermedie.

AL CORRENTE

Vivere in città e rispettare l'ambiente. Ecco una serie di prodotti e servizi che vi consentono di rispettare l'ambiente anche vivendo in città. Guardate attentamente gli annunci e dite quale prodotto o servizio sarebbe (*would be*) più utile in ciascuno dei seguenti casi.

Dove andate (cosa comprate) se…

1. …volete passare alcuni giorni in un posto che offre escursioni naturalistiche, con la possibilità di osservare e studiare un'importante area fluviale?
2. …vivete a Milano, e insistete nel mangiare solo prodotti macrobiotici, biologicamente puri e incontaminati?
3. …avete bisogno di ristrutturare (*remodel*) e/o rifare l'arredamento (*redecorate*) della casa, e volete usare prodotti naturali e non-tossici?
4. …per il riscaldamento (*heating*) desiderate istallare un sistema che non utilizzi nessuna forma di combustibile?
5. …volete fare le vacanze in un bel posto tranquillo, fuori città, con molto verde e un terreno coltivato con metodi bioagricoli (organici)?
6. …vivete a Cesena e consumate molta frutta, verdura, e altri prodotti organici?
7. …non mangiate carne, e volete iscrivervi ad un'associazione che promuove (*promotes*) le diete a base di verdure e il consumo dei prodotti naturali?
8. …avete voglia di riprodurre, nella vostra casa, l'effetto della luce del sole?

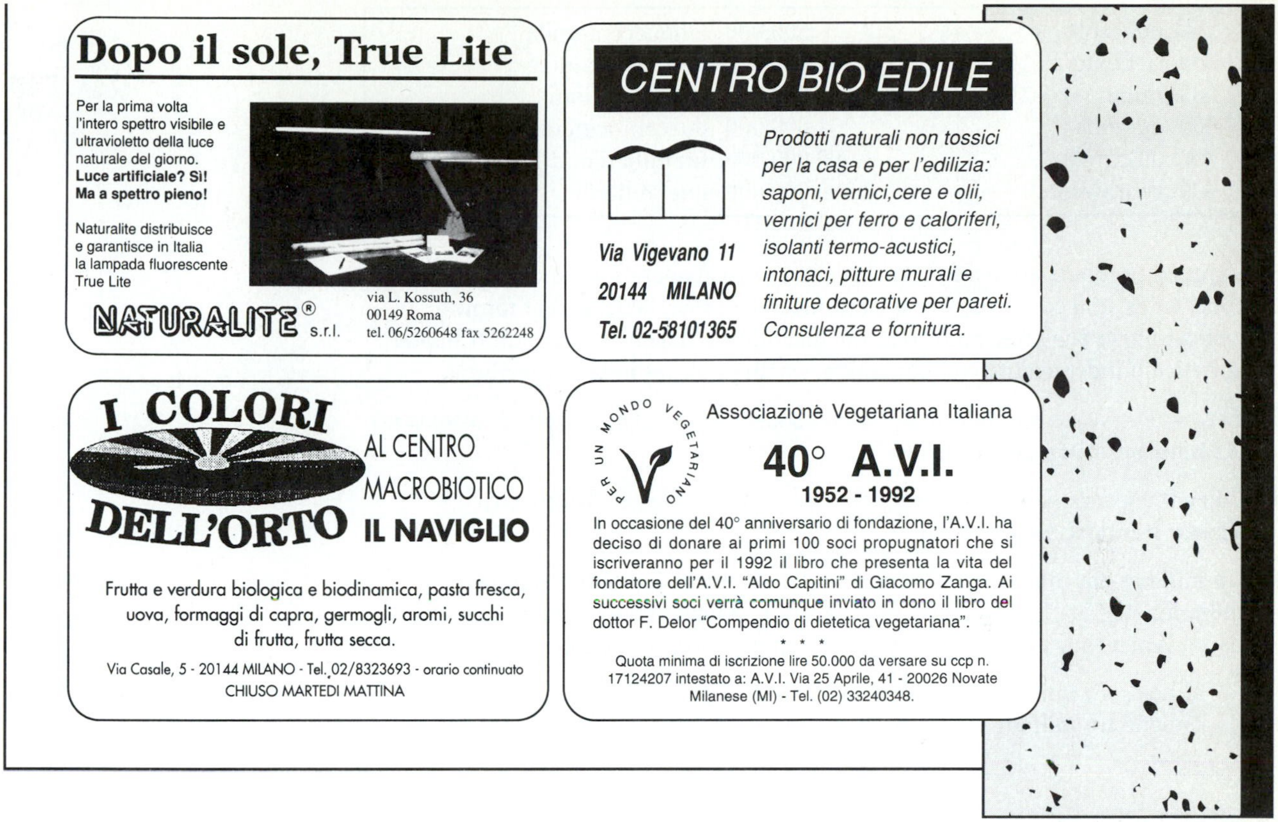

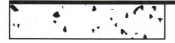

STRUTTURE II

3. Numeri cardinali e ordinali

Cardinal Numbers

1 uno	11 undici	21 vent**uno**	40 quaranta
2 due	12 dodici	22 ventidue	50 cinquanta
3 tre	13 tredici	23 ventitrè	60 sessanta
4 quattro	14 quattordici	24 ventiquattro	70 settanta
5 cinque	15 quindici	25 venticinque	80 ottanta
6 sei	16 sedici	26 ventisei	90 novanta
7 sette	17 diciassette	27 ventisette	100 cento
8 otto	18 diciotto	28 vent**otto**	101 centouno
9 nove	19 diciannove	29 ventinove	102 centodue
10 dieci	20 venti	30 trenta	199 centonovantanove

200	duecento	500.000	cinquecentomila
300	trecento	1.000.000	un milione (di)
1.000	**mille**	5.000.000	cinque milioni
2.000	due**mila**	251.000.000	duecentocinquantun milioni
10.000	diecimila	1.000.000.000	un miliardo (di)
21.000	vent**unmila**	2.000.000.000	due miliardi

1. Cardinal numbers are used for most mathematical operations and descriptions, time, dates, and counting. Cardinal numbers are invariable, except for **uno**, which follows the same pattern as the indefinite article before a noun (Chapter 2: **Articolo indeterminativo**), and **mille**, which becomes **mila** in the plural.

2. The final vowel of numbers after 20 is dropped before adding -**uno** or -**otto**: venti, **ventuno**; sessanta, **sessantotto**.

3. When it appears as part of a number after 20, **tre** is always written with an accent: **trentatrè, quarantatrè**.

4. **Un milione**, **un miliardo** (*billion*) and related forms (**due milioni, cinque miliardi**, etc.) are followed by the preposition **di** when they directly precede a noun. When they are followed by other numbers, **di** is omitted.

    Almeno **un milione di** persone visita l'Italia ogni estate.
    Almeno **un milione cinquecentomila** persone visita l'Italia ogni estate.

Ordinal Numbers

primo	*first*	undicesimo	*eleventh*
secondo	*second*	dodicesimo	*twelfth*
terzo	*third*	ventesimo	*twentieth*
quarto	*fourth*	venti**tre**esimo	*twenty-third*
quinto	*fifth*	venti**sei**esimo	*twenty-sixth*
sesto	*sixth*	centesimo	*hundredth*
settimo	*seventh*	millesimo	*thousandth*
ottavo	*eighth*		
nono	*ninth*		
decimo	*tenth*		

1. Ordinal numbers indicate the order of succession. They usually precede nouns and follow the definite article. Because they are adjectives, they agree in gender and number with the noun they modify.

    la prim**a** lezione, **le** prim**e** lezioni
    il second**o** posto, **i** second**i** posti

2. The first ten ordinal numbers have their own form. From **undici** on, they are formed with the base of the cardinal number (i.e., the cardinal number minus its final vowel) plus -**esimo.**

> undici → undic**esimo**   venti → vent**esimo**
> trentadue → trentadu**esimo**

Ordinal numbers ending in **tre** and **sei**, however, retain the final vowel of the cardinal number:

> sessantatrè → sessantatr**eesimo**
> ottantasei → ottantase**iesimo**

3. Ordinal numbers are used to form fractions (**le frazioni**).

> ⅓ → un terzo   ¾ → tre quarti

The exception is ½, **un mezzo** (**una metà**).

4. Another useful ordinal number is **ennesimo** (*umpteenth* or *nth*), which can substitute for an unknown or exaggerated number.

> È **l'ennesima** volta che Riccardo ci fa vedere le sue foto di Fiji!
>
> *It's the umpteenth time Riccardo has shown us* [lit., *shows us*] *his photos of Fiji!*

Attenzione! Note that ordinal numbers are sometimes written 1º (1ª), 2º, 3º, etc.

Un po' di pratica

A. Quanto tempo... ? Ecco un elenco di varie attività. Ciascuna richiede un certo periodo di tempo per essere imparata bene (*to master*). Osservate attentamente i disegni che rappresentano queste attività. Poi, ad alta voce, dite quanti minuti ci vogliono per impararle. (Cercate di indovinare i nomi di quelle che non conoscete.)

1. nuotare
2. cucinare il pollo arrosto
3. annodare (*to knot*) un farfallino
4. mangiare con le bacchette
5. allacciare le scarpe
6. andare sullo skateboard
7. suonare il sassofono
8. guidare
9. fare il windsurfing
10. mettere un chiodo per appendere un quadro alla parete
11. pilotare un elicottero
12. fare ginnastica con il cavallo con maniglie

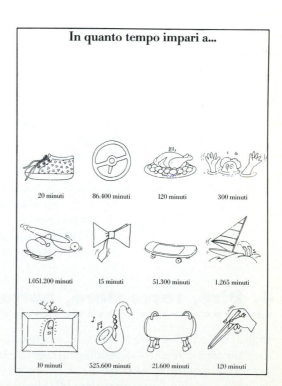

In quanto tempo impari a...

20 minuti	86.400 minuti	120 minuti	300 minuti
1.051.200 minuti	15 minuti	51.300 minuti	1.265 minuti
10 minuti	525.600 minuti	21.600 minuti	120 minuti

B. Le operazioni. Scrivete cinque o sei operazioni matematiche, usando le espressioni **più +**, **meno −**, **per ×** e **diviso ÷**. Poi, con un compagno (una compagna), fate le domande e rispondete.

ESEMPIO: —Sei per sei fa quanto? (Quanto fa sei per sei?)
—Sei per sei fa trentasei.

C. Quattro chiacchiere. Completate i dialoghi con i numeri ordinali adatti e con gli articoli determinativi, dove necessario.

1.   PROFESSORESSA: Roma è _____ (1) città italiana che conta oltre due milioni di abitanti. E _____ (2) qual è, ragazzi?

    FRANCO: Per il numero di abitanti è Milano, seguita da Napoli che occupa _____ (3) posto.

2.   MARA: C'erano tanti ospiti a festeggiare _____ (40) compleanno dello zio Giuseppe.

    NICOLETTA: Ah sì? Dimmi un po' quello che avete fatto—a giugno è _____ (35) anniversario dei miei genitori e vogliamo fare qualcosa di bello.

3.   SIGNORA GENTILONI: Due posti di platea (*orchestra seats*) in _____ (1) fila (*row*), per favore!

    CASSIERE (*ticket agent*):   Mi dispiace, signora; ci sono posti solo dalla _____ (10) alla _____ (15) fila.

4.   MAMMA #1:   Mia figlia frequenta _____ (4) elementare (*f., fourth grade*). E suo figlio?

    MAMMA #2:   Frequenta _____ (5) del liceo scientifico.

5.   PROF. MUTI: Come dicevamo nell'ultima conferenza, durante _____ (7) dinastia ci furono tantissime pestilenze, motivo per cui...

    STUDENTE: Ma che barba (*bore*) quel professor Muti! È _____ (*nth*) volta che ce lo racconta.

La sfida dei popoli al nuovo ordine mondiale

7°

meeting internazionale per la pace e la solidarieta tra i popoli

ROMA
2-7 Luglio 1991
VILLAGGIO GLOBALE
ex-mattatoio
Lungotevere Testaccio

4. Dire, raccontare, parlare
•••

English has only one verb for "to tell," whereas Italian has two: **dire** and **raccontare**. They are used differently, depending on context. **Dire** means *to say* or *tell;* **raccontare** means *to narrate, recount,* or *relate,* and is usually used in reference to an extended narration. The verb **parlare** (**di**) means *to speak* or *to talk* (*about*).

Cosa **dici**? Non ti capisco.	*What are you saying? I don't understand you.*
Voglio **raccontarti** un mio sogno.	*I want to tell you my dream [a dream of mine].*
Laura **parla** molto bene italiano, ma non **parla** mai dei tre anni che ha passato in Italia!	*Laura speaks Italian very well, but she never talks about the three years she spent in Italy!*

Un po' di pratica

A. Dire, parlare o **raccontare**? Scegliete il verbo adatto.

1. Io _____ sempre agli amici le mie avventure estive (*summer*).
2. Perché (tu) _____ solo delle esperienze negative?
3. Greg e Kim _____ che tra tutte le città italiane preferiscono Milano.
4. Pasqualino Passaguai è così noioso! _____ sempre senza _____ mai niente d'interessante.
5. Susanna, mi _____ la stessa storia per l'ennesima volta!
6. Gianmaria ama molto _____ dei suoi viaggi, ma io _____ che le più belle vacanze sono quelle che si passano (*you take*) a casa!

B. Modi di dire. Formate delle frasi utilizzando le parole od espressioni seguenti e i verbi **dire, parlare** o **raccontare**, secondo il contesto.

ESEMPIO: il tempo → Gli inglesi parlano sempre del tempo!

1. una fiaba (*fairy tale*)
2. come preparare la pizza
3. le bugie (*lies*)
4. la politica americana
5. gli avvenimenti (*events*)
6. perché non posso dormire

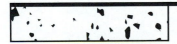 METTIAMOLO PER ISCRITTO!

Turismo e ambiente

1. Descrivete i vantaggi e gli svantaggi di passare le vacanze (1) in città, (2) al mare e (3) in montagna. (E se c'è un altro ambiente che trovate molto attraente, aggiungetene una descrizione anche di quello!)
2. Nelle località turistiche, spesso un boom economico porta enormi danni (*harm*) ecologici. Descrivete un posto che conoscete bene e parlate dei suoi problemi.
3. Secondo molti, i viaggi «verdi»* comportano un senso di rispetto non solo per l'ambiente, ma anche per la cultura di una regione o un paese. Raccontate la vostra idea di un viaggio «verde» in una parte del mondo o degli Stati Uniti che vi interessa particolarmente.

---

*Viaggi intrapresi in gran parte con lo scopo di studiare o di apprezzare l'ambiente naturale.

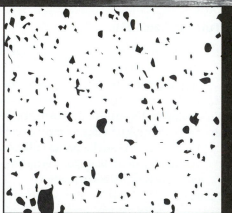

CAPITOLO 5

VENEZIA: MUSEO O CITTÀ?

Venezia si trova in uno stato di deterioramento. La maggioranza dei palazzi veneziani sta andando in rovina a causa dell'inquinamento e della negligenza. Conoscete qualche città americana che si trova in uno stato simile a Venezia?

Venice, jewel of the Adriatic and living monument to Italy's historical and artistic heritage, is threatened with extinction. The delicate balance of natural and social factors that allowed the canal city to survive, relatively undamaged, for centuries is now coming apart. "La serenissima"* is literally sinking under the combined onslaught of environmental pollution, collective demands on the natural resources of the lagoon area, and a massive influx of tourists.

In recent years, ecologists and urban scholars have studied the problem extensively. Most Italians are now aware of the grave conditions that threaten to shatter Venice's fragile urban and natural ecosystem. They know, too, what an irreparable loss the entire world will suffer if the struggle to save the city fails. The question is: is it too late?

This chapter's reading, *Com'è triste Venezia!*, describes some of the conditions threatening Venice's survival. It includes an interview with Massimo Cacciari, the philosopher-politician-ecologist who has led the campaign to preserve his native city from destruction. In his responses, Cacciari considers whether there is still hope for Venice and, if so, what measures can and must be taken to save her.

 VOCABOLARIO TEMATICO

Sostantivi

l'allagamento flood, flooding
il Carnevale Carnival (Mardi Gras)
il degrado decay
la laguna lagoon
il peso weight
il rapporto relationship
il risanamento restoration
lo scarico waste
la tendenza tendency

Verbi

assumere to take on, adopt, assume
garantire (*conj. like* **capire**) to guarantee
mettere in crisi to threaten, put in a critical position
risanare to restore, improve
rivelarsi to prove to be
scendere to sink, descend
servire (**per**) to be necessary (for)
sopportare to sustain, support
spopolarsi to be depopulated

Aggettivi

abitabile liveable
attuale present-day, current
inarrestabile unstoppable
puzzolente stinking, smelly
sommerso (**da**) submerged

Altre parole ed espressioni

appena barely, just
oltre more (greater) than, beyond

A. Collegate le espressioni della colonna A con quelle della colonna B per formare delle frasi logiche.

A

1. _____ Il sindaco (mayor) ha promesso
2. _____ Mio figlio mi mette in crisi
3. _____ L'abuso dell'ambiente è
4. _____ Venezia ospita
5. _____ Le due sorelle hanno sviluppato
6. _____ Il mare dopo la tempesta assume
7. _____ L'ascensore non sostiene
8. _____ Molti miliardi di lire servono

B

a. il peso di più di 10 persone.
b. un aspetto tormentato e quasi surreale.
c. oltre 7 milioni di turisti all'anno.
d. con le sue domande imbarazzanti.
e. per riparare i palazzi e i monumenti.
f. il risanamento della laguna.
g. una tendenza che deve cambiare.
h. un buon rapporto da quando vivono insieme.

Lit., "her serene highness": This title was given to the Republic of Venice in the twelfth century.

B. Il signor Celeghin, sostenitore (*supporter*) dell'Expo 2000* a Venezia, cerca di convincere il Sovrintendente per i beni architettonici e ambientali (*Superintendent of architectural and environmental issues*) dei benefici che l'Expo potrebbe portare alla città. Il Sovrintendente non si convince facilmente. Ha paura che una massiccia invasione turistica possa deteriorare ulteriormente la città. Completate la conversazione con le parole adatte del **Vocabolario tematico**.

SOVRINTENDENTE: Ospitare l'Expo 2000 sarebbe un suicidio per Venezia! Già le fondamenta (*foundation*) della città appena _____[1] il peso dei milioni di turisti che la visitano ogni anno. Venezia continua a _____[2] nella laguna causando numerosi _____[3] in Piazza San Marco ogni anno. Se la situazione peggiora, la città non sarà più _____[4] per i veneziani. Il mio compito come sovrintendente è di _____[5] la longevità di Venezia. Il centro non deve _____[6] dei residenti, e certamente non deve _____[7] una fisionomia unicamente turistica!

SIGNOR CELEGHIN: Siamo d'accordo che negli ultimi dieci anni Venezia _____[8] una città con gravi problemi strutturali e ambientali. Gli _____[9] industriali rendono l'acqua così _____[10] in estate che dà fastidio (*it bothers*) persino ai turisti. E come ha detto Lei, la Piazza è _____[11] dall'acqua più volte all'anno. Questo provoca il _____[12] degli edifici e dei monumenti. La situazione sembra veramente _____[13]. Ma è proprio per questo che, secondo me, è sbagliato proibire festival come l'Expo: i soldi guadagnati servono per _____[15] la laguna e per restaurare i monumenti deteriorati dall'inquinamento. Lei vedrà che nel giro di pochi anni Venezia sarà ancora più affascinante della Venezia _____,[17] e il merito sarà tutto Suo. Viva Venezia, viva il Carnevale, e viva l'Expo 2000!

PRELETTURA

Entriamo nel contesto!
● ●

A. Prendete in esame queste quattro città americane in cui il turismo è un'attività importante. Provate a elencare alcune delle attrazioni turistiche e alcuni dei problemi presenti in queste città.

	ATTRAZIONI	ASPETTI NEGATIVI
1. New York	_____	_____
2. Chicago	_____	_____
3. Los Angeles	_____	_____
4. Miami	_____	_____

---

*Venezia si era candidata per ospitare l'Expo dell'anno 2000. Dopo un aspro (*bitter*) confronto politico, il comune di Venezia ha ritirato (*withdrew*) la candidatura per non aggravare il fragilissimo ecosistema della laguna.

B. Siete o non siete d'accordo con le seguenti affermazioni? Spiegatene il motivo.

1. Lo smog è la ragione principale per cui i cittadini lasciano le grandi città per vivere nei sobborghi (*suburbs*).
2. L' Expo porta più svantaggi che vantaggi in qualsiasi città.
3. È responsabilità di ogni governo di mantenere i monumenti e i capolavori artistici in buone condizioni, a qualsiasi prezzo.
4. Venezia dovrebbe essere una città a numero chiuso (*with limited access*) per limitare i danni (*damage*) provocati dai troppi turisti.
5. Non si deve permettere che i veneziani abbandonino la città e che Venezia diventi una specie di museo.

Molti italiani hanno paura che Venezia diventi un grande museo, una Disneyland di lusso.

Un bellissimo palazzo a Venezia danneggiato dall'inquinamento

Strategie per la lettura

Distinguishing fact and opinion. The following article, excerpted from *Il venerdì* (supplement of *La Repubblica*), deals with an assessment of some of the problems facing modern-day Venice. In order to be a critical reader, it is important to distinguish between fact and opinion. You must consider the information and point of view presented and draw your own conclusions. The following is a list of statements taken from the reading. Can you classify them as fact or opinion? Place an F (**fatto**) or O (**opinione**) before each of the statements, depending on your definition.

1. _____ Venezia non riesce a sopportare il peso dei sette-otto milioni di turisti che la visitano ogni anno.
2. _____ Quello tra la laguna e i turisti è un rapporto di odio-amore.
3. _____ La laguna è sempre più inquinata, i canali sono sporchi e puzzolenti, i pesci muoiono e le alghe marciscono (*are rotting*).
4. _____ Bisogna rendersi conto che Venezia non può vivere se non risana la laguna, l'unica laguna urbanizzata del mondo.

5. _____ Per rendere Venezia abitabile, è necessario garantire alcune condizioni, come la mobilità di cose, merci, persone, e la possibilità di vivere in città, di lavorarci, di abitarci.

After reading the following article and interview, try to determine, first, whether the author wishes to express a generally positive or negative opinion about the future of Venice; and second, what you think was the author's overall purpose in writing the article.

 LETTURA

Com'è triste Venezia!

Venezia non riesce a sopportare il peso dei sette-otto milioni di turisti che la visitano ogni anno. Se la città avesse ospitato[1] l'Expo, sarebbe stata stravolta[2]—secondo alcune stime[3]—da venti a trenta milioni di visi-
5 tatori in sei mesi: cioè da 80 a 200 mila persone al giorno. I posti letto[4] negli alberghi veneziani sono solo undicimila e sarebbero stati insufficienti.

Quello tra la laguna e i turisti è un rapporto di odio-amore. Venezia contro i saccopelisti,[5] Venezia
10 «a numero chiuso»,[6] Venezia contro i megaconcerti[7] dopo l'esperienza dell'anno scorso con i Pink Floyd. Anche un appuntamento tradizionale con il Carnevale è stato messo in crisi, dopo il recente divieto[8] della Sovrintendenza per i beni architettonici e ambientali di
15 utilizzare Piazza San Marco per le manifestazioni.[9] Tremila miliardi[10]: tanto servirebbe, secondo i calcoli della giunta[11] regionale del Veneto (che nel gennaio scorso ha varato un piano[12] per il disinquinamento[13] e il risanamento della laguna e del bacino circostante,[14]
20 per salvare Venezia. Le attuali condizioni di degrado— dice lo studio che accompagna il piano di salvatag-

gio[15]—dipendono solo in parte dalla Serenissima. Per il resto sono responsabili gli scarichi degli insediamenti[16] urbani, industriali, zootecnici e dell'agricoltura.

Fra cent'anni la città sarà sprofondata di un metro.[17] 25 Si tratta di un processo inarrestabile: dall'inizio del secolo Venezia è già scesa di 23 centimetri. Ai primi del '900[18] Piazza San Marco era sommersa solo sette volte ogni dodici mesi, mentre oggi gli allagamenti sono oltre quaranta l'anno. Il degrado e l'inquinamento 30 stanno compromettendo uno degli ecosistemi più rari e più belli del mondo.

Intorno, tutto è degrado. La laguna è sempre più inquinata, i canali sono sporchi, puzzolenti, i pesci muoiono e le alghe marciscono.[19] Vanno a rilento[20] 35 anche le opere che dovrebbero difendere la città dall'acqua alta, mentre il centro storico si spopola, l'umidità mangia le case e i monumenti si sgretolano[21] sotto la lugubre patina[22] di smog che li ricopre.[23]

«Con l'Expo sarebbe stato anche peggio», dice il 40 filosofo Massimo Cacciari «perché l'esposizione avrebbe accelerato tutti i processi di degrado, indirizzando su un

---

[1]Se... *If the city had played host to*   [2]sarebbe... *it would have been shaken*   [3]*estimates*   [4]posti... *sleeping accommodations*   [5]*tourists in sleeping bags*   [6]a... *applying "limited access" regulations for visitors*   [7]*concerts attracting thousands of spectators*   [8]*prohibition*   [9]*public events*   [10]Tremila... *Approximately 2.5 million dollars*   [11]*council*   [12]ha... *approved a plan*   [13]*cleanup*   [14]bacino... *surrounding basin*   [15]piano... *restoration plan*   [16]*manufacturing plants*   [17]sprofondata... *one meter lower*   [18]Ai... *At the beginning of the twentieth century*   [19]*are rotting*   [20]Vanno... *(They are) proceeding slowly*   [21]si... *are crumbling*   [22]lugubre... *oppressive layer*   [23]*covers*

unico binario[24]—quello appunto dell'Expo—tutte le variabili economiche, sociali e culturali della città, determinando alterazioni gravissime. Sarebbe stato come far entrare un elefante in una stanza».

«Malgrado tutti i disagi e le storture,[25] la battaglia per Venezia non è ancora persa», dice Cacciari. «Questa città ha nella sua stessa memoria la dimensione di un possibile futuro. Ma dobbiamo saperla reinventare, è questa la scommessa[26] per il domani». Affascinante la «Venezia possibile» del professore Cacciari. Ma la Venezia reale, quella che sta appena fuori della porta, è tutta diversa. È una Venezia che non piace più a nessuno.

Lei ha detto che la città è ancora vivibile. A me sembra che lo sia sempre di meno.

«La città, che viene sempre più usata come un bel contenitore espositivo,[27] va assumendo una fisionomia accentuatamente turistico-commerciale. Poi c'è un problema ancora più grave, che è quello dell'inquinamento. Bisogna rendersi conto che Venezia non può vivere se non risana la laguna, l'unica laguna urbanizzata del mondo. Perciò io penso che, se si vuol davvero salvare Venezia, il primo compito sia quello di disinquinarla».[28]

È mancata, in città, anche una classe politica all'altezza del compito.[29]

«Non è che i politici veneziani siano peggio di quelli di altre città. È che Venezia rappresenta un habitat eccezionale che richiede una capacità politica eccezionale e, di fronte a problemi molto grossi, la classe politica locale si è rivelata del tutto inadeguata».

Cosa ne sarà di[30] questa città, se continuerà l'andazzo[31] degli ultimi trent'anni?

«Oh, nessuna apocalisse. Diventerebbe una straordinaria Disneyland monumentale, un grande contenitore turistico-commerciale con pochissimi residenti, al centro di una situazione totalmente degradata. L'Expo avrebbe rappresentato la resa[32] a questo tipo di processo».

Invece c'è ancora tempo per salvarla, Venezia?

«Credo che si possa ancora controbattere questa tendenza. Ma ci vorrebbe quell'idea di una «Venezia possibile», sulla quale lavorare, che finora è mancata. L'idea di una città innanzitutto[33] abitabile, e poi fruibile nella sua interezza.[34] Ma per far questo è necessario garantire alcune condizioni, come la mobilità di cose, merci,[35] persone, e la possibilità di vivere in città, di lavorarci, di abitarci».

—Il venerdì

---

[24]indirizzando... *directing down a single path*   [25]disagi... *problems and errors*   [26]*challenge*   [27]contenitore... *showroom*   [28]*clean its polluted waters*   [29]classe... *political establishment capable of carrying out (this) task*   [30]Cosa... *What will become of*   [31]*bad trend*   [32]*surrender*   [33]*first and foremost*   [34]fruibile... *completely functional*   [35]*merchandise*

Avete capito?

A. In base alla lettura, dite se le seguenti affermazioni sono vere o false.

	V	F
1. 80.000 persone hanno invaso Venezia durante l'Expo.	___	___
2. Gli allagamenti sono più frequenti di una volta.	___	___
3. Sempre più gente abita nel centro storico.	___	___
4. A Venezia case e monumenti vengono divorati dallo smog e dall'umidità.	___	___
5. La presenza dei turisti è un elemento positivo, e allo stesso tempo negativo.	___	___
6. Venezia è sempre più inquinata.	___	___
7. Massimo Cacciari era a favore dell'Expo.	___	___
8. Secondo Cacciari, i politici veneziani si sono rivelati ancora meno capaci degli altri politici nell'affrontare i problemi della loro città.	___	___

B. Collegate le espressioni della colonna A con quelle della colonna B per formare delle frasi logiche.

A	B
1. _____ Secondo Massimo Cacciari,	a. non è stata capace di risolvere i problemi.
2. _____ La prima cosa da fare	b. renderla abitabile con posti di lavoro e case per tutti.
3. _____ La classe politica	
4. _____ Se non si fa niente	c. c'è ancora speranza di salvare Venezia.
5. _____ Una condizione necessaria per salvare Venezia è	d. è risanare la laguna.
	e. sono insufficienti per ospitare l'Expo.
6. _____ I posti letto attuali	f. Venezia diventerà un'altra Disneyland.

C. Rispondete alle seguenti domande.

1. Perché Venezia attrae tanti turisti? Quali problemi crea questo afflusso annuale di turismo?
2. Perché le autorità veneziane hanno vietato grandi manifestazioni come l'Expo?
3. Chi o che cosa è soprattutto responsabile dell'inquinamento di Venezia?
4. Oltre all'inquinamento, quali sono alcuni grandi problemi di Venezia?
5. Chi è Massimo Cacciari?
6. Perché Cacciari dice che Venezia potrebbe diventare un'altra Disneyland?

E ora, a voi!

A. Immaginate di essere il sindaco (*mayor*) di Venezia. Cercate di proporre un rimedio per ognuno dei seguenti problemi.

1. insufficienti posti letto per ospitare la Biennale (*Festival*) del cinema
2. troppi turisti durante i weekend estivi
3. richieste per l'uso di Piazza San Marco per concerti rock
4. un'invasione di massa durante il famoso Carnevale di Venezia

B. Sondaggio: In ordine crescente da uno a quattro, numerate i seguenti effetti positivi e negativi del turismo di massa. Poi confrontate le vostre risposte in gruppi di tre o quattro studenti, e spiegate il perché delle vostre scelte.

1. gli effetti negativi del turismo di massa sull'ambiente
   a. _____ aumento del traffico
   b. _____ strade sporche
   c. _____ maggior consumo di energia elettrica
   d. _____ (altro) _____

2. gli effetti negativi del turismo di massa sulla vita quotidiana degli abitanti
   a. _____ ristoranti affollati e servizio scadente
   b. _____ prezzi più alti in generale
   c. _____ rumore e sporcizia (*dirt*)
   d. _____ (altro) _____

3. benefici economici del turismo per gli abitanti
   a. _____ guadagni per i commercianti
   b. _____ nuovi posti di lavoro nell'industria del turismo
   c. _____ maggiori entrate (*income*) per il comune (*city government*)
   d. _____ (altro) _____

4. miglioramento generale dei servizi dovuto al turismo
   a. _____ più ristoranti e maggiori scelte nel mangiare
   b. _____ più divertimenti
   c. _____ maggiori occasioni di conoscere gente da tutte le parti del mondo
   d. _____ (altro) _____

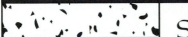 # STRUTTURE I

1. Passato prossimo

In everyday Italian, the **passato prossimo** is the tense used most often to relate completed past events. English equivalents of the verb **parlare**, in first person singular of the **passato prossimo**, are: *I have spoken, I spoke,* and (in emphatic use) *I did speak.*

Regular Forms

The **passato prossimo** consists of the present tense form of the auxiliary **avere** or **essere** followed by the past participle of the main verb. The past participle of verbs conjugated with **essere** agrees with the subject in gender and number. The following tables summarize regular forms.

PAST PARTICIPLES		
(I) parl**are** → parl**ato**	(II) vend**ere** → vend**uto**	(III) fin**ire** → fin**ito**

PASSATO PROSSIMO WITH **avere**				PASSATO PROSSIMO WITH **essere***			
ho	parlat**o**	**abbiamo**	parlat**o**	**sono**	partit**o/a**	**siamo**	partit**i/e**
hai	parlat**o**	**avete**	parlat**o**	**sei**	partit**o/a**	**siete**	partit**i/e**
ha	parlat**o**	**hanno**	parlat**o**	**è**	partit**o/a**	**sono**	partit**i/e**

Attenzione! One important spelling variation: the past participles of verbs ending in **-scere** or **-cere** end in **-sciuto** or **-ciuto** (cono**scere** → cono**sciuto**; pia**cere** → pia**ciuto**).

_____

*A detailed list of verbs requiring **essere** in the **passato prossimo** appears in the Appendix.

Don't forget: To express an action begun in the past but continuing in the present, use *present tense* + **da** + *time expression*.

Sono a Venezia **da** due anni.   *I've been in Venice for two years.*

Irregular Forms

Many verbs, particularly those in the second (-**ere**) conjugation, have irregular past participles. Following is a list of the most common irregular past participles, grouped according to similarity in form.

essere **stato**	esprimere **espresso**
nascere **nato**	mettere **messo**
	succedere (*to happen*) **successo**
esigere (*to demand*) **esatto**	
fare **fatto**	(av)venire (avvenire, *to happen*)
trarre **tratto**	**(av)venuto**
	bere **bevuto**
decidere **deciso**	
dividere **diviso**	nascondere (*to hide*) **nascosto**
(sor)ridere **(sor)riso**	proporre **proposto**
uccidere (*to kill*) **ucciso**	rispondere **risposto**
aprire **aperto**	cogliere (*to pick, gather*) **colto**
coprire **coperto**	risolvere **risolto**
offrire **offerto**	togliere (*to take off, remove*)
scoprire (*to discover*) **scoperto**	**tolto**
soffrire (*to suffer*) **sofferto**	
	(con)vincere (vincere, *to win*)
correggere **corretto**	**(con)vinto**
dire **detto**	dipingere (*to paint*) **dipinto**
(e)leggere **(e)letto**	distinguere **distinto**
proteggere **protetto**	
	concludere **concluso**
correre **corso**	chiudere **chiuso**
mordere (*to bite*) **morso**	
occorrere (*to be necessary*)	cuocere (*to cook*) **cotto**
occorso	(inter)rompere **(inter)rotto**
	tradurre **tradotto**
accendere (*to light, turn on*)	
acceso	apparire **apparso**
dipendere **dipeso**	parere (*to seem*) **parso**
offendere **offeso**	scomparire (*to disappear*)
prendere **preso**	**scomparso**
rendere (*to render, make*) **reso**	
scendere **sceso**	assumere **assunto**
spendere **speso**	presumere **presunto**
	raggiungere (*to reach*)
	raggiunto

Miscellaneous Irregular Forms*

affiggere (*to post*) **affisso**	piangere (*to cry*) **pianto**
discutere **discusso**	(ri)chiedere (**ri**)**chiesto**
esistere **esistito**	rimanere (*to remain, stay*) **rimasto**
(i)scrivere (**i**)**scritto**	scegliere (*to choose*) **scelto**
morire **morto**	spegnere (*to put out, turn off*) **spento**
(pro)muovere (**pro**)**mosso**	vedere **visto** (*o:* **veduto**)
perdere **perso** (*o:* **perduto**)	vivere **vissuto**

Uses

Verbs Conjugated with avere

Most verbs conjugated with **avere** in the **passato prossimo** are transitive; that is, they can act on a direct object. Their past participle does not agree in gender and number with the subject.

> Ho finit**o** i compiti, poi ho guar-
> dat**o** un programma alla TV.
> Abbiamo vendut**o** la macchina.

> *I finished my homework, then
> watched a program on TV.*
> *We sold the car.*

Verbs Conjugated with essere

Most verbs conjugated with **essere** in the **passato prossimo** are intransitive. They include *all* reflexive and reciprocal verbs and verbs used with the impersonal **si** (Chapter 8, Section 2), as well as verbs that indicate being (**essere, stare, diventare**), motion (**andare, venire, arrivare, cadere, rimanere, tornare**), and many other verbs. Their past participle agrees with the subject in gender and number.

> Laura **è** partit**a** per Padova.
> Ci **siamo** incontrat**i** a Venezia.
> Le ragazze si **sono** divertit**e** molto
> a Carnevale!

> *Laura left for Padova.*
> *We met in Venice.*
> *The girls had a great time at the
> Mardi Gras festival!*

The passato prossimo with Modal Verbs

1. When used without an accompanying infinitive, **dovere, potere,** and **volere** are always conjugated with **avere** in the **passato prossimo**.

> —Siamo tornati presto da Venezia
> solo perché **abbiamo** dovuto.
> —Hai visitato il Museo Correr?

> —No, purtroppo, non **ho** potuto.

> *—We came back from Venice
> early only because we had to.*
> *—Did you visit the Correr
> Museum?*
> *—No, unfortunately, I couldn't
> [wasn't able to].*

Il tuo colesterolo
è cresciuto?

---

*Many second-conjugation verbs are similar to others, both in their infinitive and irregular past participle forms. For example, **trarre** (p.p. **tratto**) is parallel to **distrarre** and **estrarre** (**distratto, estratto**); **prendere** (p.p. **preso**) is parallel to **riprendere, sorprendere** (**ripreso, sorpreso**), etc. For a more complete listing of such parallel forms, consult the Appendix, (*Altri verbi irregolari*).

2. When used with an accompanying infinitive, modals are conjugated with either **avere** or **essere**, depending on which of these auxiliaries the main verb usually takes. If **essere** is used, the past participle of the modal verb agrees with the subject in gender and number. In everyday Italian **avere** is used most often, except with reflexive or reciprocal verbs whose pronouns precede the auxiliary.

> Non **ho potuto** prendere il traghetto.   *I wasn't able to take the ferry.*
>
> **Hanno voluto** restare a Venezia.   }   *They wanted to remain in Venice.*
> **Sono voluti** restare a Venezia.   }
>
> **Hanno dovuto** affrettarsi.   }   *They had to hurry.*
> Si **sono dovuti** affrettare.   }

Special Use of Auxiliaries in the **passato prossimo**

1. Some verbs, particularly those indicating weather conditions, can be conjugated with either **avere** or **essere**. These include **piovere**, **nevicare**, and **grandinare** (*to hail*).

> **È piovuto** molto a Venezia l'anno
>   scorso.   }   *It rained a great deal in Venice*
> **Ha piovuto** molto a Venezia l'anno }   *last year.*
>   scorso.

Exception: **tirare vento** (*to be windy*) is always conjugated with **avere**.

> **Ha tirato vento** ieri.   *It was windy yesterday.*

2. Certain other verbs can be used in either a transitive or an intransitive sense. Study the following examples.

TRANSITIVI	INTRANSITIVI
Ho cambiato idea.	Come **sono** cambiati quei ragazzi!
Avete cominciato gli studi?	**È** cominciato il concerto?
Ieri **ho** corso due miglia.	**Sono** corsi a prendere l'autobus.
Ha finito i cioccolatini.	Le lezioni **sono** finite.
Hai passato una bella giornata?	**Sei** passata da Luigi?
Ho salito le scale.	**Sono** saliti in taxi.
Abbiamo suonato il violino.	Il telefono **è** suonato alle 3,00.
Hanno sceso i gradini.	**Sono** scesa dall'autobus.

Note that **correre**, **salire**, and **scendere** are conjugated with **essere** when a point of arrival (or departure) is indicated, but with **avere** when the action is presented in an absolute sense or with a direct object.

3. Several common verbs, normally used intransitively, are conjugated with **avere**. They include **camminare**, **dormire**, **sognare**, and **viaggiare**.

Un po' di pratica

A. Una gita a Venezia. Carla e i suoi amici hanno passato un bellissimo weekend di primavera nella città lagunare. Completate le frasi con le forme adatte dei verbi al passato prossimo.

(Noi) _____[1] (visitare) parecchi posti interessanti: Riva degli Schiavoni, Piazza San Marco, e naturalmente il famoso Ponte de' Sospiri. Io _____[2] (cercare) di visitare anche il Museo dell'Accademia, ma purtroppo non _____[3] (avere) tempo. Allora (noi) _____[4] (decidere) di andare a Murano, dove ci sono tante fabbriche di vetro (*glassware factories*).* Ornella _____[5] (comprare) un bel vaso, e Daria _____[6] (spendere) un sacco di soldi per un servizio (*set*) di bicchieri.

(Noi) _____[7] (correre) tanto! _____[8] (vedere) le piccole piazze, che a Venezia si chiamano *campi*, e _____[9] (fare) moltissime foto. Poi _____[10] (scoprire) un ottimo ristorante vicino al Ponte di Rialto. _____[11] (prendere) il baccalà con polenta,† che è una specialità veneta, e _____[12] (bere) un'ottima bottiglia di Orvieto bianco. _____[13] (Mangiare) molto bene senza spendere troppo. Quella volta _____[14] (offrire) io, ma un'altra volta Daria _____[15] (pagare) il pranzo a noi tutte.

In Piazza San Marco (noi) _____[16] (conoscere) due simpatiche ragazze americane. Io non parlo inglese ma Ornella lo sa molto bene, quindi (lei) _____[17] (tradurre) per me. In un caffè all'aperto (noi) _____[18] (sentire) un quartetto jazz che _____[19] (suonare) alcuni pezzi proprio per noi. Una delle ragazze americane, Rebecca, _____[20] (chiedere) una vecchia e buffissima canzone di Elvis Presley. (Noi) _____[21] (ridere) tanto! Rebecca _____[22] (dire) che in California, vicino a Los Angeles, c'è un'altra «Venezia», e che ha anche i canali!

B. Com'è cambiata Venezia! Spiegate cosa è successo a Venezia negli ultimi vent'anni, cambiando il verbo dal presente al passato prossimo.

ESEMPIO: L'interesse per l'ecologia aumenta. →
          L'interesse per l'ecologia **è aumentato**.

1. L'inquinamento diventa un gran problema.
2. L'inquinamento danneggia molte case e palazzi veneziani.
3. Una patina di smog ricopre i monumenti.
4. Gli scarichi industriali contribuiscono all'inquinamento della laguna.
5. Venezia sprofonda (*sinks*) nel mare alcuni centimetri.
6. Per salvare Venezia proponiamo nuove leggi contro l'inquinamento.
7. Venezia comincia solo recentemente ad affrontare il problema dell'inquinamento e dell'invasione dei turisti.
8. Tanti studiosi (*scholars*) si preoccupano della difesa dei tesori artistici.
9. Scompaiono molte osterie (trattorie), e si aprono molti fast-food.
10. L'immagine di una Venezia romantica cambia radicalmente.

---

*L'isola di Murano, a breve distanza da Venezia, è famosa per le sue fabbriche di cristalli e per gli oggetti di vetro.

†Il baccalà con polenta (*codfish with cornmeal*) è un piatto tipicamente veneto, ma molto popolare in tutto il nord d'Italia.

C. Quattro chiacchiere. Completate gli scambi mettendo i verbi al passato prossimo.

1. —Avanti, avanti! La festa _____ già _____ (cominciare)!
   —Scusateci! (Noi) _____ (partire) in ritardo e _____ (passare) mezz'ora a cercare un posto per parcheggiare.
2. —Renata, _____ (succedere) qualcosa? Come sei pallida (*pale*)!
   —Non ti preoccupare, sto bene. Solo che mi _____ (dovere) alzare alle 5,00 stamattina e sono stanchissima.
3. —_____ (divertirsi) al ricevimento Bruno e Claudia?
   —Eccome (*You bet*)! E Claudia _____ (rimanere) proprio stupita (*astounded*) quando _____ (ricevere) un premio (*prize*).
4. —Piera, _____ (passare) dalla nonna ieri?
   —No, non _____ (potere). All'ultimo momento _____ (dovere) lavorare.
5. —Ragazzi, _____ (tornare) tardi ieri sera!
   —Eh, l'opera _____ (finire) dopo mezzanotte. (Noi) _____ (vedere) il *Don Carlos* di Verdi.
6. —Giorgio, hai l'aria (*you look*) un po' stralunata (*spaced out*) oggi. (Tu) _____ (cambiare) casa un'altra volta?
   —Purtroppo, sì, _____ (trasferirsi) già due volte quest'anno e non mi _____ (potere) ancora abituare al ritmo di vita di questa città!

D. Che tempaccio! Oggi Mirella è di pessimo umore (*in an awful mood*) perché il tempo è orribile. Mettete il brano al passato prossimo.

Oggi nevica molto e tira anche vento. Cambio idea: non vado a piedi all'università con questo tempaccio. Invece, prendo l'autobus. Arrivo in orario e la lezione comincia. La lezione finisce alle 11,00 e nel frattempo (*in the meantime*) la neve diventa pioggia. Per riscaldarmi (*warm up*) un po' passo dalla mia amica Francesca che mi prepara un tè caldo.

Lunedì scorso...

E. Impressioni di una vacanza. Parlate con un compagno (una compagna) delle ultime vacanze che avete fatto. Chiedete a lui (a lei)...

ESEMPIO: dov'è andato/a →
        —Dove sei andata?
        —Io sono andata a trovare amici nel Maine. E tu?
        —Sono andato in Italia.

1. dov'è andato/a, e perché
2. quanto tempo ci è rimasto/a
3. come ha viaggiato (con quale mezzo di trasporto)
4. cosa ha trovato più interessante o notevole in quel posto, e perché
5. che tempo ha fatto
6. se ha osservato dei danni (*damage*) all'ambiente provocati dal turismo, e quali
7. se ha cercato di essere un (una) turista «verde», e come
8. cosa ha imparato da quel viaggio

2. Imperfetto

The imperfect tense is generally used to convey actions in progress in the past. English equivalents of the verb **cantare**, in first-person singular of the imperfect tense, are: *I was singing*, *I used to sing*, *I sang*, *I did sing*, and (rarely), *I would sing*, *I had sung*.

Forms

The imperfect tense is formed by adding the imperfect endings to the verb stem. The following table gives complete conjugations of regular verbs in the imperfect.

I		II		III	
parl**are**		vend**ere**		fin**ire**	
parl**avo**	parl**avamo**	vend**evo**	vend**evamo**	fin**ivo**	fin**ivamo**
parl**avi**	parl**avate**	vend**evi**	vend**evate**	fin**ivi**	fin**ivate**
parl**ava**	parl**avano**	vend**eva**	vend**evano**	fin**iva**	fin**ivano**

Avere is regular in the imperfect; **essere** is irregular. Several other verbs are irregular only in that their original Latin or archaic Italian stem is used to form the imperfect. The following table gives the most common irregular imperfect forms.

essere	bere (bevere)	dire (dicere)	fare (facere)	porre* (ponere)	tradurre* (traducere)	trarre* (tra[h]ere)
ero	bevevo	dicevo	facevo	ponevo	traducevo	traevo
eri	bevevi	dicevi	facevi	ponevi	traducevi	traevi
era	beveva	diceva	faceva	poneva	traduceva	traeva
eravamo	bevevamo	dicevamo	facevamo	ponevamo	traducevamo	traevamo
eravate	bevevate	dicevate	facevate	ponevate	traducevate	traevate
erano	bevevano	dicevano	facevano	ponevano	traducevano	traevano

Uses

The imperfect tense describes

1. a repeated, habitual action in the past. Expressions commonly accompanying this use of the imperfect: **sempre; a volte; di solito; di rado** (*rarely*); **ogni** (**giorno, mese, anno**, *ecc.*); **tutti i giorni** (**mesi**, *ecc.*), **tutte le** (**mattine, domeniche**, *ecc.*)

---

*Verbs with similar infinitive endings follow the same pattern: tra**durre** → tra**ducevo**, con**durre** → con**ducevo**; **porre** → **ponevo**, com**porre** → com**ponevo**; **trarre** → **traevo**, dis**trarre** → dis**traevo**, etc.

D'estate i Giuliani **andavano** sempre al mare.	*In summer, the Giulianis would always go [used to go; went] to the seashore.*
Si alzavano presto ogni mattina, **facevano** una lunga passeggiata, e **mangiavano** qualcosa di semplice.	*Every morning they would get up early, take a long walk, and eat something simple.*

2. a mental or physical condition in the past

Da bambina Marianna **era** sempre allegra e vivace.	*As a child, Marianna was always cheerful and lively.*
Quel giorno **avevo** un mal di testa terribile.	*That day I had a terrible headache.*

3. age, date, time, and weather in the past

Nel 1987 **avevo** dieci anni.	*In 1987 I was ten years old.*
Era venerdì l'8 luglio 1971.	*It was Friday, July 8, 1971.*
Erano le sette e **faceva** ancora molto caldo.	*It was seven o'clock, and still very hot.*

4. an ongoing action or condition in the past

Io **leggevo** mentre le mie sorelle **giocavano** a scacchi.	*I was reading while my sisters played chess.*
C'**era** tanta gente a Carnevale!	*There were so many people at the Mardi Gras celebration!*

5. *since when* or *for how long* something *had* been happening in the past. (In this particular case, the imperfect tense in Italian is equivalent to the past perfect in English.) Two constructions, both using the imperfect tense, can express this situation. They are parallel to the present-tense constructions you have already learned to express *since when* or *for how long* something *has* been going on (Chapter 1, Section 2: **Presente indicativo dei verbi regolari**).

imperfect + **da** + *time expression*	*imperfect* + *time expression* + **che**
Ti **aspettavo da** mezz'ora.	**Era** mezz'ora **che** ti aspettavo.
I had been waiting for you for half an hour.	*I had been waiting for you for half an hour.*

Un po' di pratica

A. Venezia di una volta. Descrivete come era nel passato «la Serenissima». Mettete il brano all'imperfetto. (Una volta Venezia...)

Venezia è la città dei Dogi* e dei veneziani che amano e godono (*enjoy*) la loro città. I canali e la laguna non puzzano ed i pesci non ci muoiono. Le gondole

---

*I Dogi erano i capi (*heads*) della Repubblica di Venezia durante il Medioevo ed il Rinascimento.

galleggiano (*float*) nei canali e pochi turisti passeggiano (*stroll*) in Piazza San Marco. Guardano vetrine piene di maschere, merletti (*lace*) ed altri oggetti fatti da artigiani locali. Venezia non è ancora un centro turistico; la sua ricchezza è il porto che le permette di essere una città importante dal punto di vista commerciale. Tutto il mondo ammira la Serenissima, chiamata così per il suo aspetto unico.

B. Quattro chiacchiere. Completate gli scambi mettendo i verbi all'imperfetto.

1. —Come mai siete rimasti a casa? Non _____ (volere) andare fuori?
   —_____ (fare) brutto tempo, e nessuno _____ (avere) voglia di fare un picnic sotto la pioggia.

2. —Gina, come mai non vedi più Michele e Laura? (Tu) mi _____ (dire) sempre che _____ (andare) tanto d'accordo.
   —Boh, all'inizio (loro) mi _____ (sembrare) delle persone sagge (*sensible*), ma poi _____ (proporre) sempre delle stupidaggini (*stupid ideas*). Mi sono accorta che _____ (essere) impossibile fare un discorso intelligente con loro.

3. —Scusami, Piera, ti ho interrotto. Cosa _____ (dire)?
   —_____ (dire) che _____ (essere) le 2,00 di notte quando sono tornati, quei disgraziati (*scoundrels*)!

4. —Cosa _____ (fare) i tuoi genitori quando (tu) _____ (essere) piccola?
   —Mio padre _____ (tradurre) saggi e novelle; mia madre _____ (lavorare) alle poste (*for the postal service*).

5. —Ti ricordi quando (noi) _____ (abitare) in Inghilterra e _____ (bere) il tè ogni pomeriggio?
   —Sì, (noi) _____ (essere) molto felici, anche se non mi _____ (piacere) tanto prendere il tè alle quattro del pomeriggio!

6. —Il nonno _____ (sapere) come far star tranquilli i bambini, non è vero?
   —Eccome! Ci _____ (distrarre) sempre con una favola o un giochino. Com' _____ (essere) bravo!

C. Sondaggio sull'infanzia. Fate delle domande ad un compagno (una compagna) per sapere come era da bambino/a. (Usate le espressioni interrogative con le forme adatte dei verbi all'imperfetto.) Poi raccogliete le risposte e cercate di analizzare la vostra generazione. Siate sinceri!

ESEMPIO: passatempo / preferire →
   —Quale passatempo preferivi?
   —Preferivo (guardare la TV; giocare a Dungeons & Dragons; dare fastidio [*bother*] al mio fratellino...)

1. verdura (*vegetable*) / mangiare più spesso
2. verdura / detestare di più
3. tipi di film / preferire
4. ore di televisione / guardare ogni giorno
5. libri o riviste / leggere più spesso
6. Coca-Cola / bere al giorno (alla settimana)
7. nomignolo (*nickname*) / usare in genere
8. attività / fare il weekend
9. volte alla settimana (al mese? all'anno?) / pulire la tua camera

AL CORRENTE

NATURA MORTA (1990) - OLIO SU TERRA, ACQUA E ARIA.

Ogni anno tonnellate[b] di olio usato vengono irresponsabilmente scaricate[c] nel terreno, nei corsi d'acqua o indiscriminatamente bruciate[d] anziché essere raccolte[e] e riutilizzate. E provocano in questo modo la morte di animali e piante.

Ecco perché, voluto dalla legge, è nato il Consorzio Obbligatorio degli Oli Usati. Che dal 1984 opera con il compito specifico di raccogliere[f] e riutilizzare ecologicamente l'olio usato delle fabbriche[g] e dei mezzi di trasporto.

È molto importante che lo sappia anche tu. Perché è un problema che riguarda tutti noi. Consorzio Obbligatorio degli Oli Usati. Perché il mondo in cui viviamo sia una natura viva.

CONSORZIO OBBLIGATORIO DEGLI OLI USATI.
RACCOGLIE L'OLIO USATO. DIFENDE L'AMBIENTE.
D.P.R. 691/82

Natura morta

1. Il titolo di questa pubblicità contiene due giochi di parole (*puns*). Sapete identificarli?
2. Di che tipo di pubblicità si tratta? Qual è lo scopo principale?
3. L'olio riciclato (*recycled*) non è un prodotto che si vende al singolo consumatore. Allora perché è importante, come dice la pubblicità, che il pubblico ne sia (*for the public to be . . .*) informato?
4. Fingete (*pretend*) di essere responsabili (*in charge*) di marketing e pubblicità per un'organizzazione ambientale. In gruppi di quattro o cinque studenti, scrivete e disegnate (*design*) un annuncio pubblicitario per un prodotto che voi ritenete necessario per la protezione dell'ambiente e delle risorse naturali. Quando ogni gruppo ha finito l'abbozzo (*rough sketch, draft*) della sua pubblicità, confrontatelo (*compare it*) con quello degli altri gruppi.

---

[a] *oil*   [b] *tons*   [c] *dumped*   [d] *burned*   [e] *collected*   [f] *to collect*   [g] *factories*

 # STRUTTURE II

3. Ora, giorni, mesi, anni e secoli

Benedetto sia 'l° giorno e 'l mese et l'anno   il
e la stagione e 'l tempo et l'ora e 'l punto°   momento
e 'l bel paese e 'l loco ov'io° fui giunto°   loco ov'... luogo dove / *struck*
da' duo° begli occhi che legato m'ànno°...   due / legato... mi hanno catturato

—Petrarca, Sonetto 61

L'ora (*Time of Day*)

1. To indicate the time of day, use **essere** plus the feminine articles **l'** or **le** before cardinal numbers, plus **e** or **meno** when necessary to indicate *after* or *before* a certain hour.* (**Ora** and **ore** are implicit.) **Un quarto** and **e mezzo** (**e mezza**) can be used when you express time by the 12-hour clock.

    È **l'**una **e** venti (1,20).
    Sono **le** dieci **meno** cinque (9,55).
    Sono **le** sei **meno un quarto** (5,45).
    Sono **le** undici **e mezzo** (**mezza, trenta**) (11,30).

2. **Mezzogiorno** and **mezzanotte** are used without the article.

    —Quando avete mangiato?   —**A** mezzogiorno.
    L'ultimo spettacolo è **a** mezzanotte.

3. Official time (for trains, airplanes, television, radio, etc.) is expressed with the 24-hour clock.

    Il telegiornale comincia **alle 19,30** (*7:30 pm*).
    Il treno parte **alle 00,15** (*12:15 am*).

    In order to be precise in everyday speech, use the following expressions.

    Mi hanno svegliato all'una **di notte**.
    Si alzano alle sei **di mattina** (**del mattino**).
    È arrivato alle tre **del pomeriggio**.
    Torno a casa alle otto **di sera** (**della sera**).

---

*The verb **mancare** (*to lack*) can also be used: **Manca** un quarto alle sei (5,45); **Mancano** dieci minuti all'una (12,50).

4. The following are some common expressions used to ask and answer questions about time.

    —Che ora è? Che ore sono?   —È l'una (sono le undici, *ecc.*).
    —A che ora? Quando?   —All'una (alle nove; dall'una; dalle cinque; verso [*toward*] le tre; alle due in punto [*sharp*]; fra un'ora; tre ore fa).
    —Fino a (*Until*) che ora?   —Fino alle tre.

5. There are three Italian words that can be translated as *time* in English.

    Ora indicates time by the clock.

    —Che **ora** è?   —È **ora** di dormire!

    Volta means an occasion, instance, or turn.

    È l'ennesima **volta** che ve lo dico!
    Vedo i miei zii due o tre **volte** all'anno.
    Sono andata qualche **volta** in quel ristorante.

    Tempo refers to the expanse of time, an epoch, or to time in an abstract sense. It can also refer to a part of a film, play, or musical work. (**Tempo** as weather will be treated later in this chapter.)

    Non ho **tempo** per queste sciocchezze.
    «Il **tempo** è un grande medico».
    Ai miei **tempi** non si dicevano queste parolacce!
    Di solito proiettano *Via col vento* (*Gone with the Wind*) in tre **tempi**.

I giorni della settimana

Che giorno è? È...						
lunedì	martedì	mercoledì	giovedì	venerdì	sabato	domenica

1. In Italian, days of the week are written without capital letters. No preposition precedes them. Contrast Italian with English in the following examples.

    Partirà **domenica**.   *She's leaving on Sunday.*
    Ci siamo visti **lunedì**.   *We saw each other on Monday.*

2. The definite article is used to indicate an action carried out regularly on a certain day. (Note that all days except **domenica** are masculine.)

    Il sabato vado in biblioteca, ma **la**   *On Saturdays I go to the library,*
    domenica mi riposo.   *but on Sundays I rest.*

3. To ask and answer what day of the week it is, use these expressions

    —Che giorno è oggi?
    —Oggi è lunedì (martedì, *ecc.*).

I mesi

Che mese è? È...			
gennaio *jan*	aprile *april*	luglio *July*	ottobre
febbraio *feb*	maggio *may*	agosto	novembre
marzo *marzo*	giugno *jne*	settembre	dicembre

1. In Italian, months are written without capital letters. They are preceded by the definite article only when modified.

     Maggio è un bellissimo mese; mi ricordo molto bene **il maggio** del '91.

2. Use the prepositions **a** or **in** with months. If modified, use the articulated forms of **in**. (All months are masculine.)

     Vado in Italia **a** settembre.
     Ci siamo laureati **in** giugno, **nel** giugno del '92.

3. Express dates using the masculine definite article and cardinal number followed by the month. Full dates are written in Italian as *day.month.year*.

     Oggi è **il ventisette marzo**.
     Sono nata **l'otto dicembre**.
     Mirella è nata **il 15 maggio 1972** (15.5.72).

     Exception: The first of the month is **il primo (il 1º)**.

4. Use these expressions to ask and answer questions about dates.

     Quanti ne abbiamo oggi?   Ne abbiamo sei.
     Che data è oggi?   Oggi è il 3 maggio 1994.
     Qual è la data di oggi?

Gli anni e i secoli

1. The definite article always precedes the year.

     Il 1492 fu un anno molto importante.
     John F. Kennedy è stato eletto **nel** 1960; è stato presidente **dal** '60 **al** '63.

2. Centuries are commonly abbreviated using Roman numerals. As in English, they can also be expressed using ordinal numbers. The shorthand forms such as **il Duecento, il Trecento**, are always capitalized. They are used very frequently in texts and lectures and indicate the centuries after the year 1100.

dal 1201 al 1300 }	il XIII secolo	il tredicesimo secolo	il Duecento
dal 1301 al 1400 }	il XIV secolo	il quattordicesimo secolo	il Trecento

Il **Quattrocento** e il **Cinquecento** sono i secoli del Rinascimento italiano. Giuseppe Verdi e Alessandro Manzoni sono due grandi dell'**Ottocento** italiano (del **diciannovesimo secolo** in Italia).

3. The *1920s*, *1930s*, and so on are expressed as **gli anni '20**, **gli anni '30**, etc. In everyday Italian, specific years in this century can be abbreviated thus: **nel '89** (**nel 1989**).

Summary of Past Time Expressions

---

ieri
ieri; ieri mattina, ieri pomeriggio
l'altro ieri (*the day before yesterday*)

time expression + **fa** (*ago*)
un'ora fa, tre settimane fa
molto (poco, qualche) tempo fa
Quanto tempo fa?

time expression + **scorso** (*last*)
lunedì scorso
nel gennaio dell'anno scorso
la settimana scorsa, il mese scorso, l'anno scorso,
   il secolo scorso

Un po' di pratica

A. L'orario ferroviario. Queste persone visitano il Veneto, la bellissima regione in cui si trova Venezia. Guardate l'orario dei treni locali e dite (1) quale treno possono prendere e (2) da che ora e fino a che ora sono in viaggio.

> **ESEMPIO:** Gianpaolo va a Trento. Vuole tornare a Venezia il più tardi possibile. →
> (1) Può prendere il treno delle diciotto e ventidue (delle sei e ventidue di sera, delle sette meno trentotto di sera).
> (2) È in viaggio dalle diciotto e ventidue fino alle ventuno e dieci (fino alle nove e dieci di sera).

1. I signori Costa vanno da Caldonazzo a Strigno. Vogliono arrivare verso le otto di sera.
2. Claudia e Franca si trovano a Primolano. Vogliono tornare a Venezia il più presto possibile.
3. Giorgio va a Castelfranco. I suoi amici lo aspettano alla stazione di Venezia Mestre verso le sette di sera.
4. Angela e Matteo vanno da Trento a Noale-Scorzè. Vogliono arrivare prima di mezzogiorno.
5. La signora Schmidt si trova a Primolano. Vuole partire dopo pranzo e arrivare a Venezia prima delle sei di sera.
6. Claudia va a Caldonazzo. Incontra gli amici a Carpanè alle nove di sera.

Qdr. 95		5701	🍴11053	11055	🍴5703	2801	🍴5705	2803	5709	5713	5425	🍴5427	🍴5429	2805	11063	🍴5431	2807	2809	5433
TRENTO - BASSANO - CASTELFRANCO VENETO - VENEZIA		L 2	L 2	L 2	L 2	D	L 2	L 2	L 2	L 2	L 2	L 2	L 2	L 2	L 2	L 2	L	L	L 2
—	**Trento** p.							638	804	1050	1214	1250	1323	1414		1622	1726	1822	1913
7	Villazzano								816	1059	1223	1259	1332	1423		1631	1735	1831	1922
18	Pergine							700	830	1113	1237	1313	1350	1437		1649	1749	1846	1939
21	S. Cristoforo L.-Ischia																		
25	Calceranica							708	837	1121	1244	1321	1358	1445		1656	1756	1853	1946
27	Caldonazzo							712	841	1125	1248	1325	1403	1450		1700	1801	1857	1950
31	Levico Terme							716	846	1130	1253	1330	1407	1458		1705	1806	1902	1955
39	Roncegno B.-Marter								855	1140	1302	1339	1417	1507		1714	1815	1911	2004
44	Borgo Valsugana							729	900	1146	1307	1344	1422	1512		1719	1821	1916	2009
48	Castelnuovo in Vals.																		
49	Strigno							736	909	1156			1434	1521			1830	1925	2018
52	Ospedaletto																		
59	Grigno							744	918	1205		5719 L 2	1442	1530		5725 L 2	1839	1933	2027
64	Tezze di Grigno							749	925	1211			1448	1538			1846	1939	2033
68	**Primolano**			557	640			754	931	1217		1415	1452	1541		1700	1851	1944	2037
75	Cismon del Grappa			604	646			800	938	1224		1422				1708	1858	1952	
84	Carpanè-Valstagna			618	658			809	949	1238	✣	1433		1555			1906	2001	
87	S. Nazario			622	703				953			1437				1723			
91	Solagna			627	707			814	957	1246	5715 L 2	1442			11057 L 2	1728	1913	2008	
97	**Bassano del G.** a.			636	716			820	1005	1252		1448		1607		1735	1919	2014	
97	**Bassano del G.** p.	528	615	640		726		833	1014	1253	1340		1455	1609	1700		1922	2015	
103	Cassola	533	623	645	◇	732			1019	1258	1345		1500		1706	◇	1927		
111	Castello di Godego	540	632	652		739			1025	1305	1352		1508	1620	1713		1934	2026	
116	**Castelfranco V.** a.	545	638	657		745			1031	1311	1357		1513	1625	1719		1939	2032	
116	**Castelfranco V.** p.	549	640	703		747	820	847	1033	1321	1359		1515	1627	1725		1941	2034	
125	Piombino Dese	558	653	717			830		1041	1331	1410		1523	1635	1737		1951	2043	
134	Noale-Scorzè	606	701	725		804	837	901	1049	1338	1418		1531	1643	1748		2002	2051	
137	Salzano-Robegano	612	706	730			841		1053	1342	1422		1536	1647	1753				
141	Maerne di Martellago	617	712	736			845		1058	1348	1430		1541	1652	1759		2009	2101	
148	**Venezia Mestre** a.	625	723	743		816	852	912	1104	1358	1439		1549	1700	1806		2016	2108	
148	**Venezia Mestre** p.	627	725	744		818	854	914	1106	1400	1441		1551	1702	1808		2018	2110	
151	Venezia P. Marghera	◆ 30	◆ 29																
157	**Venezia S. Lucia** a.	637	736	754		827	903	923	1115	1408	1450		1600	1711	1817		2027	2119	

B. Una volta… ma ora non più. Finora avete fatto delle cose seguendo una serie di *routines* abbastanza fisse (*set*); ora, però, avete deciso di abbandonare tutte le vecchie abitudini. Usate l'imperfetto per parlare della vostra vita passata, e il passato prossimo per descrivere la vostra «vita nuova». Siate il più possibile creativi nelle vostre risposte!

ESEMPIO: andare sempre in biblioteca il lunedì →
Una volta andavo sempre in biblioteca il lunedì. Lunedì scorso, però, ho passato tutta la giornata a leggere i fumetti (*comic books*).

1. fare il bucato (*laundry*) il martedì   2. mangiare in un ristorante macrobiotico il mercoledì   3. andare in palestra (*gym*) il giovedì   4. vedere gli amici il venerdì   5. accompagnare mia zia al cinema il sabato   6. dormire fino a mezzogiorno la domenica

C. Informazioni, opinioni, preferenze. Con un compagno (una compagna), preparate domande e risposte sui seguenti argomenti.

ESEMPIO: il giorno e l'ora del suo corso più difficile →
—Il mio corso più difficile questo trimestre è economia. Si tiene (*it is held*) il lunedì e il mercoledì da mezzogiorno all'una e venti, e il giovedì dalle tre e quaranta alle cinque del pomeriggio.

1. la data del suo compleanno   2. il mese che preferisce, e perché   3. un mese che detesta, e perché   4. la data di un avvenimento personale che considera importante nella sua vita   5. la data dell'avvenimento che considera più importante (a parte il suo compleanno), e perché lo considera importante   6. la data della festa civile o religiosa che preferisce, e perché la preferisce

E. Quattro chiacchiere. Completate gli scambi aggiungendo le espressioni adatte.

1. —Dunque, qual è _____ della Dichiarazione d'Indipendenza americana?
   —È _____ luglio. Di solito facciamo un pic-nic.
2. — _____ che ora sono arrivati gli ospiti?
   —Sono arrivati _____ otto, e sono rimasti _____ mezzanotte.
3. —Allora, ripassiamo rapidamente. Le grandi manifestazioni a favore dei diritti civili hanno avuto luogo durante _____ '60.
   —Sì, e anche le manifestazioni di protesta contro la guerra nel Vietnam. Ma la guerra è continuata anche nei primi _____.
4. —Matteo, aiutami, non capisco questo orario. Dice che il treno parte «_____ 23,20». Cosa significa?
   —Si tratta di un orario ufficiale. Significa _____ undici e venti _____.
5. —Non ho _____ da perdere oggi. Telefona a Roberto e ricordagli (*remind him*) che il nostro appuntamento è per _____ 3,00.
   —Non ti preoccupare, lui è puntualissimo! Se dice che arriverà _____ 3,00, arriverà _____ 3,00 _____.

F. È solo questione di secoli! Esprimete i seguenti secoli in una forma alternativa secondo gli esempi.

ESEMPI: Il commediografo (*playwright*) Carlo Goldoni è vissuto nel 18° secolo, cioè nel *Settecento*.

Dante è nato nel '200, cioè nel *tredicesimo secolo*.

1. La scrittrice italiana Natalia Ginzburg è vissuta nel 20° secolo, cioè nel _____.
2. Santa Caterina da Siena è nata nel 14° secolo, cioè nel _____.
3. Le scoperte scientifiche più importanti di Galileo sono del '600, cioè del _____.
4. Il poeta Petrarca è nato nel '300, cioè nel _____.
5. Vittoria Colonna e Gaspara Stampa sono due grandi poetesse del '500, cioè del _____.

4. Tempo e stagioni
. . . .

Le stagioni

la primavera	l'estate (*f.*)	l'autunno	l'inverno

1. Seasons are written without capital letters. They are preceded by the definite article, except when they are unmodified and follow **essere**.

   Che stagione è? È autunno!
   L'inverno è la stagione preferita degli sciatori!

2. Use the prepositions **di** or **in** with seasons. If the seasons are modified, use the articulated forms of **in**.

D'estate andiamo in montagna.
Si sono sposati **in** primavera, **nella** primavera del '89.

Il tempo

1. Use the verb **fare** to ask about the weather in Italian. You can use **fare** or **essere** in responses.

> —Che tempo **fa**?   —**Fa** bello (brutto, caldo, freddo, fresco). *o* **Fa** bel (brutto, cattivo) tempo.
>   —**È** bello (brutto, caldo, coperto *o* nuvoloso [*cloudy*], freddo, fresco, sereno).

2. Some expressions require **esserci**.

> C'è afa (*It's muggy*).   C'è neve.
> C'è foschia (*It's hazy*).   C'è (il) sole.
> C'è (la) nebbia (*It's foggy*).   C'è (*o* Tira) vento.

3. There are also specific verbs for certain weather conditions. (Most are conjugated with **essere** in compound tenses.)

> diluvia (diluviare, *to pour*)   il diluvio
> gela (gelare, *to freeze*)   il gelo
> grandina (grandinare, *to hail*)   la grandine
> lampeggia (lampeggiare, *to*[*make*]   il lampo
>   *lightning*)
> nevica (nevicare, *to snow*)   la neve
> piove (piovere; piovere a dirotto,   la pioggia
>   *to pour*)
> tuona (tuonare, *to thunder*)   il tuono

> —**Piove** sempre?   —Sì, è un vero **diluvio**!
> **È nevicato** tanto ieri; **la neve** è salita a un metro.
> Questa settimana **è grandinato** quasi tutte le sere, ma stasera finalmente non c'è **grandine**.

Un po' di pratica

A. Le stagioni in città. Completate il brano con le espressioni adatte.

Io ho passato gran parte della mia vita a New York. Qui _____¹ stagioni sono tutte diverse e tutte belle. _____² inverno è la mia stagione preferita. La città è tanto bella sotto la _____³: bianca e tranquilla. Manhattan è bella non solo nelle giornate di sole; mi piace camminare anche quando _____⁴ vento, e persino (*even*) quando è _____.⁵ Allora posso guardare le silhouette degli alberi contro il cielo grigio.

_____⁶ primavera non è molto lunga qui, ma è piacevole. La _____⁷ arriva dai fiumi presto la mattina e si dissolve quando esce il _____.⁸ _____⁹ estate, però, è un'altra storia! Fa molto, molto _____¹⁰ e c'è tanta _____.¹¹ È meglio stare a casa con l'aria condizionata! I temporali _____[12] estate sono violenti da queste parti. Mi vengono i brividi (*shivers*) quando sento i _____[13] e vedo i _____![14] _____[15] autunno, però, è proprio splendido. Fa _____[16] —nè troppo caldo, nè troppo freddo, il _____[17] splende e il cielo è _____.[18] Quanto mi piace la mia città!

B. Un'attività per ogni stagione. Chiedete a un compagno (una compagna) di classe in quale stagione preferisce fare le seguenti cose, e perché.

ESEMPIO: andare al mare →
—In quale stagione preferisci andare al mare?
—Io preferisco andare al mare d'estate. Sono contento/a quando fa caldo e c'è il sole. E tu?
—Io preferisco andare al mare d'autunno perché c'è meno gente e posso fare una bella passeggiata in santa pace.

1. fare un picnic
2. viaggiare
3. fare il footing (*jogging*)
4. passare la giornata a fantasticare (*daydreaming*)
5. andare in campeggio
6. fare delle lunghe passeggiate
7. andare in montagna
8. fare un lungo viaggio in macchina

C. Tutti parlano del tempo! Guardate le mappe e le tabelle preparate dal servizio meteorologico italiano per il fine settimana (*weekend*) 15–17 gennaio. Poi rispondete alle domande.

Un "coperchio" atmosferico ci ripara dal sole

Nebbia, nuvole e aria inquinata

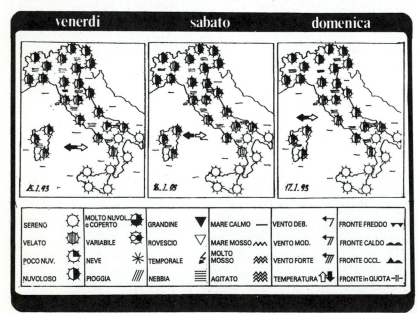

TEMPERATURE Ieri in Italia		
Perugia	2	10
Pescara	0	13
L'Aquila	-3	12
Roma Urbe	4	14
Bolzano	2	11
Verona	5	8
Trieste	8	8
Venezia	5	8
Milano	5	9
Torino	4	10
Genova	11	13
Imperia	13	15
Bologna	2	12
Firenze	4	12
Pisa	6	12
Falconara	1	16
Roma Fiumicino	5	15
Campobasso	6	14
Bari	3	14
Napoli	5	14
Potenza	3	14
S. M. di Leuca	8	14
R. Calabria	7	17
Messina	8	14
Palermo	8	14
Catania	4	14
Alghero	5	16
Cagliari	5	14

1. Com'è il tempo nel nord d'Italia?
2. In quali regioni d'Italia il cielo è sereno? E dove piove?
3. Il tempo promette forti cambiamenti durante il fine settimana?
4. Quali tre città hanno registrato le temperature più basse ieri? (Sono le stesse città che hanno registrato le variazioni più estreme di temperatura.)
5. Quale città ha registrato la temperatura più elevata? Sapete indicare dove si trova questa città?
6. A parte le nuvole e la nebbia, qual è la terza causa per cui gran parte del cielo italiano è coperto? Potete citare (*mention*) alcune zone degli Stati Uniti dove si presenta spesso lo stesso fenomeno, per motivi simili?

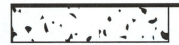 # METTIAMOLO PER ISCRITTO!

Città da salvare

1. Descrivete com'è cambiata qualche grande città americana negli ultimi vent'anni. Prendete in considerazione l'ambiente, lo stile di vita, l'atteggiamento dei cittadini, ecc.
2. Scrivete i ricordi che avete della vostra città dieci anni fa. Prendete in considerazione il vostro quartiere, l'ambiente (naturale e sociale), il tempo e le stagioni, le attività quotidiane (*daily*) degli amici e dei parenti, i mezzi di trasporto, le principali attività produttive (di lavoro) e ricreative dei cittadini.

CAPITOLO 6

ARIA, ACQUA, TERRA: ISTRUZIONI PER L'USO

Catania, Sicilia—un posto vacante nel centro della città. Quali danni all'ambiente vedete nella foto? Potete indovinarne le cause?

A "green" Italy: Is it an actual possibility, vague hypothesis, or utopian dream? To safeguard the environment, it may be essential to view dream and reality as synonyms. This is the conclusion reached in the 1991 report, «Ambiente Italia», issued by the Italian environmental organization *La Lega italiana per l'ambiente*. This chapter's reading, *Verde Italia*, reviews some of the most important points outlined in the report. It describes various private and public initiatives, from energy-saving uses of electrical appliances to a national urban reforestation program, which could reverse the ecologically disastrous trends of this century and make Italy a showcase for a rationally balanced natural and human environment.

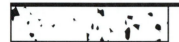 VOCABOLARIO TEMATICO

Sostantivi

l'anidride carbonica (*f.*) carbon dioxide
la benzina gasoline
il danno damage, harm
il decennio decade
l'effetto serra greenhouse effect
l'elettrodomestico appliance
l'emissione emission
l'ingorgo traffic jam
l'intervento intervention, measure
l'ipotesi hypothesis
il pannello solare solar panel
la proposta proposal
il riciclaggio recycling

il rifiuto, i rifiuti trash, waste (products)
le risorse (*pl.*) resources
il risparmio saving(s); conservation
lo spreco waste

Verbi

coinvolgere to involve (people in an initiative, program, etc.)
consentire to allow
danneggiare to harm
realizzare to put into effect, bring about
riciclare to recycle
risparmiare to save

Aggettivi

complessivo total
dannoso harmful
emesso emitted
incisivo effective, to the point
sfruttato exploited, utilized

Altre parole ed espressioni

con efficacia effectively
essere in grado (**di**) to be able (in a position) to
in commercio on the market

A. Abbinate le parole della colonna A con le definizioni o i sinonimi adatti della colonna B.

A	B
1. _____ consentire	a. potere, avere la capacità
2. _____ coinvolgere	b. si vende al pubblico
3. _____ decennio	c. in modo perfetto
4. _____ ipotesi	d. chiedere la partecipazione
5. _____ con efficacia	e. che reca (*produces*) un effetto negativo
6. _____ in commercio	f. fare, portare a termine
7. _____ realizzare	g. teoria non verificata
8. _____ essere in grado di	h. totale
9. _____ complessivo	i. permettere
10. _____ risparmiare	j. conservare
11. _____ dannoso	k. dieci anni

B. Per ognuna delle seguenti cose, mettete la lettera P se ha un effetto positivo sull'ambiente e la lettera N se ha un effetto negativo. Poi spiegate le ragioni delle vostre scelte.

1. _____ l'emissione d'anidride carbonica
2. _____ il trasporto in camion (*truck*) e in macchina
3. _____ il riciclaggio
4. _____ gli elettrodomestici
5. _____ gli ingorghi
6. _____ i pannelli solari
7. _____ la benzina
8. _____ il trasporto in treno

C. Quali delle seguenti combinazioni di aggettivi e sostantivi non sono logiche?

1. risorse sfruttate 2. proposta emessa 3. intervento incisivo
4. risparmio efficiente 5. effetto serra in commercio 6. danno complessivo 7. rifiuti organici 8. spreco utile

PRELETTURA

Entriamo nel contesto!

A. Con due o tre compagni (compagne), cercate di identificare le cause principali dei seguenti tipi di inquinamento. Ecco alcune parole utili per aiutarvi (ma non limitate il discorso a queste parole!).

Parole utili: agricoltura, clacson (*horns*), fabbrica (*factory*), fertilizzanti, gas di scarico (*exhaust*), immondizie (*garbage*), macchinari (*machinery*), pesticidi, petrolio, pioggia acida, rifiuti non-biodegradabili, sostanze chimiche

TIPI D'INQUINAMENTO	CAUSE
1. l'inquinamento dell'acqua	_____
2. l'inquinamento dell'aria	_____
3. l'inquinamento della terra	_____
4. l'inquinamento acustico (*noise pollution*)	_____

E adesso parlate dei sacrifici che voi considerate necessari e che sareste (*you would be*) pronti a fare per ridurre l'inquinamento.

B. Quiz sull'ecologia. Le seguenti affermazioni sono vere o false? Parlatene in gruppi. Poi, confrontate i vostri risultati con quelli degli altri gruppi. Cercate la verifica delle vostre risposte nella lettura.

	V	F
1. L'energia elettrica non procura danni all'ambiente.	___	___
2. L'energia solare è quella meno dannosa per l'ambiente.	___	___
3. Molti alberi nei parchi sono belli e piacevoli da vedere ma in realtà, non assorbono l'anidride carbonica.	___	___
4. Gli elettrodomestici consumano molta energia elettrica.	___	___
5. In generale, non è tanto importante ridurre il consumo dell'energia quanto trovare fonti (*sources*) d'energia pulita e a basso costo.	___	___
6. Le lampade fluorescenti (*fluorescent light bulbs*) consumano più energia delle lampade a filamento (*standard light bulbs*).	___	___

Strategie per la lettura

Identifying hypothetical and factual statements. This article, from the weekly *Il venerdì*, presents alternatives for energy conservation and for conservation of the environment in Italy. Because the purpose of the article is to suggest ecological measures, the author's main points take the form of persuasive hypothetical statements based on scientifically verifiable data.

In the first paragraph of the section, *Casa ecologica*, for example, the hypothetical statement is the final sentence of the paragraph. Its function is to state a conclusion supported by the information contained within the paragraph. Specifically, the paragraph explains that fluorescent light bulbs consume less energy than traditional bulbs. It concludes with a convincing statement on their potential for conserving the environment. *Se questi nuovi sistemi di illuminazione arrivassero ad avere una penetrazione del 50 per cento, questo, secondo dati Enel, nel 2005 porterebbe a un risparmio di cinque milioni di tonnellate di anidride carbonica all'anno.*

Skim the article a first time, reading only the boldface headings. These titles alone should give you a clear idea of the author's suggested methods for solving some of the severe environmental problems that face modern Italy. Then read again more thoroughly, to identify the facts that the author uses to support his conclusions. This approach will not only clarify the content of the reading, but it will lead you to a more critical interpretation of the facts presented. Do the author's arguments sufficiently support his conclusions? Do you find his suggestions practical? What particular group(s) of readers is he attempting to influence?

 LETTURA

ECOLOGIA/1   Lo stato di salute del nostro Paese nello studio della Lega per l'ambiente, prossimamente in libreria,[1] e le proposte di numerosi esperti per migliorarlo. Una mappa delle scelte da fare per uscire dal degrado e combattere lo spreco delle risorse. Anticipiamo[2] gli argomenti più interessanti

Verde Italia

Al movimento ambientalista preme[3] dimostrare, concretamente, che è possibile risparmiare energia e migliorare il nostro modo di vivere senza rinunciare agli agi[4] a cui siamo abituati. La Lega per l'ambiente prova, in questa terza edizione di «Ambiente Italia,» ad avan-

5

zare[5] una serie di proposte concrete. Ne anticipiamo alcune.[6]

Casa ecologica. Cominciamo con l'energia elettrica, responsabile di circa un quarto delle emissioni italiane di anidride carbonica. Gianni Silvestrini,

10

---

[1]prossimamente. . . *soon to be available in bookstores*   [2]*We will preview*   [3]Al... *The environmental movement considers it urgent*   [4]*comforts*   [5]*to put forth*
[6]Ne... *We will set out a couple of them in advance*

ricercatore del Consiglio nazionale delle ricerche ed esperto di risparmio energetico, analizza nel dettaglio le diverse possibilità di risparmio ormai alla portata[7] di milioni di utenti.[8] Esistono ormai sul mercato lampade

15 fluorescenti che consentono un risparmio energetico che arriva fino al 75 per cento rispetto alle tradizionali lampade a filamento.[9] Se questi nuovi sistemi di illuminazione arrivassero ad avere una penetrazione del 50 per cento, questo, secondo dati Enel,[10] nel 2005

20 porterebbe a un risparmio di cinque milioni di tonnellate di anidride carbonica all'anno.

Ma il discorso va oltre l'illuminazione e coinvolge gli elettrodomestici (frigoriferi, freezer, lavabiancheria, lavastoviglie)[11] e gli scaldabagni.[12] L'introduzione di

25 apparecchiature[13] efficienti consentirebbe entro[14] il 2005 un risparmio di 29 miliardi di chilowattore e 19,5 milioni di tonnellate[15] di anidride carbonica. Questo considerando solo l'uso di tecnologie che le industrie nazionali hanno già in commercio (come le

30 lavabiancherie con jet system).

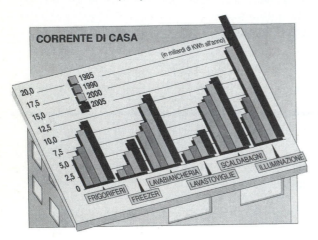

Il grafico illustra i consumi elettrici nelle abitazioni previsti dall'Enel fino al 2005.

Sognando California. Ci vorrebbe una megacentrale[16] a pannelli solari estesa per 2.500 chilometri quadrati (poco meno dell'intero Comune di Milano) per garantire il fabbisogno[17] di energia elettrica del

35 nostro paese.

È solo una provocazione, ma rende con efficacia le potenzialità, finora[18] non sfruttate, dell'energia solare in Italia. Più concretamente, l'ipotesi sostenuta[19] dalla Lega per l'ambiente prevede[20] l'installazione, entro il

40 2005, di circa tremila megawatt tra solare, termoelettrico e fotovoltaico,[21] per garantire una produzione di 6,2 miliardi di chilowattori all'anno e la conseguente riduzione di 3,2 milioni di tonnellate di anidride carbonica immessa[22] nell'atmosfera.

Tecnologia	Potenza (MW)	Produzione (miliardi di KWh/anno)	Riduzione emissioni CO_2 (milioni di tonnellate)
IDROELETTRICO	2.000	10,0	6,8
VENTO EOLICO	4.000	7,6	5,3
BIOMASSA	1.000	6,7	4,7
SOLARE TERMOELETTRICO	1.400	3,9	1,6
FOTOVOLTAICO	1.500	2,3	1,6
TOTALE	**9.900**	**30,5**	**20,0**

L'ALTRA ENERGIA
(sviluppo delle fonti rinnovabili in Italia entro il 2005)

La tabella illustra il contributo, entro il 2005, di alcune fonti rinnovabili alla produzione di energia elettrica e la conseguente riduzione di anidride carbonica.

Foreste da rifare. Un ettaro[23] di parco pub-
45 blico, in città, potrebbe conservare nel legno[24] dei suoi alberi l'anidride carbonica emessa dalla combustione di 10 mila litri di benzina: circa 26 tonnellate. Se dalle città si passa alle campagne, sarebbe sufficiente riforestare il milione e mezzo di ettari di terreni agricoli abban-
50 donati per garantirsi un serbatoio[25] naturale di circa 8,5 milioni di tonnellate all'anno di anidride carbonica. Ripiantare[26] alberi nelle foreste già esistenti ma povere[27] di piante, infine, potrebbe garantire il "recupero"[28] di altri 6,5 milioni di tonnellate di anidride carbonica.
55

Insomma, il patrimonio verde del nostro paese, con adeguati interventi, è in grado di ridurre in modo significativo il rischio[29] dell'effetto serra. Secondo gli esperti della Lega per l'ambiente potrebbe essere assorbito[30] in questo modo circa il 13 per cento della quan-
60 tità di anidride carbonica prodotta ogni anno in Italia dal consumo di combustibili fossili.[31]

[7]ormai… *by now available to washing machines, dishwashers*   [8]*consumers*   [9]lampade… *standard light bulbs*   [10]*the Italian state-owned electrical company*   [11]lavabiancheria… *tained, upheld*   [20]*foresees*   [21]termoelettrico… *thermoelectric and photovoltaic*   [22]*introduced*   [23]*hectare (2.471 acres)*   [24]*wood*   [12]*water heaters*   [13]*equipment*   [14]*by*   [15]*tons*   [16]*power station*   [17]*needs*   [18]*up to now, so far*   [19]*main-*   [25]*reservoir*   [26]*Replanting*   [27]*sparse*   [28]*recovery*   [29]*risk*   [30]*absorbed*   [31]combustibili… *coal, fossil fuels*

Obiettivo utopia. La parola «trasporto», in Italia, è sinonimo di automobile, e quindi di autostrade, inquinamento, traffico, ingorghi... Filippo Strati, studioso del problema, si è domandato se sia possibile diminuire i consumi energetici legati[32] al trasporto, in Italia. E per rispondere a questa domanda ha costruito quattro scenari. Il primo, che chiameremo "scenario della realtà", ipotizza[33] che da oggi al 2005 la situazione evolva senza sostanziali modifiche[34] della politica da decenni seguita dai governi nazionali: in questa ipotesi l'auto e il trasporto su gomma[35] continuano a farla da padroni.[36] Il quarto, il più estremo, che si potrebbe definire "scenario dell'utopia", prevede una forte capacità di intervento da parte del governo: rilancio delle ferrovie,[37] del cabotaggio[38] e del trasporto collettivo urbano ed extraurbano; un pesante[39] intervento a favore della diminuzione dei consumi unitari dei principali mezzi di trasporto;[40] una incisiva politica per cambiare le dinamiche economiche e sociali a favore del Sud; un consistente investimento in infrastrutture informatiche[41] nelle aree urbane e tra le diverse città.

Ebbene, se lo "scenario della realtà" dovesse realizzarsi nei prossimi quindici anni (da oggi al 2005) i

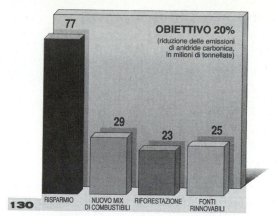

Il grafico illustra gli interventi necessari per ridurre l'anidride carbonica prodotta in Italia del 20 per cento entro il 2005, come previsto dalla Conferenza di Toronto del 1988.

consumi energetici di questo settore aumenterebbero del 42 per cento. E solo se si dovesse realizzare l'utopia di un intervento continuo, incisivo e illuminato[42] del governo si avrebbe una piccola diminuzione del consumo complessivo: da 33 a 32 milioni di tonnellate di petrolio. È un invito a diventare tutti utopisti.[43]

—Il Venerdì

---

[32]*tied, connected*   [33]*hypothesizes*   [34]*changes*   [35]trasporto... *truck and bus transport*   [36]farla... *dominate*   [37]rilancio... *return to rail transport*
[38]*(local) coastal trade*   [39]*strong* (lit., *heavy*)   [40]diminuzione... *reducing consumption of single-unit vehicles as major modes of transportation*
[41]infrastrutture... *computer centers*   [42]*enlightened*   [43]*utopians; in favor of extreme conservation measures*

Avete capito?

A. In base alla lettura, formate delle frasi usando un'espressione da ogni colonna.

A	B	C
1. Le lampade fluorescenti	non è necessario	molto sfruttata in Italia.
2. Gli utenti (*consumers*)	risparmiano	anidride carbonica.
3. L'energia solare	possono già trovare	per ridurre il rischio dell'effetto serra.
4. Per ridurre il consumo d'elettricità	assorbono	rinunciare a molti agi (*comforts*).
5. Ripiantare gli alberi	non è ancora	molti modi per risparmiare energia.
6. Gli alberi	è importante	energia.

B. Qual è l'idea principale espressa nei seguenti paragrafi della lettura?

1. **Casa ecologica**

   a. Per ridurre il consumo d'elettricità, bisogna ridurre l'uso delle luci e degli elettrodomestici.
   b. L'elettricità danneggia l'ambiente più di quel che sembra.
   c. Si può ridurre il consumo di energia elettrica senza sacrificare nè luci nè elettrodomestici.

2. **Sognando California**

   a. L'Italia non ha ancora incominciato a sfruttare (*utilize*) le sue potenzialità di produrre energia con pannelli solari.
   b. L'Italia, rispetto alla California, ha una maggiore percentuale di energia prodotta da pannelli solari.
   c. Nemmeno una megacentrale grande come l'intero Comune di Milano potrebbe fornire all'Italia l'energia necessaria.

3. **Foreste da rifare**

   a. In Italia sarebbe possibile ridurre in modo significativo il rischio dell'effetto serra semplicemente ripiantando alberi nel terreno a disposizione (*available*).
   b. In Italia non esistono, né in città né in campagna, terreni da riforestare.
   c. Se l'Italia diminuisse (*were to reduce*) il consumo di combustibili fossili non ci sarebbe bisogno di riforestazione per ridurre (*reduce*) il rischio dell'effetto serra.

4. **Obiettivo utopia**

   a. Se riusciremo a sostituire lo «scenario della realtà» con qualsiasi altro scenario, diminuiremo il consumo complessivo d'energia entro l'anno 2005.
   b. Purtroppo non c'è proprio speranza di ridurre il consumo di petrolio da oggi al 2005.
   c. Solo un forte (e per ora utopico) intervento del governo, può portare alla diminuzione del consumo di energia.

C. Cercate nella lettura quei fatti che possano contraddire o confermare le seguenti affermazioni.

1. L'energia elettrica è pericolosa per l'ambiente.
2. Sia la foresta che la campagna assorbono anidride carbonica.
3. L'uso di apparecchiature (*equipment*) efficienti consente un risparmio d'energia.
4. La ferrovia, come mezzo di trasporto, e più ecologica e più usata del trasporto su gomma (*truck and bus transport*) in Italia.
5. Il movimento ambientalista mira ad (*aims to*) informare il pubblico sulle alternative a disposizione per risparmiare energia.
6. I metodi più efficaci per ridurre la quantità di anidride carbonica nell'aria sono il risparmio d'energia e lo sfruttamento dell'energia solare.
7. Un incisivo intervento da parte del governo è necessario per alterare le attuali tendenze anti-ecologiche del trasporto.
8. Il tono di quest'articolo è pessimistico.

E ora, a voi!

A. Tanti problemi, tanti rimedi. È sempre possibile fare di più per conservare l'ambiente. Ecco delle situazioni e delle «buone abitudini» per salvaguardare l'ambiente. Suggeritene delle altre.

IN CASA

1. riciclare le bottiglie di vetro o di plastica
2. _____
3. _____

IN VACANZA

1. gettare (*to throw*) i rifiuti nei cestini
2. _____
3. _____

AL LAVORO

1. spegnere la luce quando non c'è nessuno
2. _____
3. _____

NEI PARCHI NAZIONALI

1. usare detersivi biodegradabili
2. _____
3. _____

B. Voi siete convinti che il danno che gli individui recano (*cause*) all'ambiente è soprattutto dovuto all'ignoranza. In gruppi di tre o quattro studenti, preparate un elenco di sette o otto cose da fare per salvaguardare l'ambiente, che potreste (*you could*) distribuire ai residenti del vostro quartiere o agli studenti della vostra università. Confrontate il vostro elenco con quello degli altri gruppi.

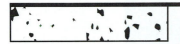 STRUTTURE I

1. Pronomi diretti

SINGOLARE	PLURALE
mi	ci
ti	vi
lo, la, La	li, le, Li, Le

1. Direct object pronouns (**i pronomi diretti**) replace direct objects in a sentence: *Let's invite **Bob**; Let's invite **him***. In Italian, they usually precede the verb. However, they are attached to the adverb **ecco**, to infinitives (which drop their final **-e**), and to most imperatives (Chapter 11).

> Puliscono **le strade** ogni mattina; **le** puliscono.
>
> *They clean the streets every morning; they clean them.*
>
> **Riccardo e Paolo?** Ecco**li**, in ritardo come sempre!
>
> *Riccardo and Paolo? Here they are, late as usual!*
>
> **La macchina?** Abbiamo bisogno di riparar**la**.
>
> *The car? We need to repair it.*
>
> **Quel povero cane!** Porta**lo** fuori!
>
> *That poor dog! Take it outside!*

2. When **dovere**, **potere**, **volere**, or **sapere** precede an infinitive, the direct object pronoun can either precede these verbs or be attached to the infinitive.

> Dobbiamo riciclare **la carta**.
>
> *We have to recycle paper.*
>
> **La** dobbiamo riciclare; dobbiamo riciclar**la**.
>
> *We have to recycle it.*

3. **La** and **lo** elide before the various forms of **avere** and before verbs beginning with a vowel. **Mi**, **ti**, **ci**, and **vi** elide less frequently, and the plural forms **le**, **li**, **Le**, and **Li** never elide.

<table>
<tr><td>Mauro? L'hanno visto (Lo hanno visto) alla manifestazione.</td><td>Mauro? They saw him at the demonstration.</td></tr>
<tr><td>Ti aspettano (T'aspettano) al parco.</td><td>They're waiting for you in the park.</td></tr>
<tr><td>Quelle signore? Le ammiriamo molto.</td><td>Those ladies? We admire them a great deal.</td></tr>
</table>

Gualtiero Marchesi l'ha inventato. A voi scoprirlo.

4. When **lo**, **la**, **li**, and **le** precede **avere** in compound tenses, the past participle agrees with these pronouns in gender and number. The agreement with other direct object pronouns is optional.

<table>
<tr><td>Claudia? Non l'ho vista al parco.</td><td>Claudia? I didn't see her in the park.</td></tr>
<tr><td>Pierluigi e Dario? Li ho visti ieri.</td><td>Pierluigi and Dario? I saw them yesterday.</td></tr>
<tr><td>Come mai non ci hanno chiamato (chiamati)?</td><td>How come they didn't call us?</td></tr>
</table>

GUALTIERO Ⓖ MARCHESI

5. When used with **credere**, **dire**, **essere**, **pensare**, **sapere**, **sperare**, and similar verbs, **lo** can function as an invariable pronoun, equivalent to *it* in English. It is also used this way in sentences whose subject is implied rather than stated, and whose verb is **essere**.

<table>
<tr><td>I Verdi hanno ragione; lo credo davvero.</td><td>The Greens (Environmental Party activists) are right; I really think so.</td></tr>
<tr><td>Stefano è diventato vegetariano? Chi l'avrebbe pensato?</td><td>Stefano has become a vegetarian? Who [ever] would have thought it?</td></tr>
<tr><td>Sai dove ha luogo la riunione della Lega per l'ambiente? —Mi dispiace, non lo so.</td><td>Do you know where the meeting of the Environmental League is taking place? —I'm sorry, I don't [know it].</td></tr>
<tr><td>Tua madre è deputata? —Sì, lo è.</td><td>Your mother is a parliamentary representative? —Yes, she is.</td></tr>
</table>

6. The following Italian verbs take a direct object, in contrast to their English counterparts: **ascoltare**, **aspettare**, **cercare**, **chiedere** (in the sense of *to ask for*), **guardare**, **pagare**.

<table>
<tr><td>Cercano Laura; la cercano.</td><td>They're looking for Laura; they're looking for her.</td></tr>
<tr><td>Abbiamo guardato le foto; le abbiamo guardate.</td><td>We looked at the photos; we looked at them.</td></tr>
<tr><td>Quanto hai pagato quegli scarponi? Quanto li hai pagati?</td><td>How much did you pay for those hiking boots? How much did you pay for them?</td></tr>
</table>

7. The pronoun **la** is used, alone and with other pronouns, in certain idiomatic expressions. You will learn more about how to use the expressions with double object pronouns in Chapter 7; two common idioms using **la** alone are **saperla lunga** (*to know a thing or two*) and **smetterla** (*to quit, cut it out*).

Giulio è furbo; **la** sa lunga davvero!   *Giulio is shrewd; he knows a thing or two!*

Senti, **la** vuoi smettere? Sono stufa delle tue chiacchiere!   *Listen, will you cut it out? I'm fed up with your yakking!*

Un po' di pratica

A. Abitudini ambientali. Alternandovi con un compagno (una compagna), fate le domande e rispondete secondo l'esempio. Usate i pronomi diretti nelle vostre risposte.

ESEMPIO: gli studenti universitari / leggere / riviste di ecologia →
   —Gli studenti universitari leggono riviste di ecologia?
   —Sì, le leggono. (No, non le leggono.)

1. molti italiani / appoggiare / il movimento ambientalista
2. gli ecologi / studiare / nuovi modi di risparmiare l'energia
3. secondo lui (lei), gli americani / essere / disposti (*willing*) a fare sacrifici per proteggere l'ambiente
4. secondo lui (lei), l'industria / dovere / sfruttare di più (*take greater advantage of*) le potenzialità dell'energia solare
5. il governo italiano / potere / migliorare la situazione dei trasporti
6. gli americani / usare / abbastanza i mezzi pubblici di trasporto

B. Quattro chiacchiere. Completate gli scambi con i pronomi diretti adatti.

1. —Dove sono andati Giorgio e Nino? Non _____ vedo da tanto tempo.
   —Non _____ so, ma _____ puoi chiedere a Stefania, la loro vicina (*neighbor*).
2. —Silvia, che piacere riveder_____! Dimmi, quando _____ ho visto l'ultima volta?
   —Vediamo... sarà stato da Giacomo, un paio d'anni fa. E tu? Come _____ trovo bene!
   —Grazie. _____ devo a mia moglie. Lei _____ sgrida (*scolds*) tutte le volte che lavoro troppo.
3. —Ragazzi, domani arrivano i nonni. Se non pulite le vostre camere, _____ sgrido!
   —Va bene mamma, non hai bisogno di sgridar_____; _____ puliamo subito!
4. —Mauro, ti ricordi di Gianni, quel ragazzo tanto gentile? È scappato (*eloped*) con la figlia dei Costa. Chi _____ avrebbe mai detto?
   —Eh, _____ ho sempre detto—sembra ingenuo (*naive*) Gianni, ma è uno che _____ sa lunga! Non _____ sapevi che i Costa sono ricchissimi?
5. —Paolo, smetti _____! Mi dai sui nervi. (*You're getting on my nerves.*)
   —Scusami, Teresa; ma avresti potuto dir_____ prima.

AIDS

SE LO CONOSCI LO EVITI.
SE LO CONOSCI NON TI UCCIDE.

COMMISSIONE NAZIONALE PER LA LOTTA CONTRO L'AIDS

Ministero della Sanità

6. —Ma quando arriverà tua sorella? _____ aspettiamo già da mezz'ora...
   —Ah, ecco_____! Sta arrivando con l'amico.
7. —Donata, queste vecchie riviste, _____ metto nel tuo studio?
   —Grazie, caro, non ne ho bisogno. Puoi buttar_____ via (*throw away*). No, meglio, puoi riciclar_____!

C. Una settimana nella «Serenissima». Siete appena tornati da un bellissimo viaggio a Venezia. Alternandovi con un compagno (una compagna), fate le domande e rispondete secondo l'esempio.

ESEMPIO: visitare / la scuola di San Rocco →
        —Hai visitato la scuola di San Rocco?
        —Sì, **l'**ho visitat**a**. (No, non **l'**ho visitat**a**.)

1. vedere / Piazza San Marco
2. ammirare / i palazzi rinascimentali (*agg., Renaissance*)
3. pagare molto / la camera d'albergo
4. cercare / quell'osteria di cui ha parlato Stefania
5. usare / la guida Michelin
6. guardare / i quadri del Tintoretto
7. salutare / le amiche di Gilda
8. ascoltare / la musica del campanile (*bell tower*)

2. Pronomi indiretti

SINGOLARE	PLURALE
mi	ci
ti	vi
gli, le, Le	gli (loro), Loro

1. Indirect object pronouns replace indirect objects.

   *I gave the book **to Mom**; I gave **her** the book.*
   *I bought some flowers **for Phil**; I bought **him** some flowers.*

In Italian, they usually precede the verb. The only exception is **loro** (**Loro**), which always follows the verb.* Indirect object pronouns are attached to infinitives (which drop their final -**e**) and to most imperatives (Chapter 11).

Scrivo **agli amici** subito.   *I'll write to [our] friends immediately.*

Gli scrivo subito. (Scrivo **loro** subito.)   *I'll write to them immediately.*

―――――
*In everyday Italian, **gli** frequently replaces **loro**.

    Ho dato **loro** una copia dell'articolo (**Gli** ho dato una copia dell'articolo).

Avevo intenzione di manda**rvi** un manifesto.	*I had intended to send you a poster.*
Questo povero bambino ha fame. Compra**gli** un panino!	*This poor child is hungry. Buy him a sandwich!*

2. When **dovere**, **potere**, **volere**, and **sapere** are followed by an infinitive, indirect object pronouns can either precede these verbs or be attached to the infinitive.

Voglio dare un volantino **a** Gina.	*I want to give Gina a flyer.*
Le voglio dare un volantino. ⎱	
Voglio dar**le** un volantino. ⎰	*I want to give her a flyer.*

3. In compound tenses, past participles *never* agree with indirect object pronouns.

Maria? **L'**ho vist**a** ma non **le** ho dett**o** niente.	*Maria? I saw her, but I didn't say anything to her.*
Andrea e Bruno? **Li** ho chiamat**i** e **gli** ho chiest**o** i soldi.	*Andrea and Bruno? I called them and asked them for the money.*

4. The following Italian verbs take an indirect object, in contrast to their English counterparts.

chiedere	Ho chiesto **a** Laura come stava; **le** ho chiesto come stava.
consigliare (*to advise*)	Abbiamo consigliato **a** Mario di appoggiare i candidati Verdi; **gli** abbiamo consigliato di appoggiarli.
credere	Non credo **a** quell'uomo; non **gli** credo.
dare fastidio (*to bother*)	Gli insetti danno fastidio **a** Piero; **gli** danno fastidio.
domandare	Se vuoi sapere perché siamo in ritardo, devi domandarlo **a** Franca; devi domandar**le** perché.
fare bene / male (*to be good / bad [for someone]*)	L'aria fresca fa bene **ai** bambini; lo smog **gli** fa male.
fare paura (*to scare*)	*Psycho* ha fatto molta paura **a** Silvia; **le** ha fatto molta paura!
rispondere	Voglio rispondere **alla** professoressa; **le** voglio rispondere subito.
somigliare (*to resemble*)	Somiglio **alla** mia nonna; **le** somiglio molto.
telefonare	Vogliamo telefonare subito **ad** Anna per darle le buone notizie. Vogliamo telefonar**le**!
voler bene (*to love; to be very fond of*)	Voglio proprio bene **ai** miei fratelli; **gli** voglio bene.

Un po' di pratica

A. Abitudini ambientali. Alternandovi con un compagno (una compagna), fate le domande e rispondete secondo l'esempio.

> **ESEMPIO:**   il governo / fare / delle concessioni agli ambientalisti →
> —Il governo fa delle concessioni agli ambientalisti?
> —Sì, gli fa delle concessioni. (No, non gli fa concessioni.)

1. gli ambientalisti / chiedere / ai consumatori di risparmiare energia
2. il riciclaggio gli (le) / sembrare / utile (se sì, perché?)
3. i professori d'oggi / insegnare / agli studenti a rispettare la natura
4. il Partito Verde / avere / bisogno di comunicare a noi tutti l'importanza dell'«effetto serra»
5. i suoi genitori (compagni/e di casa) / dire / agli ospiti (*guests*) di non fumare a casa loro (se sì, perché?)

B. Una discussione (*argument*). Gilda e Adriano, due compagni di casa, stanno litigando (*are quarreling*). Completate il dialogo con i pronomi indiretti adatti.

> GILDA: Adriano? Ci sei? Senti, voglio parlar_____¹ di una cosa.
>
> ADRIANO: Che c'è? _____² ho già dato i soldi per l'affitto... E se tu e Manuela avete bisogno della macchina, _____³ ho lasciato le chiavi in cucina.
>
> GILDA: Non è questo. Ti ricordi, la settimana scorsa, _____⁴ avevo chiesto di pulire il bagno...
>
> ADRIANO: Non è vero! Non _____⁵ hai detto niente.
>
> GILDA: Hai ragione. Non _____⁶ ho detto niente, ma _____⁷ ho lasciato un biglietto.
>
> ADRIANO: Cosa _____⁸ dici! Non ho trovato nessun biglietto.
>
> GILDA: Va bene, forse è andato smarrito (*it was lost*), ma ora _____⁹ chiedo di nuovo di pulire il bagno!
>
> ADRIANO: Ma perché non lo dici a Paolo?
>
> GILDA: Lo sai benissimo che non _____¹⁰ tocca (**toccare a qualcuno**: *to be [someone's] turn*) questa settimana—tocca a te!
>
> ADRIANO: Ma non vedi come sono impegnato? La professoressa Brunetti _____¹¹ ha dato tanti compiti questa settimana. Oggi pomeriggio _____¹² devo consegnare gli appunti di laboratorio (*lab notes*), domani una relazione (*report*) di tre pagine...
>
> GILDA: So che hai tanto da fare. Ma non _____¹³ puoi fare questo favore? I miei genitori arrivano domani sera, e voglio che trovino la casa in ordine.
>
> ADRIANO: Va bene, va bene. Stasera non posso, ma lo farò senz'altro domani pomeriggio. E scusa _____¹⁴ se _____¹⁵ ho risposto male.
>
> GILDA: Non ti preoccupare, Adriano. E grazie! _____¹⁶ fai un vero piacere.

C. Già fatto! Con un compagno (una compagna), fate le domande e rispondete secondo l'esempio.

> **ESEMPIO:**   portare un regalo a Marta →
> —Perché non porti un regalo a Marta?
> —Non le voglio portare un regalo (non voglio portarle un regalo); le ho già portato un regalo!

1. scrivere una cartolina allo zio Roberto   2. chiedere centomila lire a papà
3. farmi un favore   4. dire due parole a Silvana   5. spiegare il problema
(*matter*) ai professori   6. pagare la cena al cugino Rocco   7. darmi un
consiglio (*piece of advice*)   8. spedire un pacco a Gigi e a Laura

D. Quattro chiacchiere. Completate gli scambi con i pronomi diretti e indiretti adatti.

1. —Ho sentito che tu e Beppe avete litigato. Cosa _____ hai detto al ricevi-
    mento ieri sera?
    —Niente. Quando _____ vedo non _____ saluto più e non _____ parlo.
2. —Allora tua moglie è andata in quel panificio! Come _____ sembra? Ha
    provato le rosette (*soft rolls*) che _____ avevo consigliato?
    —No, purtroppo, _____ ha chieste, ma non ce n'erano più.
3. —Beppe, vedo che tu e Teresa vi vedete di nuovo (*again*). Cos'hai fatto? _____
    hai comprato dei fiori? _____ hai portata a ballare?
    —No, non ancora, ma l'ultima volta che _____ ho vista _____ ho domandato
    scusa.
4. —Come sta, Signora Pirelli? Quella gita (*short trip*) in campagna _____ ha
    fatto bene?
    —Sì, molto, e anche a mio marito. Ha detto che _____ piacerebbe tornare il
    mese prossimo.
5. —Ciao, Franco! Il tuo bambino è proprio contento—e anche tu! Si vede che
    _____ vuoi un mondo di (molto) bene.
    —Sì, ma specialmente mia madre, perché lui _____ somiglia proprio in
    tutto!

AL CORRENTE
· ·

L'ambiente è cosa nostra.   Guardate la pubblicità del WWF (World
Wildlife Fund), un'associazione ambientalista molto famosa in Italia. In questo
annuncio si dice che ci sono molti legami (*connections*) tra la Mafia (Cosa
Nostra) e le persone (o i gruppi) che speculano (*speculate*) a danno dell'ambiente.
Rispondete alle seguenti domande.

1. Che tipo di aiuto chiede il WWF?
2. Che rapporto (*relationship*) esiste tra i mafiosi e gli speculatori responsabili
    dei danni all'ambiente?
3. Spiegate questo gioco di parole (*pun*): Cosa Nostra/cosa nostra.
4. Spiegate e analizzate lo slogan «Il malgoverno del territorio è delin-
    quenza». Cosa significa?
5. Perché il WWF chiede aiuto ai «nostri avvocati»? Conoscete anche negli
    Stati Uniti organizzazioni ambientali che utilizzano molto gli avvocati?
    (Quali? Perché?)
6. Trovate efficace questa pubblicità? Sarebbe efficace negli Stati Uniti?
    Perché sì o perché no?

Oggi Cosa Nostra non è più quella del gessato[a] e del mitra.[b] Appoggiata[c] da alcuni

potenti,[d] la criminalità ha trovato un nuovo giro d'affari.[e] Appalti,[f]  tangenti[g] e

speculazioni vanno di pari passo,[h] e l'ambiente è una delle vittime di questo malcostume.[i] C'è

 un solo

L'ambiente è Cosa Nostra.

sistema per colpire

Cosa Nostra: portare

in tribunale chi specula

a danno dell'ambiente

e sostenere

giuste cause contro l'abusivismo, la speculazione edilizia[j] e l'inquinamento. Dobbiamo far capire che

l'ambiente non è di Cosa Nostra, ma cosa nostra. Per questo abbiamo bisogno di

avvocati, di tecnici, di contributi. Abbiamo bisogno del tuo aiuto.

Il malgoverno del territorio è delinquenza. Aiuta i nostri avvocati.

---

[a] *black-and-white striped suit*   [b] *submachine gun*   [c] *Supported*   [d] *powerful people*   [e] *giro… market*
[f] *contracts*   [g] *illegal profits*   [h] *di… at the same rate*   [i] *corruption*   [j] *real estate*

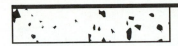 STRUTTURE II

3. *Piacere* e i verbi impersonali

	SINGOLARE	PLURALE
presente	piac**e**	piac**ciono**
passato prossimo	è piaciut**o/a**	**sono** piaciut**i/e**
imperfetto	piac**eva**	piac**evano**

1. The verb **piacere** is used along with indirect object pronouns in Italian to convey the idea of *liking* or *enjoying*. The subject of **piacere** corresponds to the person or thing *liked* in English.* Observe how English and Italian syntax differ.

   Le piace **la campagna**.   ***She** likes **the country**.*
   ↑   ↑   ↑   ↑
   indirect object   subject of *piace*   subject of *likes*   direct object

   Le piacciono **i piccoli paesi**.   ***She** likes **small towns**.*
   ↑   ↑   ↑   ↑
   indirect object   subject of *piacciono*   subject of *likes*   direct object

2. In the case of compound tenses, **piacere** is conjugated with **essere**, and agrees in gender and number with its subject.

   Gli è piaciut**o** il viaggio.   *He liked the trip.*
   Gli sono piaciut**i** i parchi nazionali.   *He liked the national parks.*

— Che peccato! Cominciava a piacermi, il film...

3. Indirect object pronouns can be replaced by **a** + *noun or disjunctive pronoun* (Chapter 8).

   A Laura non piacciono le manifestazioni; non **le** piacciono.   *Laura doesn't like demonstrations; she doesn't like them.*
   Ai miei amici è piaciuta la conferenza; **gli** è piaciuta (è piaciuta **loro**).   *My friends liked the lecture; they liked it.*
   Lo sport piace **a me**, non **a lui**.   *I like sports; he doesn't.*

---

*When used with reference to people, **piacere** has a somewhat more restrictive meaning than in English, usually denoting physical attraction. The expression *essere simpatici a qualcuno* is more often used to convey the idea of liking someone.

   Claudia è tanto brava; **mi è molto simpatica** (*I really like her*).

The complete conjugation of **piacere** appears in the Appendix.

4. **Piacere** is always singular when its subject is an infinitive, even if the infinitive has a plural direct object.

A Bob piaceva **dipingere**.	*Bob liked to paint [he liked painting].*
Gli piaceva particolarmente **dipingere paesaggi**.	*He particularly liked to paint [painting] landscapes.*

5. The opposite of **piacere** is **non piacere**. **Dispiacere**, which occurs only in the third person singular, is used with indirect object pronouns to mean *to be sorry, to mind*.

Ti **piacciono** le grandi città?	*Do you like big cities?*
—No, **non** mi **piacciono** affatto!	*—No, I don't like them at all!*
Mi dispiace disturbarLa, dottore.	*I'm sorry to disturb you, doctor.*
Può darmi una penna, se non **Le dispiace**?	*Could [lit., can] you give me a pen, if you don't mind?*

6. Several impersonal verbs are used like **piacere**. They include **bastare** (*to be enough*), **mancare** (*to be lacking, to be missed*), **restare** (*to be left [over]*), and **servire** (*to be needed or useful*).

Le sono bastati cinque dollari; **le restano** cinque dollari.	*Five dollars were enough; she has five dollars left.*
Cara, **mi manchi** tanto!	*I really miss you, dear!*
È triste; **gli mancano** gli amici.	*He's sad; he misses his friends.*
Vi sono serviti gli articoli?	*Were the articles useful to you? [Were you able to use the articles?]*

Un po' di pratica

A. I gusti son gusti. Dite se vi piacciono o no le seguenti cose e perché. Fate le domande e rispondete secondo l'esempio.

ESEMPIO: le canzoni di Barry Manilow →
—Ti piacciono le canzoni di Barry Manilow?
—Sì, mi piacciono (perché sono tanto romantiche)! (Non mi piacciono; anzi, le trovo stupide!)

1. l'opera
2. i libri di fantascienza
3. le acciughe (*anchovies*)
4. alzarsi presto la mattina
5. preparare da mangiare
6. i genitori del tuo migliore amico (della tua migliore amica)
7. la politica
8. leggere *The National Enquirer*

B. Caratteri contrastanti. Paola e Paolo sono gemelli. Paola è una ragazza molto allegra, estroversa, e sicura di sè. Paolo è un ragazzo un po' malinconico, introverso e timido. L'estate scorsa sono andati a Roma. Con la classe divisa in piccoli gruppi, dite se gli sono piaciute o no le seguenti cose.

ESEMPIO: le discoteche →
—Le discoteche sono piaciute a Paola?
—Sì, le sono piaciute.
—Sono piaciute a Paolo?
—No, non gli sono piaciute.

1. ballare con tante persone diverse
2. la biblioteca Vaticana
3. la folla (*crowds*) e la confusione
4. quelle ragazze (le ragazze dell'ostello che ridevano e scherzavano)
5. visitare la tomba del Tasso*
6. quei ragazzi (i ragazzi che studiavano al seminario)
7. restare fuori fino a tardi
8. le catacombe

C. Gusti di tempi passati. Completate le frasi con la forma adatta di **piacere** o **non piacere** all'imperfetto.

ESEMPIO: Quando faceva l'università, Claudia era ambientalista e progressista. (la politica di Ronald Reagan) →
Non le piaceva la politica di Ronald Reagan.

1. Da ragazze Piera ed io eravamo vegetariane. (le verdure fresche)
2. Tu invece eri un vero carnivoro. (mangiare da McDonald's ogni giorno)
3. Io da giovane amavo i grandi spazi e la tranquillità. (Tokio)
4. Fino a poco tempo fa, voi eravate dei grandi fifoni (*cowards*). (i film come *Aliens* e *Jurassic Park*)
5. La nonna adorava lo swing. (i dischi di Glenn Miller)
6. Prima di scoprire la vela (*sailing*), Riccardo e Cinzia amavano sciare. (vivere nel Vermont)

D. Quattro chiacchiere. Completate gli scambi con la forma adatta di **bastare**, **dispiacere**, **mancare**, **restare** o **servire**.

1. —Giulia, ti _____ i soldi che ti ho dato?
   —Ma dai, mamma! Non solo mi _____ , ma mi _____ più di cento dollari!
2. —«Cari genitori, mi _____ tanto. Mi _____ non telefonarvi più spesso, ma mi _____ i soldi per il telefono. Penso sempre a voi, anche al cinema o in discoteca con gli amici. Vi mando un caro abbraccio. Vostro figlio, Pasqualino».
   —«Caro Pasqualino, anche tu ci _____ . Ci _____ , ma non possiamo mandarti più soldi questo mese. Ecco però dei francobolli. Ti possono _____ per scriverci. Tanti baci. I tuoi genitori».
3. —Ragazzi, vi _____ la tenda che vi abbiamo prestato?
   —Ci _____ , e come! L'abbiamo usata per una settimana intera a Yosemite.
4. —Scusi, signora, Le _____ spostare (*move*) la Sua valigia?
   —Non mi _____ affatto! Prego, si accomodi!
5. —Franca, è la prima volta che fai un viaggio da sola, vero? Ti _____ molto i tuoi figli?
   —Vuoi sapere quanto mi _____ ? Ti dico esattamente quanti giorni mi _____ prima di tornare—diciassette!

— No, non mi dispiace vedere la televisione a letto, ma il televisore è sul mio piede...

---

*Torquato Tasso (1544–1595), grande poeta del Rinascimento italiano, autore del poema epico *La Gerusalemme liberata*.

4. *Passato prossimo* e *imperfetto* (riassunto)

The **passato prossimo** and the **imperfetto** are both past tenses; however, they are not interchangeable. This section summarizes those cases when the distinction between the **passato prossimo** and the **imperfetto** is particularly evident. As always, you can improve your command of these past tenses by paying close attention to how they are used in class, in Italian texts and broadcasts, and in conversations with Italian acquaintances.

1. The **imperfetto** indicates an action that happened repeatedly or for some undefined period in the past. The **passato prossimo** indicates an action or actions that were *completed* in the past—more often than not, at a precise time.

Da piccolo **ero** spesso malato.	*As a child I was often sick.*
Sono stato malato due mesi fa.	*I was sick two months ago.*
Le **telefonavo** spesso per chiacchierare.	*I used to phone her often to chat.*
La settimana scorsa, però, non le **ho telefonato.**	*Last week, though, I didn't phone her.*

2. The **imperfetto** describes incomplete actions that were taking place, or two or more conditions that existed simultaneously.

Io **lavoravo** al computer mentre gli altri **preparavano** i manifesti.	*I worked at the computer while the others prepared the posters.*
Faceva caldo e c'**era** molta gente.	*It was hot and there were a lot of people.*

3. The **imperfetto** describes incomplete actions or conditions in progress at the time some other action was completed or some other condition changed. In these cases, use the **passato prossimo** to convey the completed action or changed condition. The clause containing the **imperfetto** is often introduced by **mentre**, **poiché** (*since, because*), **siccome** (*since*), or **quando.**

Gli amici **sono passati mentre** io **lavoravo** in giardino.	*My friends came by while I was working in the garden.*
Poiché il tempo **era** bruttissimo Luca **ha preso** un brutto raffreddore.	*Since the weather was awful, Luca caught a bad cold.*
Siccome non **sapevamo** che fosse arrivata, **siamo rimasti** molto sorpresi di vedere Paola.*	*Since we didn't know she had arrived, we were very surprised to see Paola.*

---

*The verb **rimanere** is used frequently in the **passato prossimo** to indicate a change in emotional or mental condition.

È rimasto stupito quando gli hanno dato il premio.	*He was amazed when they gave him the prize.*
Sono rimasti soddisfatti del tuo lavoro?	*Were they satisfied with your work?*

4. The **passato prossimo** conveys a series of completed actions.

> **Ho telefonato** agli amici, **mi sono preparata** da mangiare, **ho preso** la bici... e via, al parco!

> *I phoned my friends, prepared myself something to eat, took my bike . . . and off to the park!*

> —Sapete, **ho vendicato** il padre, **ho vinto**, Isoarre **è caduto**, io...— ma raccontava confuso, troppo in fretta, perché il punto a cui voleva arrivare ormai era un altro. —...e mi battevo contro due, ed **è venuto** un cavaliere a soccorrermi, e poi **ho scoperto** che non era un soldato, era una donna, bellissima... (Italo Calvino, *Il cavaliere inesistente*)

> *"You know, I avenged my father, I won, Isoarre (the enemy knight) fell, I . . ." but he told the story confusedly, in too much of a hurry, because by then the point he wanted to make was a different one. ". . . and I was fighting against two, and a knight came to help me, and then I discovered that it wasn't a soldier, it was a lady, so beautiful . . ."* (Italo Calvino, *The Non-existent Knight*)

Special Meanings of the **passato prossimo** and **imperfetto**

1. **Conoscere** and **sapere** have different meanings in the **passato prossimo** and the **imperfetto**.

> **Ho conosciuto** molti attivisti alla manifestazione.
> Quando abitavo a Cambridge, **conoscevo** molti attivisti.

> *I met many activists at the demonstration.*
> *When I lived in Cambridge, I knew many activists.*

> **Ho saputo** cosa era successo a Giorgio.
> Prima, però, non lo **sapevo**.

> *I found out what had happened to Giorgio.*
> *Before, though, I didn't know [it].*

2. In the **passato prossimo**, **dovere**, **potere**, and **volere** imply a completed, definitive outcome to the action. In the **imperfetto**, they simply describe a physical or mental condition in the past. Compare the following examples.

> Ieri **ho dovuto** studiare.
> Ieri **dovevo** studiare (ma sono andata al mare).
> **Abbiamo potuto** raccogliere tutti i rifiuti nel parco.
> **Potevamo** raccogliere i rifiuti nel parco (ma abbiamo deciso invece di distribuire i volantini).

> *Yesterday I had to study [and I did].*
> *Yesterday I had to [was supposed to] study [but I went to the beach].*
> *We were able [managed] to collect all the trash in the park.*
> *We could have collected the trash in the park [but we decided to pass out flyers instead].*

> **Ha voluto** raccontarmi tutto.

> *He insisted on telling me everything.*

> **Voleva** raccontarmi tutto (ma è arrivato Paolo).

> *He wanted to tell me everything [but Paolo arrived].*

Un po' di pratica

A. Il «Treno Verde» per l'ambiente. La Lega italiana per l'ambiente ha organizzato un «Treno Verde» che si ferma in molte città italiane. Parlatene, mettendo i verbi all'imperfetto o al passato prossimo, secondo il contesto.

1. Il treno parte da Torino.
2. Finisce il viaggio a Roma.
3. Si ferma ogni cinque giorni in città diverse.
4. L'équipe (*team*) che viaggia sul treno vuole misurare giornalmente l'inquinamento dell'aria e il rumore di diciotto città italiane.
5. Il «Treno Verde» raccoglie regolarmente utili informazioni ecologiche.
6. Tanti cittadini vengono a vedere il «Treno Verde».
7. Gli ambientalisti sperano di ottenere un risultato concreto.
8. Ottengono quello che si augurano (*hope for*)? Si vedrà...

B. Un incontro tra amici. Completate il dialogo, mettendo i verbi all'imperfetto o al passato prossimo.

CLAUDIO: Mirella, come va? (Tu) _____¹ (potere) andare alla fiera (*exposition*) ieri? Io c' _____² (essere), ma non ti _____³ (vedere).

MIRELLA: No, purtroppo, ci _____⁴ (volere) andare, ma all'ultimo momento _____⁵ (dovere) lavorare. Dimmi un po', _____⁶ (imparare) qualcosa di utile?

CLAUDIO: Certo. C' _____⁷ (essere) tante bancarelle (*booths*) con delle informazioni sul riciclaggio, sull'energia solare, sull'effetto serra, proprio su tutto. _____⁸ (prendere) molti volantini, e _____⁹ (comprare) un paio di libri. Te li posso prestare se vuoi.

MIRELLA: Grazie! Sei molto gentile. (Tu) _____¹⁰ (andare) da solo?

CLAUDIO: No, _____¹¹ (andare) con Vittoria, quella ragazza che _____¹² (conoscere) nella sede (*headquarters*) dei Verdi.

MIRELLA: Ah sì? Non lo _____¹³ (sapere) che (voi) _____¹⁴ (essere) già tanto amici...

CLAUDIO: Ma dai, non scherzare! Ah, _____¹⁵ (volere) anche dirti la cosa più interessante— _____¹⁶ (sapere) che Lucia de Martis ha intenzione di presentarsi come candidata al Parlamento Europeo.

MIRELLA: Brava! Ma com' _____¹⁷ (cambiare) (lei)! Io la _____¹⁸ (conoscere) quando (noi) _____¹⁹ (fare) il liceo. Non soltanto _____²⁰ (essere) timida, ma non _____²¹ (aprire) mai un giornale, non _____²² (avere) mai un'idea originale. E va bene, la gente può cambiare, e in meglio (*for the better*) a quanto pare!

CLAUDIO: Certamente! Ti saluto adesso— devo scappare. Ciao!

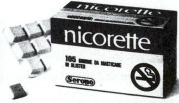

5. Altre preposizioni

The most frequently used prepositions were presented in Chapter 4. Here is a selection of other prepositions and prepositional phrases that occur frequently in both written and spoken Italian.

1. Prepositions

contro (*against*)	eccetto (tranne, salvo)	senza (*without*)
dentro (*inside*)	(*except*)	sopra (*above*)
dietro (*behind*)	lungo (*along*)	sotto (*below*)
dopo (*after*)	presso (*care of; in*	verso (*towards*)
durante (*during*)	*the house/office of;*	
	near)	

Dietro la casa c'è un giardino.   *There's a garden behind the house.*
Lungo il fiume ci sono tante   *There are many benches along the*
   panchine.   *river.*
Abitano **presso** i Bruno.   *They live with the Brunos.*

2. Prepositional phrases

accanto a (*beside*)	fuori da (*outside of*)	oltre a (*in addition to,*
davanti a (*in front of*)	intorno a (*around*)	*beyond*)
di fronte a (*opposite,*	insieme a (*along with*)	prima di (*before*)
in front of)	invece di (*instead of*)	vicino a (*near*)
fino a (*until, as far as*)	lontano da (*far from*)	

Abitiamo piuttosto **lontano**   *We live pretty far [away] from the*
   dall'aeroporto.   *airport.*
Ci sono alcuni parchi **intorno alla**   *There are several parks around*
   città.   *the city.*
Oltre a questo, non ha detto nulla.   *Beyond this, he said nothing.*

Attenzione! Many prepositions can also be used as adverbs.

Il cane è **fuori**? —No, è già venuto   *Is the dog outside? —No, he's*
   dentro.   *already come inside.*
Da' un'occhiata **intorno**!   *Take a look around!*
Dove sono i ragazzi? —Sono **sopra**.   *Where are the kids? —They're*
          upstairs.

Un po' di pratica

A. Il giochetto dei contrari. Sostituite le espressioni indicate con le espressioni contrarie.

ESEMPIO: La gelateria è **davanti al** cinema. → La gelateria è **dietro il** cinema.

1. La gelateria è **vicino a** casa mia.
2. Sono entrata nel cinema **dopo** gli amici.
3. **Fuori del** cinema vendono bibite e panini.
4. Sono uscita **senza** gli amici.
5. Abbiamo parcheggiato la macchina **dietro** la banca.
6. Il parcheggio è molto **lontano dal** cinema.
7. Sono arrivata a casa **prima degli** altri.
8. Preferisco andare al cinema **insieme ai** miei fratellini.

B. Piccola descrizione. Descrivete un ambiente che conoscete bene (l'università, il vostro quartiere, la vostra camera) usando le preposizioni della lista che segue.

Preposizioni: accanto a, davanti a, dentro, dietro, di fronte a, fuori di, intorno a, lontano da, lungo, sopra, sotto, vicino a

ESEMPIO: **Intorno alla** casa dei miei genitori ci sono tante altre casette. **Davanti a** casa loro c'è un parcheggio coperto; **accanto al** parcheggio c'è una piccola baracca (*shed*). **Dentro** la baracca tengono la roba (*things, implements*) per il giardino…

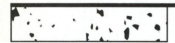 # METTIAMOLO PER ISCRITTO!

Considerazioni ecologiche

1. Descrivete due o tre problemi ecologici di cui avete esperienza personale. Come, quando e dove vi siete accorti di questi problemi? Usate il passato e l'imperfetto per descrivere le vicende (*events*).
2. Dove abitate voi (casa, dormitorio o appartamento che sia [*as the case may be*]) cercate di rispettare l'ambiente? Se sì, in che modo? Cosa fate per dimostrare la vostra attenzione verso certi problemi ecologici? Proponete alcune idee in una lettera alla vostra famiglia, ai vostri compagni di camera, o ai vostri vicini.

CAPITOLO 7

COSA C'È SU CANALE 5?

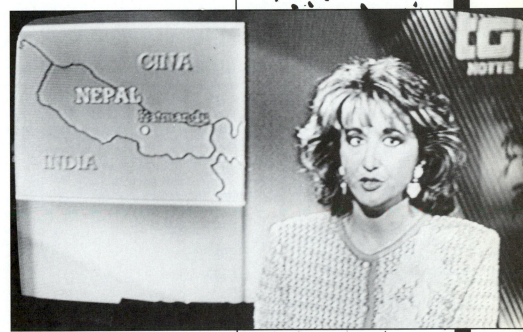

Un'annunciatrice della televisione italiana. Quanto dura un telegiornale negli Stati Uniti? C'è più enfasi sulle notizie dall'estero o quelle domestiche? Quanti annunciatori di solito leggono il telegiornale?

From its inception in the 1950s, television has played an all-important role in Italy, not only as a form of popular entertainment, but as a primary instrument of political and social power. Because of its ability to influence collective opinion and behavior, Italian TV was for many years the exclusive monopoly of the national government, a territory to be divided among the major political parties. The state-owned and operated networks still exist, but they now compete with a wide array of private channels. Italian television today offers as broad a selection of programs as that of the United States.

This chapter's reading, *«Così gira il mondo» o «Il prezzo è giusto»: la televisione in Italia*, describes the various stages in the development of Italian television, from the era of the twenty-minute single nightly "commercial interlude" to the current eclectic array of airtime offerings.

 # VOCABOLARIO TEMATICO

Sostantivi

il canale channel
la concorrenza competition
il contenuto content
il documentario documentary
il livello level
   a livello (di) at/on a level (of)
il mezzo, **i mezzi** means
il premio prize
   il gioco a premi game show
il programma di varietà variety show
la pubblicità advertising, publicity
il pubblico public, general audience
la rete (televisiva) TV network

lo spot pubblicitario commercial
il telefilm TV series
il telegiornale newscast
la telenovela (*pl.* **le telenovelas**) soap opera
la trasmissione broadcast, program

Verbi

attirare to attract
durare to last
trasmettere to transmit

Aggettivi

culturale cultural

educativo educational
leggero light, superficial
medio average
pubblicizzato publicized
seguito popular, followed
televisivo television

Altre parole ed espressioni

di conseguenza consequently
d'intrattenimento entertainment (*adj.*)
di una volta of former times
nel frattempo in the meantime

A. Cercate nel **Vocabolario tematico** le parole che corrispondono alle seguenti definizioni.

1. È usata nei mezzi di comunicazione di massa, per vendere prodotti e servizi.
2. Il pubblico lo guarda per sapere le notizie (*news*) della giornata.
3. Li trasmettono alla TV per informare il pubblico sulla vita di un personaggio importante o su un argomento (*subject, topic*) di interesse generale.
4. È una gara (*contest*) televisiva per vincere premi o soldi.
5. Negli Stati Uniti, le guardano soprattutto le persone che restano a casa o che hanno del tempo libero durante il giorno.
6. Ce ne sono quattro a diffusione nazionale (*viewed nationwide*) negli Stati Uniti: NBC, ABC, CBS, e Fox.
7. Sono le persone che guardano la TV.
8. È un regalo o una somma di denaro conferito al vincitore (*winner*) di una gara televisiva.

B. Dite uno o due titoli di trasmissioni che corrispondono alle seguenti definizioni.

ESEMPIO: programma scientifico → «Nature»; «Nova»

1. telefilm di contenuto leggero
2. programma di varietà e commedia popolare trasmesso ogni sabato sera
3. telefilm indirizzato ad un pubblico giovanile
4. programma educativo-culturale per bambini
5. trasmissione d'intrattenimento molto seguita
6. il vostro spot pubblicitario preferito

C. Completate le seguenti frasi con le parole o le espressioni adatte.

1. La famiglia _____ guarda due ore di televisione al giorno.
2. C'è una forte _____ fra la TV via cavo (*cable TV*) e i canali che trasmettono via etere (*by air*).
3. Di solito nelle grandi città, c'è almeno un canale che trasmette solo _____ locale.
4. I programmi di oggi sono meno educativi di quelli _____.
5. I canali non _____ programmi per il loro valore culturale o educativo, ma per la loro capacità di _____ l'attenzione dello spettatore medio.
6. È molto difficile controllare il tempo che i bambini passano davanti alla TV; _____ ne guardano troppo e leggono troppo poco.
7. La pubblicità non mi dà fastidio (*bother*), perché _____ lavo i piatti o faccio degli altri piccoli lavori.
8. Un telefilm raramente _____ più di un'ora.
9. La Coca-Cola è un prodotto _____ a livello mondiale.
10. Con la TV via cavo ricevo dieci _____.
11. La «tivu» è un _____ di persuasione molto importante.

PRELETTURA

Entriamo nel contesto!

• •

A. Ecco un elenco di programmi televisivi italiani popolari. Sono tutti basati su modelli americani, e hanno anche titoli simili a quelli originali. Cercate di indovinare i titoli inglesi dei seguenti programmi.

1. «Lascia o raddoppia» (**raddoppiare**, *to double*)
2. «Il gioco delle coppie» (*couples*)
3. «Così gira il mondo»
4. «La ruota della fortuna»
5. «La bella e la bestia»
6. «Il prezzo è giusto»

B. Sondaggio. Chiedete ad un compagno (una compagna) se è contento/a o scontento/a dei seguenti aspetti della TV, e perché. Poi, confrontate le opinioni del vostro compagno (della vostra compagna) con quelle degli altri studenti della classe.

	CONTENTO	SCONTENTO	PERCHÉ
1. qualità dei telefilm			
2. settori della popolazione rappresentati nei telefilm			
3. selezione dei programmi sui canali commerciali			
4. qualità della pubblicità			
5. qualità degli spot pubblicitari			
6. qualità ed organizzazione dei servizi del telegiornale (*news reports*)			
7. rapporto tra prezzo e qualità della TV a pagamento (*pay TV*)			

C. Discussione. Rispondete alle domande seguenti.

1. Guardate spesso il telegiornale? Perché sì, o perché no?
2. Quali sono alcuni dei giochi a premi più popolari negli Stati Uniti? Ne guardate qualcuno (*some of them*)? Se sì, quali? Se no, perché no?
3. La pubblicità vi dà fastidio? (Sempre? qualche volta? mai?) Spiegate la vostra opinione.
4. Qual è il vostro programma preferito, e perché vi piace? Quale programma vi piace di meno (o quali programmi vi piacciono di meno)?
5. Guardate spesso la PBS? Se sì, quali programmi preferite? Se no, perché no?
6. Guardate spesso programmi come quelli di David Letterman e Oprah Winfrey? Se sì, quale conduttore/conduttrice (*talk show host/hostess*) preferite, e perché?

Strategie per la lettura

Skimming for basic information. A quick, efficient way to gain an overview of a text is to skim it for important ideas, facts, or points covered. The opening sentences of a paragraph often provide a general idea of the basic information contained in the body of that paragraph. By looking for key words or phrases, you can anticipate content or learn the author's primary concerns.

Look at the top of page 139, at the underlined key words in the first two sentences from the chapter reading. These lines convey information that should allow you to answer the following questions: What period is under discussion? What kinds of television programs were becoming important during that period? What sort of public reception did they receive? How often were they broadcast?

> Alla fine degli <u>anni cinquanta</u> sono apparsi i primi <u>giochi a premi</u>. I più famosi, «Il musichiere» e «Lascia o raddoppia», hanno avuto un <u>successo immediato</u> e sono diventati ben presto <u>i programmi più seguiti della settimana.</u>

Now glance over the first three sentences of the sixth paragraph of the reading. Do not read them in detail, but just attempt to identify those words or phrases which seem to contain the basic information. Then answer the questions.

> Alla metà degli anni settanta è iniziata una vera e propria rivoluzione nel campo della trasmissione televisiva. Sono iniziate le trasmissioni a colori, limitate ad alcuni programmi ma poi estese a tutte le trasmissioni; poi è arrivata l'invasione delle cosiddette televisioni private.

During what period did several fundamental changes take place in Italian television? What were these changes? Did the first one affect all TV broadcasting?

By extending this technique to the rest of the paragraph and to other parts of a text, you can often pick up the most important items of information. They can help guide you as you read in greater detail to gain familiarity with new vocabulary terms and linguistic structures.

LETTURA

«Così gira il mondo» o «Il prezzo è giusto»: La televisione in Italia

In Italia, le trasmissioni televisive ebbero inizio ufficialmente nel gennaio del 1954, ma soltanto per la zona compresa fra la Val Padana e Roma. L'estensione del servizio a tutto il territorio nazionale venne completata a tempo di primato, ed il 1° gennaio 1956 erano collegate anche la Sicilia e la Sardegna.

In Italia le trasmissioni televisive sono iniziate alla metà° degli anni cinquanta. All'inizio esisteva un solo canale che trasmetteva per poche ore al giorno soprattutto nella fascia serale.° I programmi erano concepiti a scopo principalmente educativo, e la pubblicità era molto limitata. Abbondavano documentari, concerti di musica clas-
5 sica, e altri programmi culturali. I film, di solito molto vecchi, erano trasmessi non più di una volta alla settimana. Uno dei programmi più seguiti era il telegiornale.

A quell'epoca c'era un solo spazio dedicato agli spot pubblicitari. Si chiamava «Carosello»; andava in onda° tutte le sere alle 21.00, e consisteva in quattro o cinque spot pubblicitari. Ognuno durava tre o quattro minuti e raccontava una piccola sto-
10 riella; solo alla fine appariva il prodotto pubblicizzato. In breve tempo è diventato il programma attorno al quale ruotava° la vita della famiglia media italiana. Per molti bambini era il segnale che indicava l'ora di andare a letto.

Alla fine degli anni cinquanta sono apparsi i primi giochi a premi. I più famosi, «Il musichiere»° e «Lascia o raddoppia°», hanno avuto un successo immediato e sono
15 diventati ben° presto i programmi più seguiti della settimana. Nello stesso periodo hanno cominciato a diffondersi° telefilm e programmi di varietà. Anche questi

mid-, middle

fascia... prime time

andava... went on the air

attorno... around which . . . revolved

"The Music Man" / double
molto
gain popularity

programmi hanno avuto molto successo. Lentamente la televisione si è trasformata da un mezzo principalmente educativo e culturale in uno strumento d'intrattenimento.

20 Verso la metà degli anni sessanta, dopo che le trasmissioni del primo canale erano state estese° anche alle ore pomeridiane,° è nato° il secondo canale. All'inizio non era possibile ricevere il segnale della nuova stazione televisiva in tutte le parti d'Italia; i programmi del secondo canale non potevano essere al centro dell'attenzione del grande pubblico.

25 Sin dall'inizio° i programmi televisivi sono stati monopolio dello Stato che controllava tutto quello che veniva messo in onda.° Per questo motivo le maggiori cariche direttive° all'interno della RAI (Radio Audizioni Italiane, l'ente° che controlla le trasmissioni radiofoniche e televisive) erano spartite° tra i partiti politici più importanti. Nei primi anni di vita la RAI era sotto il controllo totale del partito di maggioranza, cioè la Democrazia Cristiana (DC). Con l'arrivo del secondo canale (RAI 2) sono avvenuti°
30 molti cambiamenti. Ora la DC controlla il primo canale, mentre il secondo è influenzato da partiti laici° (primo fra tutti il Partito Socialista Italiano [PSI]). Poiché la televisione è un monopolio di Stato, ogni cittadino che abbia un televisore è obbligato a pagare una quota annua° al governo.

Alla metà degli anni settanta è iniziata una vera e propria rivoluzione nel campo della
35 trasmissione televisiva. Sono iniziate le trasmissioni a colori, limitate ad alcuni programmi ma poi estese a tutte le trasmissioni; poi è arrivata l'invasione delle cosiddette° televisioni private. Queste stazioni televisive trasmettevano programmi che si potevano ricevere senza pagare una tassa: bastava avere una buon'antenna. Era subito chiaro che queste
40 stazioni si distinguevano dalla RAI per essere soprattutto canali di puro intrattenimento. Il modello di programmazione americano è stato immediatamente seguito da tutte le televisioni private, che trasmettevano a livello locale. Nei programmi erano infatti inclusi molti film, telefilm, giochi a premi, telenovelas
45 e moltissima pubblicità. Un buon numero di queste trasmissioni erano di importazione americana, come ad esempio «Il prezzo è giusto», «Il gioco delle coppie» e «Così gira il mondo»: tutti estremamente popolari anche oggi.

Dal canto suo° la RAI ha dovuto fare i conti con° una concorrenza sempre più forte
50 da parte delle stazioni private, soprattutto da quando alcune di esse sono entrate a fare parte di° una catena° che trasmette a livello nazionale. La RAI ha di conseguenza aumentato il numero di programmi di contenuto più leggero, programmando film ogni giorno e anche raddoppiando la pubblicità.

Alla fine degli anni settanta è entrata in operazione la terza rete della RAI (RAI 3).
55 Questa rete ha raccolto° almeno in parte lo spirito educativo della RAI di una volta ed ora trasmette il maggior numero di programmi culturali. Ormai da anni il governo sta cercando con apposite leggi° di regolare il disordinato proliferare di stazioni private.

FRA UN'ORA NON PUOI PERDERE...........
DOMATTINA IL FILM DELL'ANNO......
ALLE 15 UN APPUNTAMENTO FAVOLOSO......

VERAMENTE AVREI DA FARE.... MA...

Margin glosses:

extended / del pomeriggio / established

Sin... From the outset

veniva... was put on the air

cariche... executive positions / agency

distributed

sono... took place

secular (having no religious affiliation)

quota... annual fee

so-called

Dal... As for / fare... deal with

sono... became part of / chain

revived

apposite... appropriate laws

Avete capito?

A. Cercate nella lettura la parola o l'espressione che corrisponda alle seguenti definizioni.

1. la rete più educativa oggi in Italia
2. la maggior fonte di concorrenza per la RAI
3. un «programma» di spot pubblicitari
4. i programmi più seguiti alla fine degli anni cinquanta
5. ormai principalmente un mezzo d'intrattenimento
6. la TV di Stato
7. i partiti politici che controllano i primi due canali della TV di Stato
8. le stazioni più influenzate dalla programmazione americana

B. Cronologia. Mettete le frasi in ordine cronologico secondo i vari stadi di sviluppo della televisione in Italia.

_____ Sono arrivate le stazioni private.
_____ Sono iniziate le trasmissioni a colori.
_____ Un solo canale trasmetteva soprattutto nella fascia serale.
_____ La RAI ha aggiunto un terzo canale.
_____ La RAI ha aumentato di molto la quantità di pubblicità.
_____ È nato il secondo canale della RAI.
_____ Sono apparsi i primi giochi a premi, telefilm e programmi di varietà.

C. Rispondete in modo completo alle seguenti domande.

1. Da quanto tempo trasmette la RAI e chi la controlla?
2. Quanti canali c'erano e quali tipi di programmi venivano (*were*) trasmessi all'inizio?
3. Com'è cambiata la programmazione della RAI con l'avvento (*arrival*) del secondo e terzo canale?
4. Come differisce la programmazione della pubblicità di oggi da quella dei primi anni della TV? Perché è cambiata?
5. Quali tipi di programmi di estrazione americana hanno trovato successo in Italia?
6. Qual è la caratteristica principale delle televisioni private? Perché queste reti trasmettono più pubblicità della RAI?

E ora, a voi!

A. Esprimete un'opinione! Chiedete a un compagno (ad una compagna) se gli (le) piacciono le seguenti trasmissioni, e perché. Lui (Lei) risponderà usando le espressioni indicate.

Trasmissioni: «La famiglia Simpson», la partita di football il lunedì sera, il telegiornale, «Sessanta minuti», «Northern Exposure», altri (continuate voi!)

REAZIONE POSITIVA	REAZIONE NEGATIVA	REAZIONE D'INDIFFERENZA
Non c'è male. (*It's okay.*)	Non mi piace proprio (per niente, affatto).	Ma... non lo so.
Sì, abbastanza!	Mi fa schifo! (*I can't stand it!*)	Non la guardo mai.
Mi piace molto!	No, è fatto/a male.	Non mi fa nè caldo nè freddo.
È forte! (*It's great!*)		(*I'm totally indifferent.*)
È eccezionale!		

B. Analisi comparativa. Giudicando da ciò che avete letto, in che modo sono diverse la televisione americana e quella italiana, e come si assomigliano (*how are they similar*)? Nella vostra discussione, considerate i fattori (*factors*) seguenti: politicizzazione della TV, programmi culturali ed educativi, quota annua, concorrenza tra canali. Indicate pregi e difetti (*strong and weak points*) dei due sistemi.

Segnavideo

OGGI 20.30 TV 3 DIRETTA

Come combattere la droga

«Droga: come uscirne» (ore 20,30 - TV3) è il titolo della trasmissione in diretta di Aldo Falivena. Vengono proposti documenti e testimonianze su quello che si sta facendo per aiutare i tossicodipendenti. In studio ci sono alcuni ragazzi che sono riusciti a smettere di drogarsi ed i responsabili di alcune comunità terapeutiche *, come quella di S. Patrignano.

Intervengono anche il sottosegretario alla Sanità Mario Raffaelli e la relatrice della futura legge sulle tossicodipendenze Maria Pia Garavaglia.

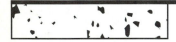 STRUTTURE I

1. Pronomi doppi

When direct and indirect object pronouns are combined, they always follow a particular order, and the forms of the indirect object pronoun change slightly.

PRONOMI DOPPI			
Indiretto	*Diretto*		*Doppio*
mi	+ lo	=	me lo (me la, me li, me le, me ne*)
ti	+ lo	=	te lo (te la, te li, te le, te ne)
gli/le/Le	+ lo	=	glielo (gliela, glieli, gliele, gliene)
ci	+ lo	=	ce lo (ce la, ce li, ce le, ce ne)
vi	+ lo	=	ve lo (ve la, ve li, ve le, ve ne)
loro/Loro	+ lo	=	lo... loro (la... loro, li... loro..., le... loro, ne... loro)

*The particle **ne** will be presented later in this chapter.

Placement of Double Object Pronouns

1. Double object pronouns precede most conjugated verbs. However, they are attached to infinitives (which drop their final -e), to **ecco**, and to all but the **Lei** and **Loro** imperative forms (presented in detail in Chapter 11).

Ti presto la videocassetta.	*I'll lend you the videocassette.*
Te la presto volentieri.	*I'll be glad to lend it to you.*
Cerca di dirci la verità.	*Try to tell us the truth.*
Cerca di dir**cela**.	*Try to tell it to us.*
Eccoti i giornali!	*Here are your newspapers!* [lit., *Here are the newspapers to you*]
Ecco**teli**!	*Here they are!* [lit., *Here they are to you*]
Portami quelle riviste, per favore.	*Bring me those magazines, please.*
Porta**mele**!	*Bring them to me!*

2. Double object pronouns can either precede modal verbs or be attached to their accompanying infinitives.

Vogliamo offrirvi la cena.	*We want to offer you dinner.*
Ve la vogliamo offrire. ⎫	*We want to offer it to you.*
Vogliamo offrir**vela**. ⎭	

3. In everyday Italian, the combined forms with **loro** (**Loro**) are used infrequently. Nevertheless, you need to be aware of their special rules for placement and word order.*

   a. In non-modal constructions, the direct object pronoun is placed before the conjugated verb; **loro** follows it.

La mando **loro** subito.	*I'll send it to them right away.*
L'abbiamo spiegato **loro**.	*We explained it to them.*

   b. When used with modal verbs, the direct object pronoun + **loro** combination can assume either of the following patterns.

   • Direct object pronoun + conjugated form of modal verb + infinitive (the final **e** is often dropped) + **loro**

Li posso portar(e) **Loro** domani.	*I can bring them to you* [pl., *formal*] *tomorrow.*
Non l'abbiamo saputo spiegar(e) **loro**.	*We didn't know how to explain it to them.*

---

*As an indirect object pronoun meaning *to them* (and less frequently *to you* [plural, formal]), **loro** is generally replaced by **gli**.

Cosa hai offerto **loro**? ⎫	*What did you offer them?*
Cosa **gli** hai offerto? ⎭	

- Conjugated form of modal verb + infinitive, attached to direct object pronoun + **loro**.

Posso portar**li Loro** domani.	*I can bring them to you* [*pl., formal*] *tomorrow.*
Non abbiamo saputo spiegar**lo loro**.	*We didn't know how to explain it to them.*

4. Reflexive pronouns also change form when combined with direct object pronouns. The combined forms with reflexive pronouns are identical to those with indirect object pronouns, with one exception: the third person singular and plural forms, which are **se lo**, **se la**, **se li**, **se le**, and **se ne**. The rules for placement are the same.

Piero mette la giacca alla bambina.	*Piero is putting the jacket on the little girl.*
Gliela mette.	*He's putting it on her.*
Vuole metter**gliela**. (**Gliela** vuole mettere.)	*He wants to put it on her.*
Piero si mette la giacca.	*Piero is putting on his jacket.*
Se la mette.	*He is putting it on.*
Vuole metter**sela**. (**Se la** vuole mettere.)	*He wants to put it on.*

5. When reflexive pronouns and **la** or **ne** attach to certain verbs, it gives them an emphatic, idiomatic meaning. Generally speaking, these verbs are less formal and more vivid than their "regular" counterparts. All are conjugated with **essere** in compound tenses.* The following are some of the most common.

andarsene (*to leave, go away*)	**Me ne vado**, ragazzi. A domani!
cavarsela (*to manage, get by*)	È finito l'esame? **Ve la siete cavata** bene?
godersela (*to live it up, have fun*)	Non hanno grossi impegni (*heavy responsibilities*); pensano solo a **godersela**.
intendersene (di) (*to be an expert in*)	Michele ha tre FIAT; **se ne intende** di macchine italiane.
passarsela (*to get on* [*financially*])	Come sono eleganti! Ovviamente **se la passano** benino (*quite well*)!

---

*The past participle of verbs ending in -**sela** does not agree with the subject; it always ends in -**a**. The past participle of those ending in -**sene** agrees with the subject in gender and number.

Paolo è tanto nervoso; **se l**'è pres**a** anche con il cane!	*Paolo is so touchy; he even got upset with the dog!*
Se ne sono anda**ti** presto perché si annoiavano alla festa.	*They took off early because they were getting bored at the party.*

prendersela (*to take offense*) Perché **te la prendi** tanto? Non è
una cosa seria!

sbrigarsela (*to make it* [*in time*]) **Me la sbrigo** in due minuti, perché
è ancora presto.

Un po' di pratica

A. Esperienze giovanili. Sostituite i pronomi ai nomi di complemento diretto. Fate
le domande e rispondete secondo l'esempio.

ESEMPIO: I vostri genitori (darvi) ogni settimana i soldi da spendere →
—I vostri genitori vi davano ogni settimana i soldi da spendere?
—Sì, ce li davano ogni settimana. (No, non ce li davano ogni
settimana.)

1. In genere, il papà (comprarvi) la roba (*stuff*) per la scuola?
2. La nonna (cucirvi [cucire, *to sew*]) i vestiti?
3. Gli insegnanti (farvi) spesso le domande in classe?
4. La mamma (leggervi) ogni sera le fiabe (*fairy tales*)?
5. Gli amici (raccontarvi) sempre i loro segreti?
6. Gli zii (mandarvi) ogni anno un regalo a Natale?

B. Fammi un piacere... ! Chiedete vari favori a un amico (un'amica) che, purtroppo, oggi non può aiutarvi. Lui (Lei) spiega perchè. Fate le domande e rispondete
secondo l'esempio.

Chiedete all'amico (amica) se ti può...

ESEMPIO: ...dare ventimila lire →
—Senti, mi puoi dare (puoi darmi) ventimila lire?
—Mi dispiace, non te li posso dare (non posso darteli); oggi sono
anch'io senza soldi!

1. ...prestare gli occhiali da sole
2. ...passare Laura al telefono
3. ...copiare i suoi appunti (*class notes*) di chimica
4. ...lasciare le chiavi della macchina
5. ...dare il numero di Maurizio
6. ...tradurre la lettera di un'amica americana

C. Lo scocciatore (*pain in the neck*). Vi sistemate davanti al televisore per guardare
l'ultima puntata (*episode*) della vostra telenovela preferita. Purtroppo, il vostro
amico Pasqualino Passaguai fa lo scocciatore, come al solito. Rileggete le sue richieste e i suoi commenti secondo gli esempi.

ESEMPI: Ragazzi, passatemi i popcorn! → Passatemeli!

Mario, ecco la penna che mi avevi prestato! → Eccotela!

1. Fiorella, ecco le ciabatte (*slippers*) che hai lasciato in cucina!
2. Ragazzi, datemi l'elenco dei programmi!
3. Fiorella, passami quel cuscino (*cushion*)!

4. Mario, spiegami quello che succede!
5. Ragazzi, portatemi i salatini (*munchies*)!
6. Mario, raccontami l'altra puntata (*episode*)!
7. Ragazzi, ditemi chi è quell'attore!
8. Mario, ecco la rivista che ti avevo comprato!

D. Milano d'estate. Completate le frasi con la forma adatta delle seguenti espressioni: **andarsene, cavarsela, intendersene di, godersela, prendersela, passarsela, sbrigarsela.**

In luglio, molti milanesi _____[1] al mare o in campagna. Quelli che rimangono _____[2] comoda: Mangiano all'aperto, fanno delle passeggiate, o la sera vanno alla lunapark. In città, di solito, ci sono molti turisti stranieri che non _____[3] quando la temperatura sale a 33 gradi. Però, quelli che _____[4] arte e di cultura si divertono tanto, perché i musei sono meno affollati e ci sono tanti concerti e proiezioni di film all'aperto, spesso gratis (*free of charge*). Quelli che hanno pazienza e fanno la fila _____[5] in dieci minuti e trovano un buon posto (*seat*); riescono a godersi spettacoli di altissima qualità. I prezzi degli alberghi sono alti, ma è possibile _____[6] stando (*by staying*) all'ostello (*hostel*) o in un campeggio fuori città. A Milano d'estate fa caldo, c'è tanta afa, ma uno _____[7] lo stesso!

2. Aggettivi e pronomi possessivi

Possessive adjectives indicate ownership: **my** TV set, **his** CDs, **their** camcorder. Possessive pronouns also indicate ownership but take the place of nouns: my TV set and **hers**, their camcorder and **ours**.

SINGOLARE		PLURALE	
Maschile	*Femminile*	*Maschile*	*Femminile*
(il) mio	(la) mia	(i) miei	(le) mie
(il) tuo	(la) tua	(i) tuoi	(le) tue
(il) suo/Suo	(la) sua/Sua	(i) suoi/Suoi	(le) sue/Sue
(il) nostro	(la) nostra	(i) nostri	(le) nostre
(il) vostro	(la) vostra	(i) vostri	(le) vostre
(il) loro/Loro	(la) loro/Loro	(i) loro/Loro	(le) loro/Loro

1. In Italian, possessive adjectives and pronouns agree in gender and number with the noun they modify.

   I film di Lina Wertmüller.   **I suoi** film.
   Le opere di Giuseppe Verdi.   **Le sue** opere.

2. When two third person possessive pronouns occur in the same sentence, use **di lui** or **di lei** to avoid ambiguity.

   L'amico **di lui**, non **di lei**.

Use of Definite Articles with Possessives

1. The definite article is used with **loro** in *all* cases.

    > Questi sono **i loro** costumi. Sono **i loro**.

2. The definite article is omitted before singular, unmodified nouns indicating family members.

    > **Sua** sorella fa la presentatrice.
    > **Nostro** padre insegna storia dello spettacolo.

3. However, the article is always used before plural or modified nouns indicating family members, including such affectionate terms as **mamma**, **papà**, and **babbo**. Its use before **nonno** and **nonna** is optional.

    > **I miei** fratelli e **la mia** sorellastra vanno pazzi per i Simpsons.
    > Anche **la nostra** cugina italiana li adora.

4. When possessive adjectives directly follow a conjugated form of **essere**, the article is generally omitted.

    > Sono **tue** queste videocassette?

5. Possessive pronouns, however, generally retain the article, no matter what or whom they refer to.

    > Mia madre è macchinista (*stagehand*). E **la tua**?

6. The expressions **i miei** (**tuoi**, **suoi**, ecc.) refer to one's parents (less often, to the whole family).

    > Il mese prossimo vado a trovare **i miei**.

7. Observe how English expressions such as *of mine* and *of yours* are conveyed.

    > **Due mie** amiche frequentano l'accademia di belle arti.
    > **Quei tuoi** amici sono un po' strani.

Attenzione! Remember that possessives are rarely used in Italian when referring to parts of the body or articles of clothing, particularly when following a reflexive expression. Compare and contrast the following.

Si è rotto la gamba.	*He broke his leg.*
Ha dimenticato l'impermeabile.	*She forgot her raincoat.*

The adjective **proprio/a** (*one's own*) can reinforce the possessive or replace **suo** or **loro**. It is always used in impersonal statements.

Pago le tasse universitarie con **i miei propri** soldi.	*I pay my university tuition with my own money.*
Gustavo tende a nascondere **le proprie** idee.	*Gustavo tends to hide his own ideas.*
È importante conoscere **i propri** limiti.	*It is important to recognize one's own limits.*

Un po' di pratica

A. Preferenze. Completate le frasi in modo logico.

ESEMPIO: Giulia preferisce i suoi mobili ed io... preferisco **i miei**.

1. Io ho le mie amiche e Marco...
2. Voi sentite i vostri dischi e Franca ed io...
3. Tu arredi (*decorate*) il tuo appartamento ed io...
4. I miei amici seguono i loro corsi e tu...
5. Noi dipingiamo la nostra casa e i nostri amici...
6. Francesca prova (*tries on*) i suoi vestiti e voi due...
7. Tu e Paolo prendete le vostre bici e noi...
8. Io preferisco i miei gatti e Gilda...
9. Noi abitiamo nel nostro quartiere (*neighborhood*) e tu...
10. Tu difendi le tue idee e i tuoi amici...

ATTENZIONE: LA PUBBLICITÀ PUO' CAUSARE SERI DANNI AL VOSTRO CERVELLO E AL VOSTRO PORTAFOGLIO!

B. Quattro chiacchiere. Completate le frasi con la forma adatta dell'aggettivo possessivo, dell'articolo determinativo, o di **proprio**.

1. —Donata, quando vai a trovare _____ (*your folks*)?
   —Il weekend prossimo. È il compleanno _____ (*of my*) papà.
2. —Gino, lascia stare la macchina! _____ (*Your*) zii ti vogliono vedere!
   —Un attimo! Son (sono) tutto sudato (*sweaty*); mi voglio cambiare _____ (*my*) camicia.
3. —Con chi va in vacanza Paolo? Con _____ (*his*) sorelle?
   —No, con alcuni _____ (*of his*) amici, mi pare.
4. —Mi piace lavorare con Paola perché è molto generosa con _____ (*her*) tempo.
   —Hai ragione. È per questo che _____ (*her*) colleghi la stimano (*respect*) tanto.
5. —Franco non ha ancora chiesto scusa a _____ (*his*) padre?
   —Eh, cara mia, è difficile ammettere _____ (*one's own*) errori.

C. Conversazione a ruota libera (*free-wheeling*). Parlate un po' della famiglia con un compagno (una compagna). Chiedetegli (Chiedetele)...

ESEMPIO: ...i nomi dei nonni →
I miei nonni materni si chiamano Rose e Gerald. Il mio nonno paterno, morto cinque anni fa, si chiamava Raffaele. Il nome della mia nonna paterna è Caterina.

1. ...il domicilio della sua famiglia
2. ...il numero e la professione (le attività principali) dei suoi fratelli e/o delle sue sorelle
3. ...l'età dei genitori quando lui è nato (lei è nata)
4. ...il lavoro dei suoi genitori
5. ...il carattere del suo parente più eccentrico, e le ragioni per cui è eccentrico
6. ...il luogo di nascita dei suoi nonni

AL CORRENTE
• •

Fuga dalla TV.   Guardate attentamente la fotografia, i titoli, gli estratti (*excerpts*) ed i grafici presi da un articolo recente sulla TV in Italia. Poi organizzate un'intervista: uno studente farà la parte (*will play the role*) del giornalista che ha scritto l'articolo, mentre altri due studenti faranno le parti di giornalisti americani che gli pongono (*ask*) una serie di domande.

   Domande:

1. Perché gli italiani abbandonano il piccolo schermo?
2. Perché il pubblico è insoddisfatto?
3. Cosa significa «il crollo della sera»?
4. Chi guarda abitualmente la TV?
5. Chi decide quali programmi trasmettere? Chi ha il potere?

1992, FUGA DALLA TV

PROGRAMMI SPAZZATURA,[a] SPONSOR INVADENTI,[b] CENSURE:[c] GLI ITALIANI ABBANDONANO IL PICCOLO SCHERMO[d]

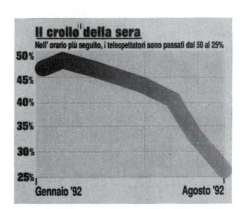

Il crollo[l] della sera
Nell'orario più seguito, i telespettatori sono passati dal 50 al 25%

50%
45%
40%
35%
30%
25%
Gennaio '92   Agosto '92

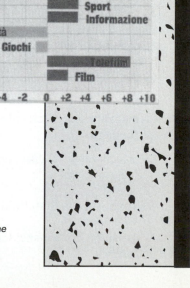

Il pubblico insoddisfatto[m]
I generi TV più trasmessi (+)
e quelli che il pubblico vorrebbe invece trovare (-)

Cultura
Costume
Sport
Informazione
Varietà
Giochi
Telefilm
Film
-4 -2   0 +2 +4 +6 +8 +10

Chi abitualmente guarda la tv più che bello, ricco e laureato è di solito povero e cattivo, e a rimanere in questa condizione è indotto[e] dagli stessi programmi. Insomma, non è vero che la tv sia lo specchio degli italiani perché gli italiani che la guardano non hanno in media[f] mai superato la metà della popolazione, neppure in prima serata[g] e nei mesi invernali. Inoltre non è neppure vero che i programmi somiglino a chi li guarda.

Allora a chi somiglia la tv, di chi è figlia? Di chi la usa. Delle imprese[h] che fanno pubblicità. Sono loro a detenere[i] il vero potere di scelta. Si fanno i programmi che piacciono agli inserzionisti pubblicitari, gli altri è inutile realizzarli.[j] In Italia agli inserzionisti occorre[k] aggiungere, sia per la tv pubblica che per quella privata, i partiti di governo. I programmi devono piacere anche a loro, altrimenti si cancellano.

---

[a]*trash*   [b]*intrusive*   [c]*censorship*   [d]*screen*   [e]*(p.p. indurre) induced*   [f]*in... on the average*   [g]*in... during the early evening time slot*   [h]*firms, corporations*   [i]*to hold*   [j]*gli... as for the rest, it's useless to produce them*   [k]*bisogna, è necessario*   [l]*collapse*   [m]*dissatisfied*

E ora capovolgete i ruoli (*reverse the roles*): due studenti faranno le parti di giornalisti italiani che intervistano (*interview*) un collega americano sulla televisione negli Stati Uniti.

Domande:

1. C'è una fuga dalla televisione anche negli Stati Uniti?
2. Chi è il pubblico del piccolo schermo americano?
3. Un californiano guarda gli stessi programmi che guarda un texano o un newyorchese?
4. Quali sono i vostri «programmi spazzatura»?
5. Gli inserzionisti (*advertisers*) hanno molto potere sui programmi televisivi? Ne può dare qualche esempio?
6. La censura esiste in tutti gli stati americani?
7. Generalmente, i telespettatori americani sono soddisfatti di quello che trasmette la TV?

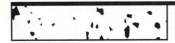 # STRUTTURE II

3. Partitivo

1. A partitive indicates an indefinite number of persons or things (*some, a few, several, any*), or a portion or quantity of something. In Italian this is frequently conveyed using the preposition **di** plus the definite article (the combined forms of the preposition, presented in Chapter 4).

Vorrei **del** latte nel caffè.	*I'd like some milk in my coffee.*
Ho acquistato **dei** libri di fanta-scienza.	*I bought some science fiction books.*
Ci sono **delle** ragazze che ti aspettano fuori.	*There are some girls waiting for you outside.*

2. In interrogative sentences and particularly in negative sentences, the partitive is usually omitted.

C'è zucchero? —Mi dispiace; non c'è zucchero.	*Is there any sugar? —I'm sorry; there isn't any [there's no] sugar.*
Avete amici negli Stati Uniti?	*Do you have any friends in the United States?*
Non mangio mai banane; sono allergica.	*I never eat [any] bananas; I'm allergic (to them).*

Other Partitive Expressions

1. **Un po' di** is used only with expressions that cannot be counted (**vino**, **pane**, **tempo**, **coraggio**, etc.).

   Vuoi **un po' di** caffè? | *Do you want some [a bit of] coffee?*

   Signori, ci vuole **un po' di** pazienza! | *Gentlemen, we must have a little patience!*

2. **Alcuni/alcune** are used only with the plural forms of nouns that can be counted (**libri**, **parole**, **scrittrici**, ecc.).

   Ho letto **alcuni** racconti di Verga.* | *I read some [a few, several] short stories by Verga.*

   Alcune mie amiche scrivono su quel giornale. | *Some [a few, several] friends of mine write for that paper.*

3. **Qualche** is used only with the singular forms of nouns that can be counted in the plural. (**Qualche** + *singular noun* is singular in form but plural in meaning.)

   Ho letto **qualche** racconto di Verga. | *I read some [a few, several] short stories by Verga.*

   Qualche mia amica scrive su quel giornale. | *Some [a few, several] friends of mine write for that paper.*

4. Other partitive expressions include **vari/varie** (*several*) and **diversi/diverse** (*a number of, good many*), both of which are used with plural nouns that can be counted. **Parecchio**, which can be used with both singular and plural nouns, means *quite a few* (*quite a lot*).

   Varie cose vanno ricordate. | *Several things must be kept in mind.*

   Diverse persone hanno partecipato al congresso. | *A number of people took part in the conference.*

   Sono venuti anche **parecchi** studenti. | *Quite a few students came, too.*

   Ci vuole **parecchio** tempo. | *It takes quite a bit of time.*

Un po' di pratica

A. Quattro chiacchiere. Completate gli scambi con la forma adatta del partitivo (**di** + sostantivo).

1. —Hai fatto _____ acquisti (*purchases*) oggi?
   —Sì. Mi sono comprato _____ magliette, _____ calzini e _____ slip (*underwear* [*m. pl.*]).

---

*Giovanni Verga (1840–1922), era autore dei romanzi *I Malavoglia*, e *Mastro-don Gesualdo*, e di molte altre opere importanti.

2. —Donata, cosa prendi? _____ pesce?

—No, grazie, sono vegetariana. Dammi piuttosto _____ insalata e _____ pane.

3. —Sai che ci sono _____ errori in questa relazione (*report*)?

—Non importa. Li correggo dopo.

4. —Avete lavorato molto ieri?

—Veramente no. Abbiamo fatto _____ telefonate, abbiamo spedito _____ pacchi, e basta.

B. L'amico Peter, il professor Vanola. Completate i brani con il partitivo, **qualche, alcuni/e** o **un po' di**, come necessario.

1. Quando un mio amico, Peter Fontanella, ha visitato i suoi parenti in Italia, ha conosciuto _____¹ studente che parlava bene l'inglese e _____² altra lingua straniera. I suoi cugini, sfortunatamente, sapevano solo _____³ inglese. Abitando con i parenti, poteva risparmiare _____⁴ soldi e permettersi ogni giorno un espresso al bar sotto casa. Per poterlo bere però doveva mettere _____⁵ zucchero e anche _____⁶ latte.

2. Il professor Vanola è un vero pignolo (*nitpicker*). Ogni volta che apre un giornale si lamenta perché trova _____¹ errori grammaticali e _____² sbagli d'ortografia. Si lamenta anche perché l'italiano d'oggi sta adottando (*adopting*) _____³ parole inglesi, anche quando esistono _____⁴ espressioni italiane. Non gli piace che _____⁵ dizionari italiani includano _____⁶ appendici (*appendices*) con _____⁷ anglicismi.

C. Pratica con il partitivo. In gruppi di due fate le domande e rispondete. Cercate di adoperare due forme di espressioni partitive.

ESEMPIO: fare / errore ortografico (*spelling mistake*) →
Fai degli errori ortografici?
Purtroppo, faccio parecchi errori ortografici. E tu?

1. fare / errore di grammatica
2. conoscere / espressioni italiane / che usiamo tutti i giorni in inglese
3. i tuoi amici italiani / adoperare / anglicismo
4. i tuoi amici americani / conoscere / espressioni italiane
5. conoscere / scrittori e scrittrici italiani
6. leggere / romanzo contemporaneo

4. *Ci* e *ne*

Ci

1. **Ci** replaces **a, da, in,** or **su** + a noun indicating place.* It follows the same rules for placement as object pronouns.

---

*__Vi__, interchangeable with **ci**, is used infrequently in contemporary Italian.

Vai subito **in ufficio**? **Ci** vai subito?
Sono andata **al cinema**. **Ci** sono andata.
Pensate di andare **a Milano**? Pensate di andar**ci**?
Andiamo **da Gianni** stasera! Andiamo**ci**!

2. **Ci** can also replace **a** + *an infinitive phrase*, and most noun phrases introduced by **a**, **da**, **di**, **in**, or **su**.

È riuscito **a finire il compito**. **Ci** è riuscito.
Penso **al provino** (*audition*). **Ci** penso continuamente!
Contiamo **sulla tua partecipazione**. **Ci** contiamo.

3. **Ci** is used in many idiomatic expressions. Here are some of the most important.

   a. **Volerci** is an impersonal expression used only in the third person singular or plural. It means *to take time* or *to require*. It is conjugated with **essere** in compound tenses.

   Ci vuole un anno per imparare un nuovo ruolo (*role*).
   Ci sono volut**e** tante comparse (*extras*) per fare quel telefilm.

   b. **Metterci** also means *to take time*, but can be used in any person.

   Avete filmato uno spot pubblicitario? Quanto tempo **ci avete messo**?

   c. **Entrarci** means *to be relevant* or *to have something to do with*.

   Quello che dicono proprio non **c'entra**.
   Che **c'entri** tu? (*What do you have to do with it?*)

   d. **Tenerci a qualcosa** means *to care about something*.*

   Non perdo mai la mia telenovela—**ci tengo** molto!

   e. **Farcela** means *to manage*.

   Hai passato gli esami? **Ce l'hai fatta**? Bravo!

   f. **Avercela con qualcuno** means *to hold a grudge against someone*.

   Franco **ce l'ha con** suo fratello da quando gli ha portato via la ragazza (*stole his girlfriend*).

Ne

Ne replaces a prepositional phrase, usually introduced by **di**. It has two main functions in Italian.

1. As a partitive, **ne** means *of it* or *of them*, but is rarely expressed in equivalent phrases in English. It follows the same rules for placement as the object

---

***Tenerci a** is used only with reference to things; to express the idea of caring about a person or persons, use **voler bene a**.

Voglio tanto bene a quel bambino; gli voglio tanto bene.

pronouns. In compound tenses, the past participle agrees in gender and number with the expression replaced by the partitive **ne**.

Conosci **dei presentatori italiani**? —Sì, **ne** conosco alcuni.	*Do you know some Italian tele-vision hosts? —Yes, I know some [of them].*
Hai visto **dei programmi italiani**? —Ma certo, **ne** ho visti tanti!	*Have you seen some Italian pro-grams? —Certainly, I've seen so many [of them]!*
Riesci a vedere **molti telefilm**? —No, purtroppo, riesco a veder**ne** pochi.	*Do you manage to see a lot of made-for-TV movies? —No, unfortunately, I don't manage to see many [lit., I manage to see few (of them)].*

2. **Ne** can also replace **di** + *infinitive phrase* or an expression preceded by **di**, when **di** means *of* or *about*. In these cases, there is no agreement in compound tenses.

Avete voglia **di guardare il tele-giornale**?	*Do you feel like watching the TV news?*
Ne avete voglia?	*Do you feel like it?*
Hanno parlato **della nuova telenovela**.	*They talked about the new soap opera.*
Ne hanno parlato.	*They talked about it.*

3. When **ne** is used with negative forms of the expression **esserci**, **ci** changes to **ce**: **c'è → ce n'è**, **ci sono → ce ne sono** . . .

Mi dai **un po' di caffè**? —Mi dispiace, non **ce n'è** più.	*Would you give me a little coffee? —I'm sorry, there's none left.*
Ci sono **dei giovani registi italiani**? —Certo, **ce ne sono** molti.	*Are there any young Italian direc-tors? —Certainly, there are many.*

4. Indirect object and reflexive pronouns change their final -**i** to -**e** when followed by **ne**. **Gli** changes to **glie**-.

Mi ha parlato del programma.	*(S)he talked to me about the program.*
Me ne ha parlato.	*(S)he talked to me about it.*
Vuole comprar**si** tre riviste.	*(S)he wants to buy him/herself three magazines.*
Se ne vuole comprare tre. (Vuole comprar**sene** tre).	*(S)he wants to buy him/herself three.*
Perché avete comprato tante caramelle al bambino?	*Why did you buy the child so many candies?*
Perché **gliene** avete comprate tante?	*Why did you buy him so many?*

5. A useful idiom with **ne** is **non voler saperne di qualcuno** (**qualcosa**): *to want nothing to do with someone (something)*.

Quei ragazzacci? Non voglio più saper**ne** di loro!	*Those awful boys? I want nothing to do with them!*
La grammatica italiana? Non **ne** vogliamo sapere!	*Italian grammar? We want nothing to do with it!*

Un po' di pratica

A. Quanto tempo ci vuole... ? Chiedete quanto tempo ci vuole per fare queste cose. Fate le domande e rispondete secondo l'esempio.

ESEMPIO: per leggere un romanzo di Tolstoi →
Quanto tempo **ci vuole per** leggere un romanzo di Tolstoi?
Ci vogliono almeno tre settimane!

1. per fare i compiti d'italiano   2. per imparare bene una lingua straniera
3. per andare a Chicago in macchina   4. per venire all'università da casa sua
5. per perdere cinque chili   6. per scrivere una relazione (*report*) di venti pagine

Ora fate le stesse domande con l'espressione **metterci.**

ESEMPIO: —Quanto tempo **ci metti a** leggere un romanzo di Tolstoi?
—Ci metto almeno venti giorni.

B. Quantità relative. Chiedete a un compagno (una compagna) quante ne ha delle seguenti cose o persone. Usate le espressioni **affatto** (*at all*),* **poco, molto** o **tanto** nelle vostre risposte.

ESEMPIO: soldi →
—Quanti soldi hai?
—Ne ho pochi. E tu?
—Non ne ho affatto!

1. libri	4. tempo libero	7. paia di scarpe
2. amiche	5. pazienza	8. corsi
3. vestiti di Armani	6. dischi	9. energia

C. Abbasso (*Down with*) la TV! La televisione piace ben poco alla professoressa Pignola. Parafrasate le sue osservazioni secondo l'esempio, usando il **ne** nelle vostre frasi.

ESEMPIO: Ci sono pochi programmi adatti per i bambini. → **Ce ne** sono pochi.

1. C'è troppa pubblicità.   2. Ci sono tanti telegiornali superficiali.   3. C'è molta gente che guarda la TV tutto il giorno.   4. C'è violenza da tutte le parti (*all over the place*).   5. Ci sono tante situazioni scabrose (*indecent*).
6. Insomma, ci sono poche trasmissioni buone alla TV!

D. Esperienze e conoscenze culturali. Chiedete a un compagno (una compagna) se ha visto (sentito, letto, ecc.) le seguenti cose. Usate la forma adatta del partitivo, e fate attenzione all'accordo del participio passato!

---

*Remember that **affatto** is an adverb and is therefore invariable.

ESEMPIO: telefilm italiani →
   —Hai visto dei telefilm italiani?
   —Sì, **ne** ho visti molti. (No, non ne ho visti.)

1. canzoni di Gianna Nannini   3. partite di calcio   5. musica barocca
2. romanzi di Italo Calvino   4. film di Roberto Benigni 6. telenovelas

E. **Quattro chiacchiere.** Completate gli scambi con **ci** (**ce**) o **ne**.

1. —Martedì sera vado alla conferenza. _____ vai anche tu?
   —Sì, se _____ ho voglia.
2. —Ragazzi, _____ la fate? Vi do una mano se _____ avete bisogno.
   —Eh, finalmente ti preoccupi un po' di noi! Non _____ credo!
3. —Non volevi intervistare il regista? _____ sei riuscito?
   —No, e non me _____ parlare! _____ vuole molta pazienza con questi pezzi
   grossi (*big shots*).
4. —Franca, sei ancora preoccupata per gli esami? Non _____ pensare! Tutto
   andrà benissimo.
   —Mah, non lo so. Non _____ sono tanto sicura!
5. —C'è un nuovo ristorante coreano. Penso di andar_____ al più presto.
   —Va bene. Fammi sapere cosa _____ pensi.
6. —Giulio, sta' zitto per favore! Quello che dici proprio non _____ entra; il
   problema è un altro.
   —Va bene, Laura, è meglio che non _____ parliamo più.
7. —Dimmi un po'. _____ l'hai di nuovo con Marina? Prova a parlarle...
   —_____ ho provato! Non _____ voglio più sapere di quella donna.

F. **Modi di dire.** Parafrasate queste frasi usando **avercela con**, **entrarci**, **farcela**,
metterci, **tenerci a** o **volerci**.

ESEMPIO: I voti sono di grande importanza per Luigi. →
         Luigi **ci tiene** molto ai voti.

1. I suoi commenti non sono molto pertinenti.   2. Hanno passato un'intera
estate a riparare la casa.   3. Sono molto arrabbiata con Nino.   4. Sono
necessari quattro anni per prendere la laurea in giurisprudenza (*law*).   5. Avete
gran cura (*care*) della vostra Ferrari.   6. Finalmente ci siamo riusciti!

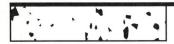 METTIAMOLO PER ISCRITTO!

Programmi televisivi

1. Descrivete una delle grandi famiglie della TV americana (la famiglia Addams,
   i Simpson, i Flintstone, ecc.). Quali sono le «manie» di questa famiglia?
   Come mai la trovate simpatica, divertente? Usate immaginazione!
2. Scrivete un breve articolo per una rivista italiana in cui parlate di uno dei programmi televisivi americani più seguiti (*popular*). Spiegate come, secondo voi,
   questo programma rispecchi (*reflects*) (o *non* rispecchi) i gusti, i valori e i modi
   di vita degli americani.

CAPITOLO 8

STASERA SULLO SCHERMO

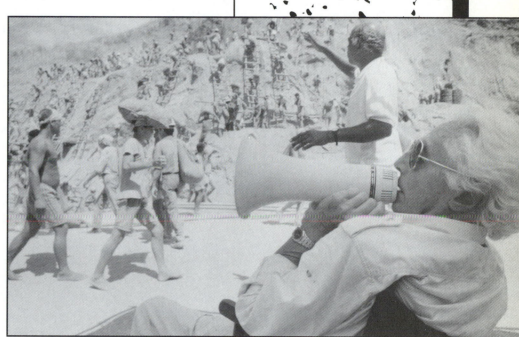

Si gira! Cosa fa il regista sul set? Che cosa dice al megafono?

Italy occupies a fundamental position in the history of modern cinema. Its contribution to film art rivals its importance as a source of great painting, sculpture, and music. Even today, when the film industry is largely dominated by huge multinational corporations, movies by independent Italian directors continue to impress critics and audiences throughout the world. This chapter's reading, *La dolce vita è finita: Cinquant'anni di cinema italiano*, offers a brief overview of Italian cinema, from the neo-realist movement (which exercised a profound influence on film art) to the current wave of independent cinematographers, who continue to create extraordinary works despite shrinking markets and intense foreign competition.

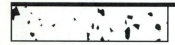 VOCABOLARIO TEMATICO

Sostantivi

il dopoguerra post-war period
l'emarginazione social ostracism, "second-class citizenship"
l'evasione escape, escapism
il filone tendency
il genere genre, type
l'impotenza helplessness
l'ipocrisia hypocrisy
la lotta struggle, fight
la miseria poverty
la rabbia anger, rage
il regista film director

il romanzo storico historical novel
il ruolo role
la sopravvivenza survival
la vicenda story, plot

Verbi

affermarsi to attain success, become popular
allontanarsi (da) to move away (from)
contrapporsi (a) to contrast (with)
formarsi to study and attain professional experience
girare to direct (a film)

riassumere to summarize

Aggettivi

borghese bourgeois, upper middle-class
ricorrente recurrent
scadente poor-quality
sconvolto very upset, devastated

Altre parole ed espressioni

Ciò nonostante in spite of (that)
da... in poi from . . . on

A. Abbinate le parole della colonna A con le loro definizioni o sinonimi della colonna B.

	A		B
1. _____	regista	a.	senza prendere in considerazione
2. _____	miseria	b.	fare un sommario
3. _____	lotta	c.	evento
4. _____	riassumere	d.	estremamente turbato
5. _____	dopoguerra	e.	tendenza o corrente
6. _____	rabbia	f.	povertà
7. _____	sconvolto	g.	la seconda metà degli anni quaranta e gli anni cinquanta
8. _____	nonostante	h.	chi dirige (*directs*) i film
9. _____	vicenda	i.	battaglia
10. _____	filone	j.	ira

B. Cercate delle parole nel **Vocabolario tematico** che contengano le seguenti radici (*roots*). Spiegate il rapporto tra la parola e la radice.

ESEMPIO: **fronte: affrontare** →
«Affrontare» vuol dire trattare un problema o una situazione con la «fronte», con la faccia in avanti, cioè, direttamente.

1. cadere	3. lontano	5. porre	7. correre
2. margine	4. potere	6. forma	8. vivere

C. Scegliete dal **Vocabolario tematico** la parola o l'espressione adatta per ogni frase, secondo il contesto.

1. A Hollywood si creano soprattutto film (ipocriti / d'evasione); raramente hanno un contenuto (*content*) serio.
2. I giovani registi che vogliono (affermarsi / allontanarsi) nel mondo del cinema spesso devono arrivare a dei compromessi.
3. Secondo molti critici, il cinema americano ed europeo degli anni cinquanta rispecchiava (*reflected*) la società (sconvolto / borghese) di quell'epoca.
4. I film americani e stranieri sono motto popolari in Italia. (Invece / Ciò nonostante), molti registi italiani continuano a produrre film di grande valore.
5. Non sopporto la maggior parte dei film moderni; in genere le idee sono superficiali e la qualità è (ricorrente / scadente).
6. Per diventare veramente bravo, un regista deve (formarsi / contrapporsi) attraverso un lungo e attento studio dei classici del cinema, nonché (*as well as*) della letteratura, dell'arte e della musica.
7. I produttori cinematografici spesso vengono (sono) accusati (d'emarginazione / d'ipocrisia) perché fingono (*pretend*) d'interessarsi alla qualità artistica mentre in realtà si preoccupano solo dei soldi.
8. La violenza è un tema (ricorrente / sconvolto) nel cinema americano di oggi.
9. Orson Welles aveva solo 26 anni quando ha (riassunto / girato) il suo primo film, *Citizen Kane*.

D. Completate le seguenti frasi con le parole adatte del **Vocabolario tematico**, secondo il contesto.

1. Il mio _____ letterario preferito è il _____, perché mi interessano molto i personaggi e gli avvenimenti del passato.
2. Nel dopoguerra, le condizioni economiche erano terribili. C'era una tale _____ che molta gente era costretta a lottare per la propria _____.
3. Negli ultimi cinquant'anni, cioè _____ dopoguerra _____, l'Italia ha conosciuto una gran prosperità. _____ brevi periodi di crisi, il livello di benessere (*comfort*) economico generale è aumentato.
4. Il neorealismo ha un _____ molto importante nella storia del cinema italiano.

PRELETTURA

Entriamo nel contesto!

A. Piccolo quiz sul cinema. Guardate, alla pagina seguente, i titoli segnalati con l'asterisco. Potete indovinare (*guess*) i titoli inglesi di questi film americani?

25 FILM DA SALVARE

25 americani da salvare

*1. **La febbre dell'oro** di e con Charlie Chaplin, 1925.

2. **Cameraman** di Edward Sedgwick con Buster Keaton, 1928.

3. **Mickey Mouse e le Silly Symphonies** di Walt Disney, dal 1928 al 1940.

*4. **Zuppa d'anatra** di Leo McCarey con i Fratelli, 1933

*5. **I Figli del deserto** di William A. Seiter con Stan Laurel e Oliver Hardy, 1934

6. **La leggenda di Robin Hood** con Errol Flynn e Olivia De Havilland, 1938

*7. **Via col vento** di Victor Fleming con Clark Gable e Vivien Leigh, 1939

8. **Citizien Kane** di e con Orson Welles, 1941

*9. **Il grande sonno** di Howard Hawks con Humphrey Bogart e Lauren Bacall, 1946

*10. **La vita è meravigliosa** di Frank Capra con James Stewart e Lionel Barrymore, 1946

11. **Sfida infernale** di John Ford con Henry Fonda, 1946

*12. **Il tesoro della Sierra Madre** di John Huston con Humprhrey Bogart e Walter Huston, 1948

*13. **Fronte del porto** di Elia Kazan con Marlon Brando, 1854

*14. **A qualcuno piace caldo** di Billy Wilder con Marilyn Monroe, Tony Curtis e Jack Lemmon, 1960

15. **Psyco** di Alfred Hitchcock con Anthony Perkins e Janet Leigh, 1960

*16. **Il mucchio selvaggio** di Sam Peckinpah con William Holden e Robert Ryan, 1969

*17. **Il cacciatore** Di Michael Cimino con Robert De Niro e Meryl Streep, 1978

18. **Manhattan** di e con Woody Allen, 1979

19. **Apocalypse now** di Francis Coppola con Martin Sheen e Marlon Brando, 1979

20. **The Blues Brothers** di John Landis con John Belushi Dan Aykroyd, 1980

21. **Shining** di Stanley Kubrick con Jack Nicholson, 1980

22. **Blade Runner** di Ridley Scott con Harrison Ford, 1982

23. **E.T.** di Steven Spielberg con Henry Thomas e Peter Coyote, 1982

*24. **Gli intoccabili** di Brian De Palma con Kevin Costner e Robert De Niro, 1987

*25. **Chi ha incastrato Roger Rabbit** di Robert Zemeckis con Bob Hoskins e Christopher Lloyd, 1988

QUESTI SONO I 25 FILM USA DA RICORDARE SEMPRE. SI TRATTA DI VERE E PROPRIE OPERE D'ARTE

B. Altro quiz sul cinema! Con un compagno (una compagna) di classe, completate la tabella con le informazioni richieste per i seguenti film.

Generi: dramma psicologico, storia d'amore, film comico-brillante, bellico (di guerra), western, di fantascienza, avventuroso, storico, di suspense, d'orrore, giallo, poliziesco, socio-politico

FILM	REGISTA	GENERE	PERIODO	ATTORI (ATTRICI) PRINCIPALI
ESEMPIO: *Il Dottor Strangelove*	S. Kubrick	comico-brillante	anni sessanta	Peter Sellers, George C. Scott, Sterling Hayden
1. *Psico*				
2. *Via col vento (Gone with the wind)*				
3. *Casablanca*				
4. *Per un pugno (fistful) di dollari*				
5. *Malcolm X*				
6. *MASH*				
7. *Alien (1, 2 e 3)*				
8. *Attrazione fatale*				
9. *Annie Hall*				
10. *Balla coi lupi*				
(Continuate voi!)				

C. I film elencati (*listed*) alla pagina 160 rappresentano ogni decennio della storia del cinema americano, dagli anni venti fino agli anni ottanta. Ricordate altri film, a parte quelli citati nell'elenco, che hanno avuto successo in ognuno di quei periodi? Quale periodo della storia cinematografica americana considerate più importante e più valido? Spiegate e giustificate la vostra opinione.

Strategie per la lettura

More on skimming for basic information. The first paragraph of the following article clearly states its overall purpose: to summarize the various phases of the development of Italian cinema from the end of World War II to the present. Therefore, in this reading you may expect to find a discussion of the principal genres and trends of Italian postwar cinema, as well as reference to the major directors, masterpieces, and their time periods.

If you skim the article quickly to identify key items of information, you will be able to construct a rough outline of its contents, even though at first you may not be able to understand all the grammatical or syntactic detail.

Look over the third paragraph and try to glean the information needed to complete the following simple outline.

   A. Name of major genre, trend, or movement
      1. most important directors
      2. themes
      3. major films
      4. period

Then skim to locate the next mention of a genre or trend, and continue constructing your outline the same way. The completed outline will provide a chronological account of the major developments in Italian cinema of the past fifty years. In addition, from the number of examples cited by the author of a particular genre or style, you can get an idea of its longevity and relative importance in the art of Italian film as a whole.

 LETTURA

La dolce vita è finita: Cinquant'anni di cinema italiano

Negli Stati Uniti il cinema italiano non è molto conosciuto. Per la maggior parte del pubblico americano l'unico regista noto rimane Federico Fellini, anche se la produzione cinematografica italiana è stata, dal dopoguerra in poi, ricca e complessa. Cerchiamo di riassumerne brevemente le varie fasi.

5 Con il termine «neo-realismo» si indica un modo di intendere° la tematica e la tec- *conceptualizing*
nica cinematografica che si afferma alla fine degli anni quaranta. Il neo-realismo si
contrappone al modello Hollywoodiano, che aveva fino ad allora° dominato la ci- *fino... up to that point*
nematografia italiana. Invece di servire da puro spettacolo o forma d'evasione, i film
neo-realisti sono «documenti» sociali e storici che rappresentano la realtà sconvolta
10 dalla guerra, dalla distruzione, dalla miseria. I protagonisti diventano gli «uomini della
strada» (spesso impersonati da attori non professionisti), nella loro lotta quotidiana
di sopravvivenza fisica e morale.

Tra gli autori più famosi del cinema neo-realista ricordiamo Roberto Rossellini, regista di *Roma città aperta* (1945), un dramma-documento delle ultime tragiche fasi
15 di liberazione dal fascismo, e di *Paisà* (1946), che tratta dello sbarco delle truppe *sbarco... landing of the allied troops*
alleate° in Sicilia. Ma il film forse più amato e imitato dai registi successivi è *Ladri di
biciclette* (1948), di Vittorio De Sica. Questo film racconta la vicenda di una famiglia
che vive ai margini della società; una famiglia coinvolta° in una lotta disperata per *caught up*
sopravvivere in un mondo in cui la solidarietà umana sembra soffocata.

«LADRI DI BICICLETTE» È ARTICOLATO SU TRE ELEMENTI: LA BICICLETTA TRASFORMATA IN INDISPENSABILE STRUMENTO DI LAVORO, L'INDIFFERENZA DELLA MASSA E L'ATROCE SOLITUDINE DEL PROTAGONISTA, VITTIMA DEL FURTO: IL FILM FU UNA DENUNCIA DELLA MANCANZA DI SOLIDARIETÀ UMANA!

20 Tra gli anni cinquanta e sessanta, si esauriscono° lentamente le condizioni eco- *si... fade out*
nomiche e sociali che avevano determinato il neo-realismo. Logicamente, anche i registi che si erano formati durante quel periodo prendono strade diverse. È ora che si
affermano autori come Fellini, Visconti ed Antonioni.

Federico Fellini, che continuerà comunque a definirsi neo-realista per molto
25 tempo, gira in questi anni alcuni dei suoi capolavori. Tra questi *I vitelloni* (1953), che
rievoca (in chiave nostalgica e lirica, ma anche con un fondo severo di critica
sociale) la giovinezza del regista nella provincia riminese.° *of Rimini, a coastal city in Romagna*
Poi, *La strada* (1954), un
film altamente poetico, che è una storia di emarginazione e violenza tra saltimbanchi° *circus-type entertainers*
di strada. Sono proprio queste caratteristiche «magiche», «surrealistiche» o «sopran-
30 naturali» (termini usati da vari critici per definire i film di Fellini) che ne fanno un inter-

prete tutto particolare del neo-realismo. I suoi film successivi, come *La dolce vita* (1960) e *Otto e mezzo* (1963), si allontanano sempre di più dal filone «magico». Affrontano invece i problemi della decadenza del mondo borghese, del ruolo degli intellettuali e del vuoto della società del benessere.°

35   Luchino Visconti, con il film *Senso* (1954), tratto da° un romanzo storico, inizia il suo lavoro come grande interprete cinematografico del romanzo. Il suo capolavoro *Il Gattopardo* (1963) è basato sul famoso e popolarissimo romanzo dello scrittore siciliano G. Tomasi di Lampedusa. Il tema del film, come del romanzo, è la crisi finale dell'aristocrazia siciliana sullo sfondo° delle lotte per l'unificazione dell'Italia.

40   Michelangelo Antonioni, invece, è passato alla storia del cinema italiano come il regista dell'alienazione e dell'incomunicabilità.° Tipici della sua tecnica sono i lenti movimenti della cinepresa° e i lunghissimi silenzi, caratteristici di film come *L'eclisse* (1962). Fra i suoi film più noti si ricorda soprattutto *Blow-up* (1966), che ha come tema fondamentale il rapporto tra realtà e finzione. Il protagonista è un giovane 45 fotografo che si trova paradossalmente coinvolto in un omicidio senza capire se quello che ha fotografato è veramente accaduto° o è solamente illusione.

Negli anni cinquanta e sessanta si diffonde anche il genere della cosidetta «commedia all'italiana» con una serie di film comico-brillanti. Parte di questa produzione è decisamente° scadente. Ciò nonostante, alcuni autori riescono a fondere° 50 l'umorismo con una critica dei costumi e delle condizioni dell'Italia del dopoguerra. Tra gli esempi più famosi ricordiamo *La Grande Guerra* (1959) di Mario Monicelli; *Divorzio all'italiana* (1962), di Pietro Germi, è una satira sociale sulla famiglia del sud d'Italia e sul ruolo dell'uomo e della donna nella società moderna.

Sempre in questi anni si afferma il filone del film politico e di impegno sociale, a 55 seguito° dei movimenti studenteschi ed operai° del 1968. Tra i tanti film importanti di questo periodo ricordiamo *Trevico-Torino, Viaggio nel FIAT Nam* (1973), di Scola, sulla condizione degli operai immigrati nelle grandi fabbriche del nord d'Italia. Esplode poi il genere del «western all'italiana» del regista Sergio Leone, diventato famoso per film come *Per un pugno di dollari* e *C'era una volta il West*, che sot-60 tolineano l'aspetto rituale del western classico.

Fra tutti i grandi registi che si distinguono, a partire da quegli anni, per il loro stile completamente originale, dobbiamo citare almeno Marco Bellocchio e Pier Paolo Pasolini. Con *I pugni in Tasca* (1965), Bellocchio rappresenta la rabbia e l'impotenza di un giovane contro l'ipocrisia famigliare e sociale. I film di Pasolini, uno degli artisti 65 italiani più importanti di questo secolo (era anche poeta, romanziere e saggista),° rappresentano invece «lo scandalo della diversità» sociale e sessuale. Pasolini usa un linguaggio cinematografico unico per raccontare miti antichi (*Edipo re* [1967], e *Medea* [1970]), e i classici (*Il Decameron* [1971], *I racconti di Canterbury* [1974]), che raffigurano soprattutto il rapporto tra l'energia erotica, la 70 civiltà e la morte.

Nonostante il trionfo dei film stranieri sul mercato italiano durante gli ultimi anni recenti, molti registi italiani continuano a produrre film di alta qualità tecnica e artistica. Continua il lavoro di Fellini, come quello di registi più giovani. Per esempio, Nanni Moretti, con *Palombella rossa* (1990), rappresenta la perplessità politica e

vuoto... emptiness of affluent society

tratto... based on

sullo... against the backdrop

impossibility of communicating

camera

occurred

decidedly, definitely / unite, blend

following / workers

essayist

75 sociale degli italiani di oggi. Daniel Luchetti, con *Il portaborse* (1991), offre un ritratto
spietato°della corruzione e del malgoverno dell'attuale classe politica italiana.   *merciless, pitiless*
Francesca Archibugi, una delle più brave registe cinematografiche che si sono
affermate negli ultimi trent'anni, ha girato *Mignon è partita* (1990), un Bildungsroman*
al femminile, *Verso sera* (1991), ritratto° in chiave triste e ironica della «generation   *portrait*
80 gap» all'italiana, *Il grande cocomero* (1993), il film che l'ha definitivamente consacrata
tra i grandi del giovane cinema italiano.

Avete capito?

A. Individuate le parole che nel testo definiscono le caratteristiche cinematografiche dei seguenti registi. Poi, divisi in gruppi, spiegate come la parola scelta
definisce lo stile dei registi.

> **ESEMPIO:**   Federico Fellini →
> *emarginazione*: tema importante per i neo-realisti del dopoguerra,
> e in particolare per Fellini nel *La strada*

   1. Luchino Visconti   2. Vittorio De Sica   3. Michelangelo Antonioni

B. Associate ogni regista con il tema o il filone che più lo caratterizza.

	A		B
1. _____	De Sica	a.	alienazione
2. _____	Antonioni	b.	commedia
3. _____	Visconti	c.	western all'italiana
4. _____	Scola	d.	socio-politico
5. _____	Leone	e.	rapporto energia erotica/morte
6. _____	Pasolini	f.	neo-realismo
7. _____	Moretti	g.	film-romanzo

C. In base alla lettura, indicate se le seguenti affermazioni sono vere o false.
Spiegate le vostre scelte.

		V	F
1.	In Italia, la rottura (*break*) con il modello hollywoodiano inizia con i film neo-realisti del dopoguerra.	_____	_____
2.	Fellini, respetto agli altri registi italiani, ha ricevuto poco credito all'estero.	_____	_____
3.	I primi film dei neo-realisti trattavano della decadenza del mondo borghese.	_____	_____
4.	Il neo-realismo scompare con il miglioramento della situazione economica italiana.	_____	_____
5.	Il capolavoro di Visconti, *Il Gattopardo*, è l'unico suo film basato su un romanzo.	_____	_____
6.	Fellini ha avuto una carriera breve, ma molto significativa per la storia del cinema italiano.	_____	_____

*****Bildungsroman** = romanzo che narra lo sviluppo intellettuale e/o morale del (della) protagonista da giovane.

7. Due generi (la commedia, e il film politico e d'impegno sociale) si affermano nello stesso periodo, cioè negli anni sessanta e settanta.

    V   F

____ ____

8. La crisi degli anni ottanta e novanta ha quasi paralizzato la produzione cinematografica italiana.

____ ____

E ora, a voi!

A. Ecco gli annunci di alcuni film di successo degli ultimi tre o quattro anni. Ognuno è rappresentativo di aspetti significativi della società statunitense contemporanea. In gruppi di quattro o cinque, parlate delle trame di ogni film segnalato con l'asterisco, e rispondete alle seguenti domande.

1. A che cosa è dovuto il grande successo del film?
2. Quali aspetti della società contemporanea sono rappresentati nel film? Sono aspetti positivi o negativi?
3. Secondo voi, il successo del film è meritato (*well-deserved*)? Perché sì o perché no?

B. Rispondete alle seguenti domande.

1. Avete visto dei film stranieri? Se sì, quali? In termini molto generali, come erano diversi dai film di Hollywood?
2. Qual è il vostro tipo di film preferito, e perché?
3. A vostro parere, quali sono i registi americani più bravi? Perché?
4. Quali sono i film più scadenti che avete visto negli ultimi tre o quattro anni? Spiegate la vostra scelta.

☐ **FILM**

	TITOLO CAST NAZIONALITÀ GENERE
1	**JOHNNY STECCHINO** (1) di R. Benigni, con R. Benigni, N. Braschi, Paolo Bonacelli. Italia-commedia
2	**ROBIN HOOD - PRINCIPE DEI LADRI** (5) di K. Reynolds, con Kevin Costner. Usa-avventura
3	**SCELTA D'AMORE** (2) di J. Schumacher, con Julia Roberts, Campbell Scott. Usa-drammatico
*4	**TERMINATOR 2 - IL GIORNO DEL GIUDIZIO** (6) di J. Cameron, con A. Schwarzenegger. Usa-fantastico
5	**DONNE CON LE GONNE** (8) di Francesco Nuti, con Francesco Nuti, Carole Bouquet. Italia-commedia
*6	**A PROPOSITO DI HENRY** (3) di M. Nichols, con H. Ford, Annette Bening, Bill Nunn. Usa-drammatico
7	**VACANZE DI NATALE '91** (9) di Enrico Oldoini, con Massimo Boldi, Christian De Sica. Italia-commedia.
*8	**THELMA & LOUISE** (4) di Ridley Scott, con Susan Sarandon, Geena Davis. Usa-drammatico
9	**LA LEGGENDA DEL RE PESCATORE** (7) di T. Gilliam, con Robin Williams, Jeff Bridges. Usa-commedia
10	**PENSAVO FOSSE AMORE INVECE ERA UN CALESSE** (-) di e con Massimo Troisi. Italia-commedia

☐ **VIDEOCASSETTE**

1	**FANTASIA** (1) di Walt Disney, Samuel Armstrong, James Algar, Billo Roberts. (Walt Disney Home Video).
*2	**GHOST - FANTASMA** (2) di Jerry Zucker, con Demi Moore, Patrick Swayze, Whoopy Goldberg. (Cic Video).
*3	**BALLA COI LUPI** (3) di Kevin Costner, con Kevin Costner, Mary McDonnell, Graham Greene. (Fox Video).
4	**MAMMA HO PERSO L'AEREO** (4) di Chris Columbus, con Macaulay Culkin, Joe Pesci, Daniel Stern. (Fox Video).
*5	**TARTARUGHE NINJA** (8) di S. Barron, con J. Hoag, Elias Koteas, Raymond Serra. (Vivivideo).
6	**AMLETO** (5) di Franco Zeffirelli, con Mel Gibson, Glenn Close, Alan Bates, Helena Bonham-Carter. (Vivivideo).
*7	**LA SIRENETTA** (6) di John Musker, Ron Clements, Joe Julian. (Walt Disney Home Video).
8	**DUE FIGLI DI...** (-) di Frank Oz con Michael Caine, Steve Martin, Glenne Headly. (Rca Columbia).
9	**KAGEMUSHA - L'OMBRA DEL GUERRIERO** (7) di Akira Kurosawa, con M. Nozio, S. Takashi. (Cbs Fox Video).
10	**VIA COL VENTO** (10) di Victor Fleming, con Vivien Leigh, Clark Gable, Leslie Howard. (Warner Home Video).

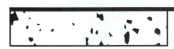

STRUTTURE I

1. Pronomi tonici

· ·

SINGOLARE	PLURALE
me	noi
te	voi
lui, lei, Lei	loro, Loro
sè	sè

1. Disjunctive pronouns most often follow a preposition.

    > Questi video sono per **voi**.
    > Sono andata al cinema con **lui**.

2. Disjunctive pronouns can also be used as direct objects immediately *following* the verb, to provide strong emphasis, or to distinguish two or more objects in the same sentence.

    > —Chi hanno invitato alla festa?   —Avete incontrato Stefano e Irene?
    > —Hanno invitato **me** e **te**!   —Abbiamo incontrato **lui**, non **lei**.

    > Il professore vuole vedere tutti gli studenti? —No, vuole vedere solo **noi**.

3. Disjunctive pronouns are also used in comparative expressions and exclamations.

    > Caro mio, Kevin Costner è molto   *My dear, Kevin Costner is much*
    >   più bello di **te**!   *better-looking than you!*
    > Le mie amiche lavorano quanto   *My [female] friends work as much*
    >   **lui**, ma guadagnano meno.   *as he, but they earn less.*
    > Ha avuto un ruolo nel nuovo   *She got a part in the new movie.*
    >   film. Beata **lei**!   *Lucky her!*

4. **Sè** (third person singular or plural) refers to the subject of the sentence. It can mean *himself, herself, yourself* or *yourselves* (*formal*), *itself*, or *themselves*.

    > Quell'attore è pieno di **sè**: parla solo di **sè** stesso.
    > Sono egoisti; pensano solo a **sè** stessi.

5. **Da** + *disjunctive pronoun* can also substitute for **da solo/a/i/e**, meaning *by myself, yourself, etc.* The third person form is always **da sè**.

    > Faccio sempre tutto **da me (da sola)**.
    > Francesco preferisce prepararsi la valigia **da sè (da solo)**.

6. **Dopo, senza, sotto, su,** and many other prepositions require **di** when followed by disjunctive pronouns.

    > Sono venuta **senza** Roberto; sono   *I came without Roberto;*
    >   venuta **senza di** lui.   *I came without him.*
    > Abitano **sotto di** me.   *They live underneath me.*
    > Siete arrivati **dopo di** noi?   *Did you arrive after us?*

Attenzione! Reminder: **da** + *proper name or disjunctive pronoun* means *at* or *to someone's house*:

> Andate sempre **da Giulia** (da lei). Venite **da me** stasera —c'è un bel film alla TV.

Un po' di pratica

A. Che confusione! Il povero Pasqualino Passaguai è un po' confuso (come al solito!). Correggetelo secondo l'esempio. Sostituite i nomi o pronomi indicati con le forme adatte dei pronomi tonici.

IL BEL PAESE.

PENSALO COME NON
HAI MAI FATTO:
SENZA PIÙ DENTRO,
SENZA PIÙ FUORI,
SENZA CONFINI,
PENSA SENZA FRONTIERE AL
1993. L'EUROPA: IL TUO NUOVO
BEL PAESE

ESEMPIO: Chiara *mi* ha invitato al ricevimento! (Stefano) →
No, no, ha invitato **lui**, non **te**!

1. Quelle belle ragazze *ci* vogliono invitare a cena. (Marco e Bob)
2. Lisa *mi* ha dedicato questa poesia. (Davide)
3. Devo prestare la bici a *Sergio*. (Anna)
4. Rita ha invitato *gli altri* al cinema. (tu e Franco)
5. Mirella *mi* ha portato questi biscotti. (io)
6. Mirella ha intenzione di lasciare *Lamberto*. (tu)

B. Sempre da soli. I vostri amici sono molto indipendenti! Parlatene secondo l'esempio.

ESEMPIO: Gioia → Fa tutto **da sè**.

1. noi ragazze   3. i ragazzi   5. Piera e Mira
2. Claudio   4. io   6. tu e Paolo

Ora ripetete l'esercizio usando le forme adatte di **da solo**, secondo il soggetto.

ESEMPIO: Gioia → Fa tutto **da sola**.

C. Problemi di cuore, amici di palazzo. Completate i brani con le forme adatte dei pronomi tonici, secondo il contesto.

1. Ieri Francesca, la mia ragazza, è andata al cinema senza di _____.[1] Sono rimasto molto deluso. Io le ho telefonato, e mi ha detto che questo non voleva dire nulla. Secondo _____,[2] Roberto è solo un amico e ieri preferiva vedere quel film con _____,[3] punto e basta (*that's all there is to it*). Dentro di _____,[4] però, non ero convinto di tutto ciò, e gliel'ho detto. Francesca mi ha risposto che, in fin dei conti (*when you come right down to it*), Roberto è un ragazzo simpatico e un po' timido, che non ha molti amici, e perciò (*therefore*) non devo dire niente contro di _____.[5] Forse ha ragione; è meglio non essere così geloso.

2. Abitiamo in un bel palazzo in centro. Sopra di _____[6] c'è una sola famiglia, i Colombo. Sono sempre molto gentili verso di _____,[7] ed io mi occupo spesso del loro cane, Fulmine. Sotto di _____[8] ci sono due famiglie, i de Sanctis e i Guarnaccia. I Guarnaccia abitano in questo palazzo da tre anni. I de Sanctis sono venuti dopo di _____,[9] ma ci conosciamo già bene. Ho fatto amicizia (*I've made friends*) con la loro figlia Tiziana; esco spesso con _____.[10] Abbiamo dei vicini simpaticissimi: possiamo contare su di _____,[11] e questo ci fa piacere.

D. Discorso sul cinema. Parlate un po' del cinema con un compagno (una compagna) di classe. Chiedete a lui (a lei)...

1. Secondo lui (lei), chi è l'attore più bravo e chi è l'attrice più brava?
2. Secondo i suoi amici (le sue amiche), quale genere di film è più divertente?
3. Secondo lui (lei), quali sono le caratteristiche salienti del cinema americano contemporaneo?
4. Secondo i suoi genitori, quali film sono migliori, quelli anni '50 e '60 o quelli contemporanei? Perchè?

2. *Si* passivante e impersonale

Si passivante

1. In sentences or questions having a transitive verb but no stated agent, construc-
    tions with **si** can be used to give the transitive verbs a passive meaning. The verb
    in the passive **si** construction can be in the third person singular or plural,
    depending on its subject. In these constructions, the subject normally *follows*
    the verb. The passive **si** construction is often expressed in English as *people*,
    they, *one*, *you*, or *we*, depending on context.

Si ammira molto la «commedia all'italiana».	*The "commedia all'italiana" is widely admired. [People greatly admire the "commedia all'italiana."]*
Si proiettono molti documentari al cinema Odeon.	*A lot of documentaries are screened at the Odeon. [They screen many documentaries at the Odeon.]*

2. When the **si** construction is used in compound tenses, the auxiliary is always
    essere, and the past participle of the verb agrees with the subject of the sentence
    in gender and number.

Si è propost**a** un'alternativa valida.	*A valid alternative was [has been] proposed.*
Si sono dimenticat**i** i sottotitoli.	*The subtitles were [have been] left out.*

3. In the passive **si** construction, direct and indirect object pronouns *precede* **si**.
    Only **ne** follows it, in which case **si** changes to **se**. (**Si** + **ne** = **se ne**.)

Si ascolta attentamente il regista.	*People listen attentively to the director.*
Lo si ascolta attentamente.	*People listen to him attentively.*
Si distribuiscono i costumi agli attori in cantina.	*Costumes are distributed to the actors in the basement.*
Glieli si distribuiscono in cantina.	*They are distributed to them in the basement.*
Si parla raramente del primissimo Fellini.	*People rarely talk about Fellini's very early work.*
Se ne parla raramente.	*People rarely talk about it.*

4. Observe how modals are used in the passive **si** construction. When a plural sub-
    ject of the sentence is stated, the modal verb may be in either the third person
    singular or may appear in the plural, agreeing in number with the subject. When
    only the direct object pronoun appears, the verb must be in the plural. When the
    sentence is in a compound tense, the past participle of the verb must agree with
    the pronoun in gender and number.

Si può (si possono) capire le parole senza guardare i sottotitoli.

The words can be understood [You (people) can understand the words] without looking at subtitles.

Li si possono capire senza guardar i sottotitoli.

They can be understood [You (people) can understand them] without looking at the subtitles.

5. In concise messages (such as classified ads), **si** is often attached to the end of the verb.

Vende**si** impianto luci.
Cerca**si** macchinisti.

Lighting board for sale.
Seeking stagehands.

Si impersonale

1. When **si** is the *only* expressed subject of a verb, it is followed by the third person singular form and can convey an impersonal meaning. Depending on the context, it can be translated as *people*, *they*, *one*, etc.

In questi giorni, **si va** meno al cinema.

These days, people go to the movies less.

Si resta più spesso a casa a guardare i video.

They stay home watching videos more often.

Ragazzi, che **si fa** stasera?

Guys, what are we doing tonight?

NASCE UN MITO...
HOLLYWOOD

2. With the exception of sentences involving reflexive and other intransitive verbs, English equivalents of the **si** *impersonale* do not distinguish between passive and impersonal **si** constructions.

Si consuma molta Coca-Cola al cinema.

Lots of Coca-Cola is consumed at the movies. [One consumes (People, We, etc. consume) lots of Coca-Cola at the movies.]

Si mangiano tante caramelle al cinema.

Lots of candy is eaten at the movies. [One eats (People, We, etc. eat) lots of candy at the movies.]

3. To make reflexive verbs impersonal, place **ci** before **si**.

Ci si meraviglia quando Stallone fa un film romantico.

People [We] are astounded when Stallone makes a romantic movie.

Ci s'impone difficilmente nel mondo del cinema.

It is hard to get ahead [lit., People have difficulty making an impression] in the film world.

4. **Essere** is always the auxiliary verb in compound tenses. If the verb's normal auxiliary is **avere**, the past participle ends in **-o**; if its normal auxiliary is **essere**, the ending is **-i**.

Si è parla**o** molto dei film italiani.	*People have talked a lot [There has been a lot of discussion about] Italian films.*
Si è discuss**o** anche dei film muti.	*There has also been a lot of discussion about silent films.*
Si è rimast**i** a casa a guardare i video.	*We stayed home watching videos.*
Ci si è divertit**i** tanto al festival!	*We had such a great time at the festival!*

5. Adjectives and nouns following a **si** construction are in the masculine plural form.

Quando si è famos**i**, la vita non è sempre facile.	*When you're famous, life isn't always easy.*
Quando si è regist**i**, bisogna lavorare tanto.	*When you're a director, you have to work so hard [a great deal].*
Cosa si può fare quando ci si sente sol**i**?	*What can one do when one feels lonely?*

Un po' di pratica

A. Una giornata all'Accademia cinematografica. Mirella, studentessa di storia del cinema, parla in termini impersonali di una giornata tipica. Trasformate le frasi usando il **si** passivante o impersonale.

> **ESEMPI:** Arriviamo a lezione alle 8,30. → **Si** arriv**a** a lezione alle 8,30.
>
> Prendiamo delle paste al bar. → **Si** prend**ono** delle paste al bar.

1. Andiamo alla proiezione (*screening*).   2. Vediamo due o tre cortometraggi (*short subjects*).   3. Parliamo dei film che abbiamo visto.   4. Andiamo in un caffè e mangiamo dei panini.   5. Torniamo nella sala di proiezione. 6. Studiamo in modo approfondito (*in depth*) due o tre scene dei film del mattino.   7. La professoressa ci dà i nuovi compiti e raccoglie* quelli della settimana prima.   8. Torniamo a casa e ci prepariamo per il giorno dopo.

Ora mettete le frasi al passato prossimo.

> **ESEMPI:** Si **è** arrivat**i** lezione alle 8,30.
>
> Si **sono** prese delle paste al bar.

B. Uno studente straniero cerca di orientarsi. Carlo, uno studente appena arrivato dall'Italia, ha varie domande. Fate le domande e rispondete secondo l'esempio.

Raccogliere, *to collect* or *to gather*, conjugated like **scegliere**.

ESEMPIO: cosa / fare / il sabato sera in questa città →
Cosa **si fa** il sabato sera in questa città?
Si va al cinema o **si mangia** fuori... insomma, **ci si diverte!**

1. dove / mangiare bene
2. a che ora / alzarsi per andare a lezione
3. dove / vendere i giornali stranieri
4. come / abbonarsi (*subscribe*) al giornale locale
5. dove / fare i concerti rock
6. cosa / portare per andare a ballare
7. quando / fare gli esami universitari
8. come / andare in giro

C. Un po' di consigli. Chiedete a un compagno (una compagna) cosa si può fare in queste situazioni. Seguite l'esempio.

ESEMPIO: essere tristi →
—Cosa si può fare quando si è tristi?
—Quando si è tristi (si può telefonare a qualcuno, si può cantare una bella canzone, si può guardare un cartone animato [*cartoon*]...)

1. sentirsi soli   2. essere di cattivo umore (*in a bad mood*)   3. sentirsi nervosi prima di un esame   4. essere arrabbiati (*angry*)   5. essere stanchi prima di un' occasione importante   6. trovarsi in disaccordo con un amico (un'amica)

AL CORRENTE

· ·

Una pubblicità cinematografica. Leggete la pubblicità per il film *Fiori d'Acciaio*. Ora, in gruppi di quattro o cinque, scegliete tre o quattro dei film che vedete alla pagina seguente, e scrivete una pubblicità per ciascuno di essi. Alla fine, confrontate le vostre fascette pubblicitarie con quelle degli altri gruppi.

L. 29.000

Fiori d'Acciaio
Deliziosa commedia dolce-amara ambientata in Lousiana che riunisce la storia di sei donne che affrontano insieme le esperienze della vita.

COLUMBIA
TRISTAR

HOME VIDEO

I

1 JOHNNY STECCHINO
3.142.617 spett. - 28.655.844.000 lire

2 ROBIN HOOD - PRINCIPE DEI LADRI
2.315.728 spett. - 21.496.932.000 lire

3 DONNE CON LE GONNE
1.767.468 spett. - 16.352.374.000 lire

4 TERMINATOR 2
1.394.012 spett. - 13.023.650.000 lire

5 VACANZE DI NATALE '91
1.129.350 spett. - 10.296.509.000 lire

6 SCELTA D'AMORE
1.135.003 spett. - 10.103.267.000 lire

7 PENSAVO FOSSE AMORE INVECE...
1.046.733 spett. - 9.569.034.000 lire

8 JFK - UN CASO ANCORA APERTO
962.680 spett. - 8.780.231.000 lire

9 MALEDETTO IL GIORNO CHE T'HO...
938.179 spett. - 8.708.963.000 lire

10 HA PROPOSITO DI HENRY
911.334 spett. - 8.299.864.000 lire

F

1 CAPE FEAR - IL PROMONTORIO...
106.366 spettatori

2 BUGSY
54.630 spettatori

3 LA BELLE HISTOIRE
46.821 spettatori

4 KAFKA
36.469 spettatori

5 VITE SOSPESE
29.846 spettatori

6 DIEN BIEN PHU
25.384 spettatori

7 L'ALTRO DELITTO
25.008 spettatori

8 TACCHI A SPILLO
15.742 spettatori

9 TUTTE LE MATTINE DEL MONDO
11.951 spettatori

10 L'ULTIMO BOY SCOUT
11.439 spettatori

USA

1 BEAUTY AND THE BEAST
128.659.049 dollari

2 HOOK - CAPITAN UNCINO
116.843.384 dollari

3 LA FAMIGLIA ADDAMS
113.070.072 dollari

4 WAYNE'S WORLD
94.572.786 dollari

5 IL PADRE DELLA SPOSA
84.484.769 dollari

6 THE HAND THAT ROCKS THE CRADLE
80.484.911 dollari

7 STAR TREK VI: THE UNDISCOVERED...
74.221.070 dollari

8 IL PRINCIPE DELLE MAREE
72.181.162 dollari

9 JFK - UN CASO ANCORA APERTO
68.860.358 dollari

10 FRIED GREEN TOMATOES
68.529.049 dollari

E ora guardate questo elenco di film, considerati da alcuni critici come i più importanti di tutta la produzione cinematografica italiana. (È un elenco che, naturalmente, non comprende (*includes*) i maggiori film degli ultimi otto o dieci anni!)

Chiedete al vostro insegnante di ottenere un video di qualcuno di questi film (o di un altro, se preferite, di produzione più recente). Guardate il film che scegliete e discutetene insieme!

ECCO I MAGNIFICI 25 ITALIANI DA SALVARE

OSSESSIONE
di Luchino Visconti, 1942
ROMA CITTÀ APERTA
di Roberto Rossellini (1945)
PAISÀ
di Roberto Rossellini (1946)
SCIUSCIÀ
di Vittorio De Sica (1948)
LADRI DI BICICLETTE
di Vittorio De Sica (1948)
MIRACOLO A MILANO
di Vittorio De Sica (1950)
UMBERTO D
di Vittorio De Sica (1952)
SENSO
di Luchino Visconti (1953)
I VITELLONI
di Federico Fellini (1953)

LA STRADA
di Federico Fellini (1954)
I SOLITI IGNOTI
di Mario Monicelli (1958)
LA GRANDE GUERRA
di Mario Monicelli (1959)
LA DOLCE VITA
di Federico Fellini (1960)
ROCCO E I SUOI FRATELLI
di Luchino Visconti (1960)
DIVORZIO ALL'ITALIANA
di Pietro Germi (1962)
IL GATTOPARDO
di Luchino Visconti (1962)
IL SORPASSO
di Dino Risi (1962)

OTTO E MEZZO
di Federico Fellini (1963)
BLOW UP
di Michelangelo Antonioni (1967)
**INDAGINE SU UN CITTADINO
AL DI SOPRA DI OGNI SOSPETTO**
di Elio Petri (1970)
MORTE A VENEZIA
di Luchino Visconti (1971)
AMARCORD
di Federico Fellini (1976)
L'ALBERO DEGLI ZOCCOLI
di Ermanno Olmi (1978)
C'ERA UNA VOLTA IN AMERICA
di Sergio Leone (1984)
L'ULTIMO IMPERATORE
di Bernardo Bertolucci (1987)

 STRUTTURE II

3. Costruzione passiva

In the active voice (the voice of all the tenses presented so far), the subject performs the action of the verb: *Frank reads the book*. In the passive voice (**la coniugazione passiva**), the subject undergoes the action of the verb: *The book is read by Frank*.

1. The passive is formed with **essere** and the past participle of the main verb. The following chart shows the passive voice in the present tense and the **passato prossimo** of **salutare**.

PRESENT	PASSATO PROSSIMO
sono salutato/a	**sono stato/a** salutato/a
sei salutato/a	**sei stato/a** salutato/a
è salutato/a	**è stato/a** salutato/a
siamo salutati/e	**siamo stati/e** salutati/e
siete salutati/e	**siete stati/e** salutati/e
sono salutati/e	**sono stati/e** salutati/e

The forms of the other simple and compound tenses follow this basic paradigm. In the imperfect: **ero** salutat**o/a**, **eri** salutat**o/a**, etc. Note that in the **passato prossimo** and other compound tenses, **essere** is followed by *two* past participles: **stato** and the past participle of the main verb.

2. In the passive voice the past participle agrees in gender and number with the subject.

I film italiani **sono** ammirat**i** in
   tutto il mondo.
La fontana **fu** costruit**a** nel '600.

*Italian films are admired all over
   the world.*
The fountain was built in the 1600s.

3. Only transitive verbs can be used in the passive voice; their direct object becomes the subject of the sentence. If the agent (the person performing the action) is expressed, it is preceded by **da** + *article* (if necessary).

COSTRUZIONE ATTIVA

Maria guida la macchina.
Maria drives the car.

Maria incontrerà i Rossi.
Maria will meet the Rossis.

L'amico di Maria ha portato i
   Rossi in albergo.
*Maria's friend brought the Rossis
   to their hotel.*

COSTRUZIONE PASSIVA

La macchina è guidata **da** Maria.
The car is driven by Maria.

I Rossi saranno incontrati **da** Maria.
The Rossis will be met by Maria.

I Rossi sono stati portati in albergo
   dall'amico di Maria.
*The Rossis were brought to their
   hotel by Maria's friend.*

4. In Italian, only the direct object of an active verb can become the subject of a passive construction. This is in contrast to English, where the indirect object can sometimes function as the subject of a passive verb. Compare and contrast:

L'Accademia ha dato un Oscar a Sofia Loren.

The Academy gave Sofia Loren an Oscar.

Un Oscar è stato dato a Sofia Loren dall'Accademia.

{ *An Oscar was given to Sofia Loren by the Academy.*
[*Sofia Loren was given an Oscar by the Academy.*]

The final English example cannot be translated literally into Italian.

5. In simple tenses of the passive voice, **venire** can replace **essere**.

I film **vengono** (**sono**) proiett**i** alle 20,30.

Films are shown at 8:30 pm.

La dolce vita, però, **verrà** [**sarà**] proiettat**a** alle 19,00.

La dolce vita, though, will be shown at 7:00 pm.

6. **Andare** can also substitute for **essere**. In simple tenses only it conveys the idea of duty, obligation, or necessity.

Queste regole **vanno** rispettat**e**.
I compiti **andavano** fatt**i** tutti i giorni.

These rules must be respected.
Assignments had to be done every day.

7. **Andare** and **rimanere** are frequently used in both simple and compound tenses with verbs indicating destruction or loss, such as **distruggere, perdere, sprecare** (*to waste*), or **smarrire** (*to lose, mislay*).

Molti manoscritti **sono andati** smarrit**i**.

Many manuscripts were lost.

Il palazzo **è rimasto** distrutt**o** dopo il bombardamento.

The building was destroyed following the bomb raid.

Un po' di pratica

A. **Ancora sul cinema.** Mettete le frasi alla forma attiva.

ESEMPIO: Fellini è ammirato da tutti. → Tutti ammirano Fellini.

1. «C'eravamo tanto amati» è stato diretto da Ettore Scola.
2. Sofia Loren è ammirata dal grande pubblico e dai critici.
3. «Il Gattopardo» di Visconti è stato criticato da molti intellettuali di sinistra (*left-wing*).
4. «Medea» è stata ambientata da Pasolini in Turchia.
5. Purtroppo, tantissimi film italiani non vengono messi in circolazione dai distributori americani.
6. Le inquadrature (*shots*) dei film di Antonioni sono studiate da tutti i giovani registi.

B. Pettegolezzi (*Gossip***) sul set.** Mettete le frasi alla forma passiva.

ESEMPIO: La regista sgrida continuamente gli attori. →
Gli attori sono sgridati continuamente dalla regista.

1. La rivista «Occhio» esamina la vita privata del regista.
2. Il giornalista Neri conosce tutti gli scandali del mondo del cinema.
3. La regista ha licenziato l'attore principale.
4. L'attore principale descrive le difficoltà della produzione in un'intervista.
5. Uno scrittore sconosciuto, non il fratello del regista, scrive il copione (*script*).
6. Il produttore non ha approvato i cambiamenti al copione.
7. Qualcuno ha rubato due bobine di pellicola (*reels of film*).
8. Il critico Lazzeri ha scritto una recensione (*review*) molto severa.

C. Un'altra brutta giornata per Pasqualino Passaguai. Povero Pasqualino—gli accadono (*happen*) sempre dei disastri! Descrivete quello che gli è successo. Seguite l'esempio.

ESEMPIO: Ho perduto la cartella (*briefcase*). →
La cartella è andata (rimasta) perduta.

1. Ho sprecato centomila lire.
2. Ho smarrito una chiave.
3. Ho perso (perduto) gli occhiali da sole.
4. Ho distrutto la macchina.
5. Ho perduto la nuova giacca.
6. Ho smarrito i documenti.

D. Un burocrate noioso. L'impiegato Morelli è tanto pignolo (*nitpicking*). Parafrasate quello che dice. Seguite l'esempio.

ESEMPIO: Dovete rispettare le regole! → Le regole vanno rispettate!

1. Dovete riempire questi moduli (*forms*)!
2. Non dovete dimenticare la carta bollata!*
3. Dovete pagare subito le 200.000 lire!
4. Dovete presentare le domande entro il 15 del mese!
5. Dovete accludere (*enclose*: *p.p.* **accluso**) una foto con ogni domanda!
6. Non dovete trascurare (*ignore*) i regolamenti!

E. Leggete queste informazioni sul film *JFK*. Siete d'accordo con la maggioranza degli americani interpellati (*interviewed*) che sull'omicidio Kennedy la verità non sia stata detta? Fate un sondaggio informale per conoscere le opinioni dei compagni (delle compagne) di classe. Secondo voi, chi erano i veri colpevoli?

Credete che la verità sia stata detta su altri fatti importanti della storia recente, come l'affare Iran-Contra; il Watergate; l'invasione dell'Iraq?

> Dopo il film «JFK», il **72%** degli americani sostiene che sull'omicidio Kennedy non è stata detta la verità. Ma chi possono essere i veri colpevoli? Secondo un sondaggio «Time»-Cnn: la Cia (**58%**), la mafia (**48%**), Cuba (**34%**), gli anticastristi (**19%**), il Pentagono (**19%**). **(Numeri a cura di Federico Bini).**

---

*__Carta bollata__ ("*stamped paper*") è un tipo di carta richiesta per molte operazioni o procedure burocratiche in Italia.

4. Pronomi relativi

Relative pronouns connect the main clause with the dependent clause in a complex sentence. In Italian, relative pronouns must *always* be expressed.

La regista **che** mi piace è Liliana Cavani.	*The director [that] I like is Liliana Cavani.*
Il film **di cui** parliamo è di Antonioni.	*The film we're talking about [about which we're talking] is by Antonioni.*

Although English equivalents are provided for the expressions below, Italian and English relative pronouns often do not correspond. Be sure to study the examples carefully and pay special attention to sentence structure.

Che

1. **Che** (*who, whom, which, that*) is invariable, refers to a person or a thing, and can have the subject or object of a clause as its antecedent.

La signora **che** ci ha salutato fa l'attrice.	*The lady who greeted us is an actress.*
L'operatore **che** conosciamo arriva tra poco.	*The cameraman whom we know will arrive shortly.*
Le riviste **che** ho comprato (comprate)* sono importanti.	*The magazines [that] I bought are important.*

2. **Quello che** (**quel che**, **ciò che**) means *that which* or *what*, refers only to things. **Tutto quello che** (**tutto quel che**, **tutto ciò che**) means *everything that* or *all that*.

—**Quello (Ciò) che** dicono è molto interessante.	*—What they're saying is very interesting.*
—Sì, ma non sono d'accordo con **tutto quello che** propongono.	*—Yes, but I don't agree with everything [lit., all that which] they're proposing.*

3. **Quello (quella, quelli, quelle) che,** meaning *the one that, the ones that*, can refer to people or things.

Antonella è **quella che** scrive la tesi sui film muti.	*Antonella is the one who is writing her thesis on silent movies.*
I film neo-realisti sono **quelli che** preferisco.	*Neorealist movies are the ones [lit., those which] I prefer.*

---

*The agreement of the past participle with the direct object of the clause is optional in such cases.

Cui

1. **Cui** (*whom, which, that*) is also invariable, and refers to people or things. It usually follows a preposition. (The preposition **a**, however, is frequently omitted with **cui**.)

Il cinema **in cui** siamo entrati era molto affollato.	*The movie theater we entered [lit., into which we entered] was very crowded.*
Il signore (**a**) **cui** ho dato i biglietti mi ha trovato un posto.	*The gentleman to whom I gave the tickets found me a seat.*
Quello **di cui** hanno bisogno è un nuovo proiettore.	*[What [lit., that of which] they need is a new projector.*

2. **Il** (**la, i, le**) **cui** expresses ownership (*whose, of which*). As with Italian possessives in general, the definite article agrees with the thing possessed, not with the owner.

La signora **il cui** figlio è attore è molto orgogliosa di lui.	*The lady whose son is an actor is very proud of him.*
Lo spettacolo **i cui** biglietti sono esauriti è quello che Laura voleva vedere.	*The show whose tickets are sold out is the one Laura wanted to see.*

Quale

Il quale (**la quale, i** or **le quali**) can replace **che** or **cui**, particularly in sentences where there might otherwise be ambiguity.* The article agrees in gender and number with the antecedent and combines with prepositions when necessary.

Ho salutato il marito di Claudia **il quale** [cioè, il marito, non Claudia] ci ha comprato le riviste.	*I greeted Claudia's husband, who [that is, the husband, not Claudia] brought us the magazines.*
Le ragazze con **le quali** [**con cui**] usciamo lavorano in uno studio cinematografico.	*The girls we're going out with [lit., with whom we're going out] work in a movie studio.*
Le sale **nelle quali** [**in cui**] proiettano i film sono al pianterreno.	*The theaters where [lit., in which] they're showing the films are on the ground floor.*

Chi

1. **Chi** is invariable and refers only to people. It always takes a singular verb. It is used without an antecedent, and appears frequently in proverbs. Depending on the context, it can mean *the one who, he or she who, those who, whoever, whomever,* etc.

---

*These expressions are more formal than those with **cui** and appear most frequently in written Italian.

Chi dorme non piglia pesci.
Chi beve il vino prima della minestra saluta il dottore dalla finestra.*

Chi vuole può comparsi un programma nel ridotto.	*Whoever [Anybody who] wants to may purchase a program in the lobby.*

Chi can be preceded by prepositions.

Veder chiaro per chi decide

Danno un premio **a chi** ha fatto il cartone animato più originale.	*They're giving a prize to the one who has done the most original cartoon.*
Non toccare! Quello spumante è **per chi** vince il premio.	*Don't touch! That champagne is for the prizewinner [lit., (s)he who wins the prize].*

Colui (**colei**, **coloro**) sometimes substitute for **chi**. It occurs primarily in literary texts.

Beati coloro che si ricordano sempre dei poveri.	*Blessed are they who always remember the poor.*
«Vidi e conobbi l'ombra di colui / che fece per viltà il gran rifiuto». (Dante, *Inferno* III 59–60)	*I saw and recognized the shade of him who from cowardice made the great denial.*

Un po' di pratica

A. Quattro chiacchiere. Completate gli scambi con i pronomi relativi adatti. Usate le preposizioni se necessario.

1. —Come si chiama il ragazzo _____ esce Barbara?
   —Si chiama Bruno, non ti ricordi? È quello _____ ti ho parlato l'ultima volta.
2. —Chi è quella signora _____ hai salutato?
   —È la donna _____ figli fanno l'università (*study at the university*) con Chiara.
3. —Sai, quel signore _____ sembrava tanto gentile mi ha imbrogliato (*cheated*).
   —Te l'ho sempre detto, è meglio non fidarsi _____ non conosci bene.
4. —Come si chiama il ristorante _____ abbiamo mangiato con i Silva?
   —Non lo so. È proprio _____ mi domandavo io.
5. —Che ragazzino viziato (*spoiled*)! Quello _____ ha bisogno è una bella sgridata (*scolding*).
   —Sono d'accordo. Anche a me non piace molto il modo _____ ti ha parlato.

---

*See whether you can find English equivalents to these two proverbs on your own!

B. Al festival del cinema. Formate una singola frase usando il pronome relativo adatto.

ESEMPI: Il film era difficile da capire. L'ho visto ieri sera. →
Il film **che** ho visto ieri sera era difficile da capire.

Quell'attrice è molto ammirata. I suoi film sono famosi in tutti il mondo. →
Quell'attrice, i cui film sono famosi in tutto il mondo, è molto ammirata.

1. Ho intenzione di noleggiare (*rent*) quel film. La regista di quel film ha vinto vari premi.
2. Il regista ha licenziato (*fired*) l'attore principale. L'attore arrivava sempre in ritardo sul set.
3. Vogliamo mangiare in quel ristorante. Hanno filmato *The Fisher King* in quel ristorante.
4. Quell'attrice è bravissima. Le hanno dato un premio a Cannes.
5. Lo sceneggiatore (*scriptwriter*) dà una conferenza alle 5,00. Le sue opere sono molto controverse.
6. Cercavo un romanzo. Hitchcock ha tratto la trama di *Vertigo* da quel romanzo.

C. Jeopardy! Scrivete una risposta per ciascuna categoria indicata, usando un pronome relativo in ogni frase. Poi organizzate una bella gara (*contest*). Usate fantasia!

Pronomi relativi: che; (in, da, a) cui; chi; il quale, ecc.; il cui, ecc.; quello che

Categorie: il cinema italiano, i classici del cinema americano, i premi Oscar, i film in prima visione (*first-run*), la fantascienza, i pettegolezzi (*gossip*) del mondo cinematografico

ESEMPI: È il regista che ha fatto *Morte a Venezia* e *Rocco e i suoi fratelli*. →
—Chi è Luchino Visconti?
—È il film da cui viene la canzone «As time goes by». →
Che cos'è *Casablanca*?

 METTIAMOLO PER ISCRITTO!

Vi è piaciuto il film?

1. Scrivete una recensione su un film che avete visto recentemente. Riassumete la trama (*summarize the plot*), e descrivete alcuni elementi del film —per esempio, gli attori e le attrici, i costumi, la cinematografia, la colonna sonora (*soundtrack*), la regia (*direction*).
2. Avete la possibilità di prendere il posto di qualsiasi (*any*) personaggio cinematografico. Quale scegliete? Perchè? Che cosa c'è nel suo carattere o nella sua situazione che vi attrae? Spiegate come questo personaggio vi rassomiglia o no.

CAPITOLO 9

COSA LEGGONO GLI ITALIANI?

Il giornale—un mezzo d'informazione. Gli italiani leggono più oggi che nel passato? È aumentata la vendita dei giornali? Quali altri mezzi d'informazione esistono?

Much can be learned about a country's culture and civilization from studying the reading habits of its people. A survey conducted several years ago in Italy attempted to answer a number of questions about the purchase and circulation of printed matter. Who reads? Are there clearly discernable differences between reading habits according to age, sex, socioeconomic status, and geographic location? How have reading habits changed over the past fifteen years? And how can the results of such a poll be analyzed and interpreted?

The survey yielded some intriguing, and seemingly contradictory, information. For example, more people appear to be reading daily newspapers, yet their overall sales—measured in circulation figures—have not increased. This and other anomalies are discussed in this chapter's reading, *Agli italiani piace la cronaca*, itself taken from one of Italy's most widely read dailies, *La Repubblica*.

 # VOCABOLARIO TEMATICO

Sostantivi

il grado level
l'indagine (f.) survey
il paragone comparison
il periodico magazine
il quotidiano daily newspaper
il valore value
la vendita sale

Verbi

chiarire to make clear, clarify
concentrarsi (su) to concentrate (on)

giudicare to judge
prendere in prestito to borrow
tenere conto (di) to take into account

Aggettivi

compiuto completed, carried out
curioso odd, strange
discutibile questionable
escluso excluded, out of the question
imprevisto unexpected
innumerevole countless
meridionale southern

netto clearly defined
   chiaro e netto clear and obvious
ostile hostile
rilevante noteworthy
settentrionale northern

Altre parole ed espressioni

apparentemente apparently
evidentemente evidently

A. Cercate, fra le parole del **Vocabolario tematico**, un sinonimo *o* un contrario per ognuna delle parole seguenti.

1. finito
2. prevedibile
3. amichevole
4. prestare
5. evidentemente
6. contrasto
7. meridionale
8. incerto
9. confondere (*to confuse*)
10. insignificante
11. numeroso

B. Nel seguente dialogo Barbara entra in un bar e subito vede il suo amico Adriano che legge il giornale con insolita (*unusual*) attenzione. Completate il dialogo scegliendo la parola adatta, secondo il contesto.

BARBARA: Ciao Adriano! Come leggi attentamente il giornale!
ADRIANO: Infatti! Magari riuscissi a (*If only I could manage to*) (*giudicare /*
concentrarmi)[1] negli studi così facilmente! Leggevo un' (*indagine /*
periodico)[2] sulle abitudini di lettura degli italiani negli anni '80
rispetto agli anni '70.
BARBARA: Ti fidi delle (*Do you trust*) statistiche? Fai male (*You shouldn't*),

perché hanno un (*valore / paragone*)[3] molto limitato. Non sono mai imparziali.

ADRIANO: Comunque, secondo quest'inchiesta, c'è stato un aumento chiaro e (*escluso / netto*)[4] di lettori negli anni '80. È abbastanza prevedibile che i lettori di libri aumentino con la crescita del (*grado / valore*)[5] d'istruzione (*education*). Ma c'è un dato veramente (*curioso / compiuto*)[6] per quanto riguarda i lettori dei giornali, più specificamente dei (*paragoni / quotidiani*)[7] e dei (*periodici / valori*).[8] Il numero crescente di lettori non ha riscontro (*is not reflected*) nelle (*indagini / vendite*)[9] d'edicola (*newsstand*), che sono rimaste invariate (*unchanged*).

BARBARA: Ah! Ma quello si spiega se si (*prende in prestito / tiene conto*)[10] dei passaggi (*exchanges*) che fanno i giornali nei bar, negli uffici e sul treno. Non è neanche (*esclusa / compiuta*)[11] la possibilità che molti giornali vengano rubati, o che le statistiche siano sbagliate. Tu ti fidi troppo di ciò che mettono nei giornali!

 PRELETTURA

Entriamo nel contesto!

Rispondete alle seguenti domande, e spiegate la vostra opinione in ogni caso. Secondo voi,...

1. ...in America, la gente legge più quotidiani o periodici?
2. ...il mercato dei quotidiani, periodici e libri è diviso ugualmente tra lettori maschili e femminili?
3. ...la televisione ha un'influenza negativa (o positiva) sul numero di lettori (di quotidiani, periodici, libri)?
4. ...quali tipi di libri diventano «best sellers»?
5. ...le persone che hanno meno di 35 anni leggono più o meno di quelle con più di 35 anni?
6. ...negli Stati Uniti, quali fattori hanno maggiore influenza sulla quantità di letture di un individuo: età, livello d'istruzione, fascia (*sector*) economica, abitudini famigliari, prezzo, disponibilità (*availability*) delle biblioteche, (altro)?

Strategie per la lettura

Analyzing word order. Syntax, or the arrangement of words in a sentence, is often very different in Italian and English. Italian syntax can pose problems for intermediate-level readers because word order may appear distorted or confused. Consider, for example, the following phrase, taken from this chapter's reading selection:

Più complesso è tentare di scomporre i numeri per capire quale indirizzo abbia preso l'aumento della lettura. Habit may induce you to read the sentence haltingly if you try to translate each word in the order that you encounter it. This procedure may slow you down, because the order of nouns, verbs, and adjectives familiar to English-speakers is transposed here. An attempt to find the English equivalent will yield the awkward result: *More complex is to try to interpret the numbers to understand what direction has taken the increase in readership.*

By this approach to Italian syntax, words may act as obstacles to understanding rather than markers or guideposts. A more efficient strategy for dealing with such phrases is to look at them first as whole, single units, attempting to identify only the key words. A rapid overview of the sentence quoted above will focus on the terms *complesso, scomporre, numeri, capire, indirizzo, aumento, lettura.* You can reorganize these single elements into a natural and coherent paraphrase: *È complesso scomporre i numeri per capire l'indirizzo dell'aumento della lettura.* Then, by adding the secondary elements, you can arrive at the full meaning of the sentence: It is more complex to interpret the numbers in order to understand what direction the increase in readership has taken.

Try applying this procedure to several other phrases taken from the reading selection. Although they may be fairly simple, their syntax may seem awkward or unfamiliar until you follow these steps: 1. isolate and identify the key terms; 2. if necessary, check the endings of adjectives and participles to help you identify their grammatical functions;   3. reconstruct the terms into a loose but logical unit;   4. add the secondary elements to arrive at a thorough and accurate comprehension. Here are a few more sentences for further practice.

> Le vere librerie in Italia sono poche... con una tale strozzatura (*overall shortage*) finale che gli italiani abitanti in luoghi non serviti da librerie sono quasi trenta milioni.

> Dall'indagine sono state escluse, con scelta discutibile, le letture di lavoro o di studio.

> ...da un raffronto (*paragone*) con il 1983 risulterebbe (*it would appear*) che il lettore meridionale, negli ultimi anni, ha corso di più, pur rimanendo indietro.

 LETTURA

Agli italiani piace la cronaca—Gli uomini leggono di più, ma le donne leggono meglio

ROMA — Nel 1973 gli italiani che leggevano non superavano il 50 per cento della popolazione. Nel 1984 hanno raggiunto quasi l'80 per cento. Certamente sotto le tensioni e le contraddizioni degli anni '70, qualcosa si muoveva ad una velocità accelerata e insospettabile[1]: una crescita selvaggia,[2] come sempre in Italia

---

[1]*unexpected*   [2]*crescita... growth spurt*

(sarebbe interessante fare un paragone approfondito tra la crescita della lettura e la crescita della scuola), di cui è ancora difficile giudicare il valore reale, intrinseco.

10   Il dato del 1984 si ricava[3] dall'indagine sulla lettura pubblicata in questi giorni, svolta dall'Istat[4] su 26 mila famiglie residenti in 974 comuni distribuiti in tutto il paese. Si tratta di un'espansione della lettura di proporzioni enormi, tanto più significativa per i libri in 15 quanto[5] compiuta in territorio ostile e in assenza di qualsiasi[6] incentivo. Le vere librerie in Italia sono poche, ottocento per gli ottimisti, non più di quattrocento per i pessimisti, con una tale strozzatura finale che gli italiani abitanti in luoghi non serviti da librerie sono quasi 20 trenta milioni.

Inoltre le biblioteche dove prendere in prestito libri funzionano realmente in poche regioni: l'Emilia, la Lombardia (ma sarebbe meglio dire Milano), la Toscana, l'Umbria, la Liguria, il Trentino.

Il fatto che la lettura sia cresciuta di tali proporzioni 25 e tra queste difficoltà presenta i soliti aspetti miracolistici dei successi italiani. Più complesso è tentare di scomporre[7] i numeri per capire quale indirizzo[8] abbia preso l'aumento della lettura. Grosso modo[9] si può dire che la crescita riguarda soprattutto i libri e, in misura 30 minore,[10] i quotidiani e i periodici. Un dato, per i quotidiani, apparentemente in contrasto con la quasi immobilità delle vendite. Infatti gli italiani continuano a comprare, in percentuale, lo stesso numero di quotidiani che compravano nel 1973 e persino nel 1955, circa 35 una copia ogni dieci abitanti.

Evidentemente l'aumento della lettura, in questo caso, sta a significare che oggi i giornali circolano attraverso più mani, che più persone leggono la stessa copia 40 (qualche anno fa si scoprì, con stupore,[11] che *il*

Illustrazione dell'Ottocento che raffigura «Lo strillone», protagonista nella storia della stampa che in Italia è quasi scomparso

Il "vizio" della politica

LE PARTI DEL GIORNALE PIU' LETTE	TOTALE	SESSO	
		Maschi	Femmine
		CIFRE ASSOLUTE (in migliaia)	
Politica e attualità	18.798	12.114	6.684
Finanza ed economia	8.786	6.072	2.714
Cronaca locale	23.115	13.172	9.943
Cultura	12.687	6.902	5.785
Spettacolo	15.130	7.502	7.268
Sport	16.800	13.854	2.946
Altre parti	11.487	6.397	5.090
		PER CENTO PERSONE	
Politica e attualità	66,3	71,8	58,2
Finanza ed economia	31,0	36,0	23,6
Cronaca locale	81,5	78,1	86,5
Cultura	44,7	40,9	50,3
Spettacolo	53,3	44,5	66,4
Sport	59,2	82,1	25,6
Altre parti	40,5	37,9	44,3

NOTA — I dati non sono sommabili per colonna in quanto una stessa persona può aver dichiarato di leggere più parti di un quotidiano.

La televisione è il nemico

PERCHE' NON SI LEGGONO GIORNALI	TOTALE	SESSO	
		Maschi	Femmine
		PER CENTO PERSONE	
Costo elevato	1,9	2,0	1,9
Mancanza o ritardo distribuzione	0,3	0,3	0,3
Poca fiducia	1,0	1,2	0,9
Mancanza d'interesse	31,4	31,3	31,5
Preferenza per notiziari e servizi Rtv	11,4	10,5	11,8
Difficoltà della vista e/o di concentrazione	6,6	5,5	7,2
Complessità del linguaggio giornalistico	4,2	4,8	3,8
Poco tempo a disposizione	17,0	13,3	19,0
Altro motivo	26,2	31,1	23,5
TOTALE	100,0	100,0	100,0

---

[3]si... *is taken*   [4]svolta... *carried out by Istat (an Italian polling agency)*   [5]*because it was*   [6]in... *in the absence of any . . . whatsoever*   [7]*interpret, decipher*   [8]*direction*   [9]Grosso... *In general*   [10]in... *to a lesser degree*   [11]*astonishment*

Mattino di Napoli era uno dei quotidiani più letti d'Italia). Sembrava un dato sbagliato. Invece era discretamente[12] esatto, perché teneva conto degli innumerevoli passaggi[13] compiuti da una copia del giornale attraverso una «lettura del vico».[14]

Dall'indagine sono state escluse, con scelta discutibile, le letture di lavoro o di studio (si prendono in considerazione solo le letture «a fini ricreativi»[15]: ma come è possibile dividere in modo netto il piacere dallo studio?). E i lettori sono quelli che hanno letto almeno un libro all'anno o un quotidiano alla settimana. Secondo questi parametri l'abitudine alla lettura risulta in generale più elevata tra gli uomini (80,4) rispetto alle donne (75,5). Ma le donne leggono in misura maggiore i periodici e i libri. Gli uomini si concentrano sui quotidiani (65,6 per cento contro il 42,5 delle donne).

Gli altri dati generali riguardano la lettura in rapporto alle classi di età, il grado di istruzione, la ripartizione[16] geografica, e l'ampiezza demografica dei comuni.[17] L'indagine chiarisce che la classe d'età più lettrice[18] è quella dai 20 ai 34 anni. Per quanto riguarda[19] il grado d'istruzione e la ripartizione geografica i risultati sono ovvi[20]: leggono di più i laureati settentrionali. Però da un raffronto[21] con il 1983 risulterebbe che il lettore meridionale, negli ultimi anni, ha corso di più, pur rimanendo ancora indietro.[22]

Alcuni dei risultati più interessanti —e sorprendenti per alcuni— dell'inchiesta Istat, si trovano sulle tabelle sui

motivi della non lettura. Per i quotidiani, i motivi della non lettura più rilevanti risultano la «mancanza d'interesse» (31,4 per cento) e il «poco tempo a disposizione» (17 per cento). Solo l'11,4 degli intervistati ha detto di preferire i telegiornali. Ossia[23]: la televisione non è il motivo fondamentale che allontana dalla[24] lettura dei giornali.

Altri due dati curiosi e imprevisti, in apparenza, sono quelli che riguardano la «poca fiducia» verso i quotidiani e «la complessità del linguaggio giornalistico» sempre come motivo[25] della non lettura: rispettivamente l'1,0 e il 4,2. Il tasso di sfiducia verso i giornali salirebbe certamente per i lettori, un fenomeno che non è italiano, ma mondiale.

—*La Repubblica*

---

[12]*abbastanza*   [13]*exchanges*   [14]*lettura... "neighborhood reading"*   [15]*a... for leisure purposes*   [16]*distribution*   [17]*l'ampiezza... demographic extention of towns and cities*   [18]*with the most readers*   [19]*Per... With regard to . . .*   [20]*obvious*   [21]*paragone*   [22]*ha... made faster progress, while still remaining behind*   [23]*That is to say*   [24]*allontana... discourages*   [25]*sempre... as another cause*

Avete capito?

A. In base alla lettura indicate se le seguenti frasi sono vere o false.   **V**   **F**

1. Tra il 1973 e il 1984 il numero d'italiani che leggono è cresciuto del 30 per cento.   _____ _____

2. Il maggior numero di lettori in Italia si può attribuire principalmente a un più alto livello d'istruzione.   _____ _____

3. Un maggior numero di lettori si può attribuire anche in parte all'aumento delle librerie.   _____ _____

4. È strano che mentre la vendita dei quotidiani è rimasta costante, ci sia stato un netto aumento di lettori.   _____ _____

		V	F
5.	Due altri motivi importanti della non lettura sono la sfiducia (poca fiducia) verso i giornali e la complessità del linguaggio usato dai giornalisti.	____	____
6.	Più uomini che donne leggono quotidiani.	____	____
7.	C'è stato un maggiore aumento di lettori nel nord che nel sud d'Italia.	____	____
8.	La fascia (*sector*) sociale che legge di più sono i settentrionali laureati dai 20 ai 34 anni.	____	____
9.	Il motivo principale della non lettura è il telegiornale.	____	____
10.	La sfiduca verso i quotidiani sembra un fenomeno quasi esclusivamente italiano.	____	____

B. In base alla lettura, formate delle frasi abbinando le parole delle due colonne.

1. _____ L'indagine rivela che i giornali
2. _____ In genere, le donne preferiscono leggere
3. _____ Dall'indagine sono escluse
4. _____ In Italia le biblioteche che funzionano bene
5. _____ Sarebbe interessante fare un paragone fra
6. _____ Quelli che leggono di più

a. i periodici e i libri.
b. sono poche.
c. la crescita della lettura e la crescita della scuola.
d. circolano fra le mani di varie persone.
e. hanno tra i 20 e i 34 anni.
f. le letture di lavoro e di studio.

E ora, a voi!

Sondaggio. Con un compagno (una compagna), conducete un'indagine sulle vostre abitudini di lettura. Prima, mettete un cerchio (*circle*) intorno alla vostra risposta. Poi calcolate i risultati di tutta la classe. Finalmente, separate le risposte degli uomini da quelle delle donne. Commentate i risultati, e date le ragioni specifiche della vostra risposta alla domanda #6.

	TOTALE	SESSO	
		M	F
1. Quanti libri leggi al mese?			
a. 1–2			
b. 3–4			
c. 5–6			
d. più di 6			
2. Quanti periodici leggi al mese?			
a. 1–2			
b. 3–4			
c. più di 5			

	TOTALE	SESSO	
		M	F
3. Quanti quotidiani diversi leggi ogni giorno?			
a. 0–½			
b. 1			
c. 2			
d. 3 o più			
4. Dei quotidiani che leggi, che percentuale compri tu?			
a. 0–50%			
b. 51–100%			
5. Qual è la fonte d'informazione principale?			
a. la radio			
b. il telegiornale			
c. il giornale			
6. Se tu non leggi il giornale, qual è la ragione principale?			
a. mancanza di tempo			
b. sfiducia verso i giornali			
c. preferisci il telegiornale			
d. mancanza di interesse			
e. complessità del linguaggio			
f. altro (spiega)			
7. Da dove prendi, di solito, i tuoi libri a fini ricreativi, e perché?			
a. in biblioteca			
b. in libreria			
c. in prestito dagli amici			
8. Dei libri che tu compri, come li compri, in genere?			
a. nuovi			
b. usati			

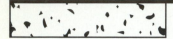 STRUTTURE I

1. Futuro semplice

Forms

Regular Verbs

1. The future (**futuro semplice**) is formed by dropping the final **e** of the infinitive and adding the future tense endings. Only in first conjugation (-**are**) verbs does the vowel of the infinitive ending change, from **a** to **e**.

I	II	III
mand**are**	scend**ere**	prefer**ire**
mander**ò**	scender**ò**	preferir**ò**
mander**ai**	scender**ai**	preferir**ai**
mander**à**	scender**à**	preferir**à**
mander**emo**	scender**emo**	preferir**emo**
mander**ete**	scender**ete**	preferir**ete**
mander**anno**	scender**anno**	preferir**anno**

2. In the future tense, verbs ending in -**care**, -**gare**, and -**scare** require an **h** to keep the hard consonant sounds: giocare → gioc**h**erò; spiegare → spieg**h**erò; cascare (*to fall down*) → casc**h**erò, etc.

3. Verbs ending in -**ciare**, -**giare**, and -**sciare** drop the **i** from the stem: cominciare → cominc**e**rò; mangiare → mang**e**rò; lasciare → lasc**e**rò, etc.

Irregular Verbs

Many Italian verbs have irregular future *stems*. However, their verb endings are regular throughout. Here are some of the most common, grouped according to similar stems.

— Per Natale, al bambino regalerò un trenino elettrico: chissà come si divertirà!...

essere	**sar**ò, **sar**ai, etc.		avere	**avr**ò, **avr**ai, etc.
dare	**dar**ò		andare	**andr**ò
fare	**far**ò		cadere	**cadr**ò
stare	**star**ò		dovere	**dovr**ò
bere	**berr**ò, **berr**ai, etc.		potere	**potr**ò
tenere*	**terr**ò		sapere	**sapr**ò
venire†	**verr**ò		vedere	**vedr**ò
parere	**parr**ò, **parr**ai, etc.		vivere	**vivr**ò
rimanere	**rimarr**ò		morire‖	**morr**ò, **morr**ai, etc.
trarre‡	**trarr**ò		porre¶	**porr**ò
valere	**varr**ò		volere	**vorr**ò
tradurre§	**tradurr**ò, **tradurr**ai, etc.			

Uses

1. The future tense in Italian is generally used the same way as in English.

Il nuovo numero di *Mirabella* **uscirà** alla fine del mese.	*The new issue of* Grazia *will come out at the end of the month.*
L'anno prossimo **lavoreranno** per *Il Corriere della Sera.*	*Next year they'll work [they'll be working] for* Il Corriere della Sera.

2. In informal Italian the present tense is often used to indicate an imminent future action, particularly when that action is presented as a certainty.

Vengo subito!	*I'll be right there!*
Stasera **finisco** l'articolo.	*Tonight I'm going to finish the article.*
Hai sentito? Clara e Marco **si sposano** a settembre!	*Have you heard? Clara and Marco **are getting married** in September!*

However, in formal language, or when a future action is clearly implied, the future tense *must* be used.

Secondo il giornale, «La signorina Clara de Angelis e il signor Marco Trivelli **si sposeranno** domenica 3 settembre...»	*According to the paper, "Miss Clara de Angelis and Mr. Marco Trivelli **will be married** on Sunday, September 3 . . ."*
Un giorno tutti **leggeremo** le notizie al computer invece che sul giornale.	*One day **we'll** all **read** the news on computer instead of [in] the paper.*

---

*Like **tenere**: **mantenere, sostenere**, etc.
†Like **venire**: **divenire, intervenire**, etc.
‡Like **trarre**: **distrarre, estrarre**, etc.
§Like **tradurre**: **introdurre, ridurre, condurre**, etc.
‖Less common regular form: **morirò, morirai**, etc.
¶Like **porre**: **disporre, imporre, proporre**, etc.

3. The future is used frequently to indicate probability in the present.

> **Sarà** intelligente, ma non sono affatto d'accordo con il suo commento.
>
> *She may be intelligent, but I don't agree with her editorial at all.*
>
> Quella rivista **costerà** tanto.
>
> *That magazine probably costs [must cost] a lot.*

4. The future tense must be used in Italian after (**non**) **appena** (*as soon as*), **finché** (**non**) (*until*), **quando**, and **se** when the verb in the main clause is in the future. Note the contrast with English in the following examples.

> Se **potrà**, ci **manderà** le bozze.
>
> *If she can, she'll send us the proofs.*
>
> (Non) appena **uscirà** l'*Europeo* lo **andrò** a prendere.
>
> *As soon as Europeo comes out, I'll go pick it up.*

5. The expression **andare** + **a** + *infinito* can *never* substitute for the future tense in Italian. Instead, it conveys the idea of *going (to a place) to do something.*

> **Vado** (all'edicola) **a** comprare *La Repubblica.*
> **Andiamo** (in biblioteca) **a** cercare quegli articoli.

6. The expressions **stare per** + *infinito* and **essere sul punto di** + *infinito* mean *to be about to (do something).*

> Sono molto tesi (*nervous*) perché **stanno per** dare l'esame.
> Senti, Paolo, mi puoi richiamare stasera? **Sono** proprio **sul punto di** uscire.

Un po' di pratica

A. Il procrastinatore. Alessio è un tipo svogliato (*listless*) e rimanda (*postpones*) sempre tutto. Nelle parole di Alessio, dite quando eseguirà (*carry out*) le azioni seguenti. Usate le forme adatte del tempo futuro e dei pronomi riflessivi o di complemento diretto, secondo il contesto.

ESEMPIO: oggi / lavare la macchina (domani) →
Oggi non ho voglia di lavare la macchina; la laverò domani.

1. Questa settimana / imbiancare (*to paint*) la cucina (la settimana prossima)
2. Stasera / pulire il garage (domani sera)
3. Adesso / ripetere questi esercizi (più tardi)
4. Ora / cominciare la traduzione in inglese (dopo)
5. Stamattina / svegliarmi presto (domani mattina)
6. Oggi / pagare i conti (domani)
7. Adesso / spedire queste lettere (stasera)
8. In questo momento / organizzarmi (qualche altra volta)

E adesso ripetete l'esercizio cambiando il soggetto da **io** (*Alessio*) a **noi** (*Alessio e Gianni*), secondo l'esempio.

ESEMPIO: oggi / lavare la macchina (domani) →
Oggi non abbiamo voglia di lavare la macchina; la laveremo domani.

B. La giornata di un abitudinario (*creature of habit*). Mettete il paragrafo al futuro. (La settimana prossima...)

In genere mi alzo molto presto, prima delle 6,00. Cerco di fare un po' di ginnastica (se faccio ginnastica, mi sento meglio) e faccio la doccia. Preparo una prima colazione abbondante, bevo un caffè, lascio qualcosa al gatto, e esco prima delle 7,30. Vado a prendere l'autobus all'angolo e, mentre aspetto, do un'occhiata (*glance*) al giornale. Arrivo all'università verso le 8,00. Vedo i miei amici al bar, dove prendo un altro caffè in piedi, velocemente. Non ci rimango a lungo, perché devo arrivare in orario alla lezione di francese. Se posso, dopo la lezione traduco le frasi per la settimana sequente. Verso l'una, se un mio amico vuole accompagnarmi, andiamo a mangiare una pizza e vediamo un film; se no, mangio un panino e sto in biblioteca fino a tardi. Torno a casa stanchissimo ma soddisfatto del lavoro e del divertimento.

Ora ripetete l'esercizio cambiando il soggetto da **io** a **Franco e Tommaso**. Fate tutti i cambiamenti necessari.

C. Quattro chiacchiere. Completate gli scambi con la forma adatta del futuro o del presente, secondo il contesto.

1. —Senti, Paolo, quando _____ (vedere) Manuela, le _____ (potere) dare questo biglietto?
   —Certo. _____ (andare) a trovarla stasera, e glielo _____ (dare) senz'altro!
2. —Si _____ (sapere) i risultati dell'indagine domani?
   —Non lo so, ma se (i risultati) _____ (uscire), te lo _____ (fare) sapere subito.
3. —Ragazzi, cosa _____ (fare) stasera?
   —Io _____ (stare) a casa a studiare; Gilda e il suo ragazzo _____ (andare) al cinema.
4. —Guarda il manifesto: «Umberto Eco _____ (tenere) una conferenza lunedì, 21 aprile. _____ (partecipare) alla discussione i professori Franco Cardini e Sergio Zatti.»
   —Che bello! Io ci _____ (andare) senz'altro. Ci _____ (essere) anche tu, Mario?
   —_____ (venire) se _____ (potere), ma probabilmente _____ (dovere) lavorare quella sera.
5. —Ma quando _____ (decidere) di sposarsi quei due?
   —Non lo sapevi? Hanno già fissato (*set*) la data—verso la fine di giugno, quando il padre di Claudia _____ (tornare) dal Giappone.

D. Futurologia. Con la classe divisa in piccoli gruppi, cercate di immaginare il mondo nel 2100. Secondo voi, quali cambiamenti ci saranno? Prendete in considerazione questi aspetti della vita. Usate immaginazione!

ESEMPIO: i robot →
Ognuno avrà un robot a casa. I robot faranno tutti i lavori di casa: sapranno cucinare, pulire la casa, divertire la gente (ogni robot potrà suonare vari strumenti), e saranno gli allenatori personali (*personal trainers*) di tutte le persone pigre...

1. i mezzi di trasporto   3. il ruolo della donna   5. le vacanze
2. la scuola   4. il ruolo dell'uomo   6. la famiglia

2. Futuro anteriore

Forms

The future perfect (**futuro anteriore**) is formed with the future of the auxiliary **avere** or **essere** and the past participle of the verb.

VERBI CON **avere**	VERBI CON **essere**	
avrò imparat**o**	sarò partit**o/a**	mi sarò stabilit**o/a**
avrai imparat**o**	sarai partit**o/a**	ti sarai stabilit**o/a**
avrà imparato	sarà partito/a	si sarà stabilito/a
avremo imparato	saremo partiti/e	ci saremo stabiliti/e
avrete imparato	sarete partiti/e	vi sarete stabiliti/e
avranno imparato	saranno partiti/e	si saranno stabiliti/e

Uses

1. The future perfect expresses an action that will have taken place at a future moment in time or before another future action. It can be literally translated in English as *will have + past participle.*

   Per le otto **avremo finito** di
       mangiare.
   *By eight o'clock we will have
       finished eating.*
   Quando arriveranno alla stazione,
       il treno **sarà** già **partito**.
   *When they arrive at the station,
       the train will already have left.*

2. Expressions such as **(non) appena**, **dopo che**, **finché (non)**, and **quando** can introduce the future perfect in dependent clauses.

   Quando **avranno finito** il sondag-
       gio, giudicheremo i risultati.
   *When they have done the survey,
       we will assess [lit., judge] the
       results.*

   Appena **sarà arrivato** a Mosca, farà
       un'intervista all'ambasciatrice.
   *As soon as he arrives in Moscow,
       he'll conduct an interview with
       the ambassador.*

   Finché non **ci saremo presentati**,
       non potrò fissare un appunta-
       mento.
   *Until we have introduced our-
       selves, I can't set up an
       appointment.*

3. The future perfect is frequently used to express probability in the past.

   Avrà scritto l'articolo prima di
       sapere i risultati.
   *He [she] must have written [prob-
       ably wrote] the article before
       knowing the results.*

   Saranno usciti senza guardare il
       giornale.
   *They must have gone out [prob-
       ably went out] without looking
       at the paper.*

4. In everyday Italian, the future often replaces future perfect.

Appena **arriverà**, farà l'intervista.   *As soon as he arrives, he will con-*
duct the interview.

Un po' di pratica

A. Come saranno le cose? Mettete al futuro anteriore le frasi indicate, secondo l'esempio.

ESEMPIO: A mezzanotte vado a letto. (fra mezz'ora) →
Fra mezz'ora sarò andato a letto.

1. I Perella partono già per l'Inghilterra. (dopodomani)
2. Patrizia si sveglia. (fra mezz'ora)
3. Questo pomeriggio finisco i compiti. (per domani pomeriggio)
4. Vi mettete i vestiti eleganti. (al momento di uscire)
5. Alle cinque e mezzo laviamo la macchina. (per le cinque e mezzo)
6. La domenica tutti chiudono il negozio. (a quest'ora di domenica prossima)

B. Quale futuro? Mettete le frasi al futuro anteriore e al futuro semplice, usando le congiunzioni indicate.

ESEMPIO: Il giornalista verifica i fatti, poi scrive l'articolo. (quando) →
Quando il giornalista avrà verificato i fatti, scriverà l'articolo.

1. Arrivano i delegati, poi si organizza una conferenza stampa (*press conference*). (appena)
2. Non so la verità, quindi (*therefore*) non riferisco la storia ai giornali. (finché)
3. Vi stabilite a Washington, poi fate una ricerca sulla stampa americana? (appena)
4. Si mette in contatto con i rappresentanti di governo, poi cerca di fargli un'intervista. (dopo che)
5. Parliamo con i giornalisti, ma tutti sanno già dello scandalo. (prima che)
6. Comincia la guerra, poi tu parti per il medio oriente (Middle East), vero? (appena)

C. Sarà stato così. Con un compagno (una compagna), fate le domande e rispondete usando il futuro anteriore per indicare la probabilità, secondo l'esempio.

ESEMPIO: autobus / non circolare / giovedì →
—Come mai gli autobus non hanno circolato giovedì?
—Mah, gli autisti avranno fatto sciopero.

1. Madonna / cancellare / ultimo concerto
2. Luigi / non rispondere / telefono
3. Tuo fratello / mettersi quell'orrenda cravatta / per andare / festa
4. Bruno e Michele / non invitarci / cinema
5. Il tuo compagno di casa (*housemate*) / non voler riparare / televisore

AL CORRENTE

∙∙∙

Chi detta legge...   In base alle informazioni sul grafico, rispondete alle seguenti domande.

CHI DETTA LEGGE, LEGGE.

Il mezzo di comunicazione più seguito dalla classe dirigente è la stampa. La nostra.

IL QUOTIDIANO PIU' LETTO DALLA CLASSE DIRIGENTE E' **LA REPUBBLICA**.

236.000 lettori u.p.* su un totale classe dirigente di 640.000 persone. Pari a una penetrazione del 37%: un leader su tre legge La Repubblica.

IL MAGAZINE PIU' LETTO DALLA CLASSE DIRIGENTE E' **IL VENERDI'**.

285.000 lettori u.p., pari a una penetrazione del 45%.

IL MEZZO ECONOMICO PIU' LETTO DALLA CLASSE DIRIGENTE E' **AFFARI & FINANZA**.

163.000 lettori u.p., pari a una penetrazione del 25%.

I SETTIMANALI D'INFORMAZIONE PIU' LETTI DALLA CLASSE DIRIGENTE SONO:

PANORAMA: 195.000 lettori u.p., pari a una penetrazione del 30%.

L'ESPRESSO: 175.000 lettori u.p., pari a una penetrazione del 27%.

EPOCA: 72.000 lettori u.p., pari a una penetrazione dell'11%.

Dati Demoskopea, indagine Leader dicembre 1989.

* Lettori ultimo periodo = che hanno letto il mezzo nel giorno (quotidiani) o nella settimana (settimanali) precedenti l'intervista.

La Repubblica, Affari & Finanza, Il Venerdì, Panorama, L'Espresso, Epoca.
I leader più letti dai leader.

 A. MANZONI & C.
gruppo Mondadori

1. Il titolo di questa pubblicità consiste in un gioco di parole. Sapete decifrarlo? (Indizio [*Clue*]: **dettare** = *to dictate*; **legge** = *law.*) Spiegate, con le vostre parole, il significato del titolo.
2. Secondo voi, quale tipo di persona sarà il «target» delle pubblicazioni del gruppo Mondadori?
3. Ci sono statistiche in questa pubblicità che sostengono l'affermazione «Il quotidiano più letto dalla classe dirigente è *La Repubblica*»?
4. Qual è la pubblicazione del gruppo Mondadori più letta dai lettori u.p.?

5. Le percentuali indicate si riferiscono all'intera popolazione italiana, o soltanto ai lettori che appartengono alla classe dirigente?
6. Quale delle seguenti parole considerate essere la «parola chiave» di questa pubblicità, e perché?
   a. informazione   b. legge   c. leader   d. mezzo di comunicazione
7. In che modo possono essere ingannevoli (*misleading*) le informazioni in questa pubblicità?

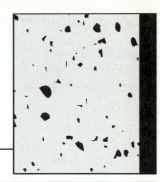

 STRUTTURE II

3. Aggettivi e pronomi dimostrativi

The demonstrative terms **questo** and **quello** can function either as adjectives (modifying nouns) or as pronouns (replacing nouns).

Aggettivi dimostrativi

1. When used as adjectives, both **questo** (*this*, *these*) and **quello** (*that*, *those*) always precede the noun they modify.

2. **Questo** has the four regular forms of adjectives ending in **-o**: **questo**, **questa**, **questi**, **queste**. Before singular nouns beginning with a vowel, it sometimes elides to **quest'**.

   Queste giornaliste scrivono per *Epoca*.
   Quest'articolo (**questo** articolo) è troppo lungo.

3. **Quello** is irregular and undergoes the same changes as the definite article (Chapter 1, Section 4).

MASCHILE		
	Singolare	*Plurale*
Before most consonants: **quel**; **quei**	**quel** settimanale (*weekly magazine*)	**quei** settimanali
Before **s** + consonant, **z**, **ps**: **quello**; **quegli**	**quello** scrittore	**quegli** scrittori
Before vowels: **quell'**, **quegli**	**quell'**articolo	**quegli** articoli

FEMMINILE		
	Singolare	*Plurale*
Before all consonants: **quella**; **quelle**	**quella** rivista	**quelle** riviste
Before vowels: **quell'**, **quelle**	**quell'**indagine	**quelle** indagini

Pronomi dimostrativi

1. **Questo** and **quello** can also be used as pronouns, to replace an implicit or previously mentioned person, place, or thing. **Questo** means *this*, *this one* (in the plural, *these*); **quello** means *that*, *that one* (pl., *those*).

Mi interessano le riviste politiche, ma **questa** (*cioè, questa rivista*) è troppo di destra (*right-wing*).

Cerchi un mensile per bambini? **Quelli** (*cioè, quei mensili*) sono molto divertenti.

I'm interested in political journals, but this one [i.e., this journal] is too right-wing.

You're looking for a children's monthly? Those [i.e., those monthlies] are very entertaining.

2. As pronouns, both **questo** and **quello** have only four forms.

	MASCHILE	FEMMINILE
Singolare	quest**o** quell**o**	quest**a** quell**a**
Plurale	quest**i** quell**i**	quest**e** quell**e**

3. **Quello**, used with **di**, usually indicates possession.

—Quali sono i commenti migliori?
—Non so, ma **quelli di** Anna Quindlen hanno vinto il premio Pulitzer.

—*Which are the best editorials?*
—*I don't know, but Anna Quindlen's have won a Pulitzer.*

4. When used in the same sentence, **quello** (**quelli**) and **questo** (**questi**) can mean *the former* and *the latter*. This use is generally confined to written Italian.

Conosco i giornali importanti di San Francisco e New York: **quelli** sono più superficiali, mentre **questi** sono molto più interessanti.

I'm familiar with the important San Francisco and New York newspapers; the former are more superficial while the latter are much more interesting.

Un po' di pratica

A. Questo, quello, o... ? Per ognuna delle seguenti cose o persone, date la forma adatta dell'aggettivo dimostrativo, secondo l'esempio.

ESEMPIO: scrittore / artista (*f.*) → questo scrittore e quell'artista

1. mensili / settimanali (*weeklies*)
2. editore / giornalista (*m.*)
3. articolo / rubrica (*column*)
4. fotografi / scrittori
5. quotidiano / periodico
6. foto (*pl.*) / disegni (*drawings*)

B. Conversazione con uno/a snob. Oggi siete con un amico (un'amica) che ama acquistare prodotti cari e di marca (*brand name*). Con un compagno (una compagna), create dei dialoghi secondo l'esempio.

> **ESEMPIO:**   stivali (di Gucci) →
> —Come sono belli quegli stivali!
> —Sì, forse, ma io preferisco quelli di Gucci.

1. automobili (sportive)
2. scarpe (di Ferragamo)
3. zaino (di Patagonia)
4. guanti (di pelle)
5. abito da sera (di Armani)
6. orologi (Movado)
7. foulard (*scarf, m.*) (di Hermès)
8. cintura (di Paloma Picasso)

C. Conversazione fra due amanti di musica rock. Completate il dialogo con la forma adatta degli aggettivi o dei pronomi dimostrativi, secondo il contesto.

> RINO: Ascolta _____ canzoni. Ti piacciono?
> DINO: Non c'è male, ma preferisco _____ dei Nirvana.
> RINO: Anche a me piace _____ disco; ho letto la recensione (*review*) sull'ultimo numero di _____ rivista americana: *Rolling Stone.*
> DINO: Ah sì, _____ è un periodico molto interessante. A proposito, hai letto l'articolo sul problema delle discoteche?
> RINO: No, di chi è?
> DINO: Lucio Mingozzi, _____ scrittore che ha una rubrica settimanale su *Tuttamusica.*
> RINO: Di quale problema parla in _____ articolo?
> DINO: Di _____ della droga in particolare, ma parla anche dei giovani che scappano di casa (*runaways*).
> RINO: Lo leggerò senz'altro (*without fail*). Allora lo vuoi _____ disco?
> DINO: Sì grazie. E in compenso ti do _____ copia del mio articolo su Janis Joplin.
> RINO: E chi è?
> DINO: Chi era, vuoi dire. Non ti ricordi? _____ cantante famosa degli anni sessanta!

4. Avverbi

• •

Adverbs (**avverbi**) modify a verb, an adjective or another adverb.

Oriana Fallaci scrive **meravigliosamente**.	*Oriana Fallaci writes marvelously.*
Il suo ultimo libro è **molto** bello.	*Her latest book is very good.*
Purtroppo, le vendite dell'edizione inglese vanno **abbastanza** male.	*Unfortunately, sales of the English edition are going rather poorly.*

Forms

1. In Italian, all adverbs are invariable. Although their forms may vary widely (**poco, qua, volentieri, sempre**), they do not change to agree with the expressions

modified. You are already familiar with many common Italian adverbs and adverbial expressions (**locuzioni avverbiali**): **bene, di solito, molto, piuttosto, spesso, tardi.**

> Seguo il calcio; leggo **sempre** *La Gazzetta dello Sport.*
> Quella rivista è **piuttosto** superficiale; non mi piace.
> Non ho ricevuto l'ultimo numero di *Ecologia*; **di solito** arriva alla fine del mese.

2. Adverbs derived from adjectives are formed by attaching the suffix -**mente** to the feminine singular form of the adjective.

> chiar**o** → chiar**amente** diligent**e** → diligent**emente**
> Quel giornalista scrive **chiaramente**. Bob lavora **diligentemente**.

> (Exception: legger**o** → legger**mente**)

3. Adjectives ending in -**le** or -**re** drop the final **e** before -**mente**.

> particolar**e** → particolar**mente** facil**e** → facil**mente**
> È una rivista **particolarmente** Si trovano **facilmente** diversi
> interessante. quotidiani.

Position

1. Adverbs normally follow the verb.

> Leggo **poco** le riviste sportive. Le compro **raramente**.

2. Certain common, short adverbs (**ancora, appena** [*just* (*now*), *scarcely, as soon as*], **già, mai, più, sempre, spesso**) are usually placed between the auxiliary and the past participle in sentences with compound tenses.

> Il nuovo numero (*issue*) di *Gioia* è **già** uscito. Non l'ho **ancora** letto, però.

3. Adverbs can precede the verb for special emphasis.

> **Mai** ho letto qualcosa di tanto stupido!
> **Allora** i giornalisti scrivevano a macchina; **ora** scrivono al computer!

4. **Anche** generally precedes the word it modifies. It can never appear at the end of a phrase or sentence. Note carefully how the position of **anche** changes the meaning of a sentence.

> **Anche** Mirella scrive molti articoli. *Mirella, too, writes many articles.*
> (Cioè, ci sono altre persone che *[i.e., There are many other*
> scrivono molti articoli.) *people who write articles.]*
> Mirella scrive **anche** molti articoli. *Mirella also writes many articles.*
> (Mirella è una brava scrittrice: *[Mirella is a good writer: She*
> scrive anche novelle, poesie, ecc.) *also writes stories, poems, etc.]*

5. Many adverbs indicating time can appear at the beginning of the sentence.

> **Domani** pubblicheranno i risultati dell'indagine.
> **L'anno scorso** hanno perso più di mille abbonati (*subscribers*).

6. A useful adverbial phrase is **in modo** + *aggettivo*.

> Mi ha risposto **in modo strano** (mi ha risposto **stranamente**).
> Sono partiti **in modo molto frettoloso** (**molto frettolosamente**: *very hastily*).

Attenzione! Remember that some common adverbs have different meanings depending on their context within a sentence. For a review of their uses in positive and negative constructions, see *Espressioni negative* (Chapter 2, Section 4).

Un po' di pratica

A. Caratteri contrastanti. Franca e Franco sono gemelli dalle abitudini completamente diverse. Descrivete i due, usando le espressioni indicate. Formate gli avverbi quando necessario.

> **ESEMPIO:**   bere caffè (spesso, raro) →
> Franca beve **spesso** caffè.
> Franco, invece, beve **raramente** caffè.

1. comportarsi (*to behave*) (leggero, serio)
2. amare le feste (particolare, poco)
3. imparare le lingue straniere (facile, difficile)
4. mangiare (rapido, tranquillo)
5. alzarsi (presto, tardi)
6. bere (eccessivo, normale)
7. rispondere agli altri (aggressivo, rispettoso)
8. guidare (veloce, piano)

B. Freschi di stampa (*Hot off the press*). Modificate le frasi usando gli avverbi indicati. Attenzione alla posizione dell'avverbio!

ESEMPIO: Ho letto i suoi commenti. (non... mai, con interesse, spesso) →
Non ho **mai** letto i suoi commenti.
Ho letto **con interesse** i suoi commenti.
Ho letto **spesso** i suoi commenti.

1. Ho comprato delle riviste femminili. (sempre, ieri, per disperazione)
2. Abbiamo guardato i risultati dell'indagine. (non... ancora, rapidamente, con attenzione)
3. L'ha trovato in edicola. (facilmente, non... più, stamattina)
4. L'hanno pubblicato su *Epoca*. (subito, non... mai, appena)
5. Perché avete letto *La Repubblica* di oggi? (con tanta ansia [*anxiety*], così velocemente, anche)

C. Anche l'avverbio. Leggete le due frasi. Usando **anche**, modificate la prima frase per esprimere quello che dice la seconda frase. Attenzione alla posizione di **anche**!

ESEMPI: Mi piace *La Repubblica*. Luisa legge *La Repubblica*. →
Anche a Luisa piace *La Repubblica*.

Mi piace *La Repubblica*. Leggo *La Repubblica* e *Il Corriere della Sera*. →
Mi piace **anche** *Il Corriere della Sera*.

1. Compro diversi quotidiani. I miei dirigenti (*managers*) ne comprano diversi.
2. Mi piace la rubrica (*column*) di William Safire. Mia sorella la legge ogni domenica.
3. Guido sa correggere le bozze (*proofread*). Guido sa comporre (*set type*).
4. La mia amica scrive per *Annabella*. Quella stessa amica scrive per *Grazia*.
5. *Maus* ha vinto un premio Pulitzer. L'ultimo libro di Daniel Yergin ha vinto un premio Pulitzer.
6. Hanno regalato un abbonamento a Pina e Claudio. Mi hanno regalato un abbonamento.

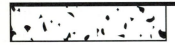 # METTIAMOLO PER ISCRITTO!

Giornalisti e lettori

1. Una casa editrice molto importante lancia (*launches*) un nuovo giornale e ha scelto voi come editore (editrice). Descrivete il giornale che creerete. Come sarà? Quali giornalisti assumerete (*will you hire*)? Ci saranno foto, forse a colori? Perché sì o perché no? A quali tipi di lettori sarà indirizzato (*directed*) il vostro giornale? Chiederete la partecipazione dei lettori? (Se sì, in che modo?) Usate immaginazione!
2. Descrivete le vostre abitudini di lettori (lettrici). Quali giornali e riviste leggete più spesso? Per quale motivo li leggete? Poi spiegate come si possono migliorare i giornali della vostra città (e/o della vostra nazione).

CAPITOLO 10

LINGUAGGIO E FANTASIA

Lettere e numeri in tumulto. Secondo voi, questo quadro è tradizionale o astratto? Come l'artista immagina il mondo? Preferite la realtà o vi affascina più il fantastico?

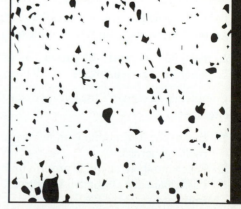

Italy has a long and rich history of imaginative fiction, from the popular demons, saints, angels, and talking animals of medieval narrative to science fiction and "speculative" fiction, both of which are extremely popular in Italy today. This chapter's readings are a short tale and poem by Gianni Rodari, a popular contemporary author.

The story, *L'acca in fuga,* is a playful speculation about what would happen if letters had human characteristics, and if one of them decided to secede from the Italian alphabet. The poem, "Il verbo solitario," carries the theme of language and fantasy one step further by describing a character who is afflicted with a malady familiar to many beginning students of Italian: "verbitis."

 VOCABOLARIO TEMATICO

Sostantivi

l'acca (the letter) H
  valere un'acca to be worthless
l'ala (*pl.* **le ali**) wing
l'autostop hitchhiking
  fare l'autostop to hitchhike
la caccia hunt
la casseruola (**le casseruole**) pot; pots and pans
il chiodo nail
la corda string
la fuga escape
  in fuga escaped, "on the run"
il gallo rooster
il martello hammer
il posto place
la roba (**le robe**) stuff, things, belongings
il sapore taste

Verbi

arrabbiarsi to get angry
cadere to fall
crollare to collapse
mettersi in viaggio to set out on a trip
piantare in asso to abandon, "leave in the lurch"
rassegnarsi (a) to resign oneself (to), settle for
scoprire to discover
sopportare to bear, put up with
sparire to disappear
starnutire to sneeze
tentare (di) to attempt, try

Aggettivi

disgustoso disgusting, nauseating
miope nearsighted

Altre parole ed espressioni

all'aperto outdoors
all'estero abroad
anzi or rather
da poco of little value, insignificant
di buon cuore kindhearted
di colpo suddenly
in compenso in return, on the other hand

A. Per ognuna delle parole o espressioni seguenti, cercate una parola del **Vocabolario tematico** che abbia un senso simile o logicamente associato.

1. martello   2. fuori   3. caccia   4. lettera   5. trovare   6. volare
7. generoso   8. sopportare   9. di poco valore   10. pollo

B. Completate le seguenti frasi usando una delle parole o espressioni del **Vocabolario tematico**.

1. È vero che lo zio Luigi è un po' scontroso (*grouchy*), ma è anche _____ e molto generoso.
2. Facciamo il picnic qui; è proprio un bel _____.
3. Participare alle Olimpiadi è un grosso impegno, _____ le soddifazioni sono immense.
4. Durante i bombardamenti della seconda guerra mondiale, molti edifici _____.

5. Il violino ha quattro _____, mentre la chitarra ne ha sei.
6. Da giovane, siccome spesso mi mancavano i soldi per prendere il treno, facevo _____ quando andavo da un _____ a un altro.
7. Questa macchina non è brutta, ma è una macchina _____. Comunque la tengo perché consuma poca benzina.
8. Ci sono solo poche persone capaci di smettere di fumare _____.
9. Non faccio molto sport, _____ non ne faccio affatto!
10. Da giovane vedevo bene, ma col tempo sono diventata _____.

C. Completate i tre diagrammi: prima, mettete al centro il nome di una categoria a cui appartengano (*belong*) tutte le altre parole; poi aggiungete alla categoria altre parole o espressioni dal **Vocabolario tematico.**

ESEMPIO:

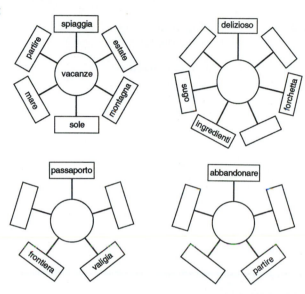

D. Combinate i verbi della colonna A con le espressioni della colonna B per formare delle frasi complete.

	A	B
ESEMPIO:	_____ crollare	Molti palazzi, durante un forte terremoto (*earthquake*) →

Molti palazzi crollano durante un forte terremoto.

	A (VERBI)		B (COMPLEMENTI)
1.	_____ scoprire	a.	nel fazzoletto (*handkerchief*) tre volte
2.	_____ arrabbiarsi	b.	inutilmente di spiegare la situazione
3.	_____ tentare	c.	sua suocera (*mother-in-law*), ma la vede il meno possibile
4.	_____ cadere	d.	dalla stanza da un momento all'altro
5.	_____ rassegnarsi	e.	la roba che i ladri (*thieves*) avevano nascosto
6.	_____ sparire	f.	per terra
7.	_____ sopportare	g.	subito con tutti quando è stanca
8.	_____ starnutire	h.	ad una vita mediocre

 PRELETTURA

Entriamo nel contesto!
• •

A. Fingete di essere un gruppo d'italiani senza nessuna conoscenza della lingua inglese. Come scrivereste i seguenti nomi geografici usando varie combinazioni di lettere dell'alfabeto italiano? Cercate di ritenere il più possibile della pronuncia americana nella vostra trascrizione!

ESEMPIO: *Chattanooga* → Ciattanuga

1. Chicago
2. Decatur
3. Glacier Peak
4. Charleston
5. Ingleside
6. Cincinnati

B. Esame di ortografia (*Spelling Test*): L'acca, benché non si pronunci nella lingua italiana, è molto importante per la fonetica. Scandite ad alta voce (*spell out loud*) l'equivalente italiano di queste parole.

ESEMPIO: *clear* → chiaro: ci acca i a erre o

1. church
2. (drinking) glass
3. to chat
4. we pay
5. key
6. nail
7. eyeglasses
8. closed

Ora, pronunciate queste parole senza l'acca!

 LETTURA

L'acca in fuga

C'era una volta un'Acca.

Era una povera Acca da poco: valeva un'acca, e lo sapeva. Perciò non montava in superbia,° restava al suo posto e sopportava con pazienza le beffe° delle sue compagne. Esse le dicevano:

5 —E così, saresti° anche tu una lettera dell'alfabeto? Con quella faccia?

—Lo sai o non lo sai che nessuno ti pronuncia?

Lo sapeva, lo sapeva. Ma sapeva anche che all'estero ci sono paesi, e lingue, in cui l'acca ci fa la sua figura.°

«Voglio andare in Germania, —pensava l'Acca, quand'era più triste del solito.—

10 Mi hanno detto che lassú° le Acca sono importantissime.»

non... he never put on airs / jibes

E così... So, you mean you claim to be

ci... is held in some regard

up there

Un giorno la fecero* proprio arrabbiare. E lei, senza dire né uno né due,° mise° le sue poche robe in un fagotto° e si mise in viaggio con l'autostop.

Apriti cielo!° Quel che successe° da un momento all'altro,° a causa di quella fuga, non si può nemmeno descrivere.

15 Le chiese, rimaste senz'acca, crollarono° come sotto i bombardamenti. I chioschi,° diventati di colpo troppo leggeri, volarono per aria seminando° giornali, birre, aranciate e granatine in ghiaccio° un po' dappertutto. In compenso, dal cielo caddero giù i cherubini°: levargli° l'acca, era stato come levargli le ali.

Le chiavi non aprivano più, e chi era rimasto fuori casa dovette rassegnarsi a 20 dormire all'aperto.

Le chitarre perdettero tutte le corde e suonavano meno delle casseruole.

Non vi dico il Chianti, senz'acca, che sapore disgustoso. Del resto era impossibile berlo, perché i bicchieri, diventati «biccieri» schiattavano° in mille pezzi.

Mio zio stava piantando un chiodo nel muro, quando le Acca sparirono: il 25 «ciodo» si squagliò° sotto il martello peggio che se fosse stato di burro.

La mattina dopo, dalle Alpi al Mar Jonio, non un solo gallo riuscì a fare chic-chirichí: facevano tutti *ciccirицí*, e pareva che starnutissero. Si temette un'epidemia.

Cominciò un gran caccia all'uomo, anzi, scusate, all'Acca. I posti di frontiera° furono avvertiti di raddoppiare° la vigilanza. L'Acca fu scoperta nelle vicinanze del 30 Brennero,° mentre tentava di entrare clandestinamente in Austria, perché non aveva passaporto. Ma dovettero pregarla in ginocchio°: —Resti con noi, non ci faccia questo torto°! Senza di lei, non riusciremmo a pronunciare bene nemmeno il nome di Dante Alighieri. Guardi, qui c'è una petizione degli abitanti di Chiavari, che le offrono una villa al mare. E questa è una lettera del capo-stazione° di Chiusi-Chianciano, che 35 senza di lei diventerebbe il capo-stazione di Ciusi-Cianciano: sarebbe una degradazione.

L'Acca era di buon cuore, ve l'ho già detto. È rimasta, con gran sollievo° del verbo chiacchierare e del pronome chicchessia.° Ma bisogna trattarla con rispetto, altrimenti ci pianterà in asso un'altra volta.

40 Per me che sono miope, sarebbe gravissimo: con gli «occiali» senz'acca non ci vedo da qui a lí.°

—Gianni Rodari

Glosses (right margin):

senza... *without even saying "boo!"*

3rd pers. sing., passato remoto, **mettere** */ bundle, pack*
Apriti... *Good heavens! / 3rd pers. sing., passato remoto,* **suc-cedere** */ da... all of a sudden*
3rd pers. pl., passato remoto, **crollare**

kiosks, vending stands */ scattering*

snow cones

cherubs */ taking away their*

shattered

si... melted

posti... *border guardposts*

to double

Brenner (Alpine pass between Italy and Austria)
pregarla... *plead with her*
non... *don't do us such a wrong*

stationmaster

con... *much to the relief of*

anybody, whoever

da... *two inches in front of my nose*
(*lit., from here to there*)

---

*fecero: third person plural, **passato remoto** of **fare**. Many of the verbs in this reading are in the past absolute (**passato remoto**), which is presented in the first grammar section in this chapter. You do not need to use these forms, but you should be able to recognize them to understand the general meaning of the phrases. As a reminder, glosses have been provided for the first four verbs in the **passato remoto**.

Avete capito?

A. L'umorismo del racconto «L'Acca in fuga» è basato sul destino di certe parole che perdono la loro acca. Ogni parola (o l'oggetto che rappresenta) subisce (*undergoes*) un cambiamento specifico. Combinate la parola con la trasformazione subita (*undergone*).

A (PAROLE)		B (CAMBIAMENTI)	
1. _____	chiese	a.	perdettero corde
2. _____	chioschi	b.	si ruppero
3. _____	cherubini	c.	starnutirono
4. _____	chiavi	d.	volarono
5. _____	chitarre	e.	si sciolsero
6. _____	Chianti	f.	diventò un nome degradante
7. _____	bicchieri	g.	crollarono
8. _____	chiodi	h.	non avrebbero (*wouldn't have*) aiutato a vedere meglio
9. _____	chichirichí	i.	aveva un sapore disgustoso
10. _____	Chiusi-Chianciano	j.	caddero
11. _____	occhiali	k.	non aprivano più

Ora, pronunciate le undici parole della colonna A prima con le acca, e poi senza le acca.

B. Rispondete alle seguenti domande.

1. Perché l'acca era triste?
2. Perché voleva andare in Germania?
3. Perché tutti volevano trovarla?
4. Come e dove sono riusciti a trovarla?
5. Chi ha scritto una petizione e perché?
6. Perché il capo-stazione si sentiva degradato senza l'acca?
7. Perché l'acca ha deciso di ritornare in Italia?
8. Cosa hanno imparato le sue compagne da questa esperienza?

C. Ecco un elenco di temi presenti in questa favola. Spiegate com'è trattato ogni tema.

ESEMPIO: Tema: le apparenze ingannevoli (*misleading*). Alle sue compagne, l'acca non sembra importante, perché non ha un suono proprio nella lingua italiana. Ma in realtà, l'acca è importantissima, perché permette alle consonanti **c** e **g** di mantenere il loro suono duro davanti alle vocali **e** e **i**. L'apparenza inganna!

1. dare qualcosa o la presenza di qualcuno (o essere dato) per scontato (*taken for granted*)
2. il rispetto del prossimo
3. il trionfo finale della vittima

Vi vengono in mente altre favole o storie che contengono uno (o alcuni) di questi temi? Quali?

Suggerimenti: Cenerentola, Dumbo, Il gatto con gli stivali, Cappuccetto rosso

E ora, a voi!

A. Rispondete alle seguenti domande.

1. Quali lettere (o combinazioni di lettere) dell'alfabeto inglese sono spesso mute (*silent*)?
2. Quali lettere (o combinazioni di lettere) dell'alfabeto inglese potrebbero essere eliminate per semplificare la fonetica inglese?

B. Con quattro o cinque compagni, cercate delle altre parole che contengano un'acca. Poi scrivete dei nuovi episodi, fantasiosi e comici, da aggiungere alla favola «L'acca in fuga». Infine leggete la nuova versione, completata da tutti i contributi dei vari gruppi della classe.

Suggerimenti: chilo, chiocciola, chirurgo, cinghiale, cucchiaio, fischio, ghiandola, ghigliottina, ginocchio, panchina

 LETTURA

Il «verbo solitario»

Il povero Dario
è malato:
ha il «verbo solitario»...

Qualcuno, invero,[1] afferma
che non si tratta già
di un verbo, ma di un verme...

Ah, che ne sa la gente!

Domandatelo a lui come si sente,
qual è la causa del suo soffrire:
vi dirà, precisamente,
che sono i verbi in *are*, in *ere* e in *ire*.

Lo tormentano in tutti i modi:[2]
indicativo, congiuntivo, eccetera.

Lo hanno perseguitato[3]
nel tempo passato
(sia prossimo che remoto)
e poco ma sicuro
gran noia gli daranno[4]
anche nel tempo futuro.

Che spasimi[5] atroci
quando deve coniugare
nelle sue strane voci[6]
un verbo irregolare...

—Gianni Rodari

[1]*indeed*   [2]*i... ways (also means "grammatical moods")*   [3]*pursued; persecuted*   [4]*gran... they'll continue to torment him*   [5]*pangs*   [6]*conjugations*

Avete capito?

Scegliete la risposta (o le risposte) giusta. Fate attenzione ai doppi sensi della poesia.

1. Chi sarà Dario?
   a. un bambino italiano
   b. uno studente universitario d'italiano
   c. un poeta straniero

2. Perché è ammalato?
   a. Ha fatto un'indigestione di verbi.
   b. Studia in una stanza isolata e fredda.
   c. Il suo dizionario non ha sostantivi.
3. Esiste una malattia chiamata il «verme solitario» (*tapeworm*). Secondo voi, quali sono i sintomi (*symptoms*) della malattia del «verbo solitario»?
   a. Il malato riesce a coniugare un solo verbo.
   b. Il malato dimagrisce (*loses weight*) quando studia i verbi.
   c. I verbi fanno soffrire lo studente.
4. Quanto dura la malattia del «verbo solitario»?
   a. nel presente
   b. nel presente e nel passato
   c. nel presente, passato e futuro
5. Come si cura questa malattia?
   a. con l'indicativo e il congiuntivo
   b. con l'imperativo e il condizionale
   c. Non c'è cura per questa malattia.
6. Quale attività provoca degli spasimi atroci?
   a. coniugare i verbi usando la voce del vostro professore (della vostra professoressa)
   b. coniugare le forme irregolari di un verbo
   c. pronunciare coniugazioni che fanno paura
7. Quale è la morale di questa storia?
   a. Coniugate i verbi irregolari poco alla volta.
   b. Coniugate i verbi solo al presente.
   c. Non cercate mai d'imparare l'italiano!

 STRUTTURE I

1. Passato remoto

Regular Verbs

The following charts show the past absolute of regular verbs. Note the alternate endings for the first person singular and third person singular and plural of -**ere** verbs.

I	II	III
tent**are**	v**ę**nd**ere**	scopr**ire**
tent**ai**	vend**ei** (vend**etti**)	scopr**ii**
tent**asti**	vend**esti**	scopr**isti**
tent**ò**	vend**è** (vend**ette**)	scopr**ì**
tent**ammo**	vend**emmo**	scopr**immo**
tent**aste**	vend**este**	scopr**iste**
tent**ạrono**	vend**ęrono** (vend**ęttero**)	scopr**irono**

Irregular Verbs

1. The following verbs are irregular in the **passato remoto** in all persons.

essere	dare	stare
fui	diedi (o: detti)	stetti
fosti	desti	stesti
fu	diede (o: dette)	stette
fummo	demmo	stemmo
foste	deste	steste
furono	diedero (o: dettero)	stettero

2. Other verbs are irregular in the first and third persons singular and the third person plural, but regular in the other persons. Once you know the irregular **passato remoto** stem of these verbs, add the endings -**i**, -**e**, and -**ero** to form, respectively, the first and third persons singular and the third person plural.

avere	nascere	scrivere
ebb**i**	nacqu**i**	scriss**i**
avesti	nascesti	scrivesti
ebb**e**	nacqu**e**	scriss**e**
avemmo	nascemmo	scrivemmo
aveste	nasceste	scriveste
ebb**ero**	nacqu**ero**	scriss**ero**

3. Here is a list of verbs which follow the pattern described above. Verbs have been grouped according to similarity in **passato remoto** stems. Note the similarity in many cases between the stems of the **passato remoto** and the past participle.

INFINITIVE	PASSATO REMOTO (FIRST PERSON SINGULAR)	PAST PARTICIPLE
accendere (*to light, to turn on*)	accesi	**acceso**
chiedere	chiesi	chiesto
prendere*	presi	**preso**
chiudere	chiusi	**chiuso**
concludere	conclusi	**concluso**
decidere	decisi	**deciso**
(s)mettere	(s)misi	(s)messo
(sor)ridere	(sor)risi	**(sor)riso**
uccidere (*to kill*)	uccisi	**ucciso**

---

*Like prendere: rendere (resi), spendere (spesi), scendere (scesi), etc. For a fuller presentation of parallel forms among irregular verbs, including irregular past participles, see Appendix I,C (*Verbi irregolari*).

INFINITIVE	PASSATO REMOTO (FIRST PERSON SINGULAR)	PAST PARTICIPLE
rimanere	rimasi	rimasto
rispondere	risposi	risposto
scrivere	scrissi	scritto
vivere	vissi	vissuto
esprimere	espressi	**espresso**
(e)leggere	(e)lessi	(e)letto
succedere	successe*	**successo**
discutere	discussi	**discusso**
distruggere	distrussi	distrutto
muovere	mossi	**mosso**
dipingere	dipinsi	dipinto
distinguere	distinsi	distinto
vincere	vinsi	vinto
piangere (*to cry*)	piansi	pianto
spegnere (*to extinguish, turn off*)	spensi	spento
assumere (*to take on, hire*)	assunsi	assunto
raggiungere (*to reach, attain*)	raggiunsi	raggiunto
accorgersi	mi accorsi	accorto
correre	corsi	**corso**
mordere (*to bite*)	morsi	**morso**
perdere	persi	**perso** (*o*: perduto)
risolvere	risolsi	risolto
togliere (*to take away, to take off*)	tolsi	tolto
svolgere (*to carry out, to develop*)	svolsi	svolto
scegliere	scelsi	scelto
vedere	vidi	visto (*o*: veduto)
nascere	nacqui	nato
piacere	piacqui	piaciuto
tacere (*to be silent*)	tacqui	taciuto
tenere	tenni	tenuto
venire	venni	venuto
volere	volli	voluto
apparire	apparvi	apparso
parere (*to seem*)	parvi	parso
scomparire (*to disappear*)	scomparvi	scomparso

---

*An impersonal verb; its only forms are third person singular and plural.

avere	ebbi	avuto
conoscere	conobbi	conosciuto
rompere (*to break*)	ruppi	rotto
sapere	seppi	saputo

4. **Bere**, **dire**, **fare**, **porre**, **tradurre**, and **trarre** all have irregular stems in the **passato remoto**. As with the **imperfetto**, their regular forms are based on their original Latin stems (or, in the case of **bere**, an early Italian variant).

bere (*bevere*)	dire (*dicere*)	fare (*facere*)	porre (*ponere*)	tradurre (*traducere*)	trarre (*tra[h]ere*)
bevvi	dissi	feci	posi	tradussi	trassi
bevesti	dicesti	facesti	ponesti	traducesti	traesti
bevve	disse	fece	pose	tradusse	trasse
bevemmo	dicemmo	facemmo	ponemmo	traducemmo	traemmo
beveste	diceste	faceste	poneste	traduceste	traeste
bevvero	dissero	fecero	posero	tradussero	trassero

Uses

1. The **passato remoto**, like the **passato prossimo**, is used to convey completed actions in the past. Its use differs from that of the imperfect in the same way that the **passato prossimo** is used differently from the imperfect. (See Chapter 6, Section 4 [**Passato prossimo e imperfetto: riassunto**] for a complete discussion of this distinction.)

> Faceva freddissimo il giorno in cui **morì** Giuseppe Verdi.
>
> *It was very cold the day Giuseppe Verdi died.*

> Michelangelo **scolpì** il *Davide* quando aveva ventisei anni.
>
> *Michelangelo sculpted the* David *when he was twenty-six.*

2. Though usage varies from region to region, the **passato remoto** is rarely used in everyday conversation—particularly in northern Italy—but is commonly used in literary texts and narrations of historical events.

> Così **scomparve** Cosimo, e non ci **diede** neppure la soddisfazione di vederlo tornare sulla terra da morto. Nella tomba di famiglia c'è una stele che lo ricorda con scritto: «Cosimo Piovasco di Rondò —**Visse** sugli alberi —**Amò** sempre la terra —**Salì** in cielo».

—Italo Calvino, *Il barone rampante*

> *Thus Cosimo disappeared, and he didn't even give us the satisfaction of seeing him return to the ground as a dead man. In the family tomb there is a slab that commemorates him with an inscription: "Cosimo Piovasco di Rondò—He lived in the trees—He always loved the ground—He ascended to heaven."*

La **vide**, la **conobbe**, e **restò** senza
e voce e moto. Ahi vista! ahi conoscenza!

—Torquato Tasso, *La Gerusalemme liberata*, XII.67

*He saw her, he recognized her, and he fell
mute and motionless. Ah, the sight! Ah, the recognition!*

L'opera di Dante, soprattutto *La Divina Commedia*, **fu** largamente cono-
sciuta e ammirata già nella sua epoca. I contemporanei **sentirono** il fascino della sua arte, anche se non ne **ebbero** una coscienza critica. Essi
esaltarano non tanto la sua poesia, quanto la sua scienza e la sua altezza
morale.

—Mario Puppo, *Manuale Critico-Bibliografico per lo studio della
letteratura italiana.*

*Dante's work, above all the Divine Comedy, was already widely known and
admired in his own time. His contemporaries were fascinated by his art,
even if they had no critical awareness of it. They exalted not so much his
poetry as his erudition and moral greatness.*

Un po' di pratica

A. **Anch'io!** Rispondete alle frasi usando **anche** e il
nome o il pronome tra parentesi.

> **ESEMPIO:**   Io comprai molti libri usati. (gli altri) →
> Anche gli altri comprarono molti libri
> usati.

1. Tutti credettero alle parole di quell'uomo.
   (Silvia)
2. Luigi finì di leggere l'articolo. (noi)
3. Papà andò in banca. (tu)
4. Sentii gli spari (*shots*). (I vicini
   [*neighbors*])
5. La signora Benetti chiamò subito
   la polizia. (io)
6. Arrivammo di buon'ora (*early*). (voi)
7. Ripetei tutte le parole nuove. (Roberto)
8. Gli studenti restituirono i libri alla
   biblioteca. (il professore)

DIO CREÒ L'UOMO.
POI LO GUARDÒ BENE E CREÒ L'INTIMO.

L'INTIMO È
FILA

B. **Trasformazioni.** Cambiate le frasi dal singolare al plurale.

> **ESEMPIO:**   Scrissi delle poesie. → Scrivemmo delle poesie.

1. Stetti un po' in silenzio, poi parlai.
2. Rimasi male (*I was upset*) quando sentii le brutte notizie.
3. Vidi una cosa interessante, ma non potei parlarne.
4. Non volli accompagnare Bruno alla stazione perché mi sentii male.
5. Vinsi la gara (*competition*) e ricevetti un bel premio.
6. Feci uno sbaglio quando spesi tutti i soldi.

E ora trasformate le frasi seguenti dal plurale al singolare. (Fate tutti i cambiamenti necessari.)

ESEMPIO: Decisero di cambiare casa. → Decise di cambiare casa.

1. Videro l'evidenza e scoprirono la verità.
2. Scelsero una bella macchina ma poi non la comprarono.
3. Non seppero rispondere, quindi tacquero.
4. Chiusero il negozio e tornarono subito a casa.
5. Vennero qui nel 1902 e vissero prima a Chicago, poi a Los Angeles.
6. Conobbero alcune persone importanti; così si sistemarono abbastanza bene.

C. Direttissimo. Completate il brano mettendo i verbi al passato remoto o all'imperfetto, secondo il contesto.

Alla stazione _____¹ (dovere) aspettarmi la Rosanna. Quando il treno _____² (arrivare), sulla banchina (*platform*) _____³ (esserci) molta gente. Ma Rosanna non _____⁴ (esserci). Il treno _____⁵ (avere) un ritardo di mezz'ora. Io _____⁶ (saltare) a terra, _____⁷ (attraversare) la stazione e, in fondo al viale (*at the end of the road*), _____⁸ (avvistare, *to spot*) Rosanna che _____⁹ (andarsene) un poco curva (*bent over*). «Rosanna, Rosanna!» _____¹⁰ (chiamare) a tutta voce. Ma il mio amore _____¹¹ (essere) ormai lontano. Ella non _____¹² (voltarsi) neanche una volta. Rosanna _____¹³ (scomparire) in fondo al viale. Cosa _____¹⁴ (importare) l'amore, dopo tutto?

—Dal racconto «Direttissimo» di Dino Buzzati.

D. Avvenimenti storici. In gruppi di due, fate le domande e rispondete.

ESEMPIO: la seconda guerra mondiale / finire / 1945 →
—Quando **finì** la seconda guerra mondiale?
—**Finì** nel 1945.

1. i Normanni / conquistare la Bretagna / 1066
2. Colombo / scoprire le Americhe / 1492
3. Machiavelli / scrivere *Il principe* / 1513
4. Bach e Händel / nascere / 1685
5. Dante / morire / 1321
6. Garibaldi / liberare la Sicilia / 1860

2. *Fare* + infinito

1. **Fare** is used with the infinitive to express the idea of *having (getting) something done* or *having (making) someone do something.* Noun objects follow the infinitive.

Preparo la cena.	*I prepare dinner.*
Faccio preparare la cena.	*I have dinner prepared.*
I ragazzi mangiano.	*The kids eat.*
Faccio mangiare i ragazzi.	*I make the kids eat.*

2. When the sentence has two objects, the person is the indirect object and the thing is the direct object. Use the preposition **a** before nouns or disjunctive pronouns to make them indirect objects.

L'insegnante fa ripetere l'esercizio **a** Franco.	*The instructor has Franco repeat the exercise.*
L'insegnante fa ripetere l'esercizio **a lui**.	*The instructor has him repeat the exercise.*

3. Both direct and indirect objects can be replaced by pronouns, which precede most conjugated forms of **fare**. Exception: the indirect object pronoun **loro**, which *always* follows the infinitive. In compound tenses, the past participle of **fare** agrees with direct object pronouns. (For combined forms of the direct and indirect object pronouns, review Chapter 7, Section 1: **Pronomi doppi**.)

Ho fatto battere le lettere al segretario.	*I had the secretary type the letters.*
Le ho fatt**e** battere al segretario.	*I had them typed by the secretary.*
Gli ho fatt**o** battere le lettere.	*I had him type the letters.*
Gliele ho fatt**e** battere.	*I had him type them.*
Ho fatto mangiare la frutta ai ragazzi.	*I made the kids eat the fruit.*
Gliel'ho fatt**a** mangiare. (**L'**ho fatt**a** mangiare **loro**.)	*I made them eat it.*

4. When **fare** is in the infinitive or familiar imperative forms, pronouns (**loro** excepted) are attached to **fare**, which drops its final **e**.*

Ho deciso di far riparare la macchina.	*I decided to have the car repaired.*
Ho deciso di far**la** riparare.	*I decided to have it repaired.*
Possiamo far uscire Loro da questa parte, signori?	*May we have you exit this way, gentlemen?*
Fate cantare i bambini!	*Make the children sing!*
Fate**li** cantare!	*Make them sing!*

5. When **fare** is followed by a reflexive verb, the reflexive pronoun is omitted.

Si è seduta.	*She sat down.*
L'abbiamo fatta **sedere**.	*We made her sit down.*

6. The construction **farsi** + *infinitive* is used when the object of the sentence is an article of clothing, body part, or personal possession. In this case, **essere** is used in compound tenses. The past participle agrees with the direct object pronoun, or with the subject if there is no object pronoun. The agent (the person performing the service) is preceded by **da**.

Si è fatta pulire i denti.	*She had her teeth cleaned.*
Si è fatta pulire i denti **dal** dentista.	*She had her teeth cleaned by the dentist.*

---

*Pronouns also attach to the gerund form of **fare**, presented in Chapter 15.

Se li è fatt**i** pulire **dal** dentista.	*She had them cleaned by the dentist.*
Mi sono fatt**a** lavare a secco il maglione.	*I had my sweater dry-cleaned.*
Me lo sono fatt**o** lavare a secco.	*I had it dry-cleaned.*

Attenzione! Faccio spedire un pacco *a* Maria can mean *I'm having a package sent to Maria* or *I'm having Maria send a package.* To convey the second meaning without ambiguity, use the preposition **da: Faccio spedire un pacco *da* Maria.**

Un po' di pratica

A. Cosa facciamo fare? Queste persone sono impegnatissime (*extremely busy*) e non hanno tempo per fare queste cose loro stesse. Dite quello che fanno fare secondo l'esempio.

> **ESEMPIO:**   Spedisco le lettere. → Faccio spedire le lettere.

1. Marco pulisce il garage.   2. Preparate i panini.   3. Faccio il bucato (*laundry*).
4. Antonella ed io puliamo la casa.   5. I vicini accompagnano la figlia a scuola.
6. Rimetti i libri nello scaffale.   7. La signora Morandi prenota l'albergo e l'aereo.
8. Riparate la bici.

B. Le faccende (*chores*) di tutti i giorni. Trasformate le frasi secondo l'esempio.

> **ESEMPIO:**   Ho fatto la spesa. (la mia compagna di camera) →
> Ho fatto fare la spesa alla mia compagna di camera.

1. Ho lavato la macchina. (i miei compagni di camera)
2. Ho comprato dei francobolli. (la mia amica)
3. Ho annaffiato (*watered*) le piante. (il mio compagno di camera)
4. Ho restituito i video. (le mie amiche)
5. Ho battuto al computer la relazione. (mio fratello)
6. Ho riparato la TV. (l'elettricista)

C. Ancora una volta. Ora trasformate le frasi dell'esercizio B secondo l'esempio.

> **ESEMPIO:**   Ho fatto fare la spesa alla mia compagna di camera. →
> Gliel'ho fatta fare.

D. Da chi? Alternandovi con un compagno (una compagna), fate le domande e rispondete secondo l'esempio.

> **ESEMPIO:**   farsi riparare gli occhiali (l'ottico [*optician*]) →
> —Da chi ti sei fatto (fatta) riparare gli occhiali?
> —Me li sono fatti riparare dall'ottico.

1. farsi accorciare (*shorten*) i pantaloni (il sarto, *tailor*)
2. farsi correggere i compiti (il mio amico italiano)
3. farsi fare la manicure (Kiki)
4. farsi tagliare i capelli (Jean-Pierre)
5. farsi rammendare (*mend*) il maglione (mia madre)

— *No! La mamma mi ha detto di non farmi mettere da te nessuna mela sulla testa!*

AL CORRENTE

Un intervallo mistico.   Guardate le pubblicità e rispondete alle domande che seguono.

1. A che numero bisogna telefonare per farsi fare le carte (*to have your cards read*)?
2. E gli innamorati infelici, quale servizio devono scegliere?
3. Come si chiama il servizio di chiromanzia (*fortune-telling*)? Secondo voi, perché hanno scelto questo nome?
4. I nati sotto questi segni zodiacali vorrebbero sentire l'oroscopo telefonico. Trovategli il numero adatto: Pesci, Capricorno, Ariete.
5. Quanto costa una tipica telefonata a uno di questi servizi?
6. Avete mai telefonato a un servizio di questo genere? Conoscete delle persone che lo fanno regolarmente? Secondo voi, che cosa spinge (*drives*) una persona a ricorrere a questi «aiuti»?
7. Ci credete alle varie discipline metafisiche (i tarocchi, l'astrologia, la chiromanzia, l'uso dei cristalli)? Ai fenomeni cosiddetti «paranormali»? Perché sì o perché no?
8. Avete mai avuto un'esperienza mistica? Siate sinceri!

 STRUTTURE II

3. *Lasciare* + infinito

1. The construction **lasciare** + *infinitive* conveys the idea of *allowing someone to do something* (*letting someone do something*). It follows the pattern of **fare** + *infinitive* in terms of

   - placement of objects

Lascio cucinare **mio figlio**.	*I let my son cook.*
Lascio cucinare i piatti semplici **a mio figlio (a lui)**.	*I let my son [him] cook simple dishes.*

   - placement of direct and indirect object pronouns

Non **ve lo** lascio fare!	*I won't let you do it!*
Lascia stare il gatto; lascia**lo** stare!	*Leave the cat alone; leave him alone!*
Ma non vuoi lasciar**lo** stare?	*Won't you leave him alone?*

   - agreement of the past participle

Non **le** ho lasciat**o** vedere quei film; non **glieli** ho lasciat**i** vedere.	*I didn't let her see those films; I didn't let her see them.*

   - suppression of reflexive pronouns

Si divertirà alla festa.	*He'll have fun at the party.*
Lascia**lo** divert**ire** alla festa!	*Let him have fun at the party!*

2. **Permettere di** + *infinitive* (always used with indirect objects) is equivalent in meaning to **lasciare** + *infinitive*.

Non lascio fumare in casa mio marito.	*I don't let my husband smoke in the house.*
Non permetto a mio marito di fumare in casa.	
Non gli permetto di fumare in casa.	*I don't let him smoke in the house.*

Attenzione! In everyday conversation, Italians frequently use **fare** instead of **lasciare**.

Ragazzi, fate**mi** entrare!	*Let me in, guys!*
È incredibile, i tuoi genitori ti fanno fare tutto quello che vuoi!	*It's incredible; your parents let you do anything you want!*

Un po' di pratica

A. Dei genitori simpatici. I signori de Mauro lasciano fare molte cose ai figli. Trasformate le frasi secondo l'esempio.

ESEMPIO: Potete guardare la TV. →
Vi lasciamo guardare la TV.
Ve la lasciamo guardare.

1. Puoi usare la moto.
2. Tua sorella può acquistare una macchina usata.
3. Potete invitare gli amici a cena.
4. Tuo fratello può usare la carta di credito.
5. Puoi metterti i jeans per andare a scuola.
6. Potete noleggiare (*to rent*) due video.

B. Dei genitori autoritari. Trasformate le frasi secondo gli esempi.

ESEMPIO: Non lo lasciano uscire quasi mai. →
Non gli permettono di uscire quasi mai.

1. Non li lasciano andare a Fort Lauderdale.
2. Non lo lasciano iscrivere a lettere (*humanities*).
3. Non le lasciano bere alcolici.
4. Non gli lasciano usare la macchina.
5. Non la lasciano andare sola in centro.

ESEMPIO: Non gli hanno permesso di ascoltare i dischi. →
Non gli hanno lasciato ascoltare i dischi.
Non glieli hanno lasciati ascoltare.

6. Non gli hanno permesso di comprare la chitarra.
7. Non le hanno permesso di leggere romanzi rosa (*romance novels*).
8. Non le hanno permesso di portare la minigonna (*miniskirt*).
9. Non gli hanno permesso di invitare gli amici.
10. Non le hanno permesso di mangiare al fast-food.

C. Interviste. Chiedete a un compagno (una compagna) di classe se i genitori gli
(le) lasciavano fare queste cose. Usate i pronomi quando possibile. Seguite l'esempio.

ESEMPIO: fumare le sigarette →
—I tuoi genitori ti lasciavano fumare le sigarette?
—No, assolutamente, non me le lasciavano fumare!
(Sì, me le lasciavano fumare dopo i 18 anni, ma solo una sigaretta
dopo cena.) E i tuoi genitori?

1. comprare la moto
2. uscire tutte le sere
3. guardare la TV quanto volevi
4. usare la carta di credito
5. dormire fino a tardi
6. uscire con ragazzi (ragazze) a 14 anni
7. ascoltare i dischi anche la sera tardi
8. vestirti come volevi

4. *Verbi di percezione + infinito*

1. Verbs of perception such as **ascoltare**, **sentire**, and **vedere** can be used in constructions with the infinitive.

Il bambino piange.	*The baby is crying.*
Non **senti piangere** il bambino?	*Don't you hear the baby crying?*

2. As is the case with the **fare** and **lasciare** + *infinitive* constructions, pronoun objects precede conjugated forms of the verb of perception, but are attached to the infinitive.* The past participle of the verb of perception agrees with direct object pronouns.

Pavarotti e Domingo mi piacciono molto, ma non **li** ho mai senti**ti** cantare dal vivo.	*I like Pavarotti and Domingo a great deal, but I've never heard them sing live.*
Non voglio sentir**vi** gridare!	*I don't want to hear you shouting!*

3. Reflexive pronouns, however, remain attached to the infinitive.

L'ho sentito lamentar**si** per delle ore.	*I listened to him complaining for hours.*

4. Verbs of perception can also be followed by **che** + *indicative* or **mentre** + *indicative*.

Ho visto arrivare tua sorella.	
Ho visto tua sorella **che arrivava**.	*I saw your sister arriving.*
Mi piace guardarlo pattinare.	
Mi piace guardarlo **mentre pattina**.	*I like to watch him skating.*

5. In verb of perception + infinitive constructions, when the infinitive has its own object, the structure is as follows: *verb of perception + object of that verb + infinitive + object of the infinitive.*

Ho visto **i ragazzi** mangiare **tutta quella roba**!	*I saw the kids eat all that stuff!*
Sentiamo **la vicina** suonare **il pianoforte**.	*We hear the neighbor play[ing] the piano.*

Un po' di pratica

A. Nel mio quartiere (*neighborhood*). Trasformate le frasi secondo l'esempio.

ESEMPIO: Vedo i bambini che giocano. → Vedo giocare i bambini.

1. Vedo le signore che escono a fare la spesa.
2. Guardo tanti tassì e autobus che passano.
3. Sento i tassisti che si arrabbiano e urlano.
4. Osservo i signori che corrono a prendere la metropolitana.
5. Ascolto i vecchi che parlano di politica.
6. Sento i giovani musicisti che provano (*practice*) gli strumenti.

B. Ancora una volta. Ora trasformate le frasi dell'esercizio A secondo l'esempio.

ESEMPIO: Vedo giocare i bambini. → Li vedo giocare.

---

*They also attach to the informal imperative and gerund, which are presented, respectively, in Chapters 11 and 15.

C. Quattro chiacchiere. Completate le frasi con la forma adatta dei verbi elencati e i pronomi necessari.

Verbi: fare, guardare, lasciare, permettere, sentire, vedere

1. —Hai prestato il *walkman* a tuo fratello?
   —No, non _____ di usarlo. Mi rovina (*ruins*) sempre tutto.
2. —Ninetto e Tommaso, non correte! Venite qua, subito!
   —Ma Franco, _____ stare! Sono ragazzi e vogliono giocare.
3. —È partita Tiziana?
   —Non lo so, non _____ partire. Forse ha cambiato idea.
4. —Cos'avete fatto al mare?
   —Io niente, ho voluto riposarmi. _____ passare le barche e basta.
5. —Sono tornati i figli dei Colombo?
   —Ma non _____ urlare (*screaming*)?
6. —Avete imbiancato (*painted*) la cucina?
   —No, _____ imbiancare a mio fratello. È più bravo di noi.
7. —Sei andato al cinema con Mirella martedì sera?
   —No, perché i genitori non _____ uscire durante la settimana. Sono molto autoritari.
8. —Dov'è Roberto? Non viene a lezione oggi?
   —(Io) _____ tornare al dormitorio di gran corsa (*in a big rush*). Avrà dimenticato di nuovo i compiti, poverino!

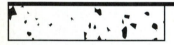 # METTIAMOLO PER ISCRITTO!

Invenzioni linguistiche

1. Scrivete un breve racconto o dialogo in cui una lettera inglese—per esempio, la *y* o la *k*—scappa via (*runs away*) con una lettera italiana. Perchè scappano via? Perchè sono insoddisfatte? Come raffrontano (*do they compare*) i loro suoni e le loro funzioni? Usate immaginazione!
2. Immaginate un incontro tra un paio di «falsi amici»—tra le parole *pretend* e «pretendere» (*to demand, to expect*), *morbid* e «morbido» (*soft*), *factory* e «fattoria», *library* e «libreria», o tra un altro paio che trovate interessante. Fateli discutere le loro vite, gli ambienti che frequentano, i malintesi (*misunderstanding*) che devono affrontare.

CAPITOLO 11

UNA FIABA PER I TEMPI NOSTRI

Le fiabe scatenano l'immaginazione, intrattengono ed istruiscono. Le piace leggere delle fiabe? Perché? Si ricorda qualche fiaba della sua infanzia? La racconti agli altri!

Fairy tales, legends, and fables are a vital part of Italy's cultural heritage. Each region has its own treasury of stories, which number in the thousands. In addition, there are innumerable variants of well-known world classics such as Cinderella, Snow White, and Seven with One Blow, which trace their origins to Italian folk legends of the oral dialect tradition.

Nearly every generation of Italian writers, going back at least as far as Boccaccio, have acknowledged their debt to popular folk tales. Indeed, some of Italy's major modern authors have devoted much effort to collecting and transcribing these stories, besides contributing some original variants of their own. Stefano Benni, the author of this chapter's reading, owes a great debt to Italian fairy tales. A highly popular contemporary humorist, Benni writes fantasy and science-fiction novels, short stories, essays, and poems. In *La chitarra magica*, he uses many typical devices of the fairy tale, but with an unexpected contemporary twist.

 # VOCABOLARIO TEMATICO

Sostantivi

il cappello hat
il cappotto overcoat
la chitarra guitar
il mago magician, wizard
la moneta coin
il palco stage
il pezzo piece (musical)
il rimmel mascara
il rossetto lipstick
la sciarpa scarf
lo spettacolo show
gli spiccioli small change

Verbi

accadere to happen
avvenire to take place, happen

avvicinarsi to approach, get close to
cedere to give up, hand over
  cedere il posto to give up one's place
eseguire to perform
fingere to pretend
mettersi (a) to begin (doing something)
proseguire to continue (on), carry on
rilassarsi to relax
rubare to steal
scivolare to slip, slide
smettere (di) to stop (doing something)
uccidere to kill
udire to hear

Aggettivi

fatato magic, bewitched
invidioso envious
malvagio wicked
scomparso disappeared, deceased
truccato made-up

Altre parole ed espressioni

alle spalle di (qualcuno) behind, behind (someone's) back
dato che since, seeing as
di animo buono kind-hearted
Guai a...! Heaven help...!
sottovoce under one's breath, in a whisper

A. Trovate la parola o l'espressione che sembra fuori luogo. Spiegate perché.

1. fingere, maschera, truccarsi, moneta
2. avvicinarsi, smettere, camminare, proseguire
3. malvagio, nascosto, di animo buono, invidioso
4. rossetto, eseguire, chitarra, pezzo, udire
5. uccidere, rubare, cedere, fare violenza

B . Completate le seguenti frasi con la parola o l'espressione più logica, secondo il contesto.

1. Lavori troppo, Monica, hai bisogno di _____!
2. Quando l'autobus è affollato, i giovani dovrebbero _____ agli anziani!

3. Bambini, state attenti a non _____ sul ghiaccio (*ice*)! Potete cadere e farvi male!
4. Quanto è pettegola (*gossipy*) quella ragazza! Parla _____ di tutti gli amici.
5. _____ non puoi accompagnarmi allo spettacolo, inviterò un'altra amica.
6. Il professore ci ha minacciati: «_____ chi non studia bene per il prossimo esame!»
7. L'orchestra _____ alla perfezione il mio _____ preferito di Beethoven.
8. Parlo _____ per non svegliare i bambini che dormono.

C. Trovate l'associazione logica tra le parole nelle colonne A e B.

A		B	
1. _____	rimmel	a.	monete
2. _____	pezzo	b.	spettacolo
3. _____	mago	c.	morire
4. _____	mettersi a	d.	avvenire
5. _____	palco	e.	sciarpa e cappello
6. _____	spiccioli	f.	di fumare
7. _____	cappotto	g.	truccato
8. _____	uccidere	h.	fatato
9. _____	accadere	i.	musica
10. _____	smettere	j.	cominciare

PRELETTURA

Entriamo nel contesto!

A. Rispondete alle seguenti domande.

1. Chi sono di solito i protagonisti delle fiabe?
2. Potete citare quattro o cinque caratteristiche fondamentali delle fiabe?
3. Vi piacevano le fiabe quando eravate piccoli? Perché sì, o perché no?
4. Che cosa vi piace nelle fiabe? Che cosa non vi piace?
5. Conoscete una fiaba con un mago? Se sì, quale?
6. Come finiscono di solito le fiabe?
7. Secondo voi, una fiaba deve sempre avere un lieto fine (*happy ending*)? Citate una fiaba che potrebbe essere più interessante ed istruttiva se avesse (*it had*) una conclusione negativa.

B. Un'improvvisata. In gruppi di tre compagni (compagne), preparate ed eseguite davanti alla classe una scenetta basata sugli elementi sottoelencati. Tutte le scenette devono avere lo stesso tema, ma con conclusioni diverse.

Ecco la situazione!
Pietro, un giovane musicista, vuole racimolare (*scrape together*) un po' di soldi per le vacanze estive; quindi decide di suonare la chitarra in pubblico.

Una buona fata (*fairy*), vedendo che Pietro è buono e generoso, gli regala una chitarra magica che suona meravigliosamente qualsiasi pezzo che il pubblico vuole sentire. La sua musica ha molto successo e il ragazzo comincia ad accumulare un sacco di soldi.

Entra in scena il personaggio malvagio!

A questo punto entra in scena un personaggio malvagio, invidioso del successo di Pietro. Ogni gruppo deve scegliersi il proprio personaggio malvagio e decidere in che modo cerchi di rovinare i programmi di Pietro.

Finisce bene o male?

Decidete chi vince alla fine: Pietro, o le forze del male?

Personaggi:

1. Pietro
2. personaggio malvagio
3. personaggio di vostra scelta: complice (*accomplice*) del personaggio malvagio, nemico del personaggio malvagio, la buona fata... Decidete voi!

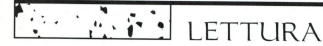 # LETTURA

La chitarra magica

> Ogni ingiustizia ci offende, quando non ci
> procuri direttamente alcun profitto.
>
> —*Luc de Vauvenargues*

C'era un giovane musicista di nome Peter che suonava la chitarra agli angoli delle strade. Racimolava° così i soldi per proseguire gli studi al Conservatorio: voleva diventare una grande rock star. Ma i soldi non bastavano, perché faceva molto freddo e in strada c'erano pochi passanti.° *He collected* *passersby*

5   Un giorno, mentre Peter stava suonando «Crossroads» gli si avvicinò un vecchio con un mandolino.

—Potresti cedermi il tuo posto? È sopra un tombino° e ci fa più caldo. *street vent, manhole cover*

—Certo— disse Peter che era di animo buono.

—Potresti per favore prestarmi la tua sciarpa? Ho tanto freddo.

10   —Certo— disse Peter che era di animo buono.

—Potresti darmi un po' di soldi? Oggi non c'è gente, ho raggranellato° pochi spiccioli e ho fame. *scraped together*

—Certo— disse Peter che eccetera. Aveva solo dieci monete nel cappello e le diede tutte al vecchio.

15   Allora avvenne un miracolo: il vecchio si trasformò in un omone° truccato con rimmel e rossetto, una lunga criniera arancione,° una palandrana di lamé e zeppe° alte dieci centimetri. *large man* *criniera... orange mane / una... a robe of metallic cloth and platform shoes*

L'omone disse: —Io sono Lucifumándro, il mago degli effetti speciali. Dato che sei stato buono con me ti regalerò una chitarra fatata. Suona da sola qualsiasi pezzo, basta che tu glielo ordini. Ma ricordati: essa può essere usata solo dai puri di cuore.° Guai al malvagio che la suonerà! Succederebbero cose orribili!

Ciò detto° si udì nell'aria un tremendo accordo di mi settima° e il mago sparì. A terra restò una chitarra elettrica a forma di freccia, con la cassa di madreperla e le corde d'oro zecchino.° Peter la imbracciò° e disse:

—Suonami «Ehi Joe».

La chitarra si mise a eseguire il pezzo come neanche Jimi Hendrix, e Peter non dovette far altro che fingere di suonarla. Si fermò moltissima gente e cominciarono a piovere soldini° nel cappello di Peter.

Quando Peter smise di suonare, gli si avvicinò un uomo con un cappotto di caimano.° Disse che era un manager discografico e avrebbe fatto di Peter una rock star. Infatti tre mesi dopo Peter era primo in tutte le classifiche° americane italiane francesi e malgasce.° La sua chitarra a freccia era diventata un simbolo per milioni di giovani e la sua tecnica era invidiata da tutti i chitarristi.

Una notte, dopo uno spettacolo trionfale, Peter credendo di essere solo sul palco, disse alla chitarra di suonargli qualcosa per rilassarsi. La chitarra gli suonò una ninna-nanna.° Ma nascosto tra le quinte° del teatro c'era il malvagio Black Martin, un chitarrista invidioso del suo successo. Egli scoprì così che la chitarra era magica. Scivolò alle spalle di Peter e gli infilò giù per il collo uno spinotto° a tremila volt, uccidendolo. Poi rubò la chitarra e la dipinse di rosso.

La sera dopo, gli artisti° erano riuniti in concerto per ricordare Peter prematuramente scomparso. Suonarono Prince, Ponce e Parmentier, Sting, Springsteen e Stronhaim. Poi salì sul palco il malvagio Black Martin.

Sottovoce ordinò alla chitarra:

—Suonami «Satisfaction».

Sapete cosa accadde?

La chitarra suonò meglio di tutti i Rolling Stones insieme. Così il malvagio Black Martin diventò una rock star e in breve° nessuno ricordò più il buon Peter.

Era una chitarra magica con un difetto di fabbricazione.°

puri... the pure of heart

Ciò... No sooner had he spoken those words / accordo... E⁷ chord

a forma... in the form of an arrow, with a mother-of-pearl body and pure gold strings / positioned it in his arms

spiccioli

crocodile
pop charts
Madagascan

lullaby / wings

gli... he slipped an electrical socket down the back of his shirt

performers

in... in poco tempo
difetto... manufacturing defect

—da Stefano Benni, *Il bar sotto il mare*

Avete capito?

A. Abbinate le frasi della colonna A con quelle della colonna B per formare una sequenza logica, secondo il contesto della lettura.

A

1. _____ Peter è un musicista che suona nelle strade.
2. _____ Peter è di animo buono.
3. _____ La chitarra è magica e suona qualsiasi pezzo.
4. _____ Il manager ha detto che avrebbe fatto di Peter una rock star.
5. _____ Black Martin era un chitarrista malvagio.
6. _____ Invece di subire una punizione orribile, Black Martin divenne famoso.

B

a. Però può essere usata solo dai puri di cuore.
b. Uccide Peter con una scarica (*shock*) elettrica.
c. Si vede che la chitarra aveva un difetto di fabbricazione.
d. In questo modo racimola soldi per andare al Conservatorio.
e. Dopo pochi mesi i suoi dischi erano primi in tutte le classifiche del mondo.
f. Dà al vecchio tutto quello che chiede.

B. Completate il seguente dialogo tra Peter e il vecchio in base alla storia che avete letto.

VECCHIO: Ho tanto freddo, non potresti _____¹? Fa più caldo lì dove stai tu.
PETER: Sì, certo.
VECCHIO: Non ho neanche un cappotto! Potresti prestarmi _____²?
PETER: Va bene.
VECCHIO: Ho anche molta fame, potresti darmi _____³?
PETER: Sì, certo.
VECCHIO: Vedo che tu sei _____⁴, e ti voglio fare un regalo.
PETER: Ma che tipo di regalo?
VECCHIO: Ecco, ti do questa _____⁵. Vedi, io non sono veramente un povero vecchio; sono _____⁶.
PETER: Questo è proprio uno splendido regalo, grazie mille.
VECCHIO: Bada però, che può essere usata soltanto da chi _____⁷.

C. Rispondete alle seguenti domande.

1. Perché suona la chitarra Peter?
2. Com'è Peter?
3. Chi è il vecchio veramente?
4. A chi obbedisce la chitarra?
5. Cosa succede quando Peter chiede alla chitarra di suonare «Ehi Joe»?
6. Chi è l'uomo con il cappotto di caimano?
7. Ha successo Peter con la sua chitarra?
8. Chi è Black Martin, e come fa a rubare la chitarra?
9. La chitarra obbedisce a Black Martin? Perché sì, o perché no?
10. Cosa succede poi a Black Martin?

D. Discussione. Rispondete alle seguenti domande.

1. Per quanto riguarda la trama (*plot*) ed i personaggi, per quali aspetti si può considerare «La chitarra magica» una fiaba tipica? Per quali aspetti è diversa dalle fiabe tradizionali?
2. «La chitarra magica» può essere classificata un' «anti-fiaba»? Perché sì, o perché no?
3. Come finisce questa fiaba? Bene? Male? Né bene né male? Secondo voi, ha una morale?

E ora, a voi!

A. Il successo continua. Invece di incontrare il perfido Black Martin, Peter continua ad avere successo. Ritorna il vecchio, ma questa volta Peter lo tratta male ed il vecchio si vendica (*gets revenge*)! In gruppi di tre o quattro, spiegate come va a finire la storia.

B. Per ognuna delle seguenti professioni pensate a una magia (*form of magic*) che potrebbe aiutare la persona a fare meglio il proprio lavoro.

ESEMPIO: parrucchiere →
Ecco una magia che potrebbe essere utile ad un parrucchiere: uno specchio magico. Ogni volta che il parrucchiere finisce di tagliare e lavare i capelli ad un (una) cliente, lo (la) fa guardare nello specchio. Quando il (la) cliente si guarda nello specchio magico, crede di vedere la donna (l'uomo) più bella (bello) del mondo!

Professioni:

1. dentista
2. tennista
3. cuoco
4. tassista
5. attrice
6. professore d'italiano

 STRUTTURE I

1. Imperativo

The imperative is used for issuing orders, directions, or advice. The following charts show the imperative forms of the regular and most common irregular verbs.

	I	II	III	III (isc)
	guard**are**	prend**ere**	apr**ire**	fin**ire**
(tu)	Guard**a**!	Prend**i**!	Apr**i**!	Fin**isci**!
(Lei)	Guard**i**!	Prend**a**!	Apr**a**!	Fin**isca**!
(noi)	Guard**iamo**!	Prend**iamo**!	Apr**iamo**!	Fin**iamo**!
(voi)	Guard**ate**!	Prend**ete**!	Apr**ite**!	Fin**ite**!
(Loro)	Guard**ino**!	Prend**ano**!	Apr**ano**!	Fin**iscano**!

essere	avere
sii	abbi
sia	abbia
siamo	abbiamo
siate	abbiate
siano	abbiano

andare	dare	fare	stare	dire
va'	da'	fa'	sta'	di'
vada	dia	faccia	stia	dica
andiamo	diamo	facciamo	stiamo	diciamo
andate	date	fate	state	dite
vadano	diano	facciano	stiano	dicano

Verbs that are irregular in the present indicative have similar irregularities in the imperative.*

	uscire	venire†	sedersi
(tu)	esci	vieni	siediti
(Lei)	esca	venga	si sieda
(noi)	usciamo	veniamo	sediamoci
(voi)	uscite	venite	sedetevi
(Loro)	escano	vengano	si siedano

1. The **noi** imperative form is expressed in English as *Let's + verb*.

   Non **restiamo** a casa!   *Let's not stay home!*
   Andiamo al mare!   *Let's go to the beach!*

2. The negative imperative of the **tu** form is **non** + *infinitive*. In all other persons, it is **non** + *affirmative form*.

   Paolo, **sta'** zitto e **non ridere**!   *Paolo, be quiet and stop laughing!*
   Non telefonate dopo le dieci.   *Don't call after 10:00.*

3. Direct, indirect, and double object pronouns are attached to the **tu**, **noi**, and **voi** affirmative imperative forms. The same is true of reflexive pronouns, **ci**, and **ne**.

   Prova**lo**!   *Try it!*
   Parlate**gli**!   *Speak to him!*
   Da**glielo**!   *Give it to her [him]!*

---

*The imperative of **volere**, **sapere**, **tradurre**, **comporre**, and other irregular verbs is given in the Appendix.
† Like **venire**: tenere (**tieni**, **tenga**, etc.).

Alzat**i**!	*Get up!*
Andiamo**ci**!	*Let's go there!*
Compra**ne** due!	*Buy two of them!*

4. When pronouns, **ci**, or **ne** are attached to single-syllable imperative forms (**da'**, **di'**, **fa'**, **sta'**, **va'**), the initial consonant of the pronoun is doubled. The only exception is the pronoun **gli**.

Sta**mmi** bene!	*Take care of yourself [stay well]!*
Fa**mmi** un favore! Fa**mmelo**!	*Do me a favor! Do it for me!*
Va**ttene**!	*Get out of here!*
Va**cci**!	*Go (there)!*
Di**gli** la verità!	*Tell him the truth!*

5. Pronouns, **ci** and **ne** precede all **Lei** and **Loro** imperative forms. They may precede or follow the negative imperative **tu**, **noi**, and **voi** forms.

Si accomodi!	*Make yourself comfortable!*
Signore, non **si** disturbino!	*Ladies, please don't bother!*
Non dir**melo**! Non **me lo** dire!	*Don't say it [to me]!*

6. **Loro**, used as an indirect object pronoun, follows *all* imperative forms and is never attached to the verb.

| Regaliamo **loro** i biglietti per la partita! | *As a gift, let's get them tickets for the game!* |

Attenzione!

- In written instructions, public signs, recipes, and other commonly used directions, the infinitive often replaces the imperative.

| È una medicina. **Usare** con cautela. | *This is a medicine. Use with caution.* |
| **Lavare** e **asciugare** accuratamente la frutta, quindi **tagliare** a fettine piuttosto sottili... | *Wash and dry the fruit carefully, then cut into fairly thin slices . . .* |

- The present indicative is often used to emphasize politeness in a request and avoid an imperious tone. The construction **potere** + *infinitive* can also be used in such cases.*

| Mi **dà** una pasta, per favore? | *May I have a pastry, please?* |
| **Può farmi vedere** quella borsa? | *Can you show me that purse?* |

Un po' di pratica

A. Comanda il re! Immaginate di essere il re in una fiaba. Date ordini a un cavaliere (*knight*) secondo l'esempio.

ESEMPIO: prendere la spada d'argento (*silver sword*) → Prendi la spada d'argento!

---

*The conditional (presented in Chapter 12) may also be used to express polite commands.

1. passare per la foresta incantata (*enchanted*)
2. cercare la via per attraversare le montagne nere
3. ubbidire agli ordini del principe
4. ascoltare quel che dice il mago Merlino
5. ripetere la parola d'ordine (*password*)
6. aprire la porta del castello
7. partire domani per la terra santa (*holy land*)
8. combattere i giganti

Ora date gli stessi ordini ai tre cavalieri più fedeli (*faithful*), secondo l'esempio.

ESEMPIO: prendere la spada d'argento → Prendete la spada d'argento!

B. Disaccordi (*Disagreements*) nella famiglia reale. In questa fiaba, il re e la regina spesso non vanno d'accordo. Alternandovi con un compagno (una compagna), fate le parti del re che dà gli ordini a un cavaliere, e della regina che lo contraddice. Seguite l'esempio.

ESEMPIO: stare sempre vicino al castello →
                RE: Sta' sempre vicino al castello!
          REGINA: No, non stare sempre vicino al castello!

1. dire le parole magiche
      RE:

   REGINA:
2. mettersi la spada d'argento
      RE:

   REGINA:
3. andare nella grotta incantata
      RE:

   REGINA:
4. credere a quel che dicono le fate (*fairies*)
      RE:

   REGINA:
5. fare la volontà (*bidding*) del mago
      RE:

   REGINA:
6. uscire dal castello a mezzanotte
      RE:

   REGINA:
7. riposarsi nel giardino incantato
      RE:

   REGINA:
8. venire al torneo (*tournament*)
      RE:

   REGINA:

Ora date gli stessi ordini e contrordini a un gruppo di cavalieri, secondo l'esempio.

ESEMPIO: stare sempre vicino al castello →
                RE: State sempre vicino al castello!
          REGINA: No, non state sempre vicino al castello!

C. Nello studio dell'avvocatessa. L'avvocatessa Manfredi dà tanto da fare al suo assistente. Fate la parte dell'avvocatessa e date ordini secondo l'esempio. Ripetete gli ordini con i pronomi quando possibile.

ESEMPIO: trovarmi quel numero di telefono →
                Mi trovi quel numero di telefono!
                Me lo trovi!

1. spedire questi fax   2. prepararmi questa relazione (*report*)   3. non battere le lettere adesso   4. fare presto (*hurry up*)   5. portarmi i giornali   6. andare subito in biblioteca   7. non perdere tempo   8. dirmi chi ha telefonato

Ora date gli ordini a due assistenti.

> **ESEMPIO:** Mi trovino quel numero di telefono! → Me lo trovino!

D. La vendetta di Cenerentola. C'era una volta una giovane, povera ma buona e bella, costretta (*forced*) a servire la cattiva matrigna (*stepmother*) e due sorellastre vanesie (*vain stepsisters*). Un giorno, però... Completate la scenetta, mettendo i verbi tra parentesi all'imperativo.

> MATRIGNA: Cenerentola, (sbrigarsi)[1] a terminare le pulizie di casa perché poi devi andare a fare la spesa.
>
> CENERENTOLA: Sì, ma devo lavare ancora due camicie e stirare la biancheria...
>
> MATRIGNA: (Ubbidire)[2] e (non fare)[3] storie! (Non perdere)[4] tempo in chiacchiere! E mi raccomando—(rifare)[5] i letti e (spazzare, *to sweep*)[6] la camera.
>
> CENERENTOLA: (tra sè [*to herself*]): Ah, se quel principe, così buono, così gentile, venisse (*would come*) a prendermi...
>
> MATRIGNA: Pigrona, (fare)[7] presto! (Smetterla)[8] con queste fantasticherie!
>
> CENERENTOLA: (tra sè): Ma che bisogno c'è di un principe? Sono forse un'imbecille?
>
> SORELLASTRE: Cenerentola, Cenerentola, (pettinarci)[9] i capelli! (Farci)[10] la manicure! Non (farci)[11] aspettare!
>
> CENERENTOLA: Sapete che vi dico? (Farlo)[12] da voi! Sono proprio stufa delle vostre lamentele. Ho deciso di fare l'imprenditrice (*entrepreneur*). Voglio mettere su bottega (*start a business*) e vivere per conto mio. E voi tre, (andare)[13] al diavolo se volete!
>
> MATRIGNA: Caspita (*Good grief*)! Com'è cambiata!

E. Situazioni. Date almeno tre ordini o consigli per ognuna delle situazioni seguenti.

> **ESEMPIO:** Il cane è salito di nuovo sul letto. →
> Scendi subito! Non lo fare più! Ora va' fuori!

1. Sono le due di notte, e due vostri amici continuano a fare baccano (*an uproar*).
2. Volete fare qualcosa di bello con gli amici, ma loro si mettono di nuovo davanti alla TV.
3. Il parrucchiere sta per tagliarvi troppo i capelli.
4. Una vostra amica esita (*hesitates*) a parlarvi di una cosa che le sta a cuore (*means a lot to her*).
5. Il gatto si rifiuta di mangiare quello che gli avete dato.
6. Volete dare una mano a due vecchie signore che salgono sull'autobus con tanti pacchi.

2. Trapassato prossimo e remoto

1. The past perfect (also called pluperfect) expresses an action that took place in the past before another completed action: *they had forgotten; she had arrived.* It is formed with the imperfect of **avere** or **essere** plus the past participle of the verb.

VERBI CON **avere**	VERBI CON **essere**
avevo dimenticato	**ero** partit**o/a**
avevi dimenticato	**eri** partit**o/a**
aveva dimenticato	**era** partit**o/a**
avevamo dimenticato	**eravamo** partit**i/e**
avevate dimenticato	**eravate** partit**i/e**
avevano dimenticato	**erano** partit**i/e**

Non l'ho salutata perché non **l'avevo riconosciuta**.	*I didn't say hello to her because I hadn't recognized her.*
Non gli **era** mai **piaciuta** la città.	*He had never liked the city.*

2. The **trapassato remoto**, when expressed in English, has the same meaning as the **trapassato prossimo**. However, it is formed with the past absolute (rather than the imperfect) of **avere** or **essere**, plus the past participle of the verb.

VERBI CON **avere**	VERBI CON **essere**
ebbi parlato	**fui** andat**o/a**
avesti parlato	**fosti** andat**o/a**
ebbe parlato	**fu** andat**o/a**
avemmo parlato	**fummo** andat**i/e**
aveste parlato	**foste** andat**i/e**
ebbero parlato	**furono** andat**i/e**

3. The **trapassato remoto** is used only in dependent clauses introduced by conjunctions of time. These include **allorché** (*when*), **(non) appena** (*as soon as*), **come**, **dopo che**, **finché (non)** (*until*), and **quando**. In such constructions, the verb of the main clause is in the **passato remoto**.

Appena **ebbe visto** Beatrice, Dante **cambiò** vita.	*As soon as he had seen Beatrice, Dante changed his life.*
Dopo che **furono partiti** dall'Inghilterra, i pellegrini **fondarano** la Colonia di Plymouth.	*After they had departed from England, the Pilgrims founded Plymouth Colony.*

4. The **trapassato remoto** is confined almost exclusively to literary and historical writing. It is not used in conversation. In contemporary written Italian, the **passato remoto** is normally used in its place.*

Appena la **vide**, si mise a piangere.	*As soon as he had seen her, he began to cry.*

---

*The **trapassato remoto** may also be replaced by the past infinitive (Chapter 13, Section 4) or the gerund (Chapter 15, Section 3).

Un po' di pratica

A. Persone efficienti. Completate le frasi secondo l'esempio. Usate i pronomi se possibile.

ESEMPIO: Non ho battuto la relazione (*typed the report*) oggi... (ieri) →
...perché l'avevo già battuta ieri.

1. Laura non è andata al mercato stamattina... (ieri mattina)
2. Non avete imbucato (*mailed*) le lettere questa settimana... (la settimana scorsa)
3. Gianpiero e Vittorio non hanno pulito la cucina questa volta... (l'altra volta)
4. Non ho messo la bici in cantina (*cellar*) venerdì... (giovedì)
5. Non ci siamo fermati in ufficio ieri... (l'altro ieri: *day before yesterday*)
6. Non sei andato dal dentista questo mese... (il mese scorso)
7. Michele non ha scritto i compiti stasera... (ieri sera)
8. Franca e Donata non si sono telefonate domenica... (sabato)

B. Lee e Leone: rivali in amore. Leggete attentamente questo brano (*excerpt*) e mettete i verbi al trapassato prossimo.

Anni fa il suo più caro amico si chiamava Leone, magro, grande criniera (*mane of hair*). Tutti e due (perdere) la testa per una ragazza di nome Lucia. All'inizio lei (preferire) Lee e il suo mistero. Poi (scegliere) Leone e la sua ancora più misteriosa allegria. Lee (odiare) Leone tutta una notte, e (pensare) come ucciderlo. La mattina (svegliarsi) felice per quell'amore. Questa era una delle ragioni per cui tutti (cominciare) a crederlo pazzo.

—adattato da: Stefano Benni, *Comici spaventati guerrieri.*

C. Breve storia di Dante e Beatrice. Completate le frasi mettendo i verbi al passato remoto o al trapassato remoto.

ESEMPIO: Non appena Dante *ebbe visto* Beatrice, *se ne innamorò* perdutamente.

1. Dopo che la (conoscere), (cominciare) a scrivere poesie.
2. Un giorno, quando Beatrice (sentire) che Dante amava un'altra donna, gli (negare) il suo saluto (*greeting*).
3. Quella sera, finché non (finire) di scrivere le poesie, Dante non (addormentarsi).
4. Poiché lei (sposarsi) con un altro, Dante non (riuscire) mai a starle vicino.
5. Dopo che i due (morire), la fama del loro amore (crescere).

D. Confessioni. Con un compagno (una compagna) o con diversi compagni, confessate quello che avevate già fatto a queste età. Siate sinceri!

ESEMPIO: a dieci anni →
—A dieci anni io (avevo già fumato una sigaretta)! E tu?
—Io a dieci anni (mi ero già innamorato un paio di volte)!

1. a due anni	3. a dieci anni	5. a sedici anni
2. a cinque anni	4. a tredici anni	6. a diciotto anni

AL CORRENTE

Il diavolo e l'acquasanta. Date un'occhiata all'articolo intitolato «Il Diavolo e l'Acquasanta». Poi rispondete alle domande.

All'Acquasanta il Diavolo non dispiace. Don[a] Gelmini, insolito conduttore[b] di *Rock Café*, è addirittura[c] un fan di Jimi Hendrix

IL DIAVOLO[d] E L'ACQUASANTA[e]

Il rock è La musica del diavolo? Don Pierino Gelmini, che nella vita ha scelto di stare vicino a Dio, risponde perentorio[f]: «Io ritengo che non lo sia, perché ogni espressione musicale può essere positiva o negativa. Dipende solo da come la usiamo. O meglio da come viene

strumentalizzata[g]. Infatti, attraverso un brano rock noi possiamo mandare un messaggio di vita positivo. Hanno stupidamente abbinato[h] "sesso, droga e rock'n'roll", ma sono solo etichette[i]. È come quando mi chiamano il "prete Jaguar". E pensare che non ho mai guidato[j] una volta in vita mia».

Don Gelmini si trova, da qualche settimana, in un ruolo insolito per un prete[k], quello di conduttore del programma musicale televisivo *Rock Café*, che è passato da striscia quotidiana ad appuntamento settimanale[l]. Davanti alle telecamere don Gelmini non ha problemi.

«Io vado dove ci sono i giovani, perché voglio parlare con loro. E se riuscirò ad aiutare anche solo dieci di loro, avrò raggiunto il mio scopo».

[a]*Father (priest)*   [b]*TV (or radio) show host*   [c]*even (adv.)*   [d]*the Devil*   [e]*holy water*
[f]*decisive(ly)*   [g]*O... or rather, how it is used*   [h]*paired, lumped together*   [i]*labels*
[j]*driven (a car)*   [k]*priest*   [l]*da... from a brief daily program to a weekly feature*

1. Quali sono le professioni di don Pierino Gelmini?
2. Don Gelmini considera il rock la musica del diavolo? Perché sì o perché no?
3. Qualo è l'ironia del nomignolo (*nickname*) il «prete Jaguar»?
4. Che cos'è «Rock Café»? Quando viene trasmesso?
5. Che c'entra la musica rock con (*what does . . . have to do with*) la vocazione di don Gelmini?
6. Avete mai visto o sentito qualcosa di simile a «Rock Café»? Se sì, vi è piaciuto?
7. Secondo voi, sarebbe molto seguito (*popular*) —sarebbe addirittura possibile— un programma di questo tipo negli Stati Uniti? Perché sì o perché no?
8. Siete d'accordo con don Gelmini che «ogni espressione musicale può essere positiva o negativa»? Spiegate perché, adducendo (*citing*) degli esempi specifici.

 STRUTTURE II

3. Aggettivi e pronomi indefiniti

1. Indefinite adjectives and pronouns express an undefined quality and quantity. The following indefinite adjectives can refer to people or things. They are singular and invariable.

AGGETTIVI
ogni (*every*)
qualche (*some*)*
qualunque, qualsiasi (*any, any sort of, whatever*)

Cerco di fare ginnastica **ogni** giorno.	*I try to work out every day.*
Qualche volta, però, preferisco dormire!	*Sometimes, though, I prefer to sleep!*
Qualsiasi persona intelligente può capire il loro problema.	*Any intelligent person can understand their problem.*

---

*Remember that **qualche** can be used only with nouns indicating quantities that can be counted: ***qualche** studente*, *qualche* disco (but *un po' di* farina, *della* frutta). **Qualche** is presented in detail in Chapter 7 (**Il partitivo**).

2. **Ogni** and **qualche** always precede the noun. **Qualunque** and **qualsiasi** can precede or follow the noun, if it is preceded by an indefinite article.

Mettiti **una** camicia **qualunque**.	*Put any [kind of] shirt on.*
Non si tratta di **un** libro **qualsiasi**; è un capolavoro!	*We're not dealing with just any book; it's a masterpiece!*

3. The following are the most commonly used indefinite pronouns.

```
                    PRONOMI

   chiunque (anyone, whoever, whomever)
   niente, nulla (nothing)*
   ognuno/a (each, everyone)
   uno/a (one)
   qualcosa (something)*
   qualcuno/a (someone)
```

Lo può vedere **chiunque**.	*Anyone can see it.*
Ognuno lo sa.	*Everyone knows it.*
Compramene **uno** simile.	*Buy me one like that.*
C'è **qualcosa** anche per me?	*Is there something for me, too?*

4. The following expressions can function as both adjectives and pronouns.

ADJECTIVES	PRONOUNS
alcuni/e (*some, a few*)	alcuni/e (*some, a few*)
altro/a/i/e (*other*)	altro (*something [anything] else*)
	altri/e (*others*)
certo/a/i/e (*certain*)	certi/e (*certain people, some people*)
ciascuno/a (*each*)	ciascuno/a (*each one*)
molto/a/i/e (*much, many, a lot of*)†	molto/a/i/e (*much, many, a lot of*)
nessuno/a (*no, not . . . any*)	nessuno/a (*no one, nobody*)
parecchio/a (*quite a lot*)	parecchio/a (*quite a lot*)
parecchi, parecchie ([*quite a few*] *of*)	parecchi, parecchie (*quite a few*)
poco/a, pochi/e (*few, little*)†	poco/a, pochi/e (*few, little*)
tanto/a/i/e (*so much, so many*)†	tanto/a/i/e (*so much, so many*)
troppo/a/i/e (*too much, too many*)†	troppo/a/i/e (*too much, too many*)
tutto/a/i/e (*all, every, whole*)	tutto (*everything*)
	tutti/e (*everyone*)

---

*Remember that **qualcosa**, **niente**, and **nulla** can be followed by **di** + masculine singular adjective or **da** + infinitive (see Chapter 6, Section 4).

qualcosa (niente, nulla) **di** bello	*something [nothing] nice*
qualcosa (niente, nulla) **da** fare	*something [nothing] to do*

†Don't forget that, when **molto**, **poco**, **tanto**, and **troppo** function as adverbs, they are invariable.

È molt**o** delusa.	*She's very disappointed.*
Sono tropp**o** sicuri di sè.	*They're too sure of themselves.*

Alcuni volevano restare, **altri** no.	*Some [people] wanted to stay, others didn't.*
Vuole **altro**? —No, grazie, basta così.	*Anything else? —No, thanks, that's all.*
A **certa** gente piace questa roba.	*Some [Certain] people like this stuff.*
Certi si sono rifiutati di farlo.	*Some [Certain] people refused to do it.*
C'era **parecchia** gente dai Marino.	*There were quite a few people at the Marino's house.*
Quanti ne avete? —**Parecchi.** (**Pochi.**) (**Nessuno.**)	*How many do you have [of them]? —Quite a few. [Few.] [None.]*

5. When used as adjectives, **ciascuno** and **nessuno** follow the same pattern as the indefinite article (Chapter 2): ciasc**un** professore, ciasc**uno** studente; ness**un** dottore, ness**uno** psicologo ciascuna fiaba, ness**un'**avventura.

6. When used as an adjective, **tutto** requires the definite article.

tutto il mese	*the whole month*
tutte le volte	*every time*

Although the article is omitted in the idioms **tutt'e due** (*both*), **tutt'e tre** (*all three*), etc., it must be used when these expressions modify a noun.

tutt'e due **i** bambini	*both babies*
tutt'e quattro **le** macchine	*all four cars*

Un po' di pratica

A. Pensieri vari. Completate le frasi con una delle espressioni dalla lista che segue.

Espressioni: chiunque, niente, ogni, ognuno, qualche, qualcosa, qualcuno, qualunque, una

1. Franco cercava un appartamento da tre settimane ed era quasi disperato, ma oggi è riuscito a trovare _____ in centro, non troppo costoso.
2. A Barbara piace solo il jazz. Non le interessa un disco _____!
3. «_____ per sè e Dio per tutti». (*"Each [one] for himself and God for all."*)
4. Adriano è intelligente, spiritoso e gentilissimo. È _____ che non si dimentica!
5. Non abbiamo _____ da fare sabato sera. Ragazzi, avete _____ idea?
6. Non è un lavoro difficile. Lo può fare _____.
7. Gianna, c'è _____ che ti vuole al telefono. Gli dico di richiamare?
8. Quell'uomo mi dà sui (*gets on my*) nervi! _____ volta che lo vedo dice tante stupidaggini (*so much nonsense*)!

B. Una fiabetta. Sostituite un pronome indefinito alle parole indicate. Fate tutti i cambiamenti necessari.

C'era una volta un re con un figlio unico che amava moltissimo.

ESEMPIO: Non solo il padre, ma *tutte le persone* volevano bene a quel
                 principe. →
                 Non solo il padre, ma *tutti* volevano bene a quel principe.

1. *Nessuna persona* era capace di negargli qualcosa, compreso suo padre, il re.
2. Un giorno, però, il principe si ammalò. *Ogni persona* ebbe subito paura.
3. *Molti dottori e maghi* (*magicians*) dissero che il principe sarebbe morto di lì a poco (*soon*).
4. *Qualche persona* andò a dire al re che il principe amava la principessa Gelsomina, figlia del nemico del re.
5. «È vero», disse il principe. «Non voglio *altre cose*. Voglio solo Gelsomina in sposa».
6. Questo, però, era *qualche cosa* che il re considerava impensabile.
7. «Sono disposto a darti in sposa *qualunque ragazza* tu voglia», rispose il re, «ma quella, no».
8. Il principe continuava a piangere e sospirare, e diventava sempre più pallido. *Tutte le persone del reame* (*kingdom*) piansero insieme a lui.

Ora finite voi la fiaba. Usate immaginazione!

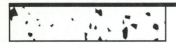 # METTIAMOLO PER ISCRITTO!

Un po' di fantasia

1. Raccontate una fiaba tradizionale, ma ambientatela (*set it*) al presente. Cercate di metterci un aspetto nuovo o di darle una svolta (*twist*) originale.
2. Raccontate una fiaba tradizionale con personaggi e ambientazione originali, ma con una conclusione nuova.
3. Quando eravate piccoli (piccole), vi piacevano le fiabe e i film (o i programmi televisivi) tratti dalle fiabe? Quali aspetti vi interessavano di più? Vi piacciono ancora? Nello stesso modo? Se no, spiegate perché.

CAPITOLO 12

OLTRE IL REALE— O QUASI

Un quadro del pittore italiano Giorgio de Chirico. Quale umore domina questo quadro? Quale è il rapporto tra l'uomo moderno e l'arte? Quale è il vostro pittore/scultore americano preferito?

Sometimes reality, especially when it is grim or shocking, can be represented most effectively by clothing it in humorous, fantastic, or grotesque costume. Much imaginative art and literature uses this device. In the reading for this chapter, *La famiglia Millepiedi*, contemporary writer Luigi Malerba depicts a situation all-too-familiar to southern Italian families during the past century. To present it in a startlingly new light, Malerba clothes the characters in a highly unconventional disguise. The result is an ironic fantasy calculated to emphasize the cruel and absurd nature of its underlying truth.

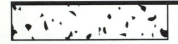 # VOCABOLARIO TEMATICO

Sostantivi

gli affari (*pl.*) business
l'autostrada freeway
il debito debt
il lato side
il mestiere job, trade
il padrone boss, owner
la paga salary, paycheck
il palazzone apartment building
la periferia outskirts
la salute health
il segno sign

è segno che it's a sign that
il tetto roof

Verbi

affacciarsi (a) to look or lean out (a window)
guardarsi intorno to look around
mandare via to send away
mettere da parte to set aside, save up
ridere in faccia (a qualcuno) to laugh in someone's face
sentire parlare di to hear of

Aggettivi

gelato frozen
intero whole

Altre parole ed espressioni

per caso by chance
perfino even

A. In gruppi di due o tre, cercate delle parole nel **Vocabolario tematico** adatte a completare queste tre categorie. (Certe parole possono appartenere a più di una categoria.) Poi confrontate la vostra lista con quelle di un altro gruppo.

Categorie: il mondo del lavoro; la grande città; l'alloggio

ESEMPI: la ditta; il centro storico; la casa

B. Date una definizione in italiano per le seguenti parole.

1. mestiere
2. affacciarsi
3. padrone
4. periferia
5. mettere da parte
6. paga

C. Completate le frasi seguenti con le parole adatte dal **Vocabolario tematico,** secondo il contesto.

1. La signora Vittorini _____ alla finestra e vede che ha nevicato. Poi esce in strada, _____, e il mondo le appare tutto bianco.
2. Il mio amico Salvatore abita a Palermo. Non ha mai visto la neve, ma ne _____ dagli amici del Nord d'Italia.
3. Il signor Millepiedi deve _____ tanti soldi per comprare scarpe per tutta la famiglia! Altrimenti, se le vuole comprare subito, dovrà fare un grosso _____ con la banca, da pagare in seguito (*later on*), con gli interessi.
4. Millepiedi deve spendere quasi l'_____ _____ per i vestiti e le scarpe.

5. Ogni volta che mio fratello dice che vuole diventare una grande rock star, io gli _____!

6. Il professor Vanola è molto severo: se uno studente arriva tardi a lezione lo _____!

7. Se Millepiedi non riesce a trovare i soldi per le scarpe, quest'inverno avrà sicuramente i piedi _____!

8. Voi non sapete, _____, di un posto di lavoro interessante per un mio amico? È un bravo ragazzo con molte capacità! Sa usare il computer; sa _____ leggere e parlare inglese!

9. Al _____ sinistro della strada c'è una piccola casa bianca, molto vecchia, con il _____ basso e la porta di legno (*wood*).

10. Se ti senti stanca, Susanna, è _____ che lavori troppo e dormi poco. Devi pensare alla _____!

 PRELETTURA

Entriamo nel contesto!

A. Immaginate come alcune persone potrebbero fare meglio il loro lavoro se avessero (*had*) l'aspetto di certi animali o insetti. Scegliete le qualità «animalesche» più utili ad ognuno dei seguenti mestieri, e spiegate la vostra scelta. (Un mestiere potrebbe trovare utili le qualità di uno, due o tre animali [o anche più] tra quelli elencati sotto!)

ESEMPIO: pilota / gufo (*owl*) →
Un pilota con le qualità di un gufo potrebbe pilotare l'aereo di notte e vedere perfettamente anche senza l'uso del radar.

MESTIERI	ANIMALI
1. giardiniere	a. ape (*bee*)
2. buttafuori (*bouncer*)	b. elefante
3. architetto	c. millepiedi (*millipede*)
4. banchiere	d. giraffa
5. facchino (*porter*)	e. verme (*worm*)
6. pompiere (*fireman*)	f. scoiattolo (*squirrel*)
7. esploratore	g. gatto
8. maestra elementare	h. puzzola (*skunk*)
9. poliziotto	i. aquila (*eagle*)
10. giocatore di pallacanestro	j. cane

B. Immaginate di essere un meridionale disoccupato e quindi costretto a cercare lavoro in una grande città del Nord. I vostri figli sono abbastanza restii a trasferirsi al Nord ma sapete che i bambini possono essere convinti facilmente. Basta dire loro che sarebbero molto più felici al Nord. Parlategli delle belle cose che li aspettano (*are awaiting them*)!

ESEMPIO: città cosmopolita: A scuola avrete amici di molti paesi diversi. →
Potremo andare a vedere film francesi, tedeschi, americani e di tutto
il mondo! Ci saranno anche molti divertimenti e tante cose da fare...

1. vivere in un palazzone in periferia
2. lavoro regolare per papà, con un buono stipendio
3. migliori servizi (sanitari, di trasporto, scuola...)

 LETTURA

La famiglia Millepiedi

> **Millepiedi** (*mille piedi*; ant. *millepedi*), sm.
> Invar. Zool. Denominazione popolare con cui
> si designano le diverse specie di Miriapodi
> Chilognati, con corpo vermiforme, ricoperto
> di tegumento duro e lucente, fornito di
> numerose paia di zampette, comuni nei luoghi
> umidi, ombrosi e ricchi di detriti vegetali;
> centopiedi, centogambe.

Millepiedi era così disoccupato e così povero che
cercava di convincere i figli a mangiare una sola volta
al giorno.

—Guardate che mangiare troppo fa male alla salute, guardate che ci sono
5 anche dei ricchi che mangiano solo una volta al giorno.

Ma i figli si lamentavano e piangevano per la fame. Così Millepiedi e la moglie
decisero di trasferirsi dal Sud al Nord con i figli e tutta la loro roba, cioè niente, in
cerca di lavoro.

Per non sbagliare, la famiglia Millepiedi si era incamminata° verso il Nord   si... *headed*
10 sulla grande Autostrada, i due genitori in testa,° i tre piccoli dietro.   in... *in front*

Dopo un bel po'° di strada Millepiedi padre si era guardato intorno e aveva detto   un... *quite a ways*
che secondo lui il Nord era già incominciato.

Ai lati dell'Autostrada si vedevano infatti dei palazzoni alti alti e, tirando su con
il naso,° si sentiva odore di bruciato.°   tirando... *sticking one's nose in the air* / di... *burning, burnt*
15 Vide un tale° con la faccia da padrone° e gli domandò se per caso poteva dar-   un... *a guy* / con... *who looked like a boss*
gli un lavoro. Ma questo gli rispose che lui aveva bisogno di braccianti,° cioè di gente   day laborers
che lavora con le braccia e non con i piedi.

—A giudicare dalla° risposta, se non siamo proprio al Nord ci manca poco,°   A... *Judging by* / ci... *there's not much farther to go*
—disse Millepiedi alla moglie.

20 Camminarono sull'Autostrada ancora per parecchi giorni. Una sera che erano tutti
molto stanchi e non ce la facevano più a muovere i piedi, trovarono un'automobile
ferma con il muso° voltato verso il Nord. Vi salirono sopra e aspettarono che si   nose
mettesse in moto.°   che... *for it to start up*

Viaggiarono per una notte intera e la mattina dopo sbarcarono° in una città molto   *they landed*

25 grande dove si sentiva un fortissimo odore di bruciato e le case erano così alte che non
si riusciva a vedere il tetto.

—Questa volta siamo veramente arrivati al Nord,— disse Millepiedi tirando su con
il naso.

Verso sera Millepiedi vide un altro tale con la faccia da padrone e gli domandò
30 se poteva farlo lavorare.

—Ho bisogno di manovali,°—disse quello,—cioè di gente che lavora con le mani   *laborers, unskilled workers*
e non con i piedi.

Millepiedi allora incominciò a sfogliare° i giornali per orientarsi sul lavoro da cer-   *to leaf through*
care. I giornali parlavano di certi calciatori° che venivano pagati centinaia di milioni   *soccer players*
35 per prendere a calci un pallone° con i piedi. Millepiedi pensò che quello era un lavoro   *prendere... kick a soccer ball*
adatto per lui. Se quei tali che avevano solo due piedi venivano pagati centinaia di
milioni, lui che di piedi ne aveva mille lo avrebbero pagato parecchi miliardoni.°   *countless billions (of lira)*

—Ho trovato l'America!— disse Millepiedi.

Si presentò al comandante della squadra di calcio con due piedi in tasca e gli altri
40 novecentonovantotto piedi bene in vista.° Gli risero in faccia e lo mandarono via   *bene... in plain view*
dicendo che aveva troppi piedi.

Dopo molto cercare, Millepiedi finalmente trovò lavoro presso un artigiano°   *presso... with a craftsman*
che dipingeva le mattonelle smaltate° per i bagni e le cucine e poi le vendeva ai   *glazed tiles*
ricchi italiani e americani.

45 Millepiedi doveva camminare su un tampone di vernice° e poi sulle mattonelle   *tampone... paint-pad*
bianche dove lasciava i segni dei suoi mille piedi come una bella decorazione. Su certe
mattonelle doveva camminare in senso circolare,° altre le doveva semplicemente attra-   *in... in circular motion*
versare in diagonale secondo le istruzioni del padrone. Invece di scrivere dietro le mattonelle «hand made», che vuol dire fatte a mano, questo fece scrivere «feet made»,
50 che vuol dire fatte con i piedi. Le vendite° aumentarono di quattro volte.°   *sales / di... four times over*

Millepiedi si era sistemato con tutta la famiglia in una casetta nella periferia della
grande città e con i soldi che guadagnava riuscivano a mangiare tre volte al giorno
quasi tutti i giorni della settimana. Avrebbe voluto mettere da parte anche un po' di
soldi per mandare a scuola i tre piccoli Millepiedi, ma il padrone non voleva
55 saperne° di aumentargli la paga. Si era perfino messo a piangere dicendo che gli   *non... would hear nothing of*
affari gli andavano male e che il mestiere di padrone era pieno di rischi e di pre-
occupazioni.

Una mattina Millepiedi si affacciò alla finestra e vide che durante la notte i tetti e
le strade erano diventati tutti bianchi. Capì subito che si trattava della neve e andò a
60 svegliare la moglie.

—È venuta giù la neve!

La moglie si affacciò alla finestra. Non aveva mai visto la neve, ma ne aveva sentito parlare.

—Si sa che d'inverno al Nord piove la neve, non c'è niente di strano.

65 La signora Millepiedi si stropicciò° gli occhi, si mise addosso una vestaglia° e scese   *si... rubbed / si... put on a bathrobe*
sulla strada insieme al marito. Provarono a mettere i piedi nella neve e si accorsero
che era molto fredda, quasi gelata. Allora si ricordarono che per camminare sulla neve
ci volevano le scarpe.

Millepiedi si mise in tasca° i soldi dell'ultima paga e andò in un negozio a   pocket
70 comprare le scarpe per i figli che dovevano andare a scuola.

—Vorrei tremila scarpe,— disse Millepiedi dopo aver fatto un rapido conto: tre
figli, mille piedi ciascuno e quindi mille scarpe per tre, che fa appunto° tremila.   exactly

Il padrone del negozio lo guardò in modo strano e poi disse che gli avrebbe venduto tutte le scarpe che voleva, purché pagasse.°   purché... as long as he paid
75 Per pagare tremila scarpe per i figli, Millepiedi dovette farsi prestare° i soldi dal   farsi... borrow
padrone dove lavorava. I piccoli ebbero le loro scarpe per camminare sulla neve, ma
per pagare il debito tutta la famiglia ricominciò a mangiare solo una volta al giorno
come quando abitavano nel Sud e Millepiedi era povero e disoccupato.

—Luigi Malerba, da *Storiette tascabili*

Avete capito?

A. In base alla lettura, sono vere o false le seguenti frasi? Spiegate le vostre scelte.

	V	F
1. I Millepiedi mangiano una volta al giorno.	___	___
2. La famiglia Millepiedi è contenta perché al Nord l'aria è pura.	___	___
3. I Millepiedi prendono un treno per andare al Nord.	___	___
4. Il Millepiedi trova lavoro come giocatore in una squadra di calcio.	___	___
5. Le vendite delle mattonelle vanno bene.	___	___
6. Il padrone non concede al Millepiedi un aumento di paga.	___	___
7. Il Millepiedi vuole comprare tante scarpe per sè.	___	___
8. Alla fine i Millepiedi vivono lo stesso come prima.	___	___

B. Rispondete alle seguenti domande.

1. Perché i Millepiedi si trasferiscono al Nord? Come ci vanno?
2. Perché Millepiedi padre pensa che il Nord sia già cominciato?
3. Perché nessuno vuole assumere (*hire*) il Millepiedi come bracciante o come manovale?
4. Quale idea viene un giorno al Millepiedi mentre sfoglia il giornale?
5. Che cosa fanno quelli della squadra di calcio quando si presenta il Millepiedi?
6. Che tipo di lavoro trova finalmente il Millepiedi? Il padrone è soddisfatto del suo lavoro?
7. Dove vanno ad abitare i Millepiedi? Sono contenti?
8. Perché Millepiedi padre vorrebbe mettere da parte un po' di soldi?
9. Che cosa trovano una mattina i Millepiedi? È una cosa nuova per loro?
10. Cosa vuol fare Millepiedi padre per i bambini, e cosa succede quando entra nel negozio delle scarpe?
11. Perché la vita della famiglia Millepiedi torna come prima (*goes back to the way it was before*)?

C. In base a quello che avete letto, dite a quale episodio (o a quali episodi) della storia associate le seguenti parole o espressioni.

1. «Ho trovato l'America!»
2. automobile
3. mangiare solo una volta al giorno
4. odore di bruciato
5. «feet made»
6. tremila scarpe

E ora, a voi!

A. Immaginate di essere il Millepiedi in cerca di lavoro. Quali sono due o tre mestieri ideali per voi? Identificate anche alcuni mestieri che *non* sareste (*you wouldn't be*) in grado di fare.

B. Una fine diversa. Immaginate di finire la storia in modo diverso, secondo queste indicazioni. Il Millepiedi è stanco del suo lavoro con le mattonelle e trova lavoro come attore per spot pubblicitari. Per quali prodotti il Millepiedi potrebbe fare la pubblicità? Cosa fa la moglie? E i figli?

 STRUTTURE I

1. Condizionale presente e passato

Condizionale presente

Forms

The conditional mood is formed by adding the conditional endings to the verb stem of the future tense:*

provare → proverò → proverei; chiudere → chiuderò → chiuderei

The following chart shows the regular forms of the present conditional.

I	II	III
prov**are**	chiud**ere**	prefer**ire**
prover**ei**	chiuder**ei**	preferir**ei**
prover**esti**	chiuder**esti**	preferir**esti**
prover**ebbe**	chiuder**ebbe**	preferir**ebbe**
prover**emmo**	chiuder**emmo**	preferir**emmo**
prover**este**	chiuder**este**	preferir**este**
prover**ebbero**	chiuder**ebbero**	preferir**ebbero**

1. The same spelling changes that occur in future tense forms of verbs ending in -**care**, -**gare**, -**ciare**, -**giare**, and -**sciare** occur in the present conditional.

---

*The future tense is presented in detail in Chapter 9.

cer**care**, cer**cherò** → cer**cherei**; pa**gare**, pa**gherò** → pa**gherei**; comin**ciare**, comin**cerò** → comin**cerei**; man**giare**, man**gerò** → man**gerei**; la**sciare**, la**scerò** → la**scerei**

2. Verbs with irregular stems in the future have identical stems in the conditional. These include

essere (**sarò** → **sar**ei), **avere** (**avrò** → **avr**ei), and **volere** (**vorrò** → **vorr**ei)

Uses

1. The conditional expresses polite wishes and requests.

Vorrei un cappuccino e due cornetti.	*I'd like a cappuccino and two croissants.*
Mi **farebbe** questo piacere?	*Would you do me this favor?*
Le **dispiacerebbe** spostare un po' quella valigia?	*Would you mind moving that suitcase a bit?*

2. The conditional expresses a hypothetical situation; in these cases, it often precedes a clause introduced by **ma**, **però**, or, less frequently, **solo che**.*

Andremmo al cinema, **ma** non abbiamo soldi.	*We'd go to the movies, but we don't have any money.*
Prenderesti dei voti migliori, **solo che** non studi abbastanza.	*You'd get better grades, only you don't study enough.*

3. It expresses a prediction or rumor of uncertain validity, and is used frequently in media reports of unconfirmed events.

Dovrebbe essere un inverno molto mite.	*It should be a very mild winter.*
Avrebbero una casa stupenda al mare.	*They're supposed to have a wonderful beach house.*
Secondo alcuni, il primo ministro **sarebbe** gravemente ammalato.	*Some allege that the prime minister is seriously ill.*

Attenzione! Do not confuse the conditional mood with the past tenses. *Would* and *could* are frequently used in English without any conditional meaning. Such cases include repeated or habitual action in the past, and unwillingness or inability to do something.

Una volta al mese **chiamavamo** le nostre famiglie.	*Once a month we would [used to] call our families.*
Perché non **ha voluto** accompagnarci? —Voleva accompagnarci, ma non **ha potuto**.	*Why wouldn't he [did he refuse to] come with us? —He wanted to, but he couldn't [wasn't able to].*

—————

*Another important use of the conditional in conveying the outcome of hypothetical situations is presented in Chapter 14, Section 1: **Periodo ipotetico con *se***.

Condizionale passato

The past conditional is formed with the present conditional of **avere** or **essere** plus the past participle of the verb.

VERBI CON **avere**	VERBI CON **essere**
pagare	**tornare**
avrei pagato	**sarei** tornat**o/a**
avresti pagato	**saresti** tornat**o/a**
avrebbe pagato	**sarebbe** tornat**o/a**
avremmo pagato	**saremmo** tornat**i/e**
avreste pagato	**sareste** tornat**i/e**
avrębbero pagato	**sarębbero** tornat**i/e**

1. The past conditional is used to express hypothetical situations, possibilities, theories, or rumors in the past.*

    Avrei chiuso la finestra, **ma** faceva troppo caldo.

    I would have closed the window, but it was too hot.

    Saremmo venuti prima, **ma** abbiamo perso il treno.

    We would have come earlier, only we missed the train.

    Secondo alcune teorie, dei navigatori islandesi **sarebbero arrivati** nelle Americhe ancora prima di Colombo.

    According to some theories, Icelandic navigators may have arrived in America before Columbus.

2. The past conditional is often used to convey a future action following verbs of knowing, believing, or conveying information in the past. In these cases, the present conditional would be used in English. Take careful note of the difference between Italian and English in these examples.

    Hanno detto (scritto, affermato, comunicato, promesso, ecc.) che **sarebbero arrivati** lunedì.

    They said [wrote, affirmed, communicated, promised, etc.] that they would arrive on Monday.

    Non pensavo che **avreste detto** una bugia!

    I didn't think you would tell a lie!

    Eravamo sicuri che il senato **avrebbe accettato** la proposta.

    We were sure that the senate would accept the proposal.

Un po' di pratica

A. In giro per la città. Mettete i verbi al condizionale presente per esprimere desideri e richieste.

---

*The use of the past conditional with the imperfect subjunctive is presented in Chapter 14, Section 1: **Periodo ipotetico con** *se.*

ESEMPIO: Scusi, mi *saprebbe* dire dov'è la fermata dell'autobus numero 11?

1. Ragazzi, _____ (potere) farmi passare?
2. Signora, mi _____ (fare) vedere quei pantaloni?
3. Le _____ (dispiacere) imbucare (*post*) queste lettere per me?
4. Per favore, (io) _____ (volere) un caffè macchiato.
5. Signori, _____ (desiderare) sedersi qui?
6. Bambino, ti _____ (piacere) un palloncino (*balloon*)?
7. (Noi) _____ (preferire) biglietti di prima classe.
8. Scusi, mi _____ (passare) il sale, per favore?
9. (Lei) _____ (avere) per caso un fiammifero (*match*)?
10. (Tu) Mi _____ (dare) un passaggio?

Prendereste un treno che arriva tra 15 anni?

B. Le solite giustificazioni. Completate i dialoghi con la forma adatta del condizionale passato.

ESEMPIO: —Come mai non hai smesso di fumare?
   —*Avrei smesso*, ma ho passato un periodo molto stressante.

1. —Ragazzi, come mai rientrate così tardi?
   —_____ prima, ma siamo rimasti senza benzina.
2. —Perché Monica e Roberto hanno bevuto tanto ieri sera?
   —Hanno detto che non _____, ma gli amici hanno insistito.
3. —Ebbene, signor Brown? Come mai non ha consegnato la relazione (*paper*)?
   —L'_____ oggi, ma il cane l'ha mangiata.
4. —Perché non avete telefonato ai nonni?
   —Gli _____, però il telefono era guasto.
5. —Perché Anna non è venuta alla festa?
   —Ha detto che _____, solo che ha dovuto lavorare all'ultimo momento.
6. —Patrizia, perché non sei andata dal dentista?
   —Ci _____, ma non ho avuto tempo.
7. —Come mai non ti sei ricordato del nostro anniversario?
   —Me ne _____, però mi sono confuso a causa dell'anno bisestile (*because of leap year*).
8. —Come mai si sono alzati dopo mezzogiorno?
   —Hanno detto che _____ prima, ma la sveglia non è suonata (*the alarm clock didn't go off*).

C. Quello che Pasqualino promette... ma non fa. Pasqualino Passaguai non è la persona più affidabile (*trustworthy*) del mondo. Dite quello che ha detto che avrebbe fatto, e quello che ha fatto invece.

Pasqualino ha detto,...

ESEMPIO: «Vi darò una mano in cucina». →
   Pasqualino ha detto che ci avrebbe dato una mano in cucina;
   invece è rimasto tutto il giorno alla spiaggia.

1. «Vi presterò dieci dollari.»
2. «Tornerò a casa prima di mezzanotte.»
3. «Andrò a trovare la zia Augusta.»
4. «Non uscirò più con la tua ragazza.»
5. «Mi laureerò entro sei mesi.»
6. «Rispetterò il limite di velocità.»

D. Un po' di traduzione. Completate i dialoghi, traducendo le espressioni tra parentesi.

1. —Io pensavo che (*they would invite*) Giuliana.
   —(*They supposedly forgot*), ma io non ci credo.
2. —Che cosa (*would you do*) con due mesi di vacanza?
   —(*I'd start*) a scrivere il mio romanzo. E tu?
   —Boh, io (*would try*) a mettere in ordine la casa.
3. —Roberto, (*I'd like*) usare la macchina. (*Would you lend it to me*)?
   —Va bene, ma (*you should have*) dirmelo prima. (*I wouldn't have put it*) nel garage!
4. —Ed ora un servizio del nostro corrispondente internazionale.
   —Secondo le ultime notizie, il Presidente (*allegedly left*) da Mosca senza avere ottenuto il consenso degli alleati alla sua proposta. Le stesse voci riferiscono che il Presidente (*apparently has*) l'intenzione di presentare un nuovo progetto alla prossima riunione, in marzo.

E. Un bel sogno. Immaginate di essere completamente liberi (libere), senza impegni e senza preoccupazioni economiche. Cosa fareste? Parlatene con un compagno (una compagna) secondo l'esempio.

Chiedete a lui (a lei)...

ESEMPIO: dove (vivere) →
—Dove vivresti?
—Io vivrei a Parigi. E tu?

—Non male, ma con un leone sarebbe più eccitante...

1. con chi (vivere)
2. come (organizzare) le sue giornate
3. fino a che ora (dormire)
4. a quali progetti (dedicarsi)
5. (scrivere) agli amici e ai parenti, o (preferire) non essere in contatto con nessuno
6. (fare) spesso dei viaggi e dove
7. quali problemi personali (volere) risolvere in questo periodo
8. (tornare) a lavorare; se sì, dove

2. Congiuntivo presente

The subjunctive mood expresses an event, act, or state not as objective fact, but as contingent, contrary to fact, or viewed subjectively.

Forms

The charts on the next page show the regular forms of the present subjunctive. All three singular forms are the same.

	I	II	III	III (isc)
	imparare	**ripetere**	**sentire**	**restituire**
(io, tu, lui/lei, Lei)	impar**i**	ripet**a**	sent**a**	restitu**isca**
(noi)	impar**iamo**	ripet**iamo**	sent**iamo**	restitu**iamo**
(voi)	impar**iate**	ripet**iate**	sent**iate**	restitu**iate**
(loro, Loro)	impar**ino**	ripet**ano**	sent**ano**	restitu**iscano**

1. Verbs ending in -**care** and -**gare** insert an **h** before subjunctive endings

   man**care** → man**chi**; pa**gare** → pa**ghi**

2. Verbs ending in -**ciare**, -**giare**, -**sciare**, and -**gliare** drop the **i** before subjunctive endings

   ba**ciare** → ba**ci**; man**giare** → man**gi**; la**sciare** → la**sci**; sba**gliare** → sba**gli**

3. Verbs ending in -**iare** retain the **i** from the stem in the singular and **loro** forms only if the **i** is stressed.

   sciare → sc**ii**, sciamo, sciate, sc**iino**
   inviare → inv**ii**, inviamo, inviate, inv**iino**
   ma
   studiare → stu**di**, studiamo, studiate, stu**dino**

4. The subjunctive stems of the following common irregular verbs resemble the stem of the **noi** form of the indicative.

avere (**abbia**mo)	essere (**sia**mo)
abbia*	sia*
abbiamo	siamo
abbiate	siate
abbiano	siano

dare (**dia**mo)	fare (**faccia**mo)	sapere (**sappia**mo)	stare (**stia**mo)	volere (**voglia**mo)
dia	faccia	sappia	stia	voglia
diamo	facciamo	sappiamo	stiamo	vogliamo
diate	facciate	sappiate	stiate	vogliate
diano	facciano	sappiano	stiano	vogliano

---

*Remember that all three singular forms are the same.

5. The subjunctive conjugations of the following irregular verbs are grouped according to similarity in form.

venire	rimanere	tenere	porre
venga	rimanga	tenga	ponga
veniamo	rimaniamo	teniamo	poniamo
veniate	rimaniate	teniate	poniate
vengano	rimangano	tengano	pongano

salire	scegliere	togliere
salga	scelga	tolga
saliamo	scegliamo	togliamo
saliate	scegliate	togliate
salgano	scelgano	tolgano

dire	uscire	tradurre
dica	esca	traduca
diciamo	usciamo	traduciamo
diciate	usciate	traduciate
dicano	escano	traducano

dovere	bere
debba (*ant.* deva)	beva
dobbiamo	beviamo
dobbiate	beviate
debbano (*ant.* devano)	bevano

Miscellaneous Forms

andare	potere	piacere	trarre
vada	possa	piaccia	tragga
andiamo	possiamo		traiamo
andiate	possiate		traiate
vadano	possano	piacciano	traggano

Uses

1. The subjunctive is used primarily in dependent clauses introduced by **che**. The verb or expression in the independent clause determines whether the indicative or subjunctive is used in the dependent clause. **Che** can never be omitted in Italian. **Che** + *subjunctive* is the equivalent of several different constructions in English, including dependent clauses introduced by *that*, and infinitive phrases introduced by a noun or pronoun (as in the third example below).

- Objective fact or certainty

  Ti assicuro **che dicono** la verità.
  I assure you [that] they're telling the truth.

  Sappiamo **che parte** domani.
  We know [that] he's leaving tomorrow.

- Opinion, uncertainty, desire, or emotion

  Credo **che dicano** la verità.
  I think [that] they're telling the truth.

  Non siamo certi **che parta** domani.
  We're not sure [that] he's leaving tomorrow.

  Voglio **che escano** subito.
  I want them to go out immediately.

  È contenta **che** ci **accompagniate**.
  She's happy [that] you're coming with us.

2. Some verbs and expressions commonly used with the subjunctive are listed below.

VERBS INDICATING A COMMAND, PREFERENCE, OR WISH	
aspettare (aspettarsi) (*to expect*)	pregare
chiedere	pretendere (*to demand, expect*)
comandare	proibire
desiderare	proporre (*to propose*)
esigere (*to require*)	raccomandare
impedire (*to prevent*)	sperare
insistere	suggerire
ordinare	vietare (*to forbid*)
permettere	volere
preferire	

VERBS AND EXPRESSIONS INDICATING DOUBT, OPINION, OR UNCERTAINTY	
avere l'impressione	dubitare
non essere sicuri	immaginare
(non) credere	pensare
non sapere (se)	supporre

VERBS AND EXPRESSIONS INDICATING EMOTION
avere paura
essere sorpresi
essere (s)contenti / (in)felici
(dis)piacere
temere

IMPERSONAL EXPRESSIONS	
(non) è bene	(non) è strano
(non) è difficile	è incredibile
(non) è giusto	è ora (*it's time, it's about time*)
(non) è importante	(non) bisogna
(non) è (im)possibile	(non) pare ⎫
(non) è (im)probabile	⎬ (*it seems / doesn't seem*)
(non) è (in)opportuno	(non) sembra ⎭
([*im*]*proper*)	peccato (*it's too bad; it's a shame*)
(non) è male	può darsi ⎫
(non) è meglio	⎬ (*it may be*)
(non) è necessario	può essere ⎭
(non) è preferibile	

3. The present subjunctive is used when the action of the dependent clause occurs at the same time or later than the action of the independent clause.

Sembra che **stia** bene. *It seems she's in good health.*

Mi aspetto che tu **arrivi** in classe entro le dieci. *I expect you to show up in class by ten o'clock.*

4. When the subject of the main and dependent clauses is the same, **di** + *infinitive* is used instead of the subjunctive. (**Di** is omitted after **desiderare**, **preferire**, **volere**, and forms of **piacere**.)

SAME SUBJECT	DIFFERENT SUBJECTS
Sperano **di laurearsi** a giugno.	Sperano **che (lei) si laurei** a giugno.
They hope to graduate in June.	*They hope she graduates in June.*
Credo **di avere** ragione.	Credo **che abbiano** ragione.
I think I'm right.	*I think they're right.*
Vuoi **farlo** subito?	Vuoi **che lo faccia** subito?
Do you want to do it right away?	*Do you want me to do it right away?*
Mi dispiace **dover partire** adesso.	Mi dispiace **che dobbiate partire** adesso.
I'm sorry I have to leave now.	*I'm sorry you have to leave now.*

5. Following impersonal expressions, the infinitive is used if there is no expressed subject. Otherwise, **che** + *subjunctive* is used.

NO EXPRESSED SUBJECT	EXPRESSED SUBJECT
È meglio **dirglielo** personalmente.	È meglio **che glielo dicano** personalmente.
It's better to tell him personally.	*It's better for them to tell him personally.*
Bisogna **fare** presto.	Bisogna **che facciate** presto.
It's necessary to [You, we have to] hurry up.	*You have to hurry up.*

6. Certain verbs that express permission, command, or advice (such as **impedire, lasciare,*** **permettere, proibire, proporre, raccomandare, vietare**) can be followed by either **che** + *subjunctive* or **di** + *infinitive*. In the second construction, the subject of the infinitive is expressed as the indirect object of the main verb.

Permettono **che** lui **parli**.
Gli permettono **di parlare**. ⎫ *They allow him to speak.*
(Permettono **a lui di parlare**.) ⎭

Ordina **che** io **esca**. ⎫ *He orders me to go out.*
Mi ordina **di uscire**. ⎭

7. In everyday speech, the future tense can sometimes substitute for the present subjunctive when the action in the dependent clause occurs later than the action in the main clause. However, following verbs expressing volition, command, or expectation, only the subjunctive can be used.

Credi che **farà** (**faccia**) bello domani? | *Do you think it's going to be nice tomorrow?*
Penso che **arriveranno** (**arrivino**) dopo le dieci. | *I think they'll be arriving after ten (o'clock).*

ma

Desidera che Lei **venga** a trovarla dopodomani. | *She wants you to come see her the day after tomorrow.*
Esigono che **rientriate** entro il 15 maggio. | *They require you to return before May 15.*

Un po' di pratica

A. Tante faccende. Fate osservazioni su quello che queste persone hanno in programma di fare oggi. Seguite l'esempio.

ESEMPIO: Laura risponde a un annuncio (*newspaper ad*) (è bene) →
            È bene che risponda a un annuncio.

1. Io mi iscrivo a un corso di ginnastica aerobica. (è ora)
2. Le mie amiche cercano un nuovo appartamento. (è meglio)
3. Rita invia dei pacchi. (bisogna)
4. Tu restituisci i libri in biblioteca. (è necessario)
5. Il cugino Umberto comincia ad abituarsi alla vita di questa città. (pare)
6. Passiamo in banca a fare un versamento (*deposit*). (è possibile)
7. Marcello paga il conto della luce. (è importante)
8. Voi due siete in ufficio tutto il giorno. (è probabile)
9. Gianluca non ha niente da fare. (è bene)
10. Ti svegli molto presto domani mattina. (bisogna)

*****Lasciare** + *infinitive* is presented in depth in Chapter 10, Section 3.

B. Quattro chiacchiere. Completate i dialoghi con la forma adatta dell'indicativo o del congiuntivo, secondo il contesto.

1. —Sai, ho saputo che Mauro _____ (avere) intenzione di lasciare la moglie. Ti pare possibile?!
   —Cosa vuoi che (io) ti _____ (dire)? Mauro è sempre stato un egoista.
2. —Gilda, spero che i fiori ti _____ (piacere).
   —Ma certo che mi _____ (piacere)! Sono bellissimi, e tu sei un tesoro.
3. —Roberto non è venuto. Sua moglie ha detto che _____ (stare) male oggi.
   —Peccato che non ci _____ (essere)! Ci si diverte tanto con lui.
4. —Dottoressa, desidera che io _____ (chiamare) il marito della signora Zatti?
   —Sì, è necessario che _____ (venire) al più presto. Sembra che il bambino _____ (stare) per nascere!
5. —Senti, è probabile che io _____ (assumere, *to hire*) quei giovani americani, ma non li conosco bene. Come sono?
   —Sono sicura che ti _____ (potere) fidare di (*depend on*) loro. Sono bravi e molto rispettosi.
6. —Ilaria non sa ancora niente di quello che è successo. Vuoi che (io) le _____ (scrivere)?
   —Certo, scrivile subito. È importante che lo _____ (sapere).

C. Una signora autoritaria. La signora Pieri è una persona piuttosto severa. Dite quello che permette (o non permette) ai membri della famiglia. Seguite l'esempio.

ESEMPIO: Non permette che il marito fumi in casa. →
Non permette al marito di fumare in casa.
Non gli permette di fumare in casa.

1. Permette che i figli ascoltino solo la musica classica.
2. Non permette che il gatto dorma sul divano.
3. Non lascia che la figlia si trucchi.
4. Proibisce che il cane entri in salotto.
5. Non lascia che i figli guardino la TV durante la settimana.
6. Vieta che il marito usi tanto sale (*salt*).

D. Trasformazioni. Trasformate le frasi usando le espressioni tra parentesi. Seguite l'esempio.

ESEMPIO: Non bevi più. (è bene / ho saputo / sei contento) →
È bene che tu non beva più.
Ho saputo che non bevi più.
Sei contento di non bere più.

1. Non posso venire al ricevimento. (è probabile / mi dispiace / sono certo)
2. Sapete qualcosa. (è evidente / siete convinti / è meglio)
3. Laura e Michele non escono più insieme. (Laura e Michele sono contenti / vedo / ho l'impressione)
4. Rimango altre due settimane. (vogliono / sono molto felice / è necessario)
5. Traduci un volume di saggi. (ti piacerebbe / è interessante / mi dicono)
6. Franco va a trovarla tutti i giorni. (Franco dice / ti assicuro / bisogna)

– Permettete che mi presenti? Il mio nome è...

AL CORRENTE

Amato topino ti canto e ti disegno.   The following are selections from a collection of four books of poems and drawings by artist and writer Toti Scialoja, recently published in Italy under the collective title of *Animalie*. Notice the pun in the title itself: "anomalie" and "animali."

AMATO TOPINO TI CANTO E TI DISEGNO

Rane occhialute.[a] *Vespe*[b] *in abito da sposa. Topini come duci.*[c] *Una stravagante sfila-*[d] *ta di «Animalie», questo il titolo dato alla raccolta di poesie e disegni per bambini di Toti Scialoja. «Amato topino caro», «La zanzara*[e] *senza zeta», «Una vespa che spavento» e «Ghiro, ghiro tonto*[f] *sono i quattro libri che l'artista ha dedicato all'infanzia. Le poesie, come giochi di parole, stimolano la fantasia a rincorrere*[g] *i personaggi dietro le rime*

■ *Fantasia e creatività non sono cose che riguardano*[h] *solo gli artisti*

■ *E poi in cucina all'improvviso*[i] *entrò una foca*[j]*...*

Frenando[k] *il triciclo*[l] *mi chiede il tricheco:*[m] *«Sai dirmi da amico dov'è che mi reco?»*[n]

A Sciaffusa[o] *si è diffusa*[p] *la notizia che le gatte fan le fusa*[q] *per malizia*[r]

---

[a]*wearing eyeglasses*   [b]*Wasps*   [c]*dukes*   [d]*parade*   [e]*mosquito*   [f]*ghiro... dummy dormouse (a play on the words "gira gira tondo," ring-around-the-rosy)*   [g]*seek*   [h]*concern*   [i]*suddenly*   [j]*seal*   [k]*Braking*   [l]*tricycle*   [m]*walrus*   [n]*vado*   [o]*città svizzera*   [p]*spread*   [q]*fan... are purring*   [r]*per... mischievously*

Leggete ad alta voce le brevi poesie. Ricordate delle tilastrocche (*nursery rhymes*) inglesi di animali che fanno cose assurde? Ne potete recitare qualcuna?

In gruppi di quattro o cinque compagni (compagne), scrivete un verso di poesia, in italiano, simile a questi, cioè, un'immagine fantasiosa del mondo degli animali. Alla fine ogni gruppo deve leggere ad alta voce il suo verso, mentre un altro gruppo ha cinque minuti per disegnare sulla lavagna un'illustrazione del verso letto. L'illustrazione migliore vince!

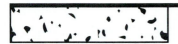 STRUTTURE II

3. Congiunzioni

Conjunctions connect words, phrases, and clauses.

> Decaf *or* regular?
> She's *both* intelligent *and* exceptionally kind.
> *Although* I don't agree with him, I respect his opinion.
> Keep working *until* they return.

1. You are already familiar with such common Italian conjunctions as **appena**, **che**, **e**, **ma**, **mentre**, **o**, and **se**. Here is a representative list of other conjunctions frequently used in Italian.

anche se (*even if*)	nondimeno (*nevertheless, however, still*)
anzi (*on the contrary, indeed*)	
dal momento che (*as soon as, since*)	o... o (*either . . . or*)
dato che (*since, as*)	oppure (ossia, ovvero) (*or, that is*)
di conseguenza (*therefore, consequently*)	perché (*because*)
	perciò (*for this reason, therefore*)
difatti, infatti (*in fact, as a matter of fact*)	però (*however*)
	poiché (*since, seeing that*)
dopo che (*after*)	pure (*still, yet*)
dunque (*therefore*)	quindi (*therefore, consequently*)
e... e (*both . . . and*)	siccome (*as, since*)
eppure (*and yet, nevertheless*)	tanto (*however, after all, in any case*)
fuorché (*except*)*	tuttavia (*still, nevertheless*)
giacché (*since*)	

---

*Used only before infinitives and nouns

Non vuole far altro **fuorché** lamentarsi; Mi piace tutto **fuorché** il lavoro.

Non mi dà fastidio; **anzi**, mi fa piacere!	*It doesn't bother me; on the contrary, I'm glad!*
È vero che Galileo disse «**Eppur** si muove»?	*Is it true that Galileo said, "And yet it (the earth) moves"?*
Don Giovanni, **ossia** *Il dissoluto punito.*	Don Giovanni, *or* The Libertine Punished.
Siccome non pensavo di vederti, non ho portato il libro.	*Since I wasn't expecting to see you, I didn't bring the book.*
Non abbiamo finito; **tuttavia**, siamo riusciti a fare molto.	*We haven't finished; nevertheless, we've accomplished a great deal.*

2.   These conjunctions are always followed by the subjunctive.

> a meno che... non (*unless*)
> affinché (perché,* in modo che) (*so that, in order that*)
> benché (malgrado, sebbene, quantunque) (*although*)
> prima che (*before*)
> purché (a patto che, a condizione che) (*provided that*)
> senza che (*without*)

Ve lo ripeto **perché** capiate.	*I'm repeating it so that you understand.*
Esce di casa **senza che** lo sappia nessuno.	*(S)he leaves the house without anyone knowing [it].*
Sebbene sia piuttosto esigente, è una persona gentilissima.	*Although he's rather exacting, he's a very kind person.*

3.   **Non** must always follow **a meno che**. Although it cannot be omitted, it is not expressed in English.

Lo farò **a meno che** gli altri **non** dicano altrimenti.	*I'll do it unless the others tell me otherwise.*

4.   **Per**, **prima di**, and **senza** + *infinitive* are used when the subject of the main and dependent clauses is the same.

SAME SUBJECT	DIFFERENT SUBJECT
Lavoro **per** mangiare!	Lavoro **perché** tu possa mangiare!
I work so I can [in order to] eat!	*I work so you can eat!*
Telefonale **prima di** uscire.	Telefonale **prima che** esca.
Call her before you go out [before going out].	*Call her before she goes out.*
Fallo **senza** dire niente.	Fallo **senza che** lui sappia niente.
Do it without saying anything.	*Do it without his knowing anything.*

---

*When **perché** means *because*, it takes the indicative.

5. Many English expressions function as both prepositions and conjunctions. In Italian, equivalent expressions sometimes have different forms for the different functions.

because: **a causa di**, **perché**

Le lezioni sono annullate **a causa dello** sciopero.

Classes are cancelled because of the strike.

Le lezioni sono annullate **perché** c'è uno sciopero.

Classes are cancelled because there's a strike.

since (in time expressions): **da**, **da quando**

Aspettiamo **da** mezzogiorno.

We've been waiting since noon.

Aspettiamo **da quando** ha telefonato.

We've been waiting since he called.

until: **fino a**, **finché (non)**

Lavoriamo **fino alle** due.

Let's work until 2:00.

Lavoriamo **finché non** arrivano.

Let's work until they get here.

Un po' di pratica

A. **Pensieri vari.** Completate le frasi con le espressioni dalla lista che segue.

Espressioni: anche se, anzi, dato che, dopo che, dunque, fuorché, però, tanto

1. È un po' snob—non gli piace nessun tipo di vino _____ quello francese.
2. _____ vi siete già decisi, non c'è niente da discutere.
3. Stanca io? _____, sarei capace di continuare fino a mezzanotte.
4. _____ avevo letto il giornale, ho finito il caffè e me ne sono andata.
5. Non lo sgridare! _____. É un bambino e non capisce queste cose.
6. Non mi piace quello che ha detto, _____ devo dire che ha perfettamente ragione.
7. Non dare retta (*pay attention*) a quell'uomo, _____ sembra una persona seria.
8. Chi è il filosofo che disse «Penso, _____ esisto»?

B. **Dialoghi-lampo.** Completate i brevi dialoghi usando il congiuntivo, l'indicativo o l'infinito.

1. —Hai comprato il regalo per Giulia?
   —No, pensavo di comprarlo oggi, siccome _____ (avere) un po' di tempo libero.
2. —Quando andate in Italia?
   —Dopo che (noi) _____ (finire) gli studi.
3. —Ti sei messa gli orecchini?
   —No, me li voglio mettere prima di _____ (andare) alla festa.
4. —Ho paura che le lasagne non ti piacciano.
   —Anzi, mi _____ (piacere) enormemente!
5. —I genitori ti lasciano andare a Fort Lauderdale?
   —Sì, a condizione che gli _____ (telefonare) ogni sera.
6. —Com'è andato il viaggio?
   —Abbiamo perso l'aereo, le nostre valigie sono rimaste smarrite; tuttavia, _____ (divertirsi).

7. —Vai al mare?

—Sì, ci vado sebbene _____ (fare) un po' fresco.

8. —Sabato mattina dobbiamo partire molto presto.

—Va bene, ma cerchiamo di uscire senza _____ (svegliare) gli altri.

C. Biglietto a un collega. L'avvocatessa di Lorenzo parte per un congresso (*conference*). Completate il biglietto che lascia a un collega mettendo i verbi all'indicativo o al congiuntivo, secondo il contesto.

Giulio—Ciao, scusami la fretta, ma dato che tu _____¹ (sapere) quanto ho da fare in questi giorni, capirai perché (io) _____² (scrivere) così di furia (*in a rush*)! Poiché (tu) _____³ (fare) ricerche sul caso Morandi, ti lascio il mio materiale purché me li _____⁴ (restituire) al mio ritorno. E mi raccomando, non farli vedere a Carlone—sebbene _____⁵ (essere) molto bravo, gli piace troppo chiacchierare, anche se _____⁶ (sembrare) così discreto. Due cose: non cercare di usare la stampante (*printer*) a meno che la signorina Fredi non ti _____⁷ (dare) una mano, e non dimenticare di chiedere il rimborso delle spese (*reimbursement*) prima che il signor Muti _____⁸ (andare) in vacanza. E siccome il mio assistente _____⁹ (essere) allergico, ti prego di non fumare in ufficio. Buon lavoro, e ci vediamo tra un paio di settimane.

D. Convinzioni e abitudini. Completate le frasi secondo le vostre idee personali.

1. I genitori mi fanno fare l'università perché (*so that*)...
2. Io, però, leggo e studio per...
3. Sono per lo più (*for the most part*) una persona tranquilla; nondimeno...
4. Mi pettino e mi metto qualcosa di elegante prima di...
5. Preferisco vestirmi prima che...
6. In genere, faccio colazione dopo che...
7. Non esco mai di casa senza...
8. Delle volte, però, esco senza che...
9. Mi piace uscire con gli amici e divertirmi anche se...
10. Secondo me, è importante cercare di aiutare gli altri; perciò...

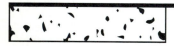 METTIAMOLO PER ISCRITTO!

Esperienze surreali

1. Raccontate un vostro sogno pieno di immagini surreali (oppure inventate un sogno!).
2. Scrivete un breve dialogo tra due (o più) di questi animali (o tra altri che trovate particolarmente interessanti): un porcospino (*porcupine*), una coccinella (*ladybug*), un tricheco (*walrus*), un canguro, un gufo (*owl*), un cavalluccio marino (*sea horse*), un polpo (*octopus*), una medusa (*jellyfish*).
3. Descrivete il quadro che vedete alla prima pagina di questo capitolo. Che cosa vi è rappresentato? Come interpretate la «scena»? Come la trovate?

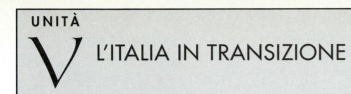

CAPITOLO 13

LA DONNA ITALIANA OGGI E DOMANI

Al lavoro! Dove lavora questa persona? Che cosa fa? Quali lavori sono i più interessanti in Italia oggi?

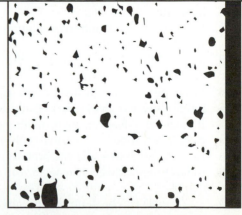

● ●

This chapter's reading, *Stressata e contenta* (from the Italian weekly *Panorama*), explores the reactions of young women who find their lives divided between the home and children on the one hand and their professional activities on the other. These Italian women have broken with the traditional domestic role of full-time wife and mother. But what does this imply? Are they frustrated with the added demands on their time? Have they left motherhood behind? Do the husbands and fathers share the burden of the new strains on the household? How have personal and family relationships changed? You will learn how Italian women face some difficult decisions about balancing economic need with personal fulfillment.

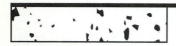 # VOCABOLARIO TEMATICO

Sostantivi

l'asilo (nido) day care center
l'aspirazione aspiration
la capacità ability, capability
la casalinga homemaker
la fantasia imagination
la fatica effort, difficulty
l'impegno commitment, involvement
l'orario schedule, timetable
l'ostacolo obstacle
la sensibilità sensitivity

Verbi

acquisire to acquire (conj. like *capire*)
affidare (a) to entrust
condividere to share
pesare sulle spalle (di) to weigh heavily (upon), rest on the shoulders (of)
scontrarsi (con) to run up against

Aggettivi

celibe unmarried (*applies to men*)

geloso jealous
nubile unmarried (*applies to women*)
scomodo uncomfortable, inconvenient
squilibrato unbalanced

Altre parole ed espressioni

a dispetto di despite
in funzione di on the basis of
per di più moreover, what's more
tuttora still

A. Completate con la parola o l'espressione adatta del **Vocabolario tematico,** secondo il contesto.

1. Una madre che lavora deve _____ il suo tempo tra il lavoro, il marito e i figli.
2. Solo trenta o quarant'anni fa, una donna italiana era vista male (*was not respected*) se preferiva lavorare e restare _____ piuttosto che sposarsi e dedicarsi alla famiglia.
3. Non possiamo lasciare nostro figlio a casa da solo, lo dobbiamo _____ alla babysitter.
4. Le donne devono continuare a lottare (*struggle*) per _____ molti diritti (*rights*) fondamentali.
5. Molte madri che lavorano scelgono l'asilo principalmente_____ del prezzo e dei loro orari lavorativi.
6. Le donne vogliono gli stessi diritti degli uomini sul posto di lavoro; _____, molte chiedono un'organizzazione meno rigida degli orari lavorativi.
7. Il movimento femminista ha migliorato la posizione della donna nella società, ma ci sono _____ grossi problemi da affrontare.
8. L'_____ più grande alla vita professionale delle donne sono i figli.
9. Nella famiglia media, la maggior parte dei lavori di casa tuttora _____ della donna.
10. _____ delle fatiche di una doppia attività, molte madri preferiscono mantenere un lavoro fuori casa.

11. Le donne che desiderano avanzare nella loro professione spesso _____ con atteggiamenti maschilisti e con varie forme di pregiudizio.
12. Una donna con le stesse _____ di un uomo dovrebbe percepire (*earn*) lo stesso stipendio.

B. A quale tipo (o a quali tipi) di donna assocereste le seguenti parole? Spiegate le vostre scelte. Pensate che la vostra valutazione sia conforme a quella della maggior parte della gente? Perché sì, o perché no?

Donne: a. madre e casalinga   b. madre che lavora   c. professionista nubile
d. professionista sposata ma senza figli

1. _____ tempo libero
2. _____ fantasia
3. _____ soddisfazioni personali
4. _____ sensibilità
5. _____ aspirazioni
6. _____ fatica
7. _____ asilo
8. _____ impegno

C. Definite in italiano le seguenti espressioni.

1. un ragazzo geloso
2. la fantasia infantile
3. una sedia scomoda
4. una vita squilibrata
5. una brava casalinga
6. l'orario fisso
7. un posto fisso

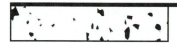 PRELETTURA

Entriamo nel contesto!

Rispondete alle seguenti domande che riguardano il ruolo della donna negli Stati Uniti.

1. Nella famiglia americana, chi di solito fa i lavori domestici?
2. Credete che ci siano delle grandi differenze tra i lavori domestici svolti (*carried out*) dall'uomo e quelli svolti dalla donna? Spiegate la vostra opinione e date esempi concreti.
3. A chi viene affidato un bambino quando i genitori lavorano?
4. C'è tuttora una grande disparità tra uomo e donna nel mondo del lavoro? (Citate qualche esempio per giustificare la vostra opinione.)
5. Le donne hanno tanto tempo libero quanto gli uomini? Perché sì, o perché no?
6. Elencate alcuni dei problemi più comuni per le donne che lavorano. Cosa si può fare per risolverli?
7. A vostro parere, se non fosse per problemi di tipo economico, le donne preferirebbero stare a casa?
8. Come definireste i ruoli tradizionali di marito e moglie? Credete che ci siano lati positivi di questi ruoli? Lati negativi? Spiegate.
9. Scegliete uno o più aggettivi per descrivere la donna moderna rispetto alla donna di alcune generazioni fa. (Esempi: soddisfatta, nevrotica, squilibrata, contenta.) Spiegate le vostre scelte.

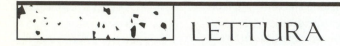

LETTURA

Stressata e contenta

DONNE CHE LAVORANO / VERA
LIBERAZIONE O DOPPIA SCHIAVITÙ?[a]

A casa dove sta da sempre. E in fabbrica,[b] in ufficio, in studio dove si è conquistata un posto. Troppo peso sulle spalle di lei? Sì e no.

[a]doppia... *double slavery*
[b]*factory*

Quando entra nel mercato del lavoro, quando conquista tuttora con fatica l'autonomia economica, il fatidico[1] «posto», la donna degli anni novanta non torna indietro. Chi ha un lavoro (il 28,2 per cento della
5 popolazione femminile) se lo tiene stretto.[2] E chi non ce l'ha (le più giovani: infatti gli esperti parlano di «innoccupazione» femminile più che di disoccupazione) lo brama.[3]

È una donna nuova, con nuove capacità, aspi-
10 razioni e sensibilità, quella che è oggi impiegata nell'amministrazione pubblica (37,6 per cento), nel terziario privato[4] (29,6), nell'industria (23), in agricoltura (9,8). Un'inedita[5] figura sociale che nulla[6]
somiglia alla propria madre e poco alla sorella maggiore. Per di più affiancata[7] da un nuovo tipo d'uomo, 15

CHI PULISCE, CHI CUCINA, CHI STA CON I FIGLI			
(ore per settimana)			
	DONNA CHE LAVORA	CASALINGA	UOMO
COPPIA SENZA FIGLI	27,2 ore	43,1 ore	6,4 ore
COPPIA CON UN FIGLIO	31,7	52,1	6,6
COPPIA CON DUE FIGLI	33,4	56	6,2

che non si mostra geloso delle sue affermazioni professionali e comincia a dividere gioie e noie[8] del lavoro domestico.

Certo, il lavoro a casa pesa ancora massicciamente[9] sulle spalle femminili (*vedere tabella in questa* 20 *pagina*), ma non c'è vittimismo[10] (semmai[11] una certa aggressività) fra le donne che si dividono fra casa e ufficio. E se si lamentano, non è per il doppio lavoro in sé ma per le condizioni in cui sono costrette a farlo (servizi inefficienti, strutture precarie,[12] rigidità di orari). Perché 25 al lavoro, le donne non rinunciano. Per nulla al mondo. Così come non rinunciano al tradizionale ruolo di moglie e madre. Secondo i dati forniti dall'Istat,[13] su sei milioni e 400 mila donne che lavorano (fascia d'età[14] 20–59 anni) ben[15] quattro milioni sono quelle con 30 figli, quasi il doppio di quelle senza (2,4 milioni). Un dato[16] che può essere letto anche in un altro modo: fra tutte le donne italiane che hanno figli, quasi la metà (40 per cento) hanno un lavoro. «E se la cavano benissimo, a dispetto degli ostacoli che incontrano in questa 35 nuova fase» afferma Livia Turco.[17] «Le donne hanno acquisito un'identità più forte, che vive in modo meno squilibrato l'esperienza del lavoro in casa e fuori. Ma si scontrano con un'organizzazione rigida dei tempi di lavoro oltre che con una loro scansione[18] schizofrenica. 40

---

[1]*famous, fateful*   [2]*se lo... holds onto it tightly*   [3]*desires*   [4]*terziario... private sector*   [5]*unpublished; previously unheard-of*   [6]*per niente*   [7]*supported, accompanied*   [8]*gioie... joys and frustrations*   [9]*very heavily, massively*   [10]*victimization*   [11]*if anything*   [12]*inadequate*   [13]*Italian polling agency*   [14]*fascia... age group*   [15]*a full*   [16]*statistic*   [17]*member of the Secretariat of the former Italian Communist Party*   [18]*rhythm*

Il grande problema è il tempo: le donne ne hanno fame. Non solo, o non tanto, in termini quantitativi ma qualitativi: ne chiedono un diverso utilizzo,[19] che consenta un intreccio,[20] e non una rigida separazione, fra
45 le molte dimensioni e le molte attività della donna d'oggi».

Fantasia, organizzazione, pianificazione.[21] Sono queste le armi della madre che lavora. Da una recente ricerca, si scopre per esempio che le donne che lavorano
50 programmano molto più delle casalinghe tempi e numero dei figli. In base alle possibilità economiche, alle energie psicologiche, alle concrete possibilità di allevarlo[22] bene, spiega la ricerca. Ma anche in funzione della carriera. Un bambino che può arrivare in età
55 non più giovanissima, quando il lavoro ha già offerto il massimo: «Per anni ho escluso l'eventualità di avere figli, la maternità mi pareva inconciliabile[23] con i ritmi, lo stress, l'impegno del mio lavoro» racconta Anna Rossi, medico all'Istituto dei tumori di Milano. «Poi, all'avvi-
60 cinarsi dei fatidici quarant'anni, mi sono resa conto che avevo bisogno di riequilibrare la mia vita.» Così, tre anni fa è nata Giulia e un mese fa Lorenzo. «Una vita d'inferno, una fatica bestiale» ammette «e insieme una rinascita[24] a livello psicologico».

65 A chi affidare il bambino? È questo il primo problema che angoscia[25] la mamma che lavora fin dai primi mesi dell'attesa. La qualità della o delle persone che si occuperanno del figlio, l'ambiente che lo ospiterà (più ancora che il costo economico o gli orari
70 spesso scomodi) sono importanti. «Mi occupo da quasi vent'anni di assistenza ai bambini e posso garantire che oggi, rispetto al passato, le madri tendono a scegliere in funzione del figlio più che di se stesse, e questo in tutte le classi sociali» conferma Valeria Bergamaschi, forte
75 della[26] doppia esperienza di direttrice di un asilo privato nel centro di Milano e consulente[27] del Comune per gli asili nido pubblici. «Il nido oggi non è più una necessità ineluttabile,[28] solo il «posto» dove mettere tuo figlio perché sei costretta a lavorare, ma anche
80 una scelta ragionata: ci si preoccupa che il bambino, spesso figlio unico, non cresca in solitudine, guardato da una baby-sitter o da una nonna anziana». E se qualcuna ancora si colpevolizza,[29] non lo faccia: sembra dimostrato che i figli delle donne che lavorano nella
85 scuola e nella vita se la cavano meglio degli altri.

—Valeria Gandus,
da «Stressata e contenta»,
Panorama

---

[19]*utilization*   [20]*interweaving; compatibility*   [21]*planning*   [22]*raising the child*   [23]*incompatible*   [24]*rebirth*   [25]*troubles*   [26]*forte... speaking authoritatively, based on*   [27]*consultant*   [28]*inevitable*   [29]*si... feels guilty*

Avete capito?

A. Vero o falso? Spiegate le vostre scelte.

	V	F
1. Molte italiane preferirebbero stare a casa con i figli se non dovessero lavorare.	___	___
2. Mentre la donna italiana assume nuovi ruoli nella società, il ruolo dell'uomo italiano in famiglia è rimasto sostanzialmente immutato (*unchanged*).	___	___
3. Nonostante lavorino di più, le donne non si sentono vittimizzate.	___	___
4. Le donne, infatti, sono pienamente contente della loro doppia attività.	___	___
5. La maggior parte delle donne che lavorano hanno figli.	___	___
6. L'aspetto più problematico della vita della madre che lavora è la mancanza di tempo.	___	___

                                                              V   F

7. Per la dottoressa Anna Rossi, è inutile pensare ad una
   famiglia, perché i figli non sono conciliabili con lo stress e
   gli orari di un lavoro altamente professionale come il suo.   _____   _____

8. Quando si sceglie un asilo, il costo è il fattore più
   importante.   _____   _____

9. Si pensa che un bambino che frequenti l'asilo sia più
   equilibrato di un bambino che sta a casa con la nonna,
   soprattutto se è figlio unico.   _____   _____

B. Quali delle seguenti parole o espressioni probabilmente *non* apparirebbero
nell'articolo *Stressata e contenta*? Spiegate le vostre risposte.

1. donne frustrate
2. necessità economiche
3. famiglie numerose
4. soddisfazioni professionali
5. bambini disadattati (*maladjusted*)
6. mariti maschilisti
7. tempo libero
8. l'esperienza comune tra più
   generazioni di donne italiane

E ora, a voi!

A. Guardate questa tabella e notate i motivi principali di insoddisfazione di donne
italiane in età diverse. Poi rispondete alle domande.

1. Vi sembra strano che la cattiva salute sia un principale motivo d'insoddisfazione sin dall'età di 20 anni?

2. Perché credete che la mancanza di tenerezza esista tra le giovanissime e le più anziane?

3. Come spiegate che l'insoddisfazione del reddito sia presente a tutte le età?

4. Secondo voi, perché le donne tra 20 e 24 si lamentano della mancanza di istruzione?

I MOTIVI D'INSODDISFAZIONE SECONDO L'ETÀ		
15/19 anni:	mancanza di indipendenza	44,3
	mancanza di tenerezza	27,5
	reddito[a]	25,2
	mancanza di considerazione	21,4
20/24 anni:	mancanza di indipendenza	27,5
	reddito	26,8
	cattiva salute	19,0
	mancanza di istruzione	18,3
25/34 anni:	reddito	34,0
	abitazione	24,8
	cattiva salute	23,2
	mancanza di indipendenza	16,8
35/44 anni:	cattiva salute	20,4
	reddito	13,3
	mancanza di considerazione	9,3
45/54 anni:	cattiva salute	28,8
	reddito	27,9
	mancanza di considerazione	23,5
più di 55:	cattiva salute	42,9
	reddito	21,2
	abitazione	20,6
	mancanza di tenerezza[b]	18,2

[a] *income*
[b] *tenderness*

B. Sondaggio. Chiedete ai vostri compagni qual è, secondo loro, il maggiore motivo
d'insoddisfazione per le donne americane dei seguenti gruppi d'età. Calcolate le

risposte degli uomini separatamente da quelle delle donne. Poi, in gruppi di tre o quattro, confrontate le risposte degli uomini e quelle delle donne. Finalmente, confrontate i risultati di questo sondaggio con quelli del sondaggio in *Panorama*.

I MOTIVI D'INSODDISFAZIONE TRA DONNE SECONDO L'ETÀ	TOTALE DONNE	TOTALE UOMINI

1. 15–19 anni:
   a. mancanza di indipendenza
   b. mancanza di tenerezza
   c. reddito
   d. mancanza di considerazione
   e. altro (specificate):		

2. 20–24 anni:
   a. mancanza di indipendenza
   b. reddito
   c. cattiva salute
   d. altro (specificate):		

3. 25–34 anni:
   a. reddito
   b. abitazione
   c. cattiva salute
   d. mancanza di indipendenza
   e. altro (specificate):		

4. 35–44 anni:
   a. cattiva salute
   b. reddito
   c. mancanza di considerazione
   d. altro (specificate):		

5. 45–55 anni:
   a. cattiva salute
   b. reddito
   c. mancanza di considerazione
   d. altro (specificate):		

6. più di 55:
   a. cattiva salute
   b. reddito
   c. abitazione
   d. mancanza di tenerezza
   e. altro (specificate):		

 STRUTTURE I

1. Altri usi del congiuntivo

1. The subjunctive is used in relative clauses introduced by

   a. the following indefinite expressions

   > chiunque (*whoever*)
   > comunque (*however*)
   > dovunque (*wherever*)
   > per quanto (*however, however much*)
   > qualunque (*adjective: whatever, whichever*)
   > qualunque cosa (*pronoun: whatever, whichever*)
   > qualsiasi (*adjective: whatever, whichever*)

Chiunque te lo **chieda,** non dire nulla!	*Whoever asks, don't say anything!*
Comunque vadano le cose, io ti sto vicino.	*However things work out, I'll stick by you.*
Qualunque ristorante **scegliate,** per noi va bene.	*Whatever restaurant you choose, it's okay with us.*
Per quanto cerchi, non riesce a trovare un lavoro.	*However much he tries, he can't manage to find a job.*

   b. **qualcosa, qualcuno,** and other expressions indicating people or things that are hypothetical or nonexistent

Ho trovato qualcosa che non costa troppo.	*I found something that doesn't cost too much.*
ma	
Vuole **qualcosa** che non **costi** troppo.	*She wants something that doesn't cost too much.*
Qui c'è qualcuno che sa parlare francese.	*There's someone here who can speak French.*
ma	
Cercano **qualcuno** che **sappia** parlare francese.	*They're looking for someone who can speak French.*
Finalmente ho trovato dei pastelli che non sono troppo morbidi.	*I finally found some pastels that aren't too soft.*
ma	
Ho bisogno di **pastelli** che non **siano** troppo morbidi.	*I need some pastels that aren't too soft.*

c. **il più** (*the most*), **il meno** (*the least*)* and other exclusive expressions including **il primo, il solo, l'unico, l'ultimo**

È il libro **più noioso** che ci **sia**.	*It's the most boring book there is [in existence].*
È la persona **meno egoista** che io **conosca**.	*She's the least selfish person I know.*
È la **sola** speranza che ci **rimanga**!	*It's the only hope remaining to us!*

d. a negative expression (**non... nessuno, non... niente/nulla, non c'è, non è che**)

Non vedo **nessuno** che **si diverta**.	*I don't see anyone having a good time.*
Non c'è **niente** che mi **interessi** qui.	*There's nothing that interests me here.*
Non c'è donna che gli **vada** a genio.	*There isn't a woman who suits him.*
Non è che sia antipatica, ma è molto emotiva.	*She's not [It's not the case that she's] disagreeable, but she's really intense.*

2. The subjunctive is used in indirect questions, after such verbs as **non capire, chiedere (chiedersi), domandare (domandarsi),** and **non sapere.**

Non capisco cosa **succeda**.	*I don't understand what's going on.*
Mi domando se lui **abbia** veramente ragione.	*I wonder if he's really right.*
Non sappiamo dove **vadano**.	*We don't know where they're going.*

3. The subjunctive can be used in independent clauses to express

a. a wish, blessing, or curse (sometimes introduced by **che**)

Che siate felici insieme!	*May you be happy together!*
Che Dio vi **benedica**!	*May God bless you!*
«**Vivan** le femmine, viva il buon vino! Sostegno e gloria d'umanità!» —Mozart–Da Ponte, *Don Giovanni*	*"Long live women, long live good wine! The sustenance and glory of humanity!"*

b. an assumption, doubt, or supposition (introduced by **che**)

Che siano già a Roma?	*Could they be in Rome already?*
Che partano domani?	*Is it possible they're leaving tomorrow?*

c. an indirect command (sometimes introduced by **che**)

Lo **faccia** da sè!	*Let her do it by herself!*
Che entrino subito!	*Have them come in immediately!*

---

*These and other relative superlatives are presented in Chapter 14, Section 4 (**Superlativo**).

Un po' di pratica

A. Una signora all'antica. Completate con la forma adatta del congiuntivo.

Dovunque _____¹ (andare) le sue figlie e i nipotini (*grandchildren*), la signora Morelli è contenta di accompagnarli. Quest'estate affittano una casa al mare, ma non è che _____² (esserci) tutti. La figlia maggiore, madre di due bambine, è all'estero per affari; Claudia, l'avvocatessa, e suo marito sono separati, e nessuno capisce cosa _____³ (succedere) tra di loro. Per fortuna, c'è Rosaria, la figlia minore, l'unica che _____⁴ (rimanere) a casa con i bambini, l'unica che _____⁵ (fare) la casalinga come aveva fatto la madre.

La signora guarda i nipotini che corrono sulla spiaggia: comunque (loro) _____⁶ (comportarsi) (e a lei sembrano un po' viziati [*spoiled*]), li ama lo stesso. Lei non s'intromette (interfere) qualunque _____⁷ (essere) l'idea che le sue figlie hanno sull'edu-cazione. La signora Morelli non capisce come _____⁸ (funzionare) queste famiglie moderne. Si chiede se le sue figlie _____⁹ (essere) più felici di lei quando era giovane.

«Ma Mamma», le dice Claudia, «sono io che non capisco come tu _____¹⁰ (potere) vivere così. Perché non trovi un hobby, mag-ari (*perhaps*) un club? Non ti annoi sempre a stare con noi?» Per la signora, però, non c'è una cosa che _____¹¹ (avere) più valore della famiglia. Per quanto la sua vita _____¹² (sem-brare) monotona, lei è contenta lo stesso.

B. Quattro chiacchiere. Ecco una serie di brevi dialoghi ambientati in luoghi diversi. Completate con la forma adatta dell'indicativo o del congiun-tivo, secondo il contesto.

1. (Segretario e assistente, in uno studio legale):
   —L'avvocato Merli vuole un fax che _____ (funzionare) anche da segreteria telefonica (*answering machine*).
   —Allora che lo _____ (comprare) lui! Io sono stufo dei suoi capricci.
2. (Claudia e Pia, compagne di appartamento):
   —Pia, c'è qualcuno al telefono che _____ (chiedere) di te.
   —Per favore, digli che _____ (aspettare) un momento! Sono appena uscita dalla doccia.
3. (Commesso e cliente, in un negozio d'abbigliamento):
   —Buon giorno. Desidera?
   —Buon giorno. Cerco dei pantaloni di lana (*wool*) che non _____ (costare) troppo.

—Questi, signore. Sono economici e molto belli.

—Non ho niente da portare con quelli. Ci sono altri colori?

—Mi dispiace, signore, è l'ultimo paio che ci _____ (rimanere) di questo modello. Cerchiamo di trovarne un altro che _____ (andare) bene per Lei.

4. (Michele e Elisabetta, marito e moglie, in cucina):

    —Dimmi una cosa—c'è qualcuno che non _____ (essere) al corrente (*informed*) di tutto quello che faccio? Non dico più niente a tuo fratello.

    —Caro mio, qualunque cosa _____ (venire) a sapere quell'uomo, lo ripete a tutti. È un gran chiacchierone (*blabbermouth*).

5. (Massimo e Cristina, sposi novelli, e Padre Giovanni, fuori della chiesa):

    —Padre, grazie di averci sposato.

    —Figuratevi, ragazzi. E Dio vi _____ (accompagnare)!

6. (Maria de Robertis e Piero, suo figlio, davanti al portone di casa):

    —Io lavoro fino a tardi, ma qualcuno _____ (dovere) fare da mangiare stasera. Forse tuo padre può preparare un po' di spaghetti e un'insalata.

    —Per carità, papà è il peggior cuoco che io _____ (conoscere)! Non possiamo ordinare una pizza?

C. Una manager stressata. La signora De Robertis a volte è prepotente. Tramite (*Through*) la sua assistente, dà ordini agli altri impiegati del suo ufficio. Ripetete i suoi ordini secondo l'esempio.

ESEMPIO: telefonare subito all'avvocato (la segretaria) →
Che telefoni subito all'avvocato!

1. aspettarmi nella sala riunioni (*conference room*) (i clienti)
2. spedirci i documenti al più presto (gli avvocati)
3. portarmi da mangiare (la segretaria)
4. mettermi al corrente (*bring me up to date*) dei suoi progetti (il collega)
5. venire a prendermi subito (il tassista)
6. telefonarmi la settimana prossima (i colleghi)

2. Congiuntivo passato

1. The past subjunctive is formed using the present subjunctive of **avere** or **essere** plus the past participle of the main verb.

VERBI CON **avere**		VERBI CON **essere**	
capire		**riuscire**	
che io	**abbia** capito	che io	**sia** riuscito/a
che tu	**abbia** capito	che tu	**sia** riuscito/a
che lui (lei, Lei)	**abbia** capito	che lui (lei, Lei)	**sia** riuscito/a
che noi	**abbiamo** capito	che noi	**siamo** riusciti/e
che voi	**abbiate** capito	che voi	**siate** riusciti/e
che loro (Loro)	**abbiano** capito	che loro (Loro)	**siano** riusciti/e

Non credo che **sia rimasta** a casa
con i figli.

*I don't think she stayed at home
with the children.*

È probabile che **abbiano** già **ripreso**
il lavoro.

*It's likely that they've already
gone back to work.*

2. The past subjunctive follows the same words and expressions that require the present subjunctive. It is used when the action of the dependent clause takes place before the action of the main clause.

È possibile che ne **abbiano parlato**
ieri (la settimana scorsa, ecc.).

*It's possible they spoke about it
yesterday [last week, etc.].*

Penso che **sia uscita** a mezzogiorno.

I think she went out at noon.

Per quanto **abbia studiato,** non è
riuscito a superare quell'esame.

*However much he studied, he
couldn't manage to pass that
test.*

Mi domando cosa **sia** veramente
successo.

I wonder what really happened.

Che **abbiano perso** la strada? Che li
abbia mangiati il lupo mannaro?

*Could they have gotten lost?
Could a werewolf have gotten
them?*

Un po' di pratica

A. La donna di ieri. Trasformate le frasi usando il congiuntivo passato e le espressioni indicate.

ESEMPIO: Molte donne hanno fatto tutti i lavori di casa. (è incredibile) →
È incredibile che abbiano fatto tutti i lavori di casa.

1. Poche si sono lamentate di questo. (sembra)
2. Molte, infatti, non hanno voluto lavorare fuori di casa. (è probabile)
3. Mia zia, però, ha cercato un lavoro quando l'ultimo dei tre figli ha incominciato la prima elementare. (mi sembra)
4. È riuscita ad avere grandi soddisfazioni nel mondo degli affari. (mi pare)
5. Mio zio l'ha sempre aiutata. (credo)
6. Si è occupato molto dei figli. (è bene)
7. Non si è mai sentito sminuito (*overshadowed*) dal successo della moglie. (penso)
8. Gli altri parenti hanno trovato strana questa loro sistemazione. (ho l'impressione)
9. Loro due, però, se la sono cavata bene. (pare)
10. I loro figli sono cresciuti felici e senza complessi. (sembra)

B. Nuovi ruoli. Usate le espressioni indicate per esprimere le vostre opinioni.

Espressioni: credo, (non) è bene, (non) è male, è possibile, (non) mi dispiace, (non) mi pare

ESEMPIO: La famiglia tradizionale è sparita. →
Non mi pare (mi dispiace, è possibile) che la famiglia tradizionale sia sparita.

1. Le donne hanno fatto male ad esigere gli stessi diritti degli uomini.
2. Molte professioniste hanno escluso la possibilità di avere figli.
3. Negli ultimi anni la disparità tra uomo e donna nel mondo del lavoro è diminuita.
4. Molti ragazzi sono cresciuti disadattati (*maladjusted*) e indisciplinati perché la madre lavora fuori di casa.
5. I figli sono diventati più indipendenti.
6. In genere, il padre di oggi ha assunto un ruolo attivo nell'educazione dei figli.
7. Per lo più, le coppie non hanno risolto il problema del lavoro di casa e dei vari impegni familiari.
8. La transizione dal vecchio ruolo della donna a quello moderno è avvenuta soprattutto per ragioni economiche.

C. Supposizioni. In gruppi di due o tre, esprimete le vostre reazioni alle ultime novità che vi vengono raccontate. Seguite l'esempio.

ESEMPIO: Laura e Massimo non si vedono più. →
Che abbiano litigato? Che lui sia uscito di nuovo con quell'altra ragazza? Che lei si sia stufata delle sue bugie?

1. Roberta non è venuta alla festa sabato sera.
2. Mauro, un vostro compagno di camera, esce di casa tutte le notti all'una e torna un'ora dopo.
3. Il professor Mazzoni non si fa vivo (*hasn't shown up*) da un paio di settimane.
4. Franca e Piero, due vostri amici, si guardano e ridono continuamente.
5. Pasqualino Passaguai è diventato di colpo (*suddenly*) serio e studioso.

D. Donne moderne. Con un compagno (una compagna), preparate una scenetta di due o tre minuti su una delle situazioni seguenti. (Le studentesse prenderanno a volte i ruoli maschili, e gli studenti a volte i ruoli femminili.) Ogni coppia presenterà la sua scenetta davanti alla classe, che poi discuterà insieme i vari problemi. Usate il congiuntivo passato dove possibile.

ESEMPIO: Matilde e Roberto Neri, due giovani professionisti. Roberto si lamenta perché Matilde non ha fatto il bucato (*laundry*), e lui parte il giorno dopo per un viaggio d'affari. →
—Matilde, mi dispiace molto che tu non abbia lavato le mie camice. Parto domani! Cosa devo fare?
—Ma è possibile che tu non abbia capito la mia situazione? Lavoro anch'io fino alle nove, alle dieci. Non capisco perché tu abbia aspettato fino all'ultimo momento.

1. L'avvocatessa Piazza e la signora de Marchis, la sua assistente. La signora de Marchis non può lavorare fino a tardi come prima perché adesso si occupa del vecchio padre. L'avvocatessa è dispiaciuta (*displeased*).
2. Mario e Floria Monetti, una giovane coppia. Discutono su chi debba accompagnare la figlia all'asilo la settimana prossima.

AL CORRENTE

BANCA DATI

DONNE SENZA TEMPO

LE ATTIVITÀ DEI GENITORI
Per i genitori che hanno figli fra i tre e i sei anni, in un giorno feriale medio, il tempo dedicato ad attività non lavorative è molto poco.

MADRE
PADRE

NIENTE/MENO DI UN ORA
DA UNA A TRE ORE
DA TRE A CINQUE ORE
PIÙ DI CINQUE ORE

CURA DEL BAMBINO

MADRE	PADRE
1,8	34,9
23,6	48,6
30,8	12,8
43,6	4,5

LAVORI DOMESTICI

MADRE	PADRE
11,0	93,5
45,0	5,9
19,6	0,3
24,4	0,3

LETTURA

MADRE	PADRE
78,0	72,1
20,4	25,1
1,1	1,7
0,5	0,4

TELEVISIONE

MADRE	PADRE
41,8	39,5
52,6	53,5
4,7	6,4
0,9	0,6

ATTIVITÀ SPORTIVE RICREATIVE

MADRE	PADRE
86,2	81,3
12,9	15,9
0,9	2,3
0,1	0,5

M eno di un'ora al giorno per leggere nel 78% dei casi; meno di un'ora per lo sport nell'86%; meno di un ora di televisione nel 41,8%. Questi alcuni dei dati che si riferiscono alla quantità di tempo dedicato alle varie attività dalle donne, che sono madri di figli tra i 3 e i sei anni, in un giorno feriale medio. In compenso il 43,5% di loro dedica più di 5 ore al giorno al figlio. Gli uomini che dedicano lo stesso tempo al bimbo sono il 4,5%, mentre il 34,9% cura il bambino per un periodo di tempo che va tra niente e meno di un'ora. Queste le cifre che appaiono in una ricerca contenuta nel «XXIV rapporto sulla situazione sociale del paese», Censis 1990.

Lavori domestici: il 93,5% degli uomini vi dedica o niente o meno di un'ora: senza parole. Ma oltre a questi dati che sottolineano le differenze di carico di lavoro fra donne e uomini ce ne sono altri che vanno nella stessa direzione: per entrambi il tempo libero da dedicare ad attività di svago o di informazione è ridottissimo. Legge, infatti, meno di un'ora al giorno il 72,1% degli uomini, guarda la televisione e fà sport per lo stesso periodo di tempo, rispettivamente il 39,5% e l'81,3%.

GIANANDREA TURI   ■

Donne senza tempo. Guardate attentamente l'articolo e il grafico intitolato «Donne senza tempo». Poi rispondete alle domande.

1. A quale settore della popolazione si riferiscono questi dati? Quando è stata condotta la ricerca?
2. Quale percentuale degli uomini italiani dedica meno di un'ora al giorno (feriale) ai figli? E quale percentuale delle donne?
3. Secondo questa ricerca, gli uomini italiani aiutano molto le donne con i lavori domestici? Spiegate la vostra risposta.
4. Secondo questi dati, le donne e gli uomini italiani dedicano press'a poco (*more or less*) la stessa quantità di tempo alla lettura e alla televisione? Spiegate.
5. Secondo questa ricerca, quanto sport fanno gli italiani (dei due sessi)?
6. Avete trovato sorprendenti i risultati di questa ricerca? Perché sì o perché no?
7. Pensate che i risultati sarebbero più o meno uguali se questa ricerca fosse condotta negli Stati Uniti? In quali categorie, secondo voi, ci sarebbero le differenze più notevoli?
8. Ora conducete una vostra ricerca. Scegliete delle attività (quelle dell'articolo, o altre —ad esempio, la toilette [*grooming*], il telefono, le teletrasmissioni sportive)— e scrivete alla lavagna le risposte date sia dai maschi che dalle femmine. Poi discutete i risultati.

 STRUTTURE II

3. Congiuntivo imperfetto e trapassato

Congiuntivo imperfetto

1. The imperfect subjunctive is formed by adding the imperfect subjunctive endings to the verb stem.

	I	II	III	III (**isc**)
	sperare	**ricevere**	**partire**	**capire**
che io	sper**assi**	ricev**essi**	part**issi**	cap**issi**
che tu	sper**assi**	ricev**essi**	part**issi**	cap**issi**
che lui (lei, Lei)	sper**asse**	ricev**esse**	part**isse**	cap**isse**
che noi	sper**assimo**	ricev**essimo**	part**issimo**	cap**issimo**
che voi	sper**aste**	ricev**este**	part**iste**	cap**iste**
che loro (Loro)	sper**assero**	ricev**essero**	part**issero**	cap**issero**

2. **Avere** is regular in the imperfect subjunctive; **essere, dare,** and **stare** are irregular.

	essere	**dare**	**stare**
che io	fossi	dessi	stessi
che tu	fossi	dessi	stessi
che lui (lei, Lei)	fosse	desse	stesse
che noi	fossimo	dessimo	stessimo
che voi	foste	deste	steste
che loro (Loro)	fossero	dessero	stessero

3. Verbs that use the Latin stem or an obsolete variant to form the **imperfetto** use the same stem in the imperfect subjunctive

> bere → **bev**evo → **bev**essi
> fare → **fac**evo → **fac**essi
> tradurre → **traduc**evo → **traduc**essi
> dire → **dic**evo → **dic**essi
> porre → **pon**evo → **pon**essi
> trarre → **tra**evo → **tra**essi*

4. The imperfect subjunctive follows the same words and expressions that require the present subjunctive. It is used when the verb in the main clause is in any past tense or any form of the conditional, and the action of the dependent clause takes place at the same time or following the action of the main clause.

Avevamo l'impressione che **vi annoiaste**.	*We had the impression [that] you were bored.*
Vorrei che Paoletto **stesse** zitto ogni tanto!	*I wish Paoletto would shut up once in a while!*
Gliel'ho detto perché non ci **fossero** più equivoci.	*I told them so that there wouldn't be any more misunderstandings.*
Sebbene **fosse** ricca, non si dava delle arie.	*Although she was rich, she didn't give herself airs.*
Non c'era nessuno che gli **potesse** dare una mano?	*Wasn't there anyone who could help him?*

5. The imperfect subjunctive is used to express regrets, or desires that are unattainable or unlikely to be fulfilled. Such sentences are usually introduced by **almeno, magari,** or **se.**

Almeno **facesse** bello!	*If only it were nice out!*
Magari **potessi** andare!	*If only I could go!*
Se tu **sapessi**!	*If you only knew!*

---

*Verbs with parallel forms follow identical patterns

porre → ponessi; imporre → imponessi; supporre → supponessi

Congiuntivo trapassato

1. The past perfect subjunctive is formed using the imperfect subjunctive of **avere** or **essere** plus the past participle of the main verb.

	VERBI CON **avere**	VERBI CON **essere**
	vedere	**partire**
che io	**avessi** veduto	**fossi** partit**o/a**
che tu	**avessi** veduto	**fossi** partit**o/a**
che lui (lei, Lei)	**avesse** veduto	**fosse** partit**o/a**
che noi	**avessimo** veduto	**fossimo** partit**i/e**
che voi	**aveste** veduto	**foste** partit**i/e**
che loro (Loro)	**avessero** veduto	**fossero** partit**i/e**

2. The past perfect subjunctive follows the same words and expressions that require the present subjunctive. It is used when the verb in the main clause is in any past tense or any form of the conditional, and the action of the dependent clause takes place before that of the main clause.

Credevo che **fossero** già **partiti**.	*I thought they had already left.*
Era la musica più bella che io **avessi** mai **sentito**.	*It was the most beautiful music I had ever heard.*
Vorrei che me l'**aveste detto** prima.	*I wish you had told me earlier.*

3. The imperfect subjunctive or past perfect subjunctive is always used after the expression **come se** (*as if*), regardless of the tense in the main clause.

Si comporta **come se fosse** un pezzo grosso.	*He acts as if he were a big shot.*
Tutto continuava **come se** non **fosse successo** niente.	*Everything went on as if nothing had happened.*

4. Like the imperfect subjunctive, the past perfect subjunctive is used to express regrets or desires that are unlikely to be fulfilled.

Avessero seguito i tuoi consigli!	*If only they had followed your advice!*
Magari **fossi** arrivato un'ora prima!	*If I had only arrived an hour earlier!*

Un po' di pratica

A. Una famiglia moderna. La signora Guarini vorrebbe che gli altri componenti della famiglia facessero di più per aiutarla. Fate la sua parte e seguite l'esempio.

ESEMPIO: lavare i piatti (il marito) → Vorrei che lavasse i piatti.

1. pulire la camera (i figli)
2. passare l'aspirapolvere (*to vacuum*) (tu)
3. venire a prendermi in ufficio (Ornella)
4. telefonare al pediatra (il marito)
5. mettersi d'accordo (voi ragazzi)
6. uscire a comprare il pane (Roberto)
7. preparare la cena (tu)
8. prendere l'autobus (il marito)
9. lasciarmi la macchina (il marito)

B. Un matrimonio all'antica. Mettete le frasi al passato, secondo l'esempio.

ESEMPIO: Il signor Ferri preferisce che la moglie stia sempre a casa. →
Il signor Ferri preferiva che la moglie stesse sempre a casa.

1. Non vuole che la moglie vada a lavorare fuori.
2. La signora Ferri, da parte sua, non esige che il marito le dia una mano in cucina o che l'aiuti con i lavori di casa.
3. Secondo lei, è meglio che la donna faccia queste cose.
4. La signora Ferri è contenta che il marito mangi, beva e guardi la TV quando torna a casa dal lavoro.
5. Lei pensa di frequentare un corso serale, ma ha paura che il marito si opponga a questo suo progetto.
6. Teme che lui le dica, «È inutile sprecare il tempo con queste sciocchezze!»
7. Non è che lui sia un tiranno, ma insiste che le sue esigenze siano rispettate.
8. Gli fa piacere, infatti, che la moglie si distragga e che si diverta un po'.
9. Non capisco come possano vivere così, ma sembra che siano felici e, dopo tutto, non è affare mio (*any of my business*)!

C. Già fatto? Franca de Barberis, manager e madre, cerca di organizzare un po' la famiglia. Trasformate le frasi secondo gli esempi.

ESEMPI: Hai fatto il bucato? (tu) →
No, credevo che l'avessi fatto tu.

Avete apparecchiato la tavola? (Laura) →
No, credevamo che l'avesse apparecchiata Laura.

1. Hai stirato (*ironed*) i vestiti? (tu)
2. Siete andati al mercato? (papà)
3. Avete pulito la cucina? (Laura)
4. Ti sei fermata dal droghiere (*grocer*)? (tu)
5. Siete passati a prendere la macchina? (papà)
6. Hai ordinato la pizza? (gli altri)
7. Hai telefonato all'idraulico? (Eugenio)
8. Avete lavato le finestre? (papà)

D. I desideri di Pasqualino. Povero Pasqualino Passaguai! Fate la sua parte e esprimete i suoi desideri. Seguite l'esempio.

ESEMPIO: essere più bello (io) → Magari fossi più bello!

1. avere una ragazza (io)
2. comprarmi la macchina (i genitori)
3. non bocciarmi (*flunk me*) (la professoressa)
4. essere più comprensivi (gli amici)
5. vincere la lotteria (io)
6. non sgridarmi più (papà)

E. Sogni utopistici. Ognuno dei «personaggi» nei seguenti disegni sogna una situazione utopica o ideale. Usando il congiuntivo imperfetto esprimete le brame dei «personaggi». Ecco un elenco di parole utili ed un esempio per aiutarvi.

Parole utili: bomba, capolavoro (*masterpiece*), chiodo (*nail*), coda (*tail*), copertina (*cover [of a publication]*), esquimese (*Eskimo*); forbici (*scissors, f. pl.*), mucca (*cow*), mungere (*to milk*), pulcino (*chick*), quadro, reggere (*to hold up; support*), topo (*mouse*)

ESEMPIO: Disegno 1. (topo): «Magari avessi le forbici per tagliare la coda al gatto!» («Se solo potessi tagliare la coda al gatto con le forbici!»)

F. Ricordi dell'infanzia e dell'adolescenza. Completate le frasi secondo le vostre opinioni e i vostri ricordi.

1. Quando ero piccolo / a me sembrava che...
2. Quando frequentavo le elementari temevo che...
3. Al liceo avevo l'impressione che...
4. A 16 anni mi pareva che tutti mi guardassero come se...
5. Quando sono arrivato/a all'università ero sorpreso/a che...
6. La prima volta che ho abitato con un compagno (una compagna) mi dispiaceva che...

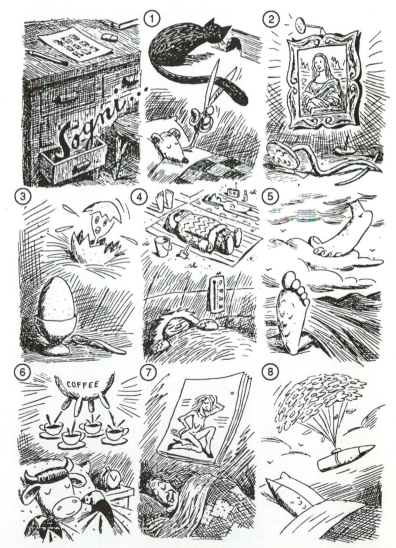

4. Infinito

There are two forms of the infinitive: present (**l'infinito presente**) and past (**l'infinito passato**). The past infinitive consists of **avere** or **essere** (minus their final -**e** in most cases) plus the past participle of the main verb. The following chart shows both forms of the infinitive.

	VERBI CON **avere**	VERBI CON **essere**
infinito presente	**cantare**	**partire**
infinito passato	**aver** cant**ato** (*to have sung*)	**esser** part**ito/a/i/e** (*to have departed*)

1. Object pronouns, **ci,** and **ne** can be attached to the end of the present infinitive. As you know, reflexive pronouns agree with the subject.

Ho intenzione di **dirglielo**.	*I plan to tell him.*
È importante **pensarci**.	*It's important to think it over.*
Preferisce non **parlarne**.	*S(he) prefers not to talk about it.*
Come riesci ad **alzarti** così presto?	*How do you manage to get up so early?*

2. Object and reflexive pronouns, **ci,** and **ne** are attached to the end of **avere** or **essere** in the past infinitive. When past infinitives are formed with **essere,** their past participle agrees with the subject in gender and number. When conjugated with **avere,** their past participle agrees with direct object pronouns in gender and number.

Credo di **averne parlato** a sufficienza.	*I think I've said enough about it.*
Si pente di **essere venuta**.	*She regrets having come.*
Sei sicuro di **averli invitati**?	*Are you sure you invited them?*

Use of the Present Infinitive

1. Among the most important uses of the present infinitive are

   a. directly following modal verbs and other verbs expressing preference

Vuoi **aspettare**? —No, preferisco **partire** subito.	*Do you want to wait? —No, I prefer to leave right away.*

   b. following certain prepositions and in place of **che** + *subjunctive*, when the subject of the main and dependent clauses is the same.

È un film **da** non **perdere**.	*It's a film not to be missed.*
Ha paura **di arrivare** in ritardo.	*He's afraid he'll arrive late.*
Non vedo l'ora che partano.	*I can't wait until they leave.*
Non vedo l'ora **di partire**.	*I can't wait to [until I] leave.*

c. with the prepositions **per, prima di,** and **senza** (in place of **perché, prima che,** and **senza che** + *subjunctive*) when the subject of the main and dependent clauses is the same

Telefonami prima che partano.   *Call me before they leave.*
Telefonami prima di **partire**.   *Call me before you leave.*

d. following impersonal expressions, when there is no expressed subject

Bisogna **fare** presto!   *We [you] have to hurry!*

2. The infinitive can serve as the subject of a sentence, with or without the masculine singular definite article. In analogous cases in English, the gerund (the *-ing* form) would be used.

Il fumare è dannoso alla salute.   *Smoking is hazardous to your health.*
Vederli gli fa tanto piacere.   *Seeing them makes him so happy.*

Use of the Past Infinitive

1. The past infinitive is used in place of the present infinitive to convey an action that has occurred before the action of the main verb in the sentence.

Non credo di **aver esagerato**.   *I don't think I exaggerated.*
Siete contenti di **esserci andati**?   *Are you glad you went [to have gone (there)]?*

2. It is *always* used after **dopo** and after the verb **ringraziare** + **di (per)**.

Dopo **essermi alzata,** ho fatto   *After I got [getting] up, I let the*
  uscire il cane.   *dog out.*
La ringrazio **di (per) essere venuta**   *Thank you for coming and for*
  e **di (per) aver partecipato** al   *taking part in the conference.*
  congresso.

Prepositions Before Dependent Infinitives

1. Most verbs require **a** or **di** before a dependent infinitive. There are two general patterns: many verbs of motion (**andare, fermarsi, venire,** etc.) take **a**; many idioms with **avere** (**avere bisogno, avere il piacere, avere intenzione,** etc.) take **di**. In general, though, the preposition must be memorized along with the verb. A few common examples are listed below; more complete lists appear in Appendix IV.

È passata **a** salutarci.   *She stopped by to say hello to us.*
Siete riusciti **a** trovarlo?   *Did you manage to find him?*
Mi ha convinto **ad** andare avanti.   *He convinced me to keep going.*
Ho paura **di** aver sbagliato.   *I'm afraid I made a mistake.*
Ha promesso **di** iscriversi.   *He promised he would sign up.*
Spero **di** aver fatto bene.   *I hope I've done well.*

2. Some common verbs take on idiomatic meanings depending on the preposition following them.

cominciare **a** + *infinitive* cominciare **con** + *article* + *infinitive*	*to start doing something* *to begin by doing something*
decidersi **a** + *infinitive*	*to make up one's mind, bring* *oneself to do something*
decidere **di** + *infinitive*	*to decide, determine to do something*
finire **di** + *infinitive*	*to stop doing something*
finire **per** + *infinitive* (finire **con** + *article* + *infinitive*)	*to end up doing something, to* *do something in the end*

A che ora avete cominciato **a** lavorare?	*What time did you start working?*
Cominciamo **col** dire che è stato raggiunto un accordo.	*Let's begin by saying that an agreement has been reached.*
Non sa decidersi **a** lasciarlo.	*She can't bring herself to leave him.*
Ho deciso **di** lasciar perdere.	*I decided to forget it [let the matter drop].*
Hai finito **di** lamentarti?	*Are you through complaining?*
Finirà **per (col)** rovinarsi la salute.	*He'll end up ruining his health.*

3. Nouns are usually followed by **di** + *infinitive.*

Non è il momento **di** parlare.	*This isn't the time to talk.*
Il suo modo **di** vestire attira l'attenzione di tutti.	*His way of dressing gets everyone's attention.*

4. In many cases, adjectives require a preposition before a dependent infinitive. A few common examples appear below; refer to Appendix IV for a more complete list.

adjective + **a** + *infinitive*	*adjective* + **di** + *infinitive*
abituato **a** (*accustomed*) attento **a** (*careful, attentive*) disposto **a** (*willing*) pronto **a** (*ready*)	capace **di** (*capable*) incapace **di** (*incapable*) contento (felice) **di** (*happy*) stanco **di** (*tired*) triste **di** (*sad*)

Sono abituata **a** vivere da sola.	*I'm used to living alone.*
Siete pronti **a** partire?	*Are you ready to go?*
È incapace **di** decidersi.	*He's incapable of making up his mind.*
Sono stanco **di** lavorare tanto.	*I'm tired of working so much.*

5. Other adjectives require **da** + *infinitive*, or **a** + *infinitive* if the verb has a passive meaning and is reflexive in form. These include **bello, brutto, buono, facile, difficile,** and **orribile**.

    Non è molto difficile **da** fare.   *It's not very hard to do.*

    È facile **da** dire.   *It's easy to say.*
    È facile **a** dirsi.

6. **A, con, da, in,** and **su** combine with the masculine singular article when preceding an infinitive; **tra** precedes the article but does not combine with it.

    Al cessare della musica tutti   *When the music stopped everyone*
       rimasero zitti.   *remained silent.*
    Col passare del tempo si rasse-   *As time passed he became*
       gnava alla perdita.   *resigned to his loss.*
    «**Tra il** dire e **il** fare c'è di mezzo   *Easier said than done.* [lit.: *Be-*
       il mare.»   *tween saying and doing there is*
                                            the sea in the middle.]

Un po' di pratica

A. Sostituzioni. Sostituite l'infinito alle espressioni indicate.

    ESEMPIO: Franco voleva fare l'artista, ma i genitori non gli hanno dato la possibilità *della scelta.* →
                Franco voleva fare l'artista, ma i genitori non gli hanno dato la possibilità *di scegliere.*

1. *Il viaggio* mi piace moltissimo.
2. Invece *dello studio*, dovresti dedicarti ad attività più rilassanti.
3. Purtroppo, tanti hanno perso l'abitudine *della lettura*.
4. *Il nuoto* fa molto bene a quelli che soffrono di mal di schiena (*back pain*).
5. *L'amore per* il prossimo è uno dei precetti (*precepts*) fondamentali di molte religioni.
6. Prima *del ritorno* si sono organizzati molto bene.
7. *Il gioco* è il modo più importante di imparare per i bambini.
8. Gli fa proprio rabbia (*it makes him really mad*) *il pensiero* che Silvia se la cavi benissimo senza di lui.

B. Famiglie moderne. Completate le frasi con la preposizione o la preposizione articolata se necessaria.

    ESEMPIO: Mio marito mi ha convinto *ad* assumere la babysitter.

1. Molte donne riescono _____ fare carriera e _____ allevare i figli senza grandi problemi.
2. La mamma ci ha ringraziato _____ averla aiutata con i lavori di casa e ha promesso _____ portarci a vedere un film questo weekend.
3. Ho intenzione _____ iscrivere mia figlia all'asilo al più presto.
4. Sebbene mia madre non abbia voluto _____ lavorare fuori casa quando noi eravamo piccoli, ha continuato _____ scrivere e _____ pubblicare articoli.

5. La scrittrice ha cominciato _____ dire che le madri-professioniste, anche più delle altre, non devono _____ sempre cercare _____ essere perfezioniste.

6. Franca ha detto che aveva intenzione _____ fare figli,* ma solo dopo essersi affermata come medico.

7. La signora Michelis ha deciso _____ riprendere il lavoro perché altrimenti lei e il marito non potevano sbarcare il lunario (*make ends meet*).

8. Con due figli e un orario massacrante, ho paura che quella mia collega finisca _____ esaurirsi; l'altra notte ha finito _____ lavorare dopo mezzanotte.

9. Una mia amica ha cominciato _____ lavorare subito dopo la nascita della figlia; un'altra ha preferito _____ stare a casa mentre i figli erano piccoli.

10. Ci siamo decisi _____ assumere la babysitter perché non potevamo _____ continuare _____ occuparci ogni giorno dei bambini.

11. Prima di tornare a casa mio marito si ferma _____ prendere nostro figlio e va _____ fare un po' di spesa.

12. La mia vicina di casa mi fa il favore _____ badare a mio figlio quando sono in ufficio fino a tardi.

C. Una letterina. Mariarosa e un'amica hanno litigato. Leggete la lettera di Mariarosa, sostituendo l'infinito passato alle espressioni indicate.

> **ESEMPIO:**   Credevo di *fare* bene dicendoti quelle cose. →
> Credevo di aver fatto bene dicendoti quelle cose.

1. Non pensavo di *offenderti*.
2. Credo di *dire* delle cose ingiuste.
3. Inoltre, non avrei dovuto parlar male dei tuoi amici senza *conoscerli*.
4. Penso di *essere* proprio antipatica.
5. Non sono contenta di *comportarmi* in quel modo con te.
6. Ho fatto male a *prendermela* così.
7. Mi dispiace di *andarmene* in quella maniera.
8. Ammetto di *farti* male dicendoti ciò, ma spero che tu possa perdonarmi.

D. Conversazione. Fate delle domande e rispondete usando le espressioni indicate.

> **ESEMPIO:**   abituato / alzarsi presto →
> —Sei abituata ad alzarti presto?
> —No, non sono affatto abituata ad alzarmi presto!
> (Sì, sono abituata ad alzarmi prima delle sei.) E tu?

1. sempre disposto / aiutare gli amici
2. che cosa / incapace / fare
3. che cosa / stanco / fare
4. che cosa / sempre felice / fare
5. pronto / dare / il prossimo esame
6. primo / svegliarsi / a casa tua

---

*Fare figli = avere figli

 # METTIAMOLO PER ISCRITTO!

La famiglia verso il ventunesimo secolo

1. Vostra madre è (era) una madre lavoratrice o una madre tradizionale? Esprimete la vostra opinione sui vantaggi, e anche sugli svantaggi, del ruolo che vostra madre ha scelto.
2. Immaginate la vostra futura famiglia. Avete intenzione di sposarvi? Quanti figli volete? Come pensate di trovare un equilibrio tra famiglia e carriera?
3. In questi anni di grandi cambiamenti, che significato ha per voi il concetto di «famiglia»? Come pensate fosse la famiglia «tradizionale» del passato? Su che cosa si basava? Come sarà, a vostro parere, la famiglia del ventunesimo secolo?

CAPITOLO 14

ITALIA: SOCIETÀ MULTIETNICA?

Cosa pensano gli italiani della loro società—c'è solo una nazione o tante identità regionali e multietniche?

Only in recent years have large numbers of immigrants from countries outside the European Community begun to settle permanently in Italy, posing radical changes to the familiar social landscape. This chapter's reading, *Rischio razzismo*, is the result of a thousand interviews with young Italians, from 15 to 24 years old, assessing their attitudes about the new immigrants. The poll attempted to assess whether or not the improved economic status, higher level of education, and abundant foreign travel opportunities that characterize the new generation of Italians have made them more tolerant and interested in establishing working and personal relationships with immigrants representing racial groups other than their own.

The article explores the degree to which young people formulate their opinions on the basis of first-hand experience, and questions the depth of opinions formed through indirect sources such as the media. Do these young people really understand racism? Can their tolerance withstand the strains of economic instability and competition for scarce jobs? Whatever the answers to these questions, the attitudes and ideals of today's youth will surely be challenged as massive waves of immigration to Italy continue into the next century.

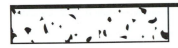 VOCABOLARIO TEMATICO

Sostantivi

l'ansia anxiety
l'atteggiamento attitude
il concorso competitive test or examination (for college admission, job openings, etc.)
la diffidenza mistrust, distrust
il diritto right
l'extracomunitario a person from outside the European Community
il legame connection, bond
l'ostilità hostility
il posto job
la razza race
il razzismo racism

Verbi

avvertire to warn
commuoversi to be (emotionally) moved, stirred
fare fatica (a fare qualcosa) to have a hard time (doing something)
impazzire to go crazy
prevedere to foresee
reagire to react
temere to fear

togliere (*p.p.* **tolto**) to remove, take away

Aggettivi

amaro bitter
disponibile open-minded, willing
istruito educated
massiccio massive
multirazziale multi-racial

Altre parole ed espressioni

poiché since, because

A. Create delle frasi usando le seguenti combinazioni di parole.

1. legame / diffidenza / razzismo
2. ansie / ostilità
3. immigrazione / massiccio / multirazziale
4. atteggiamento / disponibile / razze
5. società / istruito / diritto

B. Abbinate le espressioni della colonna A con quelle della colonna B per formare frasi logiche.

	A		B
1. _____	Mio fratello impazzisce	a.	di quel pericolo.
2. _____	Il nuovo governo prevede	b.	per alcuni posti d'insegnamento.
3. _____	Molti extracomunitari fanno fatica a	c.	agli immigrati extracomunitari.
4. _____	Ho fatto dei concorsi	d.	possiamo aspettarci sempre più atti di razzismo.
5. _____	I due fidanzati non si sono più parlati	e.	trovare lavoro in Italia.
6. _____	Molti italiani temono	f.	ai matrimoni.
7. _____	Ti ho avvertito	g.	una riduzione del deficit per l'anno prossimo.
8. _____	Molti europei hanno reagito in modo razzista	h.	che gli immigrati gli tolgano i posti di lavoro.
9. _____	Mi commuovo sempre	i.	per i video di Madonna.
10. _____	Poiché l'immigrazione sicuramente aumenterà,	j.	dopo l'amara conclusione della loro relazione.

PRELETTURA

Entriamo nel contesto!

A. Siete o non siete d'accordo con le seguenti affermazioni sul razzismo? Cambiate le affermazioni con cui non siete d'accordo in modo che corrispondano alle vostre idee. Poi spiegate i motivi delle vostre opinioni.

ESEMPIO: Le persone istruite sono più aperte e disponibili verso (*toward*) le persone di razze diverse.
    —Non sono d'accordo! La tolleranza delle differenze etniche e razziali nasce nelle famiglie e nella comunità, non a scuola.

1. Il razzismo è più diffuso tra le persone che hanno più di 50 anni. I giovani tendono ad essere più tolleranti.
2. In teoria, è facile condannare il razzismo, ma è molto più difficile dimostrarlo con le azioni.
3. La ragione principale del razzismo è l'insicurezza economica.
4. Il razzismo fa parte della natura umana.
5. La società multirazziale americana tende ad essere meno razzista di una società relativamente omogenea come quella italiana.
6. È necessario vivere in una società multirazziale per scoprire se uno è razzista o no.
7. È facile dare una definizione del razzismo.

B. Parlate di alcuni dei seguenti gruppi di immigrati negli Stati Uniti. Perché e quando sono arrivati? Ci sono stati degli episodi di discriminazione o di sfruttamento nei loro confronti? Quali di questi gruppi sono riusciti ad integrarsi meglio nella società americana? Chi invece ne è rimasto in parte o del tutto (*entirely*) escluso? Perché, secondo voi?

1. gli irlandesi
2. i messicani
3. i russi
4. gli italiani
5. i cinesi
6. altri...

 LETTURA

SONDAGGI   La Doxa ha intervistato per "L'Espresso" mille giovani fra i 15 e i 24 anni sul tema dei rapporti con gli immigrati. Con quali risultati?

Rischio razzismo

Sono quelli che impazziscono per Sting e si commuovono ai concerti di Marco Masini;[1] sono cresciuti negli anni ottanta con, negli occhi, le immagini colorate multirazziali alla Benetton e, in tasca, un biglietto aereo per l'estero. È la generazione di giovani più cosmopolita, più istruita, più ricca nella storia del nostro Paese. Eppure, a sondare[2] con attenzione le loro opinioni, si scopre una verità amara: per alcuni di questi giovani l'antirazzismo e la solidarietà sono solo parole nei testi[3] delle loro canzoni preferite.

Un sondaggio che la Doxa[4] ha svolto[5] per *L'Espresso* su un campione[6] rappresentativo di mille giovani italiani di età compresa fra i 15 e i 24 anni mostra come sta reagendo il mondo giovanile alla grande ondata immigratoria che ha investito[7] il nostro Paese. Tra i ragazzi intervistati per telefono solo una esigua[8] minoranza ha manifestato una netta ostilità verso gli immigrati extracomunitari, ma «una percentuale ben più consistente», spiega Ennio Salamon, consigliere delegato[9] della Doxa, «ha rivelato una sorta d'intolleranza latente».

Nessun allarmismo, nessuna facile predica.[10] Solo la constatazione[11] che, anche tra i giovani, c'è una fascia più esposta al rischio[12] di razzismo. È quella che il sociologo Luigi Manconi, autore di alcuni saggi e ricerche sul fenomeno, ha definito come «area del razzismo possibile». Oltretutto —ed è un clamoroso risultato del sondaggio— solo una minoranza dei giovani italiani ha già rapporti diretti con gli immigrati: l'81 per cento ha, infatti, dichiarato che nel suo quartiere o Comune di residenza ce ne sono «pochi o nessuno»; l'83 per cento non ha compagni di studio o di lavoro di altre razze. Il che significa almeno tre cose. Primo: i messaggi allarmistici che descrivono un'Italia quasi assediata[13] dagli stranieri risultano molto ridimensionati.[14] Secondo: ciò significa che la maggioranza dei giovani italiani ha, per ora, una percezione indiretta del problema e spesso mediata dalla televisione e dai giornali. Terzo: poiché tutti gli esperti prevedono nuovi, massicci arrivi, c'è da domandarsi come reagiranno i tanti giovani che oggi, appena sfiorati[15] dal problema, si mostrano aperti e disponibili.

Ai mille giovani del sondaggio è stato chiesto se temono la concorrenza degli stranieri sul mercato del lavoro. «Sì, ci toglieranno molti o alcuni posti», ha risposto più del 75 per cento degli intervistati (natural-

---

[1]*un cantante rock molto popolare*   [2]*probing*   [3]*texts, lyrics*   [4]*Italian polling agency*   [5]*taken*   [6]*sample, cross section*   [7]*invaded*   [8]*small, slight*   [9]*consigliere... managing director*   [10]*facile... facile sermon*   [11]*observation*   [12]*fascia... group that runs a greater risk*   [13]*under siege* [14]*risultano... are a gross exaggeration*   [15]*appena... barely touched*

mente i più preoccupati sono i giovani meridionali in cerca di prima occupazione). «Bisogna dare precedenza[16] a noi nelle offerte di lavoro»; «Ho letto l'annun-
50 cio di un concorso per 5 mila posti destinato a extra-
comunitari, nei concorsi per noi offrono solo 40, 50 posti»: sono alcuni dei molti sfoghi[17] raccolti dalla Doxa. Ansia, incertezza per un futuro tutto da costruire. Avverte Luigi Manconi: «L'intolleranza razziale ha
55 spesso un forte legame con gli stati d'insicurezza». Come a dire[18] che, tra le tante micce innescate,[19] quel-
la del diritto al lavoro rischia di essere una delle più esplosive.

Se la maggioranza si dimostra disponibile (il 70,2
60 per cento non ha problemi ad accettarli come vicini di casa; il 68 per cento come compagni di studio o di lavoro) c'è sempre un quarto del campione che è ten-
denzialmente[20] negativo. Diffidenze, paure latenti, poca propensione[21] a vivere i rapporti con etnie diverse come occasione d'arricchimento.[22] Giovani che viag- 65 giano molto («Sono stata in Indonesia e ho avuto una impressione ottima», ha detto una studentessa) ma che, davanti all'arrivo degli stranieri, tendono a chiudersi in un atteggiamento difensivo. E così tra due mondi che fanno fatica a comunicare la minima scintilla[23] rischia 70 di provocare un incendio.[24]

—Chiara Beria di Argentine,
da «Rischio razzismo»

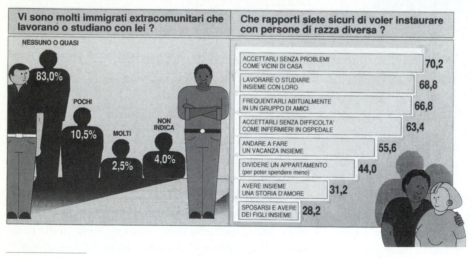

¹⁶precedence   ¹⁷emotional responses   ¹⁸Come... That is to say   ¹⁹lit fuses   ²⁰potentially   ²¹inclination
²²an opportunity for enrichment   ²³spark   ²⁴inferno, fire

Avete capito?

A. Secondo l'articolo «Rischio razzismo», quali delle seguenti affermazioni sono vere, quali false? Spiegate le vostre scelte.

	V	F
1. Le canzoni popolari tra i giovani sono indice (*are indica-tive*) di una vera e propria tolleranza delle razze.	____	____
2. C'è una contraddizione tra i testi delle canzoni popolari, che parlano di antirazzismo e di solidarietà, e i veri senti-menti di alcuni dei giovani che li cantano.	____	____
3. Solo una piccola minoranza dei giovani ha avuto contatti diretti con razze diverse.	____	____

	V	F

4. Se aumenta l'immigrazione, è probabile che i giovani saranno meno tolleranti di adesso.   _____ _____

5. Gli atteggiamenti dei giovani verso le altre razze sono basati su conoscenze concrete ed esperienze personali.   _____ _____

6. La concorrenza sul mercato del lavoro è una delle ragioni principali dell'intolleranza razziale.   _____ _____

7. I nuovi immigrati potrebbero togliere molti posti di lavoro ai giovani italiani.   _____ _____

8. Il governo dovrebbe creare dei lavori per gli immigrati per evitare il formarsi di gruppi razzisti.   _____ _____

B. Scegliete le risposte adatte in base alla lettura.

1. Qual è l'atteggiamento predominante tra i giovani italiani per quanto riguarda la nuova immigrazione in Italia?
   a. una sincera disponibilità
   b. una netta ostilità
   c. un'intolleranza latente
2. Qual è l'idea principale di questo articolo?
   a. I giovani italiani sono razzisti.
   b. I giovani italiani sono potenzialmente razzisti.
   c. Grazie all'istruzione e alle opportunità di viaggio, i giovani italiani non sono razzisti.
3. Quale delle seguenti parole meglio descrive il tono di questo articolo?
   a. pessimistico   b. ottimistico   c. di avvertimento

C. Spiegate il significato dei seguenti termini nel contesto dell'articolo.

1. concorrenza di lavoro
2. extracomunitario
3. intolleranza latente
4. ostilità netta
5. generazione cosmopolita

E ora, a voi!

Spesso gli immigrati di cui si parla nell'articolo arrivano in Italia senza soldi. Hanno anche molti altri problemi: dalla mancanza di servizi sociali alla difficoltà d'ambientamento culturale e linguistico.

Guardate l'elenco di parole che segue. In base a quello che avete letto sugli extracomunitari in Italia, e in base a quello che sapete delle esperienze dei nuovi immigrati negli Stati Uniti, descrivete i tipi di problemi che associate ad ogni parola.

ESEMPIO: scuola →
I nuovi immigrati hanno difficoltà a trovare scuole per i loro figli. Non conoscono bene il sistema scolastico; le scuole sono troppo affollate; spesso i bambini non parlano la lingua usata nelle scuole. Poi, a volte incontrano atteggiamenti razzisti o ostili fra gli altri studenti e anche fra i maestri!

1. salute
2. alloggio
3. lavoro
4. denaro
5. amicizia
6. amore e/o matrimonio

 STRUTTURE I

1. Periodo ipotetico con *se*

The hypothetical construction has two parts: a dependent clause, introduced by *se*, which conveys a supposition or hypothesis; and a main or independent clause which indicates the consequences of the hypothesis stated in the dependent clause. The order of the two clauses is not fixed.

There are three kinds of hypothetical constructions. The first indicates events or conditions that are real or very likely.

> Se andrò in centro passerò da zia Giulia.

> *If I go downtown [an imminent possibility], I'll stop by Aunt Giulia's.*

The second indicates possibility.

> Cercherei un appartamento più grande se mi offrissero quel lavoro.

> *I would look for a bigger apartment if they offered me that job [and they might or might not].*

The third indicates conditions that are improbable or impossible.

> Se tu avessi detto la verità ora non saresti nei guai.

> *If you had told the truth [but you didn't], you wouldn't be in trouble now.*

The combinations of tenses and moods that can be used in each of these hypothetical constructions are presented in the tables and examples that follow.

1. Real

se CLAUSE	INDEPENDENT CLAUSE
se + present indicative / future / past indicative	present indicative / future / past indicative / imperative

In this case, events are presented as certain, imminent, or likely.

> Se **fa** freddo **resto** a casa.

> *If it's cold [and it probably will be], I'm staying home.*

> Se studierete non **avrete** problemi.

> *If you study [and it's likely that you do], you won't have any problems.*

> Se **si sentiva** male **doveva** stare a letto.

> *If he felt ill [and he did], he should have stayed in bed.*

Fa' uscire il cane se non **può** stare
zitto!

*Let the dog out if he can't keep
quiet [and he can't]!*

Attenzione! Remember that when both clauses convey a future action, **se** + *future*
must be used in Italian. (In English, *if* + *present* is used.)*

Se **verrai, potrai** conoscere i miei
zii.

*If you come, you'll be able to meet
my aunt and uncle.*

If, however, the **se** clause clearly conveys a present action and the main clause a
future action, then a mixed construction is possible.

Se **facciamo** presto, **potremo
vedere** lo spettacolo delle 19,00.

*If we hurry [now], we'll be able to
see the 7:00 show [later tonight].*

2. Possible

se CLAUSE	INDEPENDENT CLAUSE
se + imperfect subjunctive	present conditional past conditional

In this case, the hypothetical situation is presented as uncertain or contingent.

Se mi **accompagnassi, potremmo**
discutere dei nostri progetti.

*If you came with me [and you
might or might not], we could
discuss our plans.*

Non l'**avrebbe trattata** male se non
fosse uno scemo.

*He wouldn't have treated her badly
if he weren't an idiot [but he is].*

3. Improbable or impossible

se CLAUSE	INDEPENDENT CLAUSE
se + past perfect subjunctive	present conditional past conditional

In this case, the event outlined in the **se** clause is contrary to fact—it did *not*
occur.

Se **avessi preso** il treno delle 5,00,
ora **sarei** a Roma.
Se tu mi **avessi accompagnato,
avremmo potuto** discutere dei
nostri progetti.
Non l'**avrebbe trattata** male se non
sì fosse comportato da scemo in
quell'occasione.

*If I had taken the 5:00 train [but I
didn't], I would be in Rome by now.*
*If you had come with me [but you
didn't], we could have discussed
our plans.*
*He wouldn't have treated her
badly if he hadn't been acting like an
idiot that time [but he was].*

---

*For more on the use of the future and future perfect in clauses introduced by **se, (non) appena, finché,**
and **quando,** refer back to Chapter 9.

Attenzione!

- In English, *if* clauses sometimes contain conditional forms. In Italian, the conditional can appear only in the main clause of a hypothetical sentence, *never* in the **se** clause.

Se **telefonasse, saremmo** meno preoccupati.	*If he would call [were to call, called], we would be less worried.*

- Remember that **se** can also mean *whether* and can be followed by the indicative, future, conditional, or subjunctive.

Non so se **viene (venga) (verrà).**	*I don't know whether [if] he's coming [will come].*
Non so se **verrebbe**.	*I don't know whether [if] he would come.*
Non sapevo se **veniva (venisse).**	*I didn't know whether [if] he was coming.*
Non sapevo se **sarebbe venuto.**	*I didn't know whether [if] he would come.*

- In everyday conversation, the imperfect indicative is sometimes used in a contrary-to-fact statement.

Se l'**avessi visto,** glielo **avrei detto.** Se lo **vedevo,** glielo **dicevo.**	*If I had seen him, I would have told him.*

Un po' di pratica

A. Le vostre abitudini. Dite quello che fate, in genere, o quello che fareste in queste situazioni. Usate il periodo ipotetico con **se,** secondo gli esempi.

ESEMPI: (fare) bel tempo / (fare) jogging intorno al lago →
   Se fa bel tempo faccio jogging intorno al lago.

   (trovarsi) al verde (*broke*) / (chiedere) dei soldi al mio compagno di camera →
   Se mi troverò al verde chiederò dei soldi al mio compagno di camera.

1. non (avere) voglia di fare da mangiare / (comprare) una pizza surgelata (*frozen*)
2. (alzarsi) di buon'ora / (partire) con il treno delle sette e mezzo
3. (piovere) / (stare) a casa a guardare i video
4. (esserci) dei saldi (*sales*) in centro / (passare) tutto il weekend a fare compere
5. (invitare) gli amici a cena / (fare) la pasta ai funghi (*mushrooms*)
6. nessuno (essere) libero sabato sera / (leggere) un bel romanzo o (pulire) la mia camera

B. Quattro chiacchiere. Completate i dialoghi con la forma adatta dei verbi tra parentesi.

1. —Se (tu) _____ (andare) in centro passa da Giacomo e ricordagli (*remind him*) che c'è una riunione giovedì sera.

—Non ti preoccupare. Se ha detto che sarebbe venuto, _____ (venire). È molto serio.

2. —Ah, se (noi) _____ (studiare) prima, ora non dovremmo passare la notte in bianco (*pull an all-nighter*).

   —E se fossimo davvero intelligenti, non _____ mai _____ (iscriversi) a un corso di matematica!

3. —Se non eri d'accordo perché non _____ (dire) qualcosa?

   —Boh, l'avrei fatto se non _____ (esserci) tanta gente.

4. —Quale università _____ (frequentare) Silvia se Harvard non le darà una borsa di studio?

   —Non lo so. Poverina, se non gliela _____ (dare), sarà tanto delusa (*disappointed*)!

5. —Se vieni in macchina, non _____ (dimenticare) di riportarmi gli sci.

   —Va bene. Lo farò se _____ (potere).

C. **Contro il razzismo.** Completate le frasi con la forma adatta dei verbi tra parentesi.

ESEMPIO: Se le persone <u>conoscono</u> (conoscere) gente di etnie diverse, sono in genere più tolleranti.

1. E se la gente fa lo sforzo (*effort*) di mettersi al posto degli immigrati, _____ (riuscire) molte volte a capire cosa vuol dire discriminare.

2. Io mi iscriverò il semestre prossimo se l'università _____ (offrire) un corso sui gruppi etnici d'America.

3. In molte università, se uno non _____ (seguire) uno di questi corsi, non può laurearsi.

4. Se leggerai gli articoli di Henry Louis Gates o Toni Morrison, _____ (potere) capire meglio l'enorme complessità del problema, dei diversi gruppi etnici.

5. Due dei miei amici hanno litigato per un malinteso (*misunderstanding*) legato al razzismo. Secondo me, se non _____ (essere d'accordo), dovevano fermarsi e cercare di parlarne più tranquillamente.

6. Se la gente _____ (prendere) l'abitudine di riflettere sul modo di dire le cose, potrebbe evitare tanti problemi di questo genere.

7. Se i miei amici avessero discusso con calma quel malinteso, forse non _____ (venire) alle mani (*to blows*).

8. Se (noi) _____ (cercare) di capire le cause del razzismo, potremmo riuscire a trovare dei modi per risolvere questo problema.

D. **Ipotesi personali.** Completate le frasi in modo logico.

ESEMPIO: Farei ginnastica ogni giorno se... → non fossi sempre stanco!

1. Se andassi più spesso a piedi...
2. Avrei scelto un altro campo (*major*) se...
3. Ormai avrei preso la laurea se...
4. Se fossi più aperto/a...
5. Sarei più disinvolto/a (*uninhibited*) se...
6. Se riuscissi ad addormentarmi prima di mezzanotte...

7. Non avrei scelto di vivere con il mio compagno
   (la mia compagna) di camera se...
8. Se potessi cambiare casa...

E. Sondaggio. Guardate questa tabella con le informazioni,
poi fate voi lo stesso sondaggio fra i compagni (le compagne)
di classe. Alla fine, paragonate i risultati con quelli dei
giovani intervistati nel sondaggio italiano.

Adesso inventate alcune altre domande, con cinque o
sei risposte possibili, per farne un sondaggio.

ESEMPIO: Cosa faresti se scoprissi che un tuo amico
copia (**copiare** = *to cheat*) agli esami?

☐ Lo direi al professore (alla
professoressa).

☐ Gli parlerei delle conseguenze
se continua a copiare.

☐ ...

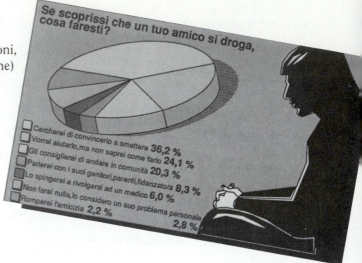

Se scoprissi che un tuo amico si droga, cosa faresti?

☐ Cercherei di convincerlo a smettere 36,2 %
☐ Vorrei aiutarlo, ma non saprei come farlo 24,1 %
☐ Gli consiglierei di andare in comunità 20,3 %
☐ Parlerei con i suoi genitori, parenti, fidanzato/a 8,3 %
☐ Lo spingerei a rivolgersi ad un medico 6,0 %
☐ Non farei nulla, lo considero un suo problema personale 2,8 %
☐ Romperei l'amicizia 2,2 %

Gli atteggiamenti nei confronti dell'amico tossicodipendente nei risultati del sondaggio della Fgci milanese. La grande maggioranza degli intervistati interverrebbe in qualche modo.

2. Concordanza dei tempi nel congiuntivo

In a sentence requiring the subjunctive, the tense of the verb in the dependent
clause is determined by two factors: the tense of the verb in the main clause and the
temporal relationship between the events or conditions in the two clauses.

The following tables and examples summarize the sequence of tenses and moods
in Italian.

1. Main clause verb in present, future, or imperative

MAIN CLAUSE	ACTION OF DEPENDENT CLAUSE	
present indicative future imperative	concurrent	→ present subjunctive
	future	→ present subjunctive
	past	→ past subjunctive

Credo che **venga**.	*I think she is coming [will come].*
Credo che **sia venuta**.	*I think she came.*
Qualunque cosa **faccia,** lo tratteranno bene.	*Whatever he does, they'll treat him well.*
Qualunque cosa **abbia fatto,** lo tratteranno bene.	*Whatever he's done, they'll treat him well.*
Sii contenta che **partano** (domani)!*	*Be glad they're leaving [tomorrow]!*
Sii contenta che **siano partiti** ieri!*	*Be glad they left yesterday!*

*The use of these constructions is currently more representative of the written language than the spoken
language.

There is one important exception to this pattern. When the dependent clause conveys a habitual action or an ongoing condition in the past, the imperfect or past perfect subjunctive can be used.

I Medici ammazzavano i loro nemici.	*The Medicis used to murder their enemies.*
È probabile che **ammazzassero** i loro nemici.	*It's likely they killed their enemies.*
Era stato molto felice in Francia.	*He had been very happy in France.*
Sembra che **fosse stato** molto felice in Francia.	*It seems he had been very happy in France.*

2. Main-clause verb in past tense, present conditional, or past conditional

MAIN CLAUSE	ACTION OF DEPENDENT CLAUSE	
any past tense present conditional past conditional	concurrent →	imperfect subjunctive
	future →	imperfect subjunctive
	past →	past perfect subjunctive

Pensavo che **venisse**.	*I thought she was coming [would come].*
Pensavo che **fosse venuta**.	*I thought she had come.*
Ha studiato musica sebbene i genitori **fossero** contrari.	*She studied music although her parents were against it.*
Ha studiato musica sebbene **fossero stati** contrari.	*She studied music although they had been against it.*
Vorrei che **fosse** più aperto nelle sue opinioni.	*I wish he were [would be] more open-minded.*
Vorrei che **fosse stato** più disposto ad accettare le opinioni degli altri.	*I wish he had been more willing to accept the opinions of others.*
Sarebbe stato meglio se non **aveste detto** niente.	*It would have been better if you had said nothing.*

Attenzione! Remember that the past conditional can also be used to convey a future action following verbs of believing in the past.*

Non credevo che **sarebbe diventato** (che **diventasse**) così aggressivo.	*I didn't think he would become so aggressive.*

Un po' di pratica

A. Quattro chiacchiere. Completate i dialoghi con la forma adatta dei verbi tra parentesi.

---

*A detailed presentation of the use of the past conditional in place of the subjunctive is given in Chapter 12.

1. —Speriamo che Massimo _____ (cambiare) idea e che _____ (decidere) di iscriversi all'università.

    —Mah, è inutile che (voi) gliene _____ (parlare). È un testardo (*stubborn person*).

2. —Vorrei che (tu) non _____ (dire) niente a Franco di quel che abbiamo discusso. Ora va in giro e lo ripete a tutti.

    —Lo so. Gliene ho parlato affinché _____ (capire) la situazione, ma avrei fatto meglio a stare zitto.

3. —Come mai non vedo Lara da tanto tempo? Credevo che _____ (volere) restare un po' da queste parti (*around here*).

    —Mi pare che _____ (partire) ieri. Un suo amico le ha offerto un passaggio (*ride*).

4. —Hai detto che (tu) _____ (andare) al mercato. Cos'è successo? Ti sei dimenticato di nuovo?

    —No, credevo che ci _____ (andare) tu!

5. —Ho due biglietti per il concerto di Sting. Credi che Antonio mi _____ (accompagnare)?

    —Sting gli piace tanto. Dubito che _____ (dire) di no!

6. —Dove sono i Duranti? Credevo che _____ (avere) intenzione di venire.

    —È meglio che non _____ (venire)! Sono insopportabili.

B. Rischio razzismo. Trasformate le frasi usando le espressioni tra parentesi. Fate tutti i cambiamenti necessari.

> **ESEMPIO:**   Pochi giovani hanno rapporti diretti con gli extracomunitari.
> (sembra / non avrei pensato / alcuni hanno negato) →
> Sembra che pochi giovani abbiano rapporti diretti...
> Non avrei pensato che pochi giovani avessero rapporti diretti...
> Alcuni hanno negato che pochi giovani avessero rapporti diretti...

1. Esiste un'intolleranza latente. (era probabile / sono sorpreso [sorpresa] / ci dispiace)

2. I giovani sono aperti e disponibili. (mi fa piacere / sarebbe bene / il sociologo dubita)

3. L'Italia era una società piuttosto omogenea. (molti erano contenti / ho l'impressione / avrei pensato)

4. Il razzismo non era un problema prima degli anni ottanta. (può darsi / non sono sicuro / molti credono)

5. Gli extracomunitari tolgono posti di lavoro agli italiani. (molti hanno temuto / alcuni negano / molta gente concluderà)

C. A chi tocca? Mauro e Giovanna fanno parte di un gruppo che organizza una manifestazione contro il razzismo. Sono bravi, ma molto disorganizzati! Alternandovi con un compagno (una compagna), create brevi dialoghi secondo l'esempio.

> **ESEMPIO:**   bisogna / tu / restare in ufficio oggi (Franco) →
> —Bisogna che tu resti in ufficio oggi.
> —No, bisogna che Franco resti in ufficio!

1. era necessario / tu / telefonare alla senatrice Pesenti (Silvia)
2. voglio / tu / scrivere il comunicato stampa (*press release*) (Silvia)
3. pensavo / tu e Franco / montare la tribuna (*put up the platform*) (gli altri)
4. preferisco / gli altri / occuparsi dei microfoni (tu)
5. bisognava / tu e Silvia / distribuire i volantini (*flyers*) (gli altri)
6. volevo / Silvia / dirigere il corteo (*protest march*) (tu)

D. La vita durante la guerra. Completate questo brano mettendo i verbi ai tempi e modi adatti. (Il brano è raccontato al passato.)

Noi _____[1] (pensare) che la guerra _____[2] (rovesciare) e _____[3] (capovolgere, *to turn upside-down*) la vita di tutti. Invece per anni molta gente _____[4] (rimanere) indisturbata nella sua casa, continuando a fare quello che _____ sempre _____[5] (fare). Quando ormai ciascuno _____[6] (pensare) che in fondo _____[7] (cavarsela) con poco e non _____[8] (esserci) sconvolgimenti (*disturbances*), né case distrutte, né fughe o persecuzioni, di colpo _____[9] (esplodere) le bombe e mine dovunque e le case _____[10] (crollare) e le strade _____[11] (essere) piene di rovine, di soldati e di profughi. E non _____[12] (esserci) uno che _____[13] (potere) far finta di niente, chiudere gli occhi e tapparsi (*block up*) le orecchie e cacciare (*stick*) la testa sotto il cuscino. In Italia _____[14] (essere) così la guerra.

—Natalia Ginzburg, *Lessico famigliare*

E. Speranze e timori. Completate le frasi in modo logico.

ESEMPIO: Vorrei che i giovani d'oggi... →
fossero più tolleranti (cercassero di conoscere e di frequentare i nuovi immigrati, non temessero l'arrivo degli stranieri, ecc.).

1. In una società multirazziale è necessario che...
2. Preferirei che i leader politici...
3. Tra pochi anni tutti penseranno che...
4. Prima pensavo che il razzismo...
5. Ora credo che la causa principale del razzismo...
6. Ho paura che la società americana...
7. Non avrei pensato che gli italiani...
8. Temo che l'intolleranza...

Nuovi arrivi nella società italiana. Si trovano tante lingue e etnie diverse nelle scuole italiane d'oggi.

AL CORRENTE
••

Stop razzismo.   Guardate la pubblicità, poi rispondete alle domande.

1. Come si chiama l'organizzazione che ha diffuso (*put
out*) quest'immagine? Dove
si trova?

2. Ci sono delle organizza-
zioni simili negli Stati Uniti?
Nella vostra università?
Elencatene due o tre, se
possibile.

3. Leggete la citazione (*quotation*) sotto la foto. Cercate
di riassumerne il senso, poi
spiegate perché, secondo
voi, l'hanno scelta per questa
pubblicità.

4. Guardate attentamente lo
slogan e il grafico di quest'organizzazione. Cosa rappresentano? Li trovate efficaci?

5. Secondo voi, questa pubblicità sarebbe efficace per
il pubblico americano? Perché sì o perché no?

6. Preparate a casa (o in classe)
un vostro piccolo manifesto
(*poster*) contro il razzismo.
Adoperate foto da giornali
e riviste o create delle vostre
immagini originali, se volete. Trovate una breve
citazione. Preparatevi a
spiegare il senso del vostro
messaggio e perché lo
ritenete necessario oggi
negli Stati Uniti.

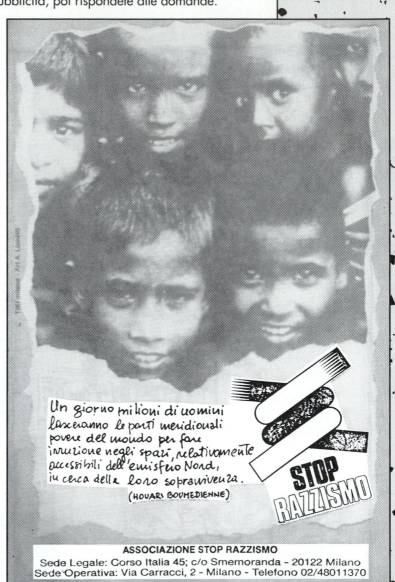

Un giorno milioni di uomini
lasceranno le parti meridionali
povere del mondo per fare
irruzione negli spazi, relativamente
accessibili dell'emisfero Nord,
in cerca della loro sopravvivenza.

(HOUARI BOUMEDIENNE)

STOP RAZZISMO

ASSOCIAZIONE STOP RAZZISMO
Sede Legale: Corso Italia 45; c/o Smemoranda - 20122 Milano
Sede Operativa: Via Carracci, 2 - Milano - Telefono 02/48011370

 STRUTTURE II

3. Comparativo

There are two main kinds of comparatives in Italian: the comparative of equality (**uguaglianza**), and the comparative of inequality (**disuguaglianza**). The second category, in turn, includes two levels of comparison: superiority (**maggioranza**), and inferiority (**minoranza**).

The Comparative of Equality

1. **Così... come** and **tanto... quanto** are used for comparing adjectives and adverbs.

La mia macchina va (**così**) forte **come** quella di Bob.	*My car goes as fast as Bob's.*
Io lavoro (**tanto**) **quanto** mio marito.	*I work as hard as my husband.*

2. Disjunctive pronouns follow **come** or **quanto**.*

È bravo **come** te.	*He's as good as you [are].*
Lavora **quanto** loro.	*She works as much as they [do].*

3. To compare verbs, use (**tanto**) **quanto**. When both expressions are used, **tanto** is followed directly by **quanto**.

Hanno speso (**tanto**) **quanto** noi.	*They spent as much as we did.*

4. The expression **tanto... quanto** is also used for comparing nouns. In this case, **tanto** and **quanto** are separated by the noun they modify, and both agree with it in gender and number.

Mi serve **tanto** zucchero **quanta** farina.	*I need as much sugar as flour.*
Abbiamo ricevuto **tanti** biglietti **quanti** ne abbiamo spediti.	*We got as many cards as we sent out.*

The Comparative of Inequality

Più (meno)... di and **più (meno)... che** are used to express the comparative of inequality.

---

*See Chapter 8, Section 1 for a full presentation of the disjunctive pronouns.

1. **Di** is used

   - before nouns, in its simple or articulated form

Stefano è **più** lunatico **di** Luisa.	*Stefano is moodier than Luisa.*
Il golf è **meno** faticoso **del** palla- canestro.	*Golf is less tiring than basketball.*

   - before pronouns (remember that disjunctive pronouns are used following prepositions)

Il tuo walkman è **più** piccolo **del** mio.	*Your walkman is smaller than mine.*
Grazia passa **meno** tempo **di** me in biblioteca.	*Grazia spends less time in the library than I [do].*
Questo abito è **più** elegante **di** quello.	*This suit is more elegant than that one.*

   - before numbers

Costa **più di** cento dollari.	*It costs more than $100.*
Meno di venti persone sono venute alla conferenza.	*Fewer than twenty people came to the lecture.*

2. **Che** is used

   - before infinitives

Secondo me, è **più** difficile pat- tinare **che** sciare.	*In my opinion, skating is more difficult than skiing.*

   - before prepositions

Ci sono **più** librerie a Cambridge **che** a Berkeley.	*There are more bookstores in Cambridge than in Berkeley.*

   - to compare two adjectives or nouns in reference to the same person or thing

È **più** volonteroso **che** intelligente.	*He's more hard-working than intelligent.*
Ho **meno** cassette **che** compact disc.	*I have fewer cassettes than CDs.*

3. **Di più** and **di meno** directly follow verbs when the second term of comparison is omitted.

Devi applicarti **di più**.	*You must apply yourself more.*
Ha detto che avrebbe speso **di meno**.	*He said he would spend less.*

4. When comparisons precede a conjugated verb, several constructions are possible.

   di quel(lo) che + *indicative*
   più (meno)... di quanto + *indicative or subjunctive*

Quel ragazzo è **più** furbo	*That boy is more shrewd than you*
...di quel che cred**i**.	*think.*
...di quanto cred**i** (tu cred**a**).	

Hanno fatto **meno**   *They did less than I thought.*
   ...di quel che immagina**vo**.
   ...di quanto immaginavo (io
immagina**ssi**).

Un po' di pratica

A. Due gemelli. Pino e Nino sono due gemelli uguali in tutto. Parlatene usando il comparativo di uguaglianza.

   ESEMPIO: avere amici → Pino ha tanti amici quanti ne ha Nino.

   1. avere un appartamento comodo   5. uscire spesso
   2. vestirsi bene   6. scherzare e ridere
   3. guadagnare   7. avere un carattere dolce
   4. essere robusto   8. essere estroverso

B. Qual è la vostra opinione? Paragonate le seguenti persone e cose secondo la vostra opinione personale. Usate le espressioni indicate e aggiungetene altre, se volete.

   ESEMPIO: vivere in città, vivere in campagna: interessante, salubre, difficile... →
                   Secondo me, vivere in città è più interessante (meno salubre, più dif-
                   ficile, meno noioso) che vivere in campagna.

   1. la bici, la macchina: economico, pratico, comodo (*convenient*)...
   2. andare a piedi, andare in autobus: dannoso all'ambiente, veloce, piacevole...
   3. Bill Clinton, Al Gore: intelligente, popolare, arrogante...
   4. Glenn Close, Michelle Pfeiffer: bravo, interessante, affascinante (*charming*)...
   5. leggere un libro, guardare la TV: rilassante, faticoso, stimolante...
   6. i giovani d'oggi, i giovani di dieci anni fa: consumista, impegnato, arrivista
       (*careerist*)...

C. Quattro chiacchiere. Completate i dialoghi con le espressioni adatte.

   1. —Ho letto l'ultimo libro di Toni Morrison e mi è piaciuto molto. Tutti dice-
       vano che era tanto _____ difficile _____ altri.
       —Infatti, anch'io l'ho trovato molto _____ complicato _____ mi avevano
       detto.
   2. —Ecco, signora, non c'è un foulard (*scarf*) _____ bello _____ questo. Glielo
       incarto? (*Shall I wrap it for you?*)
       —Grazie, no. Cercavo qualcosa che costasse un po' _____.
   3. —Sono proprio depressa. Un'altra volta, un voto _____ bello _____ mi aspet-
       tassi. Cosa dovrei fare?
       —Dovresti studiare _____. Te lo dico sempre!
   4. —Conosci Paolo, quel ragazzo di Mantova? Non ho mai visto una persona
       simpatica _____ lui.
       —Mi piace, ma è una persona _____ affascinante _____ onesta. È meglio non
       fidarsi di lui.

5. —Mi dispiace, Laura, di non averti aiutato la settimana scorsa. Avrei dovuto fare _____. Ti chiedo scusa!

    —Mah, non sono veramente arrabbiata. Sono _____ delusa (*disappointed*) _____ altro.

6. —Sai, mi sono iscritto a un corso di T'ai Chi. Niki mi ha detto che è rilassante _____ lo yoga.

    —Attento, però—è molto _____ arduo _____ tu possa immaginare.

7. —Ho sentito dire che c'era un sacco di gente alla riunione, _____ vi aspettavate.

    —È vero, _____ cento persone si sono presentate. Siamo rimasti molto sorpresi.

Hai visto mai più testi professiona che professioni?

4. Superlativo

The Absolute Superlative

The absolute superlative (**il superlativo assoluto**) (such as, in English, *very expensive*, *extremely difficult*, *quite easily*) can be formed several ways in Italian.

1. most simply, by modifying an adjective or adverb with **molto, estremamente, assai** (*rather, very, much*), **bene** (*rather, very*), **notevolmente, particolarmente,** or other adverbs

È una persona **molto** esigente.	*She's a very demanding person.*
È un concetto **estremamente** difficile.	*It's an extremely difficult concept.*
Sei **assai** pigro!	*You're rather lazy!*
Ha fatto **ben** poco.*	*He did very little.*

2. by dropping the final vowel of the masculine plural form of adjectives and attaching the suffix **-issimo/a/i/e**

interessante	→	interessant**i**	→	interessant**issimo/a/i/e**
antico	→	antic**hi**	→	antich**issimo/a/i/e**
simpatico	→	simpatic**i**	→	simpatic**issimo/a/i/e**

Abbiamo visto una mostra **interessantissima**.	*We saw a very [an extremely, a really] interesting exhibition.*
Sono delle rovine **antichissime**.	*These are very ancient ruins.*
Sono dei ragazzi **gentilissimi**.	*They're really nice kids.*

---

*Note that **bene** usually drops its final **e**, when it precedes an adjective or another adverb.

3. by dropping the final vowel of simple adverbs and adding -**issimo**. (Exception: **poco** → **pochissimo**). In the case of adverbs ending in -**mente,** by adding -**mente** to the feminine form of the superlative adjective*

molto	→	molt**issimo**
tardi	→	tard**issimo**
rapidamente	→	rapid**issima**mente

Mi piace **moltissimo**.	*I like it a great deal.*
Sono arrivati **tardissimo**; erano già verso le due.	*They got here very late; it was already two o'clock.*
È un tipo nervoso; parla sempre **rapidissimamente**.	*He's the nervous type; he always speaks extremely fast.*

4. by repeating an adjective or adverb, or modifying an adjective with another expression

«Zitti zitti, piano piano non facciamo confusione; per la scala del balcone presto andiamo via di qua!»	*"Very quiet, very carefully, let's not make a mess; with the ladder on the balcony let's get out of here fast!"*

—Rossini-Sterbini, *Il barbiere di Siviglia*

Quell'articolo è **pieno zeppo** d'errori.	*That article is cram-full of mistakes.*
Aspettiamo fino a domani —ora sono **stanca morta**.	*Let's wait till tomorrow—right now I'm dead tired.*

Other examples: **caldo bollente** (*boiling hot*), **freddo pungente** (*bitterly cold*), **innamorato cotto** (*madly in love*), **nuovo di zecca (nuovo fiammante)** (*brand new*), **ricco sfondato** (*filthy rich*), **ubriaco fradicio** (*completely smashed*)

5. less frequently, by adding a prefix to an adjective

essere **arci**stufi (*to be totally fed up*), l'olio d'oliva **extra**vergine, lo zucchero **sopra**ffino (*ultra-fine*), della carne **stra**cotta (*overdone*), una bevanda **super**alcolica (*strong drink*), uno stile **ultra**moderno

The Relative Superlative

1. The relative superlative (**il superlativo relativo**) can modify adjectives and adverbs. To form the relative superlative of adjectives (*the most expensive, the longest*), place the definite article before the comparative forms with **più** or **meno**. Note the use of **di** in its simple or articulated form (and, less frequently, of **tra**) where *in* or *of* would appear in English.

I quadri di van Gogh sono **i più** ambiti **del** mondo.	*Van Gogh's paintings are the most sought-after in the world.*

---

*A complete presentation on the form and placement of adverbs is given in Chapter 9.

È **la meno** egoista **di** tutte.	*She's the least selfish one of all.*
L'*Otello* è **la più** apprezzata **tra** le opere di Verdi.	*Otello is the most admired of Verdi's operas.*

2. The definite article is not repeated when the superlative follows the word it modifies.

È **il** bar **più popolare** del quartiere.	*It's the most popular café in the neighborhood.*
È **la** mensa **meno affollata** del campus.	*It's the least crowded cafeteria on campus.*

3. The definite article is generally not used with the superlative of adverbs unless the adverb is modified with **possibile**.

Tra tutti i candidati, Martelli ha parlato **più** chiaramente.	*Among all the candidates, Martelli spoke the most clearly.*
L'abbiamo fatto **il più** rapidamente **possibile**.	*We did it as quickly as possible.*

4. The relative superlative is often followed by the subjunctive.

È **la** persona **più gentile** che io **conosca**.	*She's the nicest person I know.*
Sono le ricette **meno complicate** che si **possano** trovare.	*They're the least complicated recipes you [one] can find.*
Era **il** bambino **più bello** che io **avessi** mai **visto**.	*He was the most beautiful baby I had ever seen.*

Un po' di pratica

A. Lamentele studentesche. Enumerate le difficoltà che affrontate come studenti universitari, usando una forma del superlativo assoluto.

> **ESEMPIO:** I nostri corsi sono *difficili*. →
> I nostri corsi sono difficilissimi (molto difficili, assai difficili, partico-larmente difficili, ecc.).

1. Le classi sono *affollate*.
2. I nostri professori sono sempre *impegnati* (*busy, unavailable*).
3. Il programma di studi è *duro*.
4. Le tasse d'iscrizione sono *alte*.
5. Il nostro orario è *lungo*.
6. Il laboratorio linguistico è *buio* e *deprimente*.
7. Gli appartamenti in questa città sono *costosi*.
8. I posti per parcheggiare sono *scarsi*.

B. Come sono? Completate le frasi in modo logico, usando una delle espressioni indicate.

Espressioni: arcistufo, caldo bollente, innamorato cotto, ricco sfondato, strapieno, stanco morto, superveloce, ubriaco fradicio

1. I biglietti per il concerto erano esauriti da mesi; lo stadio era _____ di gente.
2. Il signor Perot si può permettere (*can afford*) una campagna elettorale «populista» perché è _____.
3. Quella minestra è _____ —state attenti a non bruciatevi la bocca!
4. Quando l'ho visto, Mauro aveva già bevuto tre birre e qualche bicchierino (*shot*) di liquore. Era _____.
5. Quasi tutti i paesi moderni hanno i treni _____.
6. Mio marito pretende (*demands*) molto da me ma è un pigrone (*lazybones*) che non mi dà mai una mano. Sono _____ di lui e delle sue lamentele!
7. Oggi Renata è andata a lezione, ha lavorato, ha fatto delle ricerche in biblioteca, e ha corso quattro miglia. Sarà _____!
8. Franco non fa altro che parlare di quella ragazza che ha conosciuto a New York. Poverino —è _____!

C. Quattro chiacchiere. Completate i dialoghi traducendo le espressioni tra parentesi.

1. —Per favore, Claudio, mi batta questo fax e me lo dia da firmare (*as soon as possible*).
   —Va bene, signora. Ora sono (*extremely busy*) ma lo farò prima di mezzogiorno.
2. —Sul serio, *Il nome della rosa* è (*the most interesting book*) che io abbia letto.
   —Ma è (*really long*)! Ed io preferisco i fumetti (*comics*).
3. —A che ora vuole tornare da Chicago, dottor Lazzi?
   —(*As late as possible.*) Ho tanto da fare e devo assolutamente finire tutto prima di tornare.
4. —Quell'uomo è (*the nuttiest person*) (*nutty* = **pazzo**) che io conosca!
   —Hai ragione, è un po' strano, ma è veramente (*very kind*).
5. —Come va la vita?
   —(*Very poorly!*) Oggi mi ha fermato un poliziotto e mi ha fatto una multa (*gave me a ticket*).
   —E scommetto che andavi (*really fast*) (*fast* = **veloce**), come al solito.
6. —Come hai trovato i miei amici di Londra? Non sono (*really nice*)?
   —Lo sono tutti, ma Patricia mi ha trattato (*the most kindly of all*). È proprio carina!

D. Nuovi arrivati. Alternandovi con un compagno (una compagna), fate la parte di uno studente appena arrivato in questa città. Fate delle domande e rispondete secondo l'esempio.

ESEMPIO: negozio / elegante / città (+) →
        —Qual è il negozio più elegante della città?
        —Secondo me, Armani A/X è il negozio più elegante della città.

1. libreria / interessante / città (+)
2. club / snob / campus (–)
3. bar / economico / quartiere (+)

4. edificio / vecchio / campus (–)
5. professore o professoressa / famoso / università (+)
6. discoteca / popolare / città (+)
7. giornale / noto / città (+)
8. ristorante / costoso / quartiere (–)

 # METTIAMOLO PER ISCRITTO!

Per combattere il razzismo

1. Secondo voi, la vostra generazione è più o meno tollerante di quella dei vostri genitori? Credete che il problema del razzismo sia diminuito o cresciuto tra i vostri coetanei? Perché? Spiegate le vostre opinioni in merito (*on the subject*).

2. Descrivete un'occasione in cui siete stati testimoni (*witnesses*) di episodi di razzismo o avete vissuto di persona (*experienced directly*) il razzismo negli Stati Uniti. Prima di questa esperienza, credevate che il razzismo fosse un fenomeno molto diffuso (*widespread*)? Spiegate come quest'episodio ha cambiato le vostre idee o il vostro comportamento.

3. Immaginate di essere insegnanti in un liceo e di dover creare un programma di studi sul razzismo. Come insegnereste ai vostri studenti a riconoscere, capire e combattere il razzismo? Elencate cinque o sei problemi principali e spiegatene l'importanza.

ALLEGRA

CAPITOLO 15

I PROBLEMI DEL NUOVO BENESSERE*

Un negozio italiano di lusso. Pensate che la moda americana ha influenzato quell'italiana? Che cosa hanno preso gli italiani dal modo di vestirsi degli americani?

*affluence

This chapter's reading, *Siamo ricchi, sani e inquinatori*, summarizes a recent study analyzing some important social changes that have taken place in Italy as a result of the country's new prosperity. The unprecedented growth of the Italian economy during the 1980s and early 1990s has transformed many traditional aspects of Italian culture and society. Affluence allows a freedom of choice that affects every area of national life: family patterns, career and consumer choices, urban development, the environment, leisure activities, health, education.

It may be too early to assess the full impact of the new affluence on these and other areas of Italian society. It is clear, however, that in Italy (as in the United States during the economic boom of the 1950s and 60s), greater wealth gives rise to grave problems along with the benefits. *Siamo ricchi, sani e inquinatori* is interesting not only for what it teaches about Italy but also for the inevitable and stimulating comparisons it invites us to make between contemporary Italian society and our own.

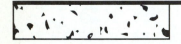

VOCABOLARIO TEMATICO

Sostantivi

l'analfabeta (*m.* or *f.*) illiterate person
la criminalità crime (in general)
il danno damage
il dato fact, statistic
il delitto crime (specific)
l'esigenza need
la giustizia justice, legal establishment
l'ingresso entrance
il Mezzogiorno Southern Italy

il miglioramento improvement
la nascita birth
la rapina robbery
la sanità health care
lo svago diversion, leisure activity

Verbi

comportare to result in
concedersi to grant oneself
convivere to cohabit, live together

negarsi to deny oneself
trascorrere to spend (time)

Aggettivi

progredito progressive, advanced
sano healthy

Altre parole ed espressioni

di pari passo at the same rate
tutto sommato all in all

A. Abbinate le parole nella colonna A con i loro contrari nella colonna B.

A	B
1. _____ ingresso	a. Settentrione
2. _____ miglioramento	b. nascita
3. _____ sano	c. concedersi
4. _____ analfabeta	d. lavoro
5. _____ progredito	e. peggioramento
6. _____ negarsi	f. persona istruita
7. _____ morte	g. uscita
8. _____ Mezzogiorno	h. criminalità
9. _____ svago	i. malato
10. _____ convivere	j. sottosviluppato
11. _____ ordine civico	k. separarsi

B. Completate le seguenti frasi con una parola del **Vocabolario tematico**.

1. Il professor Merli ha certi difetti, ma _____, è un bravo insegnante.
2. Il benessere di un paese cresce _____ con l'economia.
3. Le automobili creano _____ inestimabili all'ambiente.
4. Abbiamo un'ipotesi, ma ci occorrono tanti _____ per sostenerla.
5. Ogni estate l'italiano medio _____ una vacanza di tre o quattro settimane al mare.
6. Le _____ di uno studente universitario sono i soldi, la tranquillità per studiare e il tempo libero per uscire con gli amici.
7. L'aumento incontrollato della popolazione in alcune città _____ dei gravi disagi per tutti, soprattutto per quanto riguarda il traffico.
8. In Italia la diffamazione (*slander*) delle autorità politiche è considerato un _____.
9. Nei tribunali italiani, sono i giudici invece della giuria (*jury*) che amministrano la _____.
10. Senza un sistema nazionale di _____ pubblica, alcuni malati non ricevono le cure necessarie.
11. Le banche hanno dei sistemi di sicurezza per prevenire le _____.

PRELETTURA

Entriamo nel contesto!

A. Con tre o quattri compagni, completate la tabella per parlare dei lati positivi e negativi dei seguenti aspetti del benessere negli Stati Uniti.

ASPETTI DEL BENESSERE	LATI POSITIVI	LATI NEGATIVI
urbanizzazione		
diminuzione delle nascite		
libertà nei rapporti personali		
espansione delle abitazioni private		
aumento delle auto private		
più beni di lusso		

B. Rispondete alle seguenti domande.

1. Identificate tre o quattro problemi gravi che esistono nelle grandi città americane e che sono causati dal benessere economico.

2. Credete che l'istituzione del matrimonio sia oggigiorno (*nowadays*) gravemente minacciata? Perché sì o perché no? Con che cosa si sostituisce?
3. In che cosa consiste «la crisi della famiglia» negli Stati Uniti?
4. Credete che gli americani siano più o meno istruiti rispetto ad una o due generazioni fa? Perché sì, o perché no?
5. A vostro parere, quali attività culturali sono in aumento negli Stati Uniti, e quali suscitano sempre meno (*arouse less and less*) interesse? Perché?
6. Un'economia in espansione significa necessariamente maggiore benessere per tutti gli americani? Spiegate.

LETTURA

Nell'ultima indagine dell'Istat una radiografia della vita sociale degli italiani all'inizio degli Anni '90

Siamo ricchi, sani e inquinatori

Meno figli e matrimoni, aumentano le spese per la casa e i divertimenti

Si lavora di più e non si bada molto al denaro «investito» per cultura e vacanze - Nell'89 le nascite hanno superato i decessi - Molto alta la scolarità - Duecentomila nuovi occupati all'anno - Fumatori in estinzione - Danni ecologici dalle troppe automobili

Gli italiani vivono più a lungo, sono sempre meno propensi[1] a sposarsi e a procreare e, anche se ultimamente hanno riscoperto i vantaggi delle città medio-piccole, preferiscono risiedere[2] nei grossi centri metro-
5 politani contribuendo così al degrado dell'ambiente.

Sono più sani, più istruiti, più produttivi e, avendo migliorato le proprie condizioni socio-economiche, possono abitare in begli appartamenti di loro proprietà o presi in affitto. Lavorano di più e quindi possono
10 concedersi numerosi svaghi ricreativi: leggono, vanno a teatro o ai concerti e non si negano piacevoli vacanze.

Lo dice l'Istat[3] che nel volume *Sintesi della vita sociale italiana*, presentato ieri, ha messo a fuoco[4] i principali fenomeni della vita sociale italiana analizzandone
15 i diversi aspetti: territorio e insediamenti,[5] popolazione, famiglia, abitazione, istruzione, lavoro, sanità, cultura, tempo libero e giustizia.

Ne esce un quadro tutto sommato positivo anche se caratterizzato dalla consueta[6] discrepanza tra le condizioni di vita del Mezzogiorno e quelle del Centro e del
20 Nord.

Il fenomeno dell'inurbamento,[7] molto intenso fino alla fine degli anni '70, ha comportato l'aumento delle auto private (sono oltre 5 milioni con una media di «circa un'automobile ogni due abitanti») e notevoli danni
25 all'ambiente.

Se il Centro-Nord dispone di strutture produttive, residenziali e infrastrutturali in linea con i paesi più progrediti, le regioni meridionali presentano un grado di ruralità non riscontrabile altrove.[8]
30

In Italia si sta assistendo[9] alla diminuzione delle nascite. La popolazione, soprattutto femminile, ha un'età media più alta e se si mettono al mondo[10] meno bambini è perché molte donne adesso lavorano e non vogliono quindi rinunciare alle loro aspirazioni professionali per
35 dedicarsi alla famiglia.

---

[1]sempre... *less and less inclined*   [2]*reside*   [3]*national research and polling agency*   [4]ha... *brought into focus*   [5]*settlements*   [6]*solita*
[7]*urbanization*   [8]riscontrabile... *verifiable elsewhere*   [9]*witnessing*   [10]si... *are being brought into the world*

Mentre sono in aumento i divorzi, si sente in minor misura[11] l'esigenza di sposarsi: se lo si fa è col rito civile[12] e sono molti coloro[13] che al vincolo[14] matrimoniale preferiscono unioni più «sportive» convivendo o restando *single*.

Diminuiscono i nuclei familiari, prosegue invece a ritmo sostenuto[15] l'espansione della proprietà di abitazioni. Dal 55,8 per cento di famiglie che vivono in una propria casa nel '73, si è passati al 71,5 per cento nell'88: questo è successo non solo per il generale miglioramento delle condizioni socio-economiche ma anche perché si considera la casa un bene rifugio[16] anti-inflazione.

Gli italiani sono anche più istruiti: nell'anno accademico '88–'89 quasi tre milioni di studenti in più rispetto agli anni passati si sono iscritti alle secondarie superiori mentre il numero degli universitari è aumentato di ben un milione e duecentomila matricole.[17] Se gli analfabeti sono una categoria ormai sempre più ristretta,[18] le scuole superiori e quelle materne registrano un maggior numero di scolari, tenendo conto ovviamente del fatto che ci sono meno bambini.

Per quanto riguarda la scuola dell'obbligo, l'Istat ha rilevato un tasso di scolarità pressoché[19] totale.

Di pari passo anche il lavoro è in fase espansiva con un incremento di 200 mila unità[20] all'anno di nuovi occupati. Questa crescita è spiegabile in parte con l'ingresso delle donne nel mondo della produttività: su 3 milioni 780 mila persone che hanno cominciato a lavorare tra il '72 e l'88, il 78 per cento sono donne.

Sulla base dei risultati delle ultime indagini effettuate, gli italiani godono di buona salute (i dati si riferiscono soprattutto agli ultracinquantenni[21]) e, delle nove malattie prese in considerazione dall'indagine, l'unica che ha fatto registrare un modesto aumento è il diabete.

Si fuma meno: dall'80 all'87 gli ex viziosi del tabacco[22] sono saliti da 5 a 9 ogni cento persone.

I fruitori[23] della cultura e degli spettacoli sono in aumento un po' in tutti i settori. Noi italiani leggiamo di più (specie[24] libri di narrativa, quotidiani nazionali e settimanali televisivi) e spendiamo volentieri qualche decina di migliaia di lire per trascorrere divertendoci il tempo libero.

Nell'87 per andare a teatro, a ballare, ad ascoltare musica o alle mostre, abbiamo speso 61.613 lire a testa nel Centro-Nord, contro le 27.322 lire spese nel Mezzogiorno.

A lasciarci disinteressati è invece il cinema per il quale si registra fin dai primi anni settanta un calo di spettatori, incassi e punti di proiezione.

Infine, la giustizia. L'Istat conferma che il servizio prestato dagli organi giudiziari[25] appare insufficiente a soddisfare il bisogno della collettività.

La criminalità ha un tasso di crescita annua di 0,8 per cento (ma nell'87 si è registrata un'improvvisa recrudescenza[26]). Diminuiscono i delitti contro persone, famiglia e moralità pubblica ma aumentano rapine, estorsioni e sequestri di persona.[27]

Per quanto riguarda la popolazione carceraria[28] l'unica novità è che la presenza degli stranieri (10 per cento) è sempre più consistente.

—Margherita De Bac, *Il Corriere della Sera*

---

[11]in... *to a lesser extent*   [12]rito... *civil ceremony*   [13]quelli   [14]*ties, knot*   [15]a ritmo... *at a steady pace*   [16]bene... *secure investment*   [17]*registered students*   [18]*smaller and smaller*   [19]quasi   [20]*units (measure of adult employment)*   [21]*people over fifty years old*   [22]ex... *reformed smokers*   [23]*consumers*   [24]specialmente   [25]*judicial*   [26]improvvisa... *sudden increase*   [27]sequestri... *kidnapping*   [28]*prison*

Avete capito?

A. Scegliete la risposta giusta.

1. Gli italiani preferiscono vivere...
   a. in città medio-piccole   b. in piccoli paesi   c. in grandi città
2. Lo svilluppo dell'economia e delle infrastrutture è più avanzato...
   a. nel Settentrione   b. nel Mezzogiorno   c. nel Centro-Nord
3. Le nascite...
   a. aumentano   b. rimangono stabili   c. diminuiscono

4. Rispetto agli anni passati, le donne si dedicano...
   a. più alle aspirazioni professionali   b. più alla famiglia   c. più ai mariti
5. Un'alternativa al matrimonio è...
   a. vivere da soli   b. vivere con i genitori   c. divorziare
6. C'è un netto aumento d'iscrizioni...
   a. all'università   b. nelle scuole secondarie superiori   c. in tutte le scuole
7. Tra le persone che cominciano a lavorare, la maggioranza sono...
   a. uomini   b. donne   c. extracomunitari
8. Un'attività culturale in particolare negli ultimi anni è...
   a. la lettura   b. i concerti   c. tutti i settori tranne il cinema
9. Un aspetto della criminalità in aumento è...
   a. i delitti contro persone   b. i delitti contro la famiglia   c. le rapine
10. Tutto sommato, il quadro della società è...
    a. positivo   b. negativo   c. positivo e negativo

B. Spiegate il significato e l'importanza dei seguenti termini nel contesto dell'articolo.

1. unioni «sportive»
2. svaghi ricreativi
3. nuovi occupati
4. degrado dell'ambiente
5. inurbamento contro ruralità
6. organi giudiziari

E ora, a voi!

A. Osservate il grafico e rispondete alle seguenti domande.

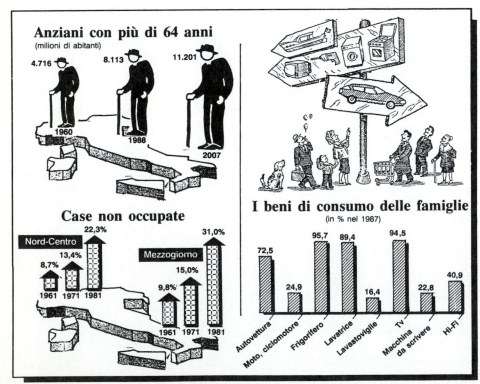

Anziani con più di 64 anni
(milioni di abitanti)

4.716   1960
8.113   1988
11.201   2007

Case non occupate

Nord-Centro
8,7% 1961   13,4% 1971   22,3% 1981

Mezzogiorno
9,8% 1961   15,0% 1971   31,0% 1981

I beni di consumo delle famiglie
(in % nel 1987)

Autovettura   72,5
Moto, ciclomotore   24,9
Frigorifero   95,7
Lavatrice   89,4
Lavastoviglie   16,4
TV   94,5
Macchina da scrivere   22,8
Hi-Fi   40,9

1. Tra il 1960 e il 1988, di quanti milioni sono aumentati gli anziani con più di 64 anni? Nel futuro, l'aumento sarà più rapido o meno rapido?
2. In quale parte dell'Italia c'erano più case disabitate nel 1981?
3. Qual è il bene di consumo più comune nelle famiglie italiane? E il meno comune?
4. Gli italiani comprano più frigoriferi o più televisori?

B. Sondaggio. Con i vostri compagni, conducete un'indagine sulle caratteristiche della famiglia media negli Stati Uniti. Poi, calcolate e commentate i risultati.

TOTALE

1. Quante persone ci sono nella tua famiglia immediata?
   a. 2–4
   b. 5–6
   c. 7 o più
2. Quante automobili avete?
   a. 0–½
   b. ½–1
   c. 1–2
3. Dove abita la tua famiglia?
   a. in città
   b. in un piccolo paese
   c. nei sobborghi
4. Quanti stipendi ci sono nella tua famiglia?
   a. 1
   b. 2–3
   c. più di 4
5. Qual è (era) lo stato civile dei tuoi genitori?
   a. sposati   c. vedovo/vedova
   b. divorziati   d. altro
6. I tuoi genitori sono (erano) proprietari o inquilini (*renters*)?
   a. proprietari
   b. inquilini
7. Qual è (era) il livello d'istruzione di tuo padre?
   a. 0–12 anni di scuola   c. M.A.
   b. B.A.   d. Ph.D.
8. Qual è (era) il livello d'istruzione di tua madre?
   a. 0–12 anni di scuola   c. M.A.
   b. B.A.   d. Ph.D.
9. Quali sono (erano) le preferenze culturali e ricreative dei tuoi genitori? (Sceglietene 3)
   a. teatro o concerti   e. ballo
   b. cinema   f. lettura
   c. sport   g. hobby
   d. TV

 STRUTTURE I

1. Comparativi e superlativi irregolari

Adjectives

1. A few common adjectives have both regular and irregular comparative and superlative forms. These forms are listed below.

	ABSOLUTE SUPERLATIVE	COMPARATIVE	RELATIVE SUPERLATIVE
buono	buonissimo	più buono	il più buono
	ottimo	migliore	il migliore
	very good	*better*	*the best*
cattivo	cattivissimo	più cattivo	il più cattivo
	pessimo	peggiore	il peggiore
	very bad	*worse*	*the worst*
grande	grandissimo	più grande	il più grande
	massimo	maggiore	il maggiore
	very big	*bigger*	*the biggest*
piccolo	piccolissimo	più piccolo	il più piccolo
	minimo	minore	il minore
	very small	*smaller*	*the smallest*
alto	altissimo	più alto	il più alto
	supremo, sommo	superiore	il superiore
	very high	*higher*	*the highest*
basso	bassissimo	più basso	il più basso
	infimo	inferiore	l'inferiore
	very low	*lower*	*the lowest*

2. There are no hard and fast rules for choosing between the regular and irregular forms. Generally speaking, the regular forms denote material qualities, while the irregular forms have more abstract or figurative meanings.

Il bambino è **piccolissimo**; non ha ancora un mese.	*The baby is tiny; he's not even a month old.*
È una questione di **minima** importanza.	*It's an issue of very little importance.*
Preferisco i sandali con i tacchi **più alti**.	*I prefer the sandals with higher heels.*
Si crede **superiore** a certe cose.	*He thinks he's above certain things.*

3. When applied to people, **più buono** and **più cattivo** are used to describe character, while **migliore** and **peggiore** are used to evaluate skills or competence.

Franca è la persona **più buona** che io conosca.	*Franca is the finest person I know.*
È anche la manager **migliore** della ditta.	*She's also the best [most capable] manager in the firm.*

4. **Maggiore** and **minore** are used to express *older* and *younger*.

La mia sorella **maggiore** si chiama Giulia; Nina è la **minore** delle mie sorelle.	*My oldest sister's name is Giulia; Nina is my youngest sister.*

5. **Massimo** and **minimo** are frequently used with the definite article as relative superlatives.

Secondo molti, Petrarca è **il massimo** poeta italiano.	*Many think that Petrarca is the greatest Italian poet.*
Mi dispiace, non ho **la minima** idea.	*I'm sorry, I haven't the slightest idea.*

Adverbs

1. A few common adverbs have irregular comparative and superlative forms.

	ABSOLUTE SUPERLATIVE	COMPARATIVE	RELATIVE SUPERLATIVE
bene	benissimo ottimamente *very well*	meglio *better*	(il) meglio *the best*
male	malissimo pessimamente *very poorly*	peggio *worse*	(il) peggio *the worst*
molto	moltissimo *very much*	(di) più *more*	(il) più *the most*
poco	pochissimo *very little*	(di) meno *less*	(il) meno *the least*

2. The definite article is generally not used with the relative superlative unless the adverb is modified with **possibile**.

Hanno fatto **meno** di tutti.	*They did the least of all.*
È un pigrone; cerca sempre di fare **il meno possibile**.	*He's really lazy; he always tries to do as little as possible.*

3. **Di più** and **di meno** are used directly following a verb, when no second term of comparison appears.

Mi esercito **più** di te.	*I practice more than you [do].*
Dovresti esercitarti **di più**.	*You should practice more.*

4. **Sempre più (sempre di più)** means *more and more*; **sempre meno (sempre di meno)** means *less and less*. Both sets of expressions are used directly after verbs,

but **sempre di più** and **sempre di meno** are not followed by an adjective or noun.

Alcuni americani diventano **sempre più** ricchi.

Some Americans are becoming more and more wealthy.

L'americano medio, però, guadagna **sempre di meno**.

The average American, though, earns less and less.

5. A few additional expressions: **più... più** (*the more . . . the more*), **meno... meno** (*the less . . . the less*), **più (meno)... meglio** (*the more [less] . . . the better*).

«Quanto è bella, quanto è cara! **Più** la vedo e **più** mi piace.»

—Donizetti-Romani, *L'elisir d'amore*

"How beautiful she is, and how dear! The more I see her, the more I like her."

Più piove, **meglio** è.
Meno siamo, **meglio** è.

The more it rains, the better.
The fewer we are, the better.

6. **Meglio** and **peggio** are often used as masculine nouns meaning *the best* (*thing*), *the worst* (*thing*).

Ah, dimenticavo di dirvi **il meglio**.

Oh, I was forgetting to tell you the best thing.

Il peggio è passato.

The worst is over.

Un po' di pratica

A. Dialoghi-lampo. Completate gli scambi con la forma adatta di **meglio, il migliore, peggio** o **il peggiore**.

1. —Com'è andato l'esame?
   —_____ di quanto mi aspettassi, purtroppo!
2. —Hai un nuovo lettore (*player*) per i compact disc?
   —Sì, è molto _____ di quello vecchio.
3. —C'è qualcosa di bello sul giornale?
   —Sì, quest'anno hanno scelto Candice Bergen come l'attrice _____ vestita. È sempre così elegante.
4. —Ti è piaciuto il concerto?
   —Non me ne parlare! Quel pianista è terribile; di fatto è _____ che io abbia mai sentito.
5. —È molto brava quella tua collega?
   —No, ma crede di lavorare _____ di me.
6. —Come sta Giacomo? Sempre (*Still*) malato?
   —La moglie mi ha detto che sta _____ di ieri, poverino.
7. —I Rossi ti hanno parlato in quel modo? Che maleducati (*boors*)!
   —Aspetta—non hai ancora sentito il _____!
8. —Come hai trovato la torta della pasticceria «Il fornaio»?
   —La _____ che io abbia mai assaggiato (*tasted*). Ti consiglio di andarci al più presto.

B. Due brave ragazze. Lara e Sara sono due sorelle simpatiche, belle e dotate (*gifted*). Lara è molto brava, ma Sara è più brava ancora. Trasformate le frasi secondo l'esempio.

ESEMPI: Lara canta bene. → Sara canta meglio.

Lara è una buona pianista. → Sara è una pianista migliore.

1. Lara ha un gran talento.
2. Lara si esercita (*practices*) molto.
3. Lara è alta.
4. Lara guarda poco la TV.
5. Lara è una buona tennista.
6. Lara gioca bene a tennis.
7. Lara ha vinto una grande coppa (*trophy*).
8. Lara è una buona ragazza.

C. Valutazioni. Alternandovi con un compagno (una compagna), indicate la vostra approvazione (o disapprovazione) per le seguenti cose o persone.

ESEMPIO: come giocare / Michael Jordan (bene) →
—Come gioca Michael Jordan?
—Gioca **benissimo**! Gioca **meglio** di tutti!

1. come essere / Danny De Vito (basso)
2. quanto guadagnare / H. Ross Perot (molto)
3. come essere / gli orologi Rolex (buono)
4. come cantare / Roseanne Arnold (male)
5. come essere / Shaquille O'Neal (alto)
6. quanto studiare / Bart Simpson (poco)
7. come essere / i Munchkins (piccolo)
8. come ballare / Gregory Hines (bene)
9. come essere / i Cardassians di *Star Trek* (cattivo)
10. come essere / le balene (*whales*) (grande)

D. La nuova prosperità. Completate il paragrafo traducendo le espressioni in parentesi.

Gli italiani all'inizio degli anni '90 godono di un (*excellent*)[1] tenore di vita. È vero che lavorano (*a great deal*),[2] ma (*the more*)[3] lavorano, (*the more*)[4] guadagnano, e possono quindi concedersi belle vacanze e piacevoli divertimenti. Sono anche più sani: gli italiani (soprattutto le italiane) hanno un'età media (*higher*).[5] Le famiglie italiane, però, diventano (*smaller and smaller*)[6]: il tasso delle nascite è (*lower*)[7] di quello degli anni '70, e il divorzio si rivela un fenomeno (*ever more common*).[8] Dal lato intellettuale, il tasso di scolarità (*school attendance*) in Italia è (*very high*),[9] pressoché totale. Il numero di analfabeti è (*very small*),[10] mentre il numero degli universitari diventa (*larger and larger*).[11] La nuova prosperità non ha comportato solo benessere, però: la mania degli italiani per le auto ha provocato (*greater*)[12] danni all'ambiente. E cosa promette il futuro? Si vedrà...

E. Conversazione a ruota libera. Chiedete a un compagno (una compagna) informazioni su varie persone ed esperienze, ed anche su sé stesso.

ESEMPIO: il (la) maggiore della sua famiglia →
—Chi è il maggiore della tua famiglia?
—(La maggiore della mia famiglia è mia sorella Patrizia.) E della tua famiglia?
—(Sono figlio unico!)

1. il (la) minore della sua famiglia
2. il nome del suo migliore amico (della sua migliore amica)
3. il suo peggior vizio (*vice*)
4. la sua qualità migliore
5. la miglior festa a cui è stato/a mai invitato/a
6. il peggior film che ha visto recentemente
7. il luogo dove ha trascorso (*passed*) la migliore vacanza
8. il luogo dove ha trascorso il peggiore weekend di quest'anno o di quello passato

2. Participio presente e passato

The Present Participle

The present participle is formed by adding the endings **-ante** or **-ente** to the verb stem. The following chart shows present participle forms of regular verbs.

I	II	III	III **(isc)**
volare	**credere**	**divertire**	**costituire**
vol**ante**	cred**ente**	divert**ente**	costitu**ente**

1. The present participle is used most frequently as an adjective or a noun.

È stata una risposta **sorprendente**.
It was a surprising answer.

La strada e *Le notti di Cabiria* sono due film molto **commoventi**.
La strada *and* Le notti di Cabiria *are two very moving films.*

I rappresentanti dei lavoratori e della ditta si sono incontrati ieri.
The representatives of the workers and of the firm met yesterday.

È un'**assistente;** non è ancora professoressa.
She's a teaching assistant; she's not yet a professor.

2. Less frequently, it can substitute for a relative clause.

Gli extracomunitari **residenti** (che risiedono) in Italia affrontano molte difficoltà.
Immigrants residing (who reside) in Italy face many difficulties.

«Addio, monti **sorgenti** [che sorgono] dall'acque.»

"Farewell, mountains rising [which rise] from the waters."

—Alessandro Manzoni,
I promessi sposi

The Past Participle*

I	II	III	III (**isc**)
volare	**credere**	**divertire**	**costituire**
vol**ato**	cred**uto**	divert**ito**	costitu**ito**

1. As you know, the past participle is used primarily to form compound tenses (the **passato prossimo, futuro anteriore,** etc.) and the passive voice. The past participle can also function as an adjective. In this case, it agrees in gender and number with the noun it modifies.[†]

    Scrive favole di principesse **rapite** e castelli **incantati**.

    He/She writes tales of abducted princesses and enchanted castles.

    È un ragazzo **educato,** sempre rispettoso e cortese.

    He's a well brought-up young man, always respectful and courteous.

2. Many past participles also serve as nouns.

    I **nati** sotto il segno del Leone sono affascinanti e orgogliosi.

    People born under the sign of Leo are charming and proud.

    Passiamo dalle parole ai **fatti**.

    Let's pass from words to deeds.

3. The past participle can be used on its own in dependent clauses to express an action completed before that of the main clause. In this case, the past participle of transitive verbs agrees in gender and number with the direct object, while the past participle of intransitive verbs agrees with the implied subject.

    Scritta la tesi, andrà in Africa per un paio di mesi.

    Having written his/her thesis, he/she will go to Africa for a couple of months.

    Partiti in gran fretta, hanno dimenticato di avvertire gli altri.

    Having left in a great hurry, they forgot to let the others know.

4. In the following constructions, object and reflexive pronouns are attached to the past participle.

---

*Lists of irregular past participles appear in Chapter 5, Section 1 (**Passato prossimo**) and in the Appendix.

[†]The most important rules governing agreement of past participles are presented in Chapter 5, Section 1 (**Passato prossimo**); Chapter 6, Sections 1 and 2 (**Pronomi di complemento diretto, Pronomi di complemento indiretto**); Chapter 7, Sections 1 and 4 (**Pronomi doppi, Ci e ne**); and Chapter 8, Section 3 (**Costruzione passiva**).

Alza**tasi** per uscire, salutò la compagnia.	*Having gotten up to leave, he/she politely said good-bye to the company.*
Piantato**lo,** è andata a Parigi a fare la cantante.	*Having left him, she went to Paris to become a singer.*

5. **Appena** and **una volta** can precede the past participle.

Appena arrivato, è andato a dormire.	*As soon as he arrived, he went to sleep.*
Una volta presa una decisione, è proprio risoluta.	*Once she's made a decision, she's absolutely determined.*

6. The past participle can also be used with its own subject in the absolute construction (**la costruzione assoluta**). As always, the participle agrees with its subject in gender and number.

Cresciuti i figli, si sono trasferiti in un appartamento.	*Since [once] their children were grown, they moved to an apartment.*

Un po' di pratica

A. Sinonimi. Scegliendo dalla seguente lista, trovate un'espressione equivalente.

Espressioni: un abitante, affascinante, un amante, un cantante, un detto (*saying*), una difesa, un dirigente, divertente, interessante, un laureato, gli scritti

ESEMPIO: chi ha finito l'università → un laureato

1. chi abita in uno spazio geografico determinato
2. piacevole, spassoso (*amusing*), scherzoso
3. un professionista di canto
4. le varie opere letterarie di uno scrittore o di una scrittrice
5. bellissimo, attraente, incantevole (*enchanting*)
6. chi ha un rapporto d'amore con una persona
7. chi dirige una ditta; un (una) manager
8. un motto, un'affermazione
9. una protezione, un aiuto
10. stimolante, degno (*worthy*) d'attenzione

B. Dialoghi-lampo. Completate gli scambi con la forma adatta delle espressioni seguenti.

Espressioni: avvincente (*charming*), agghiacciante (*horrifying*), passante, perdente, rappresentante, rimanente, sorridente, stressante, vincente

1. —Hai l'aria stanca oggi.
   —Lo so. Sto passando (*I'm going through*) un periodo molto _____.
2. —Avete finito di leggere il giornale?
   —No, non ancora. C'è un articolo _____ sulla condizione degli extracomunitari nelle grandi città.

3. —Come hai trovato quella panetteria (*bakery*)?
    —Me l'aveva indicato un _____.
4. —Perché fai il clown?
    —Per vedere tutti quei visi (*faces*) _____!
5. —Cos'avete fatto dopo la partita?
    —Noi della squadra (*team*) _____ siamo andate a festeggiare e, dato che
    siamo brave ragazze, abbiamo invitato anche quelle della squadra _____.
6. —Mirella, hai corretto tutti gli esami?
    —No, ne ho corretti dieci, i _____ li farò domani.
7. —Quale candidato hanno scelto per il comitato? Quel senatore del Texas?
    —No, perché i deputati _____ il New England erano contrari.
8. —Carlo è riuscito ad ottenere quindici giorni di ferie?
    —Ma che vuoi? È una persona _____ —non gli si può negare (*deny*) niente.

C. Pensieri vari. Completate le frasi con uno dei participi passati dalla lista che
segue.

Participi: compreso (*including*), disoccupato, entrata, iscritto, malato, passato,
previsto, risultato

1. Fa il medico, ma lavora in laboratorio; non cura i _____.
2. Hanno partecipato circa 500 persone, ben più del _____.
3. Si sapranno i _____ dell'indagine fra un paio di settimane.
4. Tutti hanno applaudito all'_____ dell'attrice principale.
5. Nel _____, poche donne lavoravano fuori di casa.
6. Hanno dovuto annullare il corso perché gli _____ erano troppo pochi.
7. Ci hanno invitati tutti, _____ i bambini.
8. Sebbene l'economia sia in espansione, il problema dei _____ non è diminuito.

D. Dopo il boom. Trasformate le frasi usando il participio passato.

ESEMPIO: *Poiché sono cresciuti con tutti gli agi* (*comforts*) *i giovani d'oggi
sono piuttosto viziati* (*spoiled*). →
Cresciuti con tutti gli agi, i giovani d'oggi sono piuttosto viziati.

1. *Dopo aver acquistato tante auto*, gli italiani cominciano a preoccuparsi
    dell'ambiente.
2. *Poiché hanno smesso di fumare*, godono di buona salute.
3. *Ora che si sono affermate come professioniste*, molte donne preferiscono
    non dedicarsi alla famiglia.
4. *Anche se hanno riscoperto i vantaggi delle città medio-piccole*, molti italiani
    preferiscono lo stesso vivere in città.
5. *Poiché si sono comprati la casa*, tanti credono di avere un «bene rifugio»
    anti-inflazione.
6. *Dato che hanno migliorato le proprie condizioni economiche*, molti si pos-
    sono concedere svaghi come vacanze, teatro e concerti.

AL CORRENTE

La fiera dei lussi.   Date un'occhiata al grafico, poi rispondete alle domande.

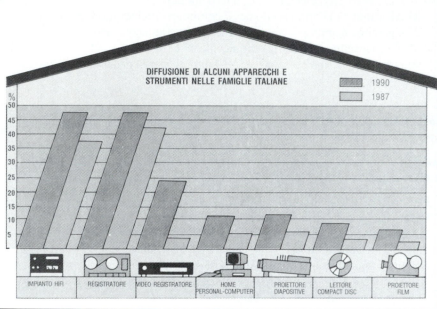

LA FIERA[a] DEI LUSSI[b]

COMPACT E VIDEO A VOLONTÀ

La diffusione di apparecchi e strumenti elettronici nelle famiglie italiane negli ultimi anni ha avuto un grandissimo sviluppo: ormai quasi il 50% possiede un Hi-fi e/o un registratore. Il video registratore è presente nel 25% e il computer nel 12% dei nuclei familiari. La quantità di lettori per compact disc in tre anni è più che triplicata.

DIFFUSIONE DI ALCUNI APPARECCHI E STRUMENTI NELLE FAMIGLIE ITALIANE

1990
1987

IMPIANTO HIFI · REGISTRATORE · VIDEO REGISTRATORE · HOME PERSONAL-COMPUTER · PROIETTORE DIAPOSITIVE · LETTORE COMPACT DISC · PROIETTORE FILM

1. Qual è l'elettrodomestico (*appliance, piece of equipment*) più popolare in Italia? Qual è la percentuale degli italiani che possiede questo apparecchio?
2. Qual è l'apparecchio meno popolare, secondo il grafico?
3. Quale apparecchio ha mostrato la maggiore crescita in popolarità tra il 1987 e il 1990?
4. Vero o falso: nel 1990, gli italiani possedevano più proiettori per diapositive che computer.
5. Vero o falso: nel 1990, i lettori per compact disc erano diventati popolarissimi in Italia.
6. Fate un sondaggio in classe: chiedete ai vostri compagni se cinque anni fa la loro famiglia possedeva i vari apparecchi del grafico, e se li possiede ora. Riassumete i risultati e paragonate le vostre percentuali con quelle di sopra. Ci sono notevoli differenze? Come le spieghereste? Quale risultato trovate più sorprendente?

[a] *showplace*   [b] *luxuries*

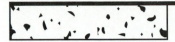 STRUTTURE II

3. Gerundio e tempi progressivi

Gerunds

The Italian gerund corresponds to the present participle in English.

Vedendo i palloncini e i regali, è rimasta molto sorpresa.	*Seeing the balloons and the presents, she was very surprised.*
Non **avendo letto** la proposta del Presidente, non la potrei criticare.	*Not having read the President's plan, I couldn't comment on it.*

Forms

1. There are two gerunds: present (or simple) (*walking*, *running*), and past (or compound) (*having walked*, *having run*). The gerund is invariable. The following charts show the two forms in Italian.

GERUNDIO PRESENTE (SEMPLICE)		
I	II	III
parl**are**	sc**e**nd**ere**	part**ire**, fin**ire**
parl**ando**	scend**endo**	part**endo**, fin**endo**

GERUNDIO PASSATO (COMPOSTO)	
VERBI CON **avere**	VERBI CON **essere**
avendo parla**to**	**essendo** partit**o/a/i/e**

2. Verbs that use their Latin stem or an obsolete variant to form the imperfect use the same stem to form the gerund.

bere → **bev**evo → **bev**endo
dire → **dic**evo → **dic**endo
fare → **fac**evo → **fac**endo
distrarre → **distra**evo → **distra**endo
sottoporre → **sottopon**evo → **sottopon**endo
tradurre → **traduc**evo → **traduc**endo

Uses

1. The gerund most often replaces a subordinate clause expressing cause, manner, means, or time. The present gerund conveys an action or condition occurring at the same time as that of the main clause; the past gerund conveys an action or condition occurring before that of the main clause. There are several different ways of expressing these constructions in English. Often they are in clauses introduced by expressions such as *while, since, as, when,* or *by.* Note that there is no literal Italian equivalent for these expressions when followed by a verb ending in *-ing.*

Dormendo (mentre dormivo) ho fatto un brutto sogno.	*While sleeping, I had a bad dream.*
Non **avendo letto** l'articolo (poiché non avevo letto l'articolo), non ho potuto prendere parte alla discussione.	*Not having read [Since I hadn't read] the article, I couldn't take part in the discussion.*
Arrivando (quando siamo arrivati), abbiamo notato il gran disordine.	*Upon arriving [As, when we arrived], we noticed the big mess.*
Volendo (se tu volessi), lo potresti fare facilmente.	*Wanting to [If you wanted to], you could do it easily.*
Eliminando molti cibi grassi, sono riusciti a dimagrire.	*By eliminating many fatty foods, they managed to lose weight.*

2. In these constructions, the gerund must have the same subject as the main clause.

SAME SUBJECT	DIFFERENT SUBJECTS
Ho visto tua sorella **tornando** a casa. (Ho visto tua sorella **mentre tornavo** a casa.) *While [I was] going home, I saw your sister.*	Ho visto tua sorella **che (mentre) tornava** a casa. *I saw your sister [while she was] going home.*
Uscendo dal mercato ho incontrato il signor Zatti. (**Mentre uscivo** dal mercato ho incontrato il signor Zatti.) *While [I was] leaving the market, I met Mr. Zatti.*	Ho incontrato il signor Zatti **che (mentre) usciva** dal mercato. *I met Mr. Zatti [while he was] leaving the market.*

3. If the past gerund is formed with **essere,** the past participle agrees with the subject in gender and number.

Essendo partiti in fretta, hanno dimenticato i pacchi.	*Having left [Since they had left] in a hurry, they forgot their packages.*

4. Reflexive and object pronouns, **ci,** and **ne** are attached to the present gerund (and to **avendo** or **essendo** in the past gerund.) When direct object pronouns are used with the past gerund, the past participle agrees with the object in gender and number.

Sentendomi male sono rimasta a letto tutto il giorno.	*Since I felt ill, I stayed in bed all day.*
Parlandogli mi sono accorto che non mi ascoltava.	*While speaking to him I realized he wasn't listening.*
Andandoci ogni giorno, abbiamo imparato i nomi delle strade.	*By going there every day, we learned the names of the streets.*
Essendoci rimasta a lungo, sono diventata piuttosto esperta.	*Since I had stayed there a long time, I became quite an expert.*
Avendoli riconosciuti, li ho abbracciati.	*Once I had recognized them, I gave them a hug.*

5. The construction **pur** + *gerund* can substitute for **benché (sebbene)** + *subjunctive.*

Pur essendo ricco (benché sia ricco), non è felice.	*Though he's rich, he's not happy.*

Attenzione! The English gerund often functions as a verbal noun. In Italian, the gerund cannot play this role; it is the infinitive which usually functions as a verbal noun.

Andare in aereo lo spaventa.	*Flying terrifies him.*
A me, invece, piace moltissimo **andare in aereo**.	*I, however, really enjoy flying.*

The Progressive Tenses

I TEMPI PROGRESSIVI		
	Presente	*Imperfetto**
(io)	**sto** legg**endo**	**stavo** legg**endo**
(tu)	**stai** legg**endo**	**stavi** legg**endo**
(lui, lei, Lei)	**sta** legg**endo**	**stava** legg**endo**
(noi)	**stiamo** legg**endo**	**stavamo** legg**endo**
(voi)	**state** legg**endo**	**stavate** legg**endo**
(loro, Loro)	**stanno** legg**endo**	**stavano** legg**endo**

1. The gerund can be used with the present or imperfect of **stare** to form the progressive tenses: **sto mangiando,** *I am (in the process of) eating,* **stavo dormendo,**

---

*The progressive tenses can also be used in the subjunctive.

Mi pare che **stia** dormendo.	*I think he's sleeping.*
Credevo che **stesse** dormendo.	*I thought he was sleeping.*

I was (in the process of) sleeping. In Italian, these are emphatic forms; they are used (much less frequently than in English) to stress that an action is (or was) *in progress*.

> Ragazzi, cosa **state facendo**?   *Guys, what are you doing [right now]?*
> **Stavo fantasticando** quando il   *I was daydreaming when the*
> telefono è suonato.   *phone rang.*

2. Pronouns, **ci,** or **ne** can be attached to the gerund or precede **stare**.

> **Ci** stiamo pensando. (Stiamo pen-   *We're thinking about it.*
> sando**ci**.)
> È entrata mentre **mi** stava abbrac-   *She came in while he was em-*
> ciando (stava abbracciando**mi**).   *bracing me.*

Un po' di pratica

A. In dormitorio. Sono le undici di sera. Dite quello che queste persone stanno facendo in questo momento.

> **ESEMPIO:**   Anna (stirare i vestiti) → Sta stirando i vestiti.

1. io (chiacchierare al telefono)
2. Roberto (finire una traduzione)
3. voi due (guardare il telegiornale)
4. Piero ed io (discutere i programmi per il weekend)
5. tu (lavarsi)
6. i miei compagni di camera (aiutarsi con i compiti)

Ora ripetete l'esercizio dicendo quello che stavano facendo alle undici ieri sera.

> **ESEMPIO:**   Anna (stirare i vestiti) → Stava stirando i vestiti.

— Carlo! Stiamo esagerando!

B. Una giornata verde. Sostituite una costruzione con il gerundio (con o senza **pur,** secondo il contesto) alle espressioni indicate.

> **ESEMPI:**   *Mentre mi vestivo*, ho deciso di andare a piedi all'università. →
>   Vestendomi, ho deciso di andare a piedi all'università.
>
>   *Sebbene avessi freddo*, non ho portato il paltò (*overcoat*). →
>   Pur avendo freddo, non ho portato il paltò.

1. *Benché fossi un po' stanca*, non ho voluto usare la macchina.
2. Ho visto la mia amica Donata *mentre camminavo in via Verdi*.
3. *Quando mi sono fermata* all'angolo, ho depositato le pile scariche (*dead batteries*) nel recipiente.
4. Prima, non avrei fatto tanta fatica, *perché non sapevo* che le pile sono tossiche (*toxic*).
5. *Poiché siamo vegetariane*, Donata ed io non andiamo mai nei ristoranti dove servono sopratutto carne.
6. *Col cercare*, sono riuscita a trovare quaderni di carta riciclata.

7. *Sebbene ne avessi voglia*, mi sono rifiutata di comprare i salatini in confezioni (*snacks in packages*) di plastica.
8. *Se vuole*, uno riesce a «vivere verde» senza gravi difficoltà.

C. Ricchi, sani e inquinatori. Mario e Maria sono dei grandi consumatori. Ecco una serie di cose che hanno fatto nel corso di una loro giornata tipica. Parlatene secondo l'esempio.

> **ESEMPIO:**   *Quando avevano finito le bibite* hanno lasciato le lattine (*cans*) per terra. →
> Avendo finito le bibite, hanno lasciato le lattine per terra.

1. *Dato che si erano alzati tardi*, sono andati al lavoro in due macchine.
2. *Usciti in fretta*, hanno lasciato le luci accese.
3. *Dopo aver usato i contenitori di plastica una volta*, li gettano via (*throw them away*) invece di riciclarli.
4. Sono andati a comprare nuove scarpe da ginnastica *benché quelle vecchie non fossero consumate* (*worn out*).
5. *Poiché non ci avevano pensato prima*, hanno dimenticato di portare con sè le pile da depositare.
6. Sono andati al mercato in motorino *sebbene avessero appena comprato la bici*.
7. *Dato che erano partiti senza i sacchetti* (*bags*) *di plastica*, hanno dovuto prenderne altre al mercato.
8. *Se avessero fatto uno sforzo*, non avrebbero provocato tanti danni all'ambiente.

D. Conversazione a ruota libera. Chiedete a un compagno (una compagna)...

> **ESEMPI:**   cosa (fare) alle undici ieri sera →
> —Cosa stavi facendo alle undici ieri sera?
> —(Stavo guardando «Cheers». E tu?)
> —(Stavo litigando con la mia ragazza, purtroppo!)
> in che modo (conoscere) persone nuove →
> —In che modo conosci persone nuove?
> —(Conosco persone nuove iscrivendomi in palestra.) E tu?
> —(Conosco persone nuove organizzando grandi feste a casa dei miei genitori.)

4. Suffissi

Adjectives, adverbs, and nouns (including proper names) can be modified using suffixes to convey particular shades of meaning.

> dolce → dolc**iastro** (*overly sweet*); male → mal**uccio** (*rather poorly*); una ragazza → una ragazz**ina** (*a little girl*); Carlo → Carl**etto** (*little Carlo, dear Carlo*)

Although suffixes are common in Italian, they are also very idiomatic in use—not all words can be modified with all suffixes, and many

LA SOLIDARIETÀ SI IMPARA ... GIOCANDO

Lino Ferracin Piera Gioda Sigrid Loos
GIOCHI DI SIMULAZIONE
per l'educazione allo sviluppo e alla mondialità

CISV

Il nuovo sussidio per l'animazione
a scuola, nei gruppi, in parrocchia

Una raccolta di giochi
con schede da fotocopiare, tracce e documenti per passare dalla finzione alla realtà, dal gioco alla discussione

Uno strumento
per imparare a costruire il mondo di domani

EDITRICE ELLE DI CI

Per informazioni: **CISV** - c.so Chieri 121/6 - TORINO - tel. 011/894307

suffixes require changes in the spelling or gender of the root word. These general guidelines will help you to recognize modified expressions.

There are four main categories of suffixes in Italian indicating, respectively, smallness (**diminutivi**), affection (**vezzeggiativi**), largeness (**accrescitivi**), and negative qualities (**peggiorativi**).

1. The following are the most common suffixes denoting smallness or affection.

-ino/a/i/e*	bene	ben**ino**	*pretty well, nicely*
-etto/a/i/e	un giro	un gir**etto**	*a little stroll*
-ello/a/i/e	un vino	un vin**ello**	*a light wine*
-uccio/a(-ucci/e)	timido	timid**uccio**	*endearingly shy*
-icello/a/i/e	un vento	un vent**icello**	*a pleasant breeze*
-icino/a/i/e	un lume	un lum**icino**	*a small lamp*
-olino/a/i/e	una radio	una radi**olina**	*a portable radio*
-(u)olo/a/i/e	un figlio	un figli**uolo**	*a good boy, chap*

2. The suffix -**one** (-**ona, -oni, -one**) indicates largeness.[†]

dei libri	→ dei libr**oni** (*big books, tomes*)
un affare (*business deal, bargain*)	→ un affar**one** (*a terrific deal*)
bene	→ ben**one** (*really well*)

3. The suffixes -**occio** (-**occia, -occi, -occe**) and -**otto/a/i/e** also indicate largeness, often in an affectionate or playful manner.

bello	→ bell**occio** (*really cute*)
grasso	→ grass**occio** (*nice and chubby*)
un giovane	→ un giovan**otto** (*a fine young fellow*)

4. The most common suffixes denoting negative qualities are -**accio** (-**accia, -acci, -acce**), -**astro/a/i/e,** and -**iciattolo/a/i/e.**

una giornata	→ una giornat**accia** (*an awful day*)
un poeta	→ un poet**astro** (*a hack poet*)
un uomo	→ un om**iciattolo** (*a shrimp*)

---

*Some feminine words become masculine when modified with -**ino**:

      la finestra → il finestrino; la stanza → lo stanzino

[†]Words ending in -**one** or -**ona** add -**c** before this suffix in lieu of final vowel:

      una poltrona → una poltroncina; un sapone (*soap*) → un saponcino

Also, many feminine nouns become masculine when modified with -**one**

      la nebbia → il nebbione (*dense fog*), una palla → un pallone (*soccer ball*), una porta → un portone (*main entrance*)

Attenzione! Many words that seem to end with a suffix are in fact unrelated to their apparent root expression.

un caso (*case, affair*)   → un casino (*mess*)
un matto (*crazy person*) → un mattone (*brick*)
un tacco (*heel*)   → un tacchino (*turkey*) [un tacchetto = *small heel*]

Some words modified by suffixes take on specialized meanings.

la carta   → il cartone (*cardboard*)
il padre   → il padrino (*godfather*)
la scarpa → lo scarpone (*hiking or skiing boot*)

Un po' di pratica

A. **Torniamo alle radici.** Date la forma originale delle seguenti parole.

ESEMPIO: un lavoraccio → un lavoro

1. una casetta
2. un giovanotto
3. una giornataccia
4. un venticello
5. un giochetto
6. un poetastro
7. un nebbione
8. maluccio
9. piccolino
10. cattivaccio

B. **Definizioni.** Ora date una definizione delle espressioni dell'esercizio A.

ESEMPIO: un lavoraccio → un lavoro pesante, difficile o noioso

C. **Dialoghi-lampo.** Completate gli scambi con le espressioni dalla lista che segue.

Espressioni: affarone, benino, giretto, grassoccio, pigrone, scarponi, tempaccio, timiduccio

1. —È bello il bambino di Chiara?
   —Bellissimo! È sano, _____, e sorride sempre.
2. —Facciamo una gita in montagna?
   —Va bene. Va' a prendere gli _____ mentre io faccio da mangiare.
3. —Andiamo a fare jogging!
   —Oggi sono un po' stanco. Facciamo invece un bel _____ intorno al lago e basta.
4. —Che stivali stupendi! E li hai pagati pochissimo.
   —Lo so. È stato un _____!
5. —Cos'hai fatto lo scorso weekend?
   —Niente. Ho dormito e basta. Sono stato proprio un _____.
6. —Franco ha invitato Linda alla festa?
   —Mah, quel _____ non ha ancora avuto il coraggio!
7. —Come sono eleganti i signori Rossi! E hanno una nuova Mercedes.
   —Ovviamente se la cavano _____.
8. —Povero me! Sto male da tre giorni. Che raffreddore!
   —Te l'avevo detto—non avresti dovuto uscire con quel _____.

 # METTIAMOLO PER ISCRITTO!

La società agiata*

1. Secondo voi, come se la cavano gli americani rispetto agli italiani all'inizio degli anni '90? Basate le vostre opinioni sulla lettura di questo capitolo, su altre fonti di informazione (riviste, giornali, trasmissioni) e sulle vostre esperienze personali. Credete che ci siano notevoli differenze tra il tenore di vita degli italiani e quello degli americani? Se sì, quali?

2. Come definireste voi «la prosperità»? Secondo voi, la prosperità descritta nella lettura di questo capitolo è un bene (*good thing*) puro e semplice, o comporta anche danni e compromessi? Date esempi concreti e spiegate la vostra opinione in base alle vostre osservazioni personali della società americana contemporanea.

3. Chiedete ai vostri genitori (o a una persona di quella generazione) e a qualche vostro coetaneo la loro definizione di «prosperità». Riassumetene i cinque o sei punti principali. Ci sono differenze tra le risposte delle due generazioni? Quali sono, e come le spieghereste?

---

*well-off

APPENDICE

I. CONIUGAZIONE DEI VERBI

    A.   **Avere** e **essere**

    B.   Verbi regolari

    C.   Verbi irregolari

    D.   Verbi coniugati con **essere** nei tempi composti

II. USI IDIOMATICI DELLE PREPOSIZIONI

    A.   Usi idiomatici delle preposizioni con i verbi e le espressioni verbali

    B.   Usi idiomatici delle preposizioni con gli aggettivi

    C.   Altri usi idiomatici delle preposizioni

I. CONIUGAZIONE DEI VERBI

A. Avere e essere

Coniugazione del verbo **avere**

INFINITO
presente: avere
passato: aver(e) avuto

PARTICIPIO
presente: avente (*raro*)
passato: avuto

GERUNDIO
presente: avendo
passato: avendo avuto

INDICATIVO

PRESENTE	IMPERFETTO	PASSATO REMOTO	FUTURO
ho	avevo	ebbi	avrò
hai	avevi	avesti	avrai
ha	aveva	ebbe	avrà
abbiamo	avevamo	avemmo	avremo
avete	avevate	aveste	avrete
hanno	avevano	ebbero	avranno

PASSATO PROSSIMO		TRAPASSATO		TRAPASSATO REMOTO		FUTURO ANTERIORE	
ho		avevo		ebbi		avrò	
hai		avevi		avesti		avrai	
ha	avuto	aveva	avuto	ebbe	avuto	avrà	avuto
abbiamo		avevamo		avemmo		avremo	
avete		avevate		aveste		avrete	
hanno		avevano		ebbero		avranno	

CONDIZIONALE

PRESENTE		PASSATO	
avrei		avrei	
avresti		avresti	
avrebbe		avrebbe	avuto
avremmo		avremmo	
avreste		avreste	
avrebbero		avrebbero	

CONGIUNTIVO

PRESENTE	IMPERFETTO	PASSATO		TRAPASSATO	
abbia	avessi	abbia		avessi	
abbia	avessi	abbia		avessi	
abbia	avesse	abbia	avuto	avesse	avuto
abbiamo	avessimo	abbiamo		avessimo	
abbiate	aveste	abbiate		aveste	
abbiano	avessero	abbiano		avessero	

IMPERATIVO

—
abbi (non avere)
abbia
abbiamo
abbiate
abbiano

Coniugazione del verbo **essere**

INFINITO
presente: essere
passato: esser(e) stato/a/i/e

PARTICIPIO
presente: ——
passato: stato/a/i/e

GERUNDIO
presente: essendo
passato: essendo stato/a/i/e

INDICATIVO

PRESENTE	IMPERFETTO	PASSATO REMOTO	FUTURO
sono	ero	fui	sarò
sei	eri	fosti	sarai
è	era	fu	sarà
siamo	eravamo	fummo	saremo
siete	eravate	foste	sarete
sono	erano	furono	saranno

PASSATO PROSSIMO		TRAPASSATO		PASSATO REMOTO		FUTURO ANTERIORE	
sono		ero		fui		sarò	
sei	stato/a	eri	stato/a	fosti	stato/a	sarai	stato/a
è		era		fu		sarà	
siamo		eravamo		fummo		saremo	
siete	stati/e	eravate	stati/e	foste	stati/e	sarete	stati/e
sono		erano		furono		saranno	

CONDIZIONALE

PRESENTE		PASSATO	
sarei		sarei	
saresti		saresti	stato/a
sarebbe		sarebbe	
saremmo		saremmo	
sareste		sareste	stati/e
sarebbero		sarebbero	

CONGIUNTIVO

PRESENTE	IMPERFETTO	PASSATO		TRAPASSATO	
sia	fossi	sia		fossi	
sia	fossi	sia	stato/a	fossi	stato/a
sia	fosse	sia		fosse	
siamo	fossimo	siamo		fossimo	
siate	foste	siate	stati/e	foste	stati/e
siano	fossero	siano		fossero	

IMPERATIVO

—
sii (non essere)
sia
siamo
siate
siano

B. Verbi regolari

Coniugazione dei verbi in -are: imparare

INFINITO
presente: imparare
passato: aver(e) imparato

PARTICIPIO
presente: parlante
passato: parlato

GERUNDIO
semplice: parlando
composto: avendo- parlato

INDICATIVO

PRESENTE	IMPERFETTO	PASSATO REMOTO	FUTURO
imparo	imparavo	imparai	imparerò
impari	imparavi	imparasti	imparerai
impara	imparava	imparò	imparerà
impariamo	imparavamo	imparammo	impareremo
imparate	imparavate	imparaste	imparerete
imparano	imparavano	impararono	impareranno

PASSATO PROSSIMO		TRAPASSATO		TRAPASSATO REMOTO		FUTURO ANTERIORE	
ho		avevo		ebbi		avrò	
hai		avevi		avesti		avrai	
ha	imparato	aveva	imparato	ebbe	imparato	avrà	imparato
abbiamo		avevamo		avemmo		avremo	
avete		avevate		aveste		avrete	
hanno		avevano		ebbero		avranno	

CONDIZIONALE

PRESENTE	PASSATO	
imparerei	avrei	
impareresti	avresti	
imparerebbe	avrebbe	imparato
impareremmo	avremmo	
imparereste	avreste	
imparerebbero	avrebbero	

CONGIUNTIVO

PRESENTE	IMPERFETTO
impari	imparassi
impari	imparassi
impari	imparasse
impariamo	imparassimo
impariate	imparaste
imparino	imparassero

PASSATO		TRAPASSATO	
abbia		avessi	
abbia		avessi	
abbia	imparato	avesse	imparato
abbiamo		avessimo	
abbiate		aveste	
abbiano		avessero	

IMPERATIVO

—
impara (non imparare)
impari
impariamo
imparate
imparino

Coniugazione dei verbi in -ere: vendere

INFINITO
presente: vendere
passato: aver(e) venduto

PARTICIPIO
presente: vendente
passato: venduto

GERUNDIO
semplice: vendendo
composto: avendo venduto

INDICATIVO

PRESENTE	IMPERFETTO	PASSATO REMOTO	FUTURO
vendo	vendevo	vendei (vendetti)	venderò
vendi	vendevi	vendesti	venderai
vende	vendeva	vendé (vendette)	venderà
vendiamo	vendevamo	vendemmo	venderemo
vendete	vendevate	vendeste	venderete
vendono	vendevano	venderono (vendettero)	venderanno

PASSATO PROSSIMO		TRAPASSATO		TRAPASSATO REMOTO		FUTURO ANTERIORE	
ho		avevo		ebbi		avrò	
hai		avevi		avesti		avrai	
ha	venduto	aveva	venduto	ebbe	venduto	avrà	venduto
abbiamo		avevamo		avemmo		avremo	
avete		avevate		aveste		avrete	
hanno		avevano		ebbero		avranno	

CONDIZIONALE

PRESENTE	PASSATO	
venderei	avrei	
venderesti	avresti	
venderebbe	avrebbe	venduto
venderemmo	avremmo	
vendereste	avreste	
venderebbero	avrebbero	

CONGIUNTIVO

PRESENTE	IMPERFETTO
venda	vendessi
venda	vendessi
venda	vendesse
vendiamo	vendessimo
vendiate	vendeste
vendano	vendessero

PASSATO		TRAPASSATO	
abbia		avessi	
abbia		avessi	
abbia	venduto	avesse	venduto
abbiamo		avessimo	
abbiate		aveste	
abbiano		avessero	

IMPERATIVO

—
vendi (non vendere)
venda
vendiamo
vendete
vendano

Coniugazione dei verbi in -ire: sentire

INFINITO
presente: sentire
passato: aver(e) sentito

PARTICIPIO
presente: sentente
passato: sentito

GERUNDIO
semplice: sentendo
composto: avendo sentito

INDICATIVO

PRESENTE	IMPERFETTO	PASSATO REMOTO	FUTURO
sento	sentivo	sentii	sentirò
senti	sentivi	sentisti	sentirai
sente	sentiva	sentì	sentirà
sentiamo	sentivamo	sentimmo	sentiremo
sentite	sentivate	sentiste	sentirete
sentono	sentivano	sentirono	sentiranno

PASSATO PROSSIMO		TRAPASSATO		TRAPASSATO REMOTO		FUTURO ANTERIORE	
ho		avevo		ebbi		avrò	
hai		avevi		avesti		avrai	
ha	sentito	aveva	sentito	ebbe	sentito	avrà	sentito
abbiamo		avevamo		avemmo		avremo	
avete		avevate		aveste		avrete	
hanno		avevano		ebbero		avranno	

CONDIZIONALE

PRESENTE	PASSATO	
sentirei	avrei	
sentiresti	avresti	
sentirebbe	avrebbe	sentito
sentiremmo	avremmo	
sentireste	avreste	
sentirebbero	avrebbero	

CONGIUNTIVO

PRESENTE	IMPERFETTO
senta	sentissi
senta	sentissi
senta	sentisse
sentiamo	sentissimo
sentiate	sentiste
sentano	sentissero

PASSATO		TRAPASSATO	
abbia		avessi	
abbia		avessi	
abbia	sentito	avesse	sentito
abbiamo		avessimo	
abbiate		aveste	
abbiano		avessero	

IMPERATIVO

—
senti (non sentire)
senta
sentiamo
sentite
sentano

Coniugazione dei verbi in -ire: restituire (isc)

INFINITO
presente: restituire
passato: aver(e) restituito

PARTICIPIO
presente: restituente
passato: restituito

GERUNDIO
semplice: restituendo
composto: avendo restituito

INDICATIVO

PRESENTE	IMPERFETTO	PASSATO REMOTO	FUTURO
restituisco	restituivo	restituii	restituirò
restituisci	restituivi	restituisti	restituirai
restituisce	restituiva	restituì	restituirà
restituiamo	restituivamo	restituimmo	restituiremo
restituite	restituivate	restituiste	restituirete
restituiscono	restituivano	restituirono	restituiranno

PASSATO PROSSIMO		TRAPASSATO		TRAPASSATO REMOTO		FUTURO ANTERIORE	
ho		avevo		ebbi		avrò	
hai		avevi		avesti		avrai	
ha	restituito	aveva	restituito	ebbe	restituito	avrà	restituito
abbiamo		avevamo		avemmo		avremo	
avete		avevate		aveste		avrete	
hanno		avevano		ebbero		avranno	

CONDIZIONALE

PRESENTE	PASSATO	
restituirei	avrei	
restituiresti	avresti	
restituirebbe	avrebbe	restituito
restituiremmo	avremmo	
restituireste	avreste	
restituirebbero	avrebbero	

CONGIUNTIVO

PRESENTE	IMPERFETTO
restituisca	restituissi
restituisca	restituissi
restituisca	restituisse
restituiamo	restituissimo
restituiate	restituiste
restituiscano	restituissero

PASSATO		TRAPASSATO	
abbia		avessi	
abbia		avessi	
abbia	restituito	avesse	restituito
abbiamo		avessimo	
abbiate		aveste	
abbiano		avessero	

IMPERATIVO

—
restituisci (non restituire)
restituisca
restituiamo
restituite
restituiscano

C. Verbi irregolari

The following verbs are irregular only in the indicated form(s).

---

accadere   *to happen* (see **cadere**)

---

accendere   *to light* (see **prendere**)

---

accludere   *to enclose* (see **chiudere**)

---

accogliere   *to welcome* (see **cogliere**)

---

accorgersi   *to notice*

PASSATO REMOTO: mi accorsi, ti accorgesti, si accorse, ci accorgemmo, vi accorgeste, si accorsero
PARTICIPIO PASSATO: accorto

---

aggiungere   *to add* (see **assumere**)

---

andare   *to go*

INDICATIVO PRESENTE: vado, vai, va, andiamo, andate, vanno
CONGIUNTIVO PRESENTE: vada, vada, vada, andiamo, andiate, vadano
IMPERATIVO: va' (vai), vada, andiamo, andate, vadano
FUTURO: andrò, andrai, andrà, andremo, andrete, andranno
CONDIZIONALE: andrei, andresti, andrebbe, andremmo, andreste, andrebbero

---

apparire   *to appear*

INDICATIVO PRESENTE: appaio, appari, appare, appariamo, apparite, appaiono (*o* apparisco, apparisci, ecc.)
CONGIUNTIVO PRESENTE: appaia, appaia, appaia, appariamo, appariate, appaiano
IMPERATIVO: appari, appaia, appariamo, apparite, appaiano
PASSATO REMOTO: apparvi (apparsi) (apparii), apparisti, apparve, apparimmo, appariste, apparvero
PARTICIPIO PASSATO: apparso

---

appendere   *to hang* (*on the wall*) (see **prendere**)

---

aprire   *to open*

PASSATO REMOTO: apersi (aprii), apristi, aperse, aprimmo, apriste, apersero
PARTICIPIO PASSATO: aperto

---

assistere   *to assist*

PARTICIPIO PASSATO: assistito

---

assumere   *to hire*

PASSATO REMOTO: assunsi, assumesti, assunse, assumemmo, assumeste, assunsero
PARTICIPIO PASSATO: assunto

---

attendere   *to wait* (see **prendere**)

---

attrarre   *to attract* (see **trarre**)

---

avvenire   *to happen* (see **venire**)

---

bere   *to drink*

FUTURO: berrò, berrai, berrà, berremo, berrete, berranno
CONDIZIONALE: berrei, berresti, berrebbe, berremmo, berreste, berrebbero
PASSATO REMOTO: bevvi, bevesti, bevve, bevemmo, beveste, bevvero

The archaic stem **bev-** is used in all other forms with regular **-ere** endings.

---

cadere   *to fall*

FUTURO: cadrò, cadrai, cadrà, cadremo, cadrete, cadranno
CONDIZIONALE: cadrei, cadresti, cadrebbe, cadremmo, cadreste, cadrebbero
PASSATO REMOTO: caddi, cadesti, cadde, cademmo, cadeste, caddero

---

chiedere   *to ask*

PASSATO REMOTO: chiesi, chiedesti, chiese, chiedemmo, chiedeste, chiesero
PARTICIPIO PASSATO: chiesto

---

chiudere   *to close*

PASSATO REMOTO: chiusi, chiudesti, chiuse, chiudemmo, chiudeste, chiusero
PARTICIPIO PASSATO: chiuso

---

cogliere   *to pick (flowers, etc.)*

INDICATIVO PRESENTE: colgo, cogli, coglie, cogliamo, cogliete, colgono
CONGIUNTIVO PRESENTE: colga, colga, colga, cogliamo, cogliate, colgano
IMPERATIVO: cogli, colga, cogliamo, cogliate, colgano
PASSATO REMOTO: colsi, cogliesti, colse, cogliemmo, coglieste, colsero
PARTICIPIO PASSATO: colto

---

commuovere   *to touch the emotions, to affect* (see **muovere**)

---

comparire   *to appear* (see **apparire**)

---

compire (**compiere**)   *to complete*

INDICATIVO PRESENTE: compio, compi, compie, compiamo, compite, compiono
CONGIUNTIVO PRESENTE: compia, compia, compia, compiamo, compiate, compiano
IMPERATIVO: compi, compia, compiamo, compite, compiano
PARTICIPIO PASSATO: compiuto
GERUNDIO: compiendo

---

comporre   *to compose* (see **porre**)

---

comprendere   *to understand* (see **prendere**)

concludere   *to conclude* (see **chiudere**)

condurre   *to conduct* (see **tradurre**)

confondere   *to confuse* (see **chiudere**)

conoscere   *to know; to be acquainted with*

PASSATO REMOTO: conobbi, conoscesti, conobbe, conoscemmo, conosceste, conobbero
PARTICIPIO PASSATO: conosciuto

contenere   *to contain* (see **tenere**)

convincere   *to convince* (see **dipingere**)

coprire   *to cover*

PARTICIPIO PASSATO: coperto

correggere   *to correct* (see **leggere**)

correre   *to run*

PASSATO REMOTO: corsi, corresti, corse, corremmo, correste, corsero
PARTICIPIO PASSATO: corso

crescere   *to grow*

PASSATO REMOTO: crebbi, crescesti, crebbe, crescemmo, cresceste, crebbero
PARTICIPIO PASSATO: cresciuto

cuocere   *to cook*

INDICATIVO PRESENTE: cuocio, cuoci, cuoce, cociamo, cocete, cuociono
CONGIUNTIVO PRESENTE: cuocia, cuocia, cuocia, cociamo, cociate, cuociano
PASSATO REMOTO: cossi, cocesti, cosse, cocemmo, coceste, cossero
PARTICIPIO PASSATO: cotto

dare   *to give*

INDICATIVO PRESENTE: do, dai, dà, diamo, date, danno
CONGIUNTIVO PRESENTE: dia, dia, dia, diamo, date, diano
IMPERATIVO: da' (dai), dia, diamo, diate, diano
CONGIUNTIVO IMPERFETTO: dessi, dessi, desse, dessimo, deste, dessero
FUTURO: darò, darai, darà, daremo, darete, daranno
CONDIZIONALE: darei, daresti, darebbe, daremmo, dareste, darebbero
PASSATO REMOTO: diedi (detti), desti, diede (dette), demmo, deste, diedero (dettero)

decidere   *to decide*

PASSATO REMOTO: decisi, decidesti, decise, decidemmo, decideste, decisero
PARTICIPIO PASSATO: deciso

dedurre   *to deduce* (see **tradurre**)

---

deporre   *to put down; to depose* (see **porre**)

---

difendere   *to defend* (see **prendere**)

---

dipendere   *to depend* (see **prendere**)

---

dipingere   *to paint*

PASSATO REMOTO: dipinsi, dipingesti, dipinse, dipingemmo, dipingeste, dipinsero
PARTICIPIO PASSATO: dipinto

---

dire   *to say*

INDICATIVO PRESENTE: dico, dici, dice, diciamo, dite, dicono
IMPERATIVO: di', dica, diciamo, dite, dicano
FUTURO: dirò, dirai, dirà, diremo, direte, diranno
CONDIZIONALE: direi, diresti, direbbe, diremmo, direste, direbbero
PASSATO REMOTO: dissi, dicesti, disse, dicemmo, diceste, dissero
PARTICIPIO PASSATO: detto

The archaic stem **dic-** is used in all other forms with regular **-ere** endings.

---

discutere   *to discuss*

PASSATO REMOTO: discussi, discutesti, discusse, discutemmo, discuteste, discussero
PARTICIPIO PASSATO: discusso

---

dispiacere   *to be displeasing* (see **piacere**)

---

disporre   *to dispose* (see **porre**)

---

distinguere   *to distinguish* (see **dipingere**)

---

distrarre   *to distract* (see **trarre**)

---

distruggere   *to destroy*

PASSATO REMOTO: distrussi, distruggesti, distrusse, distruggemmo, distruggeste, distrussero
PARTICIPIO PASSATO: distrutto

---

divenire   *to become* (see **venire**)

---

dividere   *to divide, to share*

PASSATO REMOTO: divisi, dividesti, divise, dividemmo, divideste, divisero
PARTICIPIO PASSATO: diviso

---

dovere   *to have to; to owe*

INDICATIVO PRESENTE: devo (debbo), devi, deve, dobbiamo, dovete, devono (debbono)
CONGIUNTIVO PRESENTE: debba, debba, debba, dobbiamo, dobbiate, debbano
FUTURO: dovrò, dovrai, dovrà, dovremo, dovrete, dovranno
CONDIZIONALE: dovrei, dovresti, dovrebbe, dovremmo, dovreste, dovrebbero

---

eleggere   *to elect* (see **leggere**)

---

esigere   *to demand, to require*

PARTICIPIO PASSATO: esatto

---

esistere   *to exist*

PARTICIPIO PASSATO: esistito

---

esplodere   *to explode*

PASSATO REMOTO: esplosi, esplodesti, esplose, esplodemmo, esplodeste, esplosero
PARTICIPIO PASSATO: esploso

---

esporre   *to expose* (see **porre**)

---

esprimere   *to express*

PASSATO REMOTO: espressi, esprimesti, espresse, esprimemmo, esprimeste, espressero
PARTICIPIO PASSATO: espresso

---

estrarre   *to extract* (see **trarre**)

---

evadere   *to escape*

PASSATO REMOTO: evasi, evadesti, evase, evademmo, evadeste, evasero
PARTICIPIO PASSATO: evaso

---

fare   *to do, to make*

INDICATIVO PRESENTE: faccio, fai, fa, facciamo, fate, fanno
CONGIUNTIVO PRESENTE: faccia, faccia, faccia, facciamo, facciate, facciano
IMPERATIVO: fa' (fai), facciamo, fate, facciano
IMPERFETTO: facevo, facevi, faceva, facevamo, facevate, facevano
CONGIUNTIVO IMPERFETTO: facessi, facessi, facesse, facessimo, faceste, facessero
FUTURO: farò, farai, farà, faremo, farete, faranno
CONDIZIONALE: farei, faresti, farebbe, faremmo, fareste, farebbero
PASSATO REMOTO: feci, facesti, fece, facemmo, faceste, fecero
PARTICIPIO PASSATO: fatto
GERUNDIO: facendo

---

fingere   *to pretend* (see **dipingere**)

---

giungere   *to arrive* (see **assumere**)

---

godere   *to enjoy*

FUTURO: godrò, godrai, godrà, godremo, godrete, godranno
CONDIZIONALE: godrei, godresti, godrebbe, godremmo, godreste, godrebbero

---

illudersi   *to delude oneself* (see **chiudere**)

imporre   *to impose* (see **porre**)

indurre   *to induce, to lead* (see **tradurre**)

insistere   *to insist* (see **esistere**)

interrompere   *to interrupt* (see **rompere**)

intervenire   *to intervene* (see **venire**)

introdurre   *to introduce* (see **tradurre**)

iscriversi   *to sign up* (see **scrivere**)

leggere   *to read*

PASSATO REMOTO: lessi, leggesti, lesse, leggemmo, leggeste, lessero
PARTICIPIO PASSATO: letto

mantenere   *to maintain* (see **tenere**)

mettere   *to put, to place*

PASSATO REMOTO: misi, mettesti, mise, mettemmo, metteste, misero
PARTICIPIO PASSATO: messo

mordere   *to bite*

PASSATO REMOTO: morsi, mordesti, morse, mordemmo, mordeste, morsero
PARTICIPIO PASSATO: morso

morire   *to die*

INDICATIVO PRESENTE: muoio, muori, muore, moriamo, morite, muoiono
CONGIUNTIVO PRESENTE: muoia, muoia, muoia, moriamo, moriate, muoiano
IMPERATIVO: muori, muoia, moriamo, morite, muoiano
PARTICIPIO PASSATO: morto

muovere   *to move*

PASSATO REMOTO: mossi, muovesti, mosse, muovemmo, muoveste, mossero
PARTICIPIO PASSATO: mosso

nascere   *to be born*

PASSATO REMOTO: nacqui, nascesti, nacque, nascemmo, nasceste, nacquero
PARTICIPIO PASSATO: nato

nascondere   *to hide*

PASSATO REMOTO: nascosi, nascondesti, nascose, nascondemmo, nascondeste, nascosero
PARTICIPIO PASSATO: nascosto

occorrere   *to be necessary* (see **correre**)

offendere   *to offend* (see **prendere**)

offrire   *to offer*

PARTICIPIO PASSATO: offerto

omettere   *to omit* (see **mettere**)

opporre   *to oppose* (see **porre**)

parere   *to appear*

INDICATIVO PRESENTE: paio, pari, pare, paiamo, parete, paiono
CONGIUNTIVO PRESENTE: paia, paia, paia, paiamo (pariamo), paiate, paiano
IMPERATIVO: pari, paia, paiamo, parete, paiano
FUTURO: parrò, parrai, parrà, parremo, parrete, parranno
CONDIZIONALE: parrei, parresti, parrebbe, parremmo, parreste, parrebbero
PASSATO REMOTO: parvi, paresti, parve, paremmo, pareste, parvero
PARTICIPIO PASSATO: parso

perdere   *to lose*

PASSATO REMOTO: persi (perdei) (perdetti), perdesti, perse, perdemmo, perdeste, persero
PARTICIPIO PASSATO: perso (perduto)

permettere   *to permit* (see **mettere**)

persuadere   *to persuade*

PASSATO REMOTO: persuasi, persuadesti, persuase, persuademmo, persuadeste, persuasero
PARTICIPIO PASSATO: persuaso

piacere   *to be pleasing*

INDICATIVO PRESENTE: piaccio, piaci, piace, piacciamo, piacete, piacciono
CONGIUNTIVO PRESENTE: piaccia, piaccia, piaccia, piacciamo, piacciate, piacciano
IMPERATIVO: piaci, piaccia, piacciamo, piacete, piacciano
PASSATO REMOTO: piacqui, piacesti, piacque, piacemmo, piaceste, piacquero
PARTICIPIO PASSATO: piaciuto

piangere   *to cry*

PASSATO REMOTO: piansi, piangesti, pianse, piangemmo, piangeste, piansero
PARTICIPIO PASSATO: pianto

piovere   *to rain*

PASSATO REMOTO: piovve

---

porgere   *to hand*

PASSATO REMOTO: porsi, porgesti, porse, porgemmo, porgeste, porsero
PARTICIPIO PASSATO: porto

---

porre   *to place*

INDICATIVO PRESENTE: pongo, poni, pone, poniamo, ponete, pongono
CONGIUNTIVO PRESENTE: ponga, ponga, ponga, poniamo, poniate, pongano
IMPERATIVO: poni, ponga, poniamo, ponete, pongano
PASSATO REMOTO: posi, ponesti, pose, ponemmo, poneste, posero
PARTICIPIO PASSATO: posto
GERUNDIO: ponendo

---

posporre   *to postpone; to place after* (see **porre**)

---

possedere   *to possess* (see **sedersi**)

---

potere   *to be able to*

INDICATIVO PRESENTE: posso, puoi, può, possiamo, potete, possono
CONGIUNTIVO PRESENTE: possa, possa, possa, possiamo, possiate, possano
FUTURO: potrò, potrai, potrà, potremo, potrete, potranno
CONDIZIONALE: potrei, potresti, potrebbe, potremmo, potreste, potrebbero

---

prendere   *to take*

PASSATO REMOTO: presi, prendesti, prese, prendemmo, prendeste, presero
PARTICIPIO PASSATO: preso

---

presumere   *to presume* (see **assumere**)

---

prevedere   *to foresee* (see **vedere**)

---

produrre   *to produce* (see **tradurre**)

---

promettere   *to promise* (see **mettere**)

---

promuovere   *to promote* (see **muovere**)

---

proporre   *to propose* (see **porre**)

---

proteggere   *to protect* (see **leggere**)

---

pungere   *to sting* (see **assumere**)

---

raggiungere   *to reach; to achieve* (see **assumere**)

---

reggere   *to support; to govern* (see **leggere**)

---

rendere   *to render; to give back* (see **prendere**)

---

resistere   *to resist* (see **esistere**)

richiedere   *to ask for again; to require* (see **chiedere**)

ridere   *to laugh* (see **dividere**)

ridurre   *to reduce* (see **tradurre**)

riempire   *to fill; to fill out* (*a form*)

INDICATIVO PRESENTE: riempio, riempi, riempie, riempiamo, riempite, riempiono
CONGIUNTIVO PRESENTE: riempia, riempia, riempia, riempiamo, riempiate, riempiano
IMPERATIVO: riempi, riempia, riempiamo, riempite, riempiano

rimanere   *to remain*

INDICATIVO PRESENTE: rimango, rimani, rimane, rimaniamo, rimanete, rimangono
CONGIUNTIVO PRESENTE: rimanga, rimanga, rimanga, rimaniamo, rimaniate, rimangano
IMPERATIVO: rimani, rimanga, rimaniamo, rimanete, rimangano
FUTURO: rimarrò, rimarrai, rimarrà, rimarremo, rimarrete, rimarranno
CONDIZIONALE: rimarrei, rimarresti, rimarrebbe, rimarremmo, rimarreste, rimarrebbero
PASSATO REMOTO: rimasi, rimanesti, rimase, rimanemmo, rimaneste, rimasero
PARTICIPIO PASSATO: rimasto

riprendere   *to resume* (see **prendere**)

risolvere   *to resolve*

PASSATO REMOTO: risolsi (risolvei) (risolvetti), risolvesti, risolse, risolvemmo, risolveste,
risolsero
PARTICIPIO PASSATO: risolto

rispondere   *to answer* (see **nascondere**)

riuscire   *to succeed, to manage to* (see **uscire**)

rompere   *to break*

PASSATO REMOTO: ruppi, rompesti, ruppe, rompemmo, rompeste, ruppero
PARTICIPIO PASSATO: rotto

salire   *to go up; to get into* (*a vehicle*)

INDICATIVO PRESENTE: salgo, sali, sale, saliamo, salite, salgono
CONGIUNTIVO PRESENTE: salga, salga, salga, saliamo, saliate, salgano
IMPERATIVO: sali, salga, saliamo, salite, salgano

sapere   *to know* (*facts*); *to know how* (*to do something*)

INDICATIVO PRESENTE: so, sai, sa, sappiamo, sapete, sanno
CONGIUNTIVO PRESENTE: sappia, sappia, sappia, sappiamo, sappiate, sappiano
IMPERATIVO: sappi, sappia, sappiamo, sapete, sappiano
FUTURO: saprò, saprai, saprà, sapremo, saprete, sapranno
CONDIZIONALE: saprei, sapresti, saprebbe, sapremmo, sapreste, saprebbero
PASSATO REMOTO: seppi, sapesti, seppe, sapemmo, sapeste, seppero

---

scegliere   *to choose*

INDICATIVO PRESENTE: scelgo, scegli, sceglie, scegliamo, scegliete, scelgono
CONGIUNTIVO PRESENTE: scelga, scelga, scelga, scegliamo, scegliate, scelgano
IMPERATIVO: scegli, scelga, scegliamo, scegliete, scelgano
PASSATO REMOTO: scelsi, scegliesti, scelse, scegliemmo, sceglieste, scelsero
PARTICIPIO PASSATO: scelto

---

scendere   *to go down; to get off* (*a vehicle*) (see **prendere**)

---

sciogliere   *to dissolve* (see **cogliere**)

---

scommettere   *to bet* (see **mettere**)

---

scomparire   *to disappear* (see **apparire**)

---

scomporsi   *to lose one's composure* (see **porre**)

---

scoprire   *to discover* (see **offrire**)

---

scrivere   *to write*

PASSATO REMOTO: scrissi, scrivesti, scrisse, scrivemmo, scriveste, scrissero
PARTICIPIO PASSATO: scritto

---

scuotere   *to shake, to stir up* (see **muovere**)

---

sedersi   *to sit down*

INDICATIVO PRESENTE: mi siedo (seggo), ti siedi, si siede, ci sediamo, vi sedete, si siedono
(seggono)
CONGIUNTIVO PRESENTE: mi sieda, ti sieda, si sieda (segga), ci sediamo, vi sediate, si siedano
(seggano)
IMPERATIVO: siediti, si sieda (segga), sediamoci, sedetevi, si siedano (seggano)

---

sedurre   *to seduce* (see **tradurre**)

---

smettere   *to quit* (see **mettere**)

---

soffrire   *to suffer* (see **offrire**)

---

sorgere   *to rise* (see **porgere**)

---

sorprendere   *to surprise* (see **prendere**)

---

sorridere   *to smile* (see **dividere**)

---

sospendere   *to suspend* (see **prendere**)

---

sostenere   *to support, to maintain* (see **tenere**)

---

spegnere   *to extinguish, to turn off*

PASSATO REMOTO: spensi, spegnesti, spense, spegnemmo, spegneste, spensero
PARTICIPIO PASSATO: spento

---

spendere   *to spend (money)* (see **prendere**)

---

spingere   *to push* (see **dipingere**)

---

stare   *to be; to stay*

INDICATIVO PRESENTE: sto, stai, sta, stiamo, state, stanno
CONGIUNTIVO PRESENTE: stia, stia, stia, stiamo, stiate, stiano
IMPERATIVO: sta' (stai), stia, stiamo, state, stiano
CONGIUNTIVO IMPERFETTO: stessi, stessi, stesse, stessimo, steste, stessero
FUTURO: starò, starai, starà, staremo, starete, staranno
CONDIZIONALE: starei, staresti, starebbe, staremmo, stareste, starebbero
PASSATO REMOTO: stetti, stesti, stette, stemmo, steste, stettero

---

stendere   *to stretch out* (see **prendere**)

---

succedere   *to happen* (see **esprimere**)

---

supporre   *to suppose* (see **porre**)

---

svolgere   *to carry out, to develop* (see **risolvere**)

---

tacere   *to be silent*

INDICATIVO PRESENTE: taccio, taci, tace, taciamo, tacete, tacciono
CONGIUNTIVO PRESENTE: taccia, taccia, taccia, tacciamo, tacciate, tacciano
IMPERATIVO: taci, taccia, taciamo, tacete, tacciano
PASSATO REMOTO: tacqui, tacesti, tacque, tacemmo, taceste, tacquero
PARTICIPIO PASSATO: taciuto

---

tendere   *to hold out* (see **prendere**)

---

tenere   *to keep*

INDICATIVO PRESENTE: tengo, tieni, tiene, teniamo, tenete, tengono
CONGIUNTIVO PRESENTE: tenga, tenga, tenga, teniamo, teniate, tengano
IMPERATIVO: tieni, tenga, teniamo, tenete, tengano
FUTURO: terrò, terrai, terrà, terremo, terrete, terranno
CONDIZIONALE: terrei, terresti, terrebbe, terremmo, terreste, terrebbero
PASSATO REMOTO: tenni, tenesti, tenne, tenemmo, teneste, tennero

---

togliere   *to remove* (see **cogliere**)

---

tradurre   *to translate*

FUTURO: tradurrò, tradurrai, tradurrà, tradurremo, tradurrete, tradurranno
CONDIZIONALE: tradurrei, tradurresti, tradurrebbe, tradurremmo, tradurreste, tradurrebbero
PASSATO REMOTO: tradussi, traducesti, tradusse, traducemmo, traduceste, tradussero
PARTICIPIO PASSATO: tradotto

The archaic stem **traduc-** is used in all other cases with regular **-ere** endings.

trarre *to pull*

INDICATIVO PRESENTE: traggo, trai, trae, traiamo, traete, traggono
CONGIUNTIVO PRESENTE: tragga, tragga, tragga, traiamo, traiate, traggano
IMPERATIVO: trai, tragga, traiamo, traete, traggano
IMPERFETTO: traevo, traevi, traeva, traevamo, traevate, traevano
CONGIUNTIVO IMPERFETTO: traessi, traessi, traesse, traessimo, traeste, traessero
FUTURO: trarrò, trarrai, trarrà, trarremo, trarreste, trarranno
CONDIZIONALE: trarrei, trarresti, trarrebbe, trarremmo, trarreste, trarrebbero
PASSATO REMOTO: trassi, traesti, trasse, traemmo, traeste, trassero
PARTICIPIO PASSATO: tratto
GERUNDIO: traendo

trascorrere *to spend* (*time*) (see **correre**)

trattenere *to hold back* (see **tenere**)

uccidere *to kill* (see **dividere**)

udire *to hear*

INDICATIVO PRESENTE: odo, odi, ode, udiamo, udite, odono
CONGIUNTIVO PRESENTE: oda, oda, oda, udiamo, udiate, odano
IMPERATIVO: odi, oda, udiamo, udite, odano

uscire *to go out, to exit*

INDICATIVO PRESENTE: esco, esci, esce, usciamo, uscite, escono
CONGIUNTIVO PRESENTE: esca, esca, esca, usciamo, usciate, escano
IMPERATIVO: esci, esca, usciamo, uscite, escano

vedere *to see*

FUTURO: vedrò, vedrai, vedrà, vedremo, vedrete, vedranno
CONDIZIONALE: vedrei, vedresti, vedrebbe, vedremmo, vedreste, vedrebbero
PASSATO REMOTO: vidi, vedesti, vide, vedemmo, vedeste, videro
PARTICIPIO PASSATO: visto (veduto)

venire *to come*

INDICATIVO PRESENTE: vengo, vieni, viene, veniamo, venite, vengono
CONGIUNTIVO PRESENTE: venga, venga, venga, veniamo, veniate, vengano
IMPERATIVO: vieni, venga, veniamo, venite, vengano
FUTURO: verrò, verrai, verrà, verremo, verrete, verranno
CONDIZIONALE: verrei, verresti, verrebbe, verremmo, verreste, verrebbero
PASSATO REMOTO: venni, venisti, venne, venimmo, veniste, vennero
PARTICIPIO PASSATO: venuto

vincere *to win* (see **dipingere**)

vivere   *to live*

FUTURO: vivrò, vivrai, vivrà, vivremo, vivrete, vivranno
CONDIZIONALE: vivrei, vivresti, vivrebbe, vivremmo, vivreste, vivrebbero
PASSATO REMOTO: vissi, vivesti, visse, vivemmo, viveste, vissero
PARTICIPIO PASSATO: vissuto

volere   *to want*

INDICATIVO PRESENTE: voglio, vuoi, vuole, vogliamo, volete, vogliono
CONGIUNTIVO PRESENTE: voglia, voglia, voglia, vogliamo, vogliate, vogliano
IMPERATIVO: vogli, voglia, vogliamo, vogliate, vogliano
FUTURO: vorrò, vorrai, vorrà, vorremo, vorrete, vorranno
CONDIZIONALE: vorrei, vorresti, vorrebbe, vorremmo, vorreste, vorrebbero
PASSATO REMOTO: volli, volesti, volle, volemmo, voleste, vollero

D.   Verbi coniugati con *essere* nei tempi composti

In addition to the verbs listed below, all verbs used reflexively, reciprocally, with the impersonal **si**, or with the **si passivante** are conjugated with **essere** in compound tenses.

accadere	*to happen*
andare	*to go*
arrivare	*to arrive*
arrossire	*to blush*
avvenire	*to happen*
bastare	*to be sufficient*
bisognare	*to be necessary*
cadere	*to fall*
cambiare*	*to change*
campare	*to live, get along*
capitare	*to happen*
cominciare*	*to begin*
comparire	*to appear, show up*
costare	*to cost*
crepare	*to kick the bucket; to burst*
crescere	*to grow*
dimagrire	*to lose weight*
diminuire	*to diminish*
dipendere	*to depend (on)*
dispiacere	*to be displeasing*
diventare (divenire)	*to become*
durare	*to last*
entrare	*to enter*
esistere	*to exist*
esplodere	*to explode*

*conjugated with **avere** when used with a direct object

essere	*to be*
evadere	*to escape*
finire*	*to finish, end*
fuggire	*to run away*
giungere	*to arrive; to reach*
guarire	*to get well, recover*
impazzire	*to go insane*
importare	*to matter*
ingrassare	*to gain weight*
mancare	*to be lacking*
morire	*to die*
nascere	*to be born*
parere	*to seem*
partire (ripartire)	*to leave*
passare†	*to stop by*
piacere	*to be pleasing*
restare	*to stay, remain*
ricorrere	*to resort; to have recourse*
rimanere	*to stay, remain*
risultare	*to result, turn out (to be)*
ritornare (tornare)	*to return*
riuscire	*to succeed*
salire*	*to get in; to go up*
saltare*	*to jump*
scappare	*to dash off; to run away*
scattare	*to go off*
scendere*	*to get off; to go down*
scivolare	*to slip; to slide*
scomparire	*to disappear; to pass away*
scoppiare	*to burst; to explode*
sembrare	*to seem*
servire‡	*to be useful*
sparire	*to vanish*
sprizzare	*to sprinkle; to squirt*
stare	*to be; to stay*
succedere	*to happen*
uscire	*to exit, go out*
venire	*to come*

---

* conjugated with **avere** when used with a direct object
† conjugated with **avere** when the meaning is *to spend* (*time*), *to pass*
‡ conjugated with **avere** when the meaning is *to serve*

II. USI IDIOMATICI DELLE PREPOSIZIONI

A. Usi idiomatici delle preposizioni con i verbi e le espressioni verbali

1. Verbi seguiti da **a** + infinito

In addition to the expressions listed below, most verbs of motion (**andare, correre, fermarsi, passare, venire**) are followed by **a** + *infinitive*.

abituarsi a	*to get used to*
affrettarsi a	*to hasten, hurry up*
aiutare a	*to help*
cominciare (incominciare) a	*to start*
condannare a	*to condemn*
continuare a	*to continue*
convincere a	*to convince*
costringere a	*to oblige, compel*
decidersi a	*to make up one's mind*
divertirsi a	*to have fun*
fare meglio a	*to be better off*
fare presto a	*to (do something) quickly*
imparare a	*to learn (how)*
incorraggiare a	*to encourage*
insegnare a	*to teach*
invitare a	*to invite*
mandare a	*to send*
mettersi a	*to begin; to set about*
obbligare a	*to force; to oblige*
pensare a	*to think about*
persuadere a	*to persuade*
preparare a	*to prepare*
provare a	*to try*
rinunciare a	*to give up*
riprendere a	*to resume*
riuscire a	*to succeed, manage to*
sbrigarsi a	*to hurry*
servire a	*to be of use*
tornare a	*to start (doing something) again*
volerci a (per)	*to take, to require (used impersonally)*

2. Verbi seguiti da **di** + infinito

accettare di	*to accept*
accorgersi di	*to notice*
ammettere di	*to admit*
aspettare di	*to wait*
aspettarsi di	*to expect*
augurare di	*to wish*

augurarsi di	*to hope*
avere bisogno di	*to need*
avere il diritto di	*to have the right*
avere fretta di	*to be in a hurry*
avere l'impressione di	*to have the impression*
avere intenzione di	*to plan, intend to*
avere paura di	*to be afraid*
avere il piacere di	*to have the pleasure*
avere ragione di	*to be right*
avere tempo di	*to have time*
avere vergogna di	*to be ashamed*
avere voglia di	*to feel like*
cercare di	*to try*
cessare di	*to stop*
chiedere di	*to ask*
comandare di	*to command*
confessare di	*to confess*
consigliare di	*to advise*
contare di	*to intend to; to count on*
credere di	*to believe*
decidere di	*to decide*
dimenticare (dimenticarsi) di	*to forget*
dire di	*to say*
dispiacere di	*to be sorry (used with indirect objects)*
domandare di	*to ask*
dubitare di	*to doubt*
essere in grado di	*to be in a position to*
fantasticare di	*to (day)dream about*
fare a meno di	*to do without*
fare segno di	*to motion*
fingere di	*to pretend*
finire di	*to stop*
illudersi di	*to delude oneself*
impedire di	*to prevent*
infischiarsi di	*not to give a darn about*
lamentarsi di	*to complain about*
meravigliarsi di	*to be surprised at*
minacciare di	*to threaten*
offrire di	*to offer*
ordinare di	*to order*
pensare di	*to plan, intend to*
pentirsi di	*to regret, repent*
permettere di	*to permit*
pregare di	*to beg*
preoccuparsi di	*to worry about*
proibire di	*to prohibit*
promettere di	*to promise*
proporre di	*to propose, suggest*
rendersi conto di	*to realize*
ricordare (ricordarsi) di	*to remember*

rifiutare (rifiutarsi) di	*to refuse, decline*
ringraziare di (+ infinito passato)	*to thank*
sapere di	*to know about*
sentirsela di	*to feel up to*
sforzarsi di	*to strive; to do one's best*
smettere di	*to quit*
sognare (sognarsi) di	*to dream about*
sperare di	*to hope*
stancarsi di	*to grow tired of*
suggerire di	*to suggest*
temere di	*to fear*
tentare di	*to attempt*
non vedere l'ora di	*not to be able to wait; to look forward to*
vergognarsi di	*to be ashamed of*
vietare di	*to forbid*

3. Verbi seguiti da altre preposizioni + infinito

CON

cominciare con	*to begin by*
finire con	*to end up by*

DA

guardarsi da	*to take care (not to do something); to refrain from*

PER

finire per	*to end up*
ringraziare per (+ infinito passato)	*to thank for*
stare per	*to be about to*

4. Verbi seguiti direttamente dall'infinito

In addition to the verbs listed below, most verbs of perception (**ascoltare, guardare, osservare, sentire, vedere,** etc.) and impersonal expressions (**basta, bisogna, è bene, è opportuno,** etc.) are followed directly by the infinitive.

amare	*to love*
desiderare	*to wish*
dovere	*to have to*
fare	*to make; to allow*
gradire	*to appreciate*
lasciare	*to allow*
osare	*to dare*
parere	*to seem*
piacere	*to be pleasing*
potere	*to be able*
preferire	*to prefer*
sapere	*to know how*
sembrare	*to seem*
volere	*to want*

5. Verbi seguiti da preposizione + nome o pronome

A

abituarsi a	*to get used to*
appoggiarsi a	*to lean on*
(as)somigliare a	*to resemble, look like*
credere a	*to believe in*
nascondere a	*to hide from*
partecipare a	*to participate in, take part in*
pensare a	*to think about/of*
rubare a	*to steal from*

CON

essere gentile con	*to be kind to*
congratularsi con qualcuno per qualcosa	*to congratulate someone on something*

DI

accorgersi di	*to notice*
chiedere di	*to ask for (a person)*
dimenticarsi di	*to forget; to overlook*
essere carico di	*to be loaded with*
essere contento (soddisfatto) di	*to be pleased with*
essere coperto di	*to be covered with*
fare a meno di	*to do without*
fidarsi di	*to trust*
innamorarsi di	*to fall in love with*
intendersi di	*to be (an) expert in; to understand*
interessarsi di (a)	*to be interested in*
lamentarsi di	*to complain about*
meravigliarsi di	*to be surprised at*
occuparsi di	*to take care of, see to*
piangere di (per)	*to cry with (for)*
rendersi conto di	*to realize*
ricordarsi di	*to remember*
ridere di	*to laugh at*
riempire di	*to fill with*
ringraziare di (per)	*to thank for*
saltare di (per)	*to jump with (for)*
soffrire di	*to suffer from*
trattare di	*to deal with*
vergognarsi di	*to be ashamed of*
vivere di	*to live on*

DA

dipendere da	*to depend on*
guardarsi da	*to beware of*

IN

consistere in	*to consist of*
essere bravo in	*to be good at*
sperare in	*to hope for*

B. Usi idiomatici delle preposizioni con gli aggettivi

1. Aggettivi seguiti da **a** + infinito

abituato a	*accustomed, used to*
attento a	*careful, attentive*
disposto a	*willing*
pronto a	*ready*

2. Aggettivi seguiti da **di** + infinito

ansioso di	*anxious*
capace (incapace) di	*capable (incapable)*
contento (scontento) di	*happy (unhappy)*
curioso di	*curious*
felice (lieto) di	*happy*
sicuro di	*sure, certain*
soddisfatto di	*satisfied*
stanco di	*tired*
triste di	*sad*

3. Aggettivi seguiti da **da** + infinito (**a** + infinito passivante)

bello da	*good, fine*
brutto da	*bad, ugly*
buono da	*good*
cattivo da	*bad*
difficile da	*difficult*
eccellente da	*excellent*
facile da	*easy*
orribile da	*horrible*

C. Altri usi idiomatici delle preposizioni

Here is a brief overview of some other common idiomatic uses of the prepositions **a, di, per, su,** and **da.**

A. **a**

1. to indicate a distinguishing detail or feature of something

una camicia **a fiori**	*a flowered shirt*
un quaderno **a quadretti**	*a graph-paper notebook*
una barca **a motore**	*a motorboat*

2. replaces *by* when used in the sense of *made by hand* or *made by machine*

un abito fatto **a** mano	*a handmade suit*
un ricamo fatto **a** macchina	*a machine-made [piece of] embroidery*

3. with **da** in indications of distance

a cinquanta chilometri **da** Roma	*fifty kilometers from Rome*
a due passi **dall'**albergo	*a few steps [a stone's throw] from the hotel*

4. in the articulated form (**a** + definite article), in expressions such as "three times a month" or "a dollar a pound"

Andate spesso al cinema? —Di solito una o due volte **al** mese.
Quanto costa il caffè? —8.000 lire **al** chilo.*

5. in the articulated form, in the following miscellaneous expressions

alla radio	*on the radio*
al telefono	*on the phone*
alla televisione	*on television*

B. di

1. to indicate the material or contents of something

una camicia **di** seta	*a silk shirt*
un braccialetto **d'**oro	*a gold bracelet*
un barattolo **di** marmellata	*a jar of jam*
un libro **di** storia	*a history book*

2. with **qualcosa, niente,** or **nulla** followed by an adjective, in expressions where English would use no pronoun at all

Ho comprato qualcosa **di** bello!	*I bought something great (lit., beautiful)!*
Non abbiamo fatto niente **di** nuovo.	*We didn't do anything new.*
C'è qualcosa **d'**interessante alla TV?	*Is there anything interesting on TV?*

3. meaning *from* in reference to hometown or city of origin

Di dove sei?—Sono **di** Milano.	*Where are you from?—I'm from Milan.*

4. in the articulated form, to express *from* with reference to an American state

Di dove sono Bob e Carol?—**Del** Massachussetts.
Di dove siete tu ed i tuoi genitori?
—Io sono **dell'**Arkansas, ma i miei genitori sono **della** Louisiana.

C. per

1. in many expressions where English uses two nouns to express purpose or destination (animal hospital = hospital for animals; cough syrup = syrup for coughs)

il cibo **per** i cani	*dog food*
un corso **per** addestramento	*a training course*

2. to mean *in, along,* or *through*

I due amici s'incontrano **per** strada.	*The two friends meet in the street.*
Passano **per** l'Austria prima di arrivare in Svizzera.	*They pass through Austria before arriving in Switzerland.*

3. in expressions where English would use *by,* in the sense of *by air* or *by sea*

La lettera è arrivata **per** via aerea.	*The letter arrived by airmail.*
Ho spedito il pacco **per** mare.	*I sent the parcel by sea.*

---

*1 chilo = approximately 2.10 pounds.

4. in the phrase meaning *on the ground* or *on the floor*

Quel bambino lascia sempre i vestiti **per** terra.	*That child always leaves his clothes on the floor.*

D. **Su** (articulated forms)

1. to indicate topics

un libro **sull'**arte etrusca	*a book on Etruscan art*
un saggio **sulla** poesia moderna	*an essay on modern poetry*

2. to convey approximation

una signora **sulla** quarantina (cinquantina, sessantina)	*a lady about forty [fifty, sixty] years old*
sulle diecimila lire	*about 10,000 lire*

3. to indicate contents of a printed document (most commonly a newspaper or magazine)

L'ho visto **sul** giornale.	*I saw it in the paper.*
Hai letto qualcosa di bello **sull'**ultimo numero dell'«Espresso»?	*Did you read something good in the latest issue of "l'Espresso"?*

E. **da**

1. between two nouns, to indicate the specific use or purpose of the first one

un vestito **da** donna	*a woman's dress*
le scarpe **da** ballo	*dancing shoes*
una camera **da** letto	*a bedroom*

2. with **qualcosa**, **niente**, or **nulla** followed by an infinitive

Non c'è mai niente **da** mangiare in questa casa!	*There's never anything to eat in this house!*
C'è qualcosa **da** vedere alla televisione?	*Is there anything (to see) on television?*

3. in the articulated form, to mean *to,* when referring to a professional or service position

La zia Maria sta male; deve andare **dal** dottore.	*Aunt Maria is ill; she has to go to the doctor.*
La macchina non funziona; portiamola **dal** meccanico.	*The car isn't working; let's take it to the mechanic.*

4. before names of people (alone or in the articulated form) when talking about visiting their home or workplace

Andiamo **da** Roberto stasera?	*Are we going to Roberto's tonight?*
Chi è invitato alla festa **dai** Cornaro?	*Who's invited to the party at the Cornaros' house?*

5. before adjectives like **piccolo** and **grande** to mean *as,* in expressions denoting periods of a person's life

Da grande Paoletto vuole fare l'astronauta.	*As a grownup [When he grows up], Paoletto wants to be an astronaut.*

Da piccole, io e mia sorella eravamo molto vivaci.	*As children, my sister and I were very lively.*
Da giovane lo zio Luigi era sempre occupato; ora **da** vecchio, invece, non trova più niente da fare.	*As a young man, Uncle Luigi was always busy; now, as an old man, on the other hand, he can't find [doesn't find] anything to do.*

6. in the articulated form, to specify physical characteristics

un giovane **dagli** occhi azzurri	*a young man with blue eyes*
la signora **dai** capelli neri	*the lady with black hair*

VOCABOLARIO

This vocabulary contains contextual meanings of most of the Italian words and expressions used in this book. Active vocabulary from the **Vocabolario tematico** sections is indicated by the number of the chapter in which the word first appears. Proper and geographical names are not included in this list. Exact cognates do not appear.

The gender of nouns is indicated by the definite article or, with nouns beginning with a vowel and ending in **-e**, by the abbreviations *m.* or *f.* Adjectives are listed by their masculine form. Idiomatic expressions are listed under the main word, usually a noun or a verb. An asterisk (*) preceding a verb indicates that the verb requires **essere** in compound tenses; the dagger (†) indicates that the verb usually takes **essere** in compound tenses unless followed by a direct object, in which case it takes **avere**. The **(isc)** following a third conjugation (**-ire**) verb means that the verb is conjugated with **-isc-** in the present indicative, present subjunctive, and imperative.

In Italian words of two or more syllables, the stress generally falls on the next-to-last syllable. Exceptions to this rule are indicated in the **Vocabolario tematico** lists at the beginning of each chapter of this text.

ABBREVIATIONS

adj.	adjective		*m.*	masculine
adv.	adverb		*n.*	noun
conj.	conjunction		*neol.*	neologism
f.	feminine		*p.p.*	**passato prossimo**
Frn.	French		*p.r.*	**passato remoto**
inf.	infinitive		*pl.*	plural
interj.	interjection		*prep.*	preposition
inv.	invariable		*s.*	singular

A
abbandonare to abandon
abbassato lowered
abbasso down with
abbastanza enough; rather, fairly
l'abbigliamento clothing
abbinare to combine; to match
l'abbonamento subscription
abbonarsi to take out a subscription
l'abbonato subscriber
abbondante abundant, plentiful
abbondare to abound
l'abbozzo outline, sketch
abbracciare to hug
l'abbraccio (*pl.* **gli abbracci**) hug
abitabile liveable (5)
l'abitante (*m. or f.*) inhabitant, resident

abitare to live, reside
l'abitazione (*f.*) dwelling, house
l'abito outfit; suit; dress
abitualmente usually
abituarsi (**a** + *n. or inf.*) to get used (to); **abituato a** used to, in the habit of
l'abitudinario creature of habit
l'abitudine (*f.*) habit, custom (1)
l'abusivismo (*neol.*) improper or criminal use of a profession
l'abuso abuse
l'acca (the letter) H (10); **valere un'acca** to be worthless (10)
l'accademia academy, school
* **accadere** (*p.r.* **accaddi**) to happen (11)
accanto nearby; **accanto a** (*prep.*) near
accarezzare to stroke, pet

accelerare to accelerate
accendere (*p.p.* **acceso**; *p.r.* **accesi**) to light; to turn on
l'accendino cigarette lighter
l'accento accent
accentuatamente markedly, noticeably
acceso turned on
l'accessorio accessory
accettare (**di** + *inf.*) to accept (3)
l'acciaio steel
l'acciuga (*pl.* **le acciughe**) anchovy
accludere (*p.p.*) **accluso**; *p.r.* **acclusi**) to enclose
accogliere (*p.p.* **accolto**; *p.r.* **accolsi**) to welcome, accommodate (4)
accomodarsi to make oneself comfortable
accompagnare to accompany

accontentare to satisfy

accorciare to shorten

l'accordo agreement (3); chord; **d'accordo** OK; **andare d'accordo** to get along; **essere d'accordo** to be in agreement; **mettersi d'accordo** to come to an agreement

accorgersi (*p.p.* **accorto**; *p.r.* **accorsi**) to realize (1); **accorgersi di** to notice

accrescitivo augmentative

accumulare to accumulate

accuratamente carefully

accusare to accuse

acido acid; **pioggia acida** acid rain

l'acqua water; **l'acqua dolce** fresh water; **l'acqua santa** holy water; **avere l'acqua alla gola** to be up to one's neck in it

acquario Aquarius; fish tank

acquisire (**isc**) to acquire (13)

acquistare to acquire; to buy, purchase

l'acquisto purchase

acustico acoustic; auditory; **l'isolante acustico** soundproofing material

addebitare to debit; to charge

l'addestramento training

l'addio farewell

addirittura (*adv.*) even

addormentarsi to fall asleep

addosso on one's back; **mettersi addosso** to put on (clothing)

adeguato adequate, suitable

aderire (**isc**) to join

adesso now

l'adolescenza adolescence

adoperare to use

adottare to adopt

adulare to flatter

l'aereo (*pl.* **gli aerei**) airplane; **in aereo** by plane; **per via aerea** by airmail

l'aereoporto airport

l'afa mugginess

affacciarsi (**a**) to look or lean out (a window) (12)

l'affare (*m.*) business; **gli affari** (*pl.*) business (12); matters, affairs; **per affari** on business; **l'affarone** (*m.*) deal

affascinante fascinating, charming (1)

affatto at all, in the least (2); **nient'affatto** not at all

affermare to affirm, state; **affermarsi** to attain success, become popular (8)

l'affermazione (*f.*) affirmation; statement, assertion

affiancato (**da**) placed beside; accompanied (by)

affidabile reliable

affidare (**a**) to entrust (to) (13)

affiggere (*p.p.* **affisso**; *p.r.* **affissi**) to post, put up

affinché in order that, so that

affiorare to emerge; to surface

affittare to let, rent; **affittasi** for rent

l'affitto rent; **prendere in affitto** to rent

l'afflusso influx; flow

affollato crowded (2); **affollato di** crowded with

affrettarsi to hurry (2)

affrontare to face, confront (1)

afoso humid, muggy (4)

l'agenda pocket diary

l'agenzia agency

l'aggettivo adjective

aggiungere (*p.p.* **aggiunto**; *p.r.* **aggiunsi**) to add

aggravare to increase; to make worse

l'aggressività aggressiveness

aggressivo aggressive

l'agio ease, comfort; **gli agi** comforts

agitato rough

l'agraria agriculture

agricolo agricultural

l'agricultura agriculture

aiutare (**a** + *inf.*) to help, assist

l'aiuto help, assistance (3); **d'aiuto** helpful

l'ala (*pl.* **le ali**) wing (10)

l'alba dawn

l'albanese (*m. or f.*) Albanian

albanese (*adj.*) Albanian

l'albergo (*pl.* **gli alberghi**) hotel

l'albero tree

l'alcolico (*pl.* **gli alcolici**) alcoholic drink

alcuni/e some; some people

alcuno no, not any

l'alfabeto alphabet

l'alga seaweed

l'alienazione (*f.*) alienation

l'alieno alien

alimentare to contribute to

allacciare to lace up (shoes)

l'allagamento flood, flooding (5)

l'allarmismo alarmism

allarmistico alarmist

alleato allied

l'alleato / l'alleata ally

l'allegria cheerfulness

allegro cheerful

l'allenatore (*m.*) trainer, coach

allergico allergic

allevare to bring up (*a child*)

l'alloggio housing (1)

allontanare to distance from; drive away; **allontanarsi** (**da**) to move away (from) (8)

allora so, then

allorché when, as soon as

almeno at least

altamente highly, greatly, remarkably

alterare to alter, change

l'alterazione (*f.*) alteration, change

alternare to alternate; **alternarsi** to alternate, happen by turns

l'alternativa alternative

alternativo alternative

l'altezza height; greatness

alto tall, high; **ad alta voce** aloud

altrimenti otherwise (2)

altro other, different; **gli altri** others, other people; **senz'altro** of course

altrove elsewhere, somewhere else

alzare to raise; **alzarsi** to get up

l'amante (*m. or f.*) lover

amare to love

amaro bitter (14)

l'amatore (*m.*) amateur

l'ambasciatore (*m.*) / (**ambasciatrice** *f.*) ambassador

ambientale environmental

l'ambientalista (*m. or f.*) environmentalist

ambientalista environmental

l'ambientamento orientation

ambientare to acclimatize

ambientato set, located

l'ambiente (*m.*) environment; surroundings, milieu

ambizioso ambitious

amichevole friendly

l'amicizia friendship

l'amico (*pl.* **gli amici**) friend

ammalarsi to get sick

ammazzare to kill

ammesso admitted

ammettere (*p.p.* **ammesso**; *p.r.* **ammisi**) to admit

amministrare to administer

amministrativo administrative

l'amministrazione (*f.*) administration

ammirare to admire

l'amore (*m.*) love

l'ampere (*m.*) ampere (*unit of electrical current*)

l'ampiezza range, extent; spaciousness

l'analfabeta (*m. or f.*) illiterate person (15)

* **andare** (**a** + *inf.*) to go; **andare avanti** to go ahead; **andare** (**tanto**) **d'accordo** to get on well together; **andare in aereo** (**in autobus, in bici**) to go by plane (bus, bike); **andare in campeggio** to go camping; **andare a cavallo** to ride; **andare in collera** to get angry; **andare in giro** to go around, drive around; **andare a letto** to go to bed;

andare in **montagna** to go to the mountains; andare in **onda** to be broadcast; andare in **pensione** to retire; **andare a piedi** to go on foot; **andare in vacanza** to go on vacation; **andare via** to go away; **andarsene** to leave, go away

l'**andazzo** (bad) practice

l'**anello** ring; link

l'**angelo** angel

l'**anglicismo** anglicism

l'**angolo** corner

angosciare to anguish; to worry

l'**anidride** (f.) **carbonica** carbon dioxide (6)

animalesco bestial

animato animated; **cartoni animati** cartoons

l'**animazione** (f.) animation; liveliness

l'**animo** mind; **di animo buono** kind-hearted (11)

annaffiare to water; to wet

annegare to drown (3)

l'**anniversario** (pl. **gli anniversari**) anniversary

l'**anno** year

annodare to knot, tie; to make friends with

annoiarsi to become bored

annuale annual

annullare to cancel

l'**annuncio** announcement; l'**annuncio pubblicitario** advertisement

annuo annual

l'**ansia** anxiety (14)

l'**antagonista** (m. or f.) antagonist

anticipare to anticipate

antico ancient, old; **all'antica** old-fashioned

antipatico unpleasant; **essere antipatico** to be disagreeable

antiquato old-fashioned

l'**antirazzismo** antiracism

l'**antropologo** anthropologist

anzi or rather (10)

anziano elderly, old; **gli anziani** elderly people

anziché rather than

apatico apathetic, indifferent

apertamente openly

aperto open; **all'aperto** outdoors (10)

l'**apertura** opening

l'**apocalisse** (f.) Apocalypse

apolitico apolitical

l'**appalto** contract (job)

l'**apparecchiatura** equipment

l'**apparecchio** apparatus, instrument; device, appliance

apparentemente apparently (9)

l'**apparenza** appearance

apparire (p.p. **apparso**; p.r. **apparvi**) to appear

l'**appartamento** apartment

appartenere (p.r. **appartenni**) to be part of, belong (1)

l'**appassionato** (di) a person who is keen (on)

appena barely, just (5)

appendere (p.p. **appeso**; p.r. **appesi**) to hang

l'**appendice** (m.) appendix

appiccicoso sticky, tacky

applaudire (isc) to applaud

applicarsi to apply oneself (to)

appoggiare to support

l'**appoggio** support

apposta on purpose

apprezzare to appreciate (2)

approfondito deep

appropriato appropriate

approssimativamente approximately

approvare to approve

l'**approvazione** (f.) approval

l'**appuntamento** appointment; **darsi un appuntamento** to arrange to meet someone

appunto precisely

aprire (p.p. **aperto**) to open

l'**aquila** eagle

l'**arancia** orange

arancione (inv.) bright orange color

l'**aranciata** orangeade

l'**archeologo** archaeologist

l'**architetto** architect

architettonico architectonic (pertaining to the structural principles of architecture)

l'**architettura** architecture

l'**arco** arch

arduo hard, difficult

l'**area** area, land

l'**argento** silver; **argenti** silver jewelry, accessories

l'**argomento** subject; argument

l'**aria** air; **avere l'aria** to appear, seem; l'**aria condizionata** air conditioning (4)

aristocratico aristocratic

l'**aristocrazia** aristocracy

l'**arma** (pl. **le armi**) arm, weapon

l'**armadio** wardrobe

l'**armonia** harmony

l'**aroma** (m.) aroma

arrabbiarsi to get angry (10)

arrabbiato angry

l'**arrangiamento** arrangement

l'**arredamento** interior decoration

arredare to furnish

l'**arricchimento** enrichment

arricchito enriched

* **arrivare** to arrive

arrivederLa good-bye

l'**arrivista** (m. or f.) social climber

l'**arrivo** arrival

arrosto roasted

l'**arte** (f.) art; **le belle arti** fine arts

articolato linked with an article

l'**articolo** article; item

l'**artigiano** craftsman

l'**artista** (m. or f.) artist, entertainer

gli artropodi arthropods

arzigogolare to let one's mind wander; to muse, daydream

l'**ascensore** (m.) elevator

asciugare to dry

ascoltare to listen, listen to

l'**asilo** nursery school; l'**asilo** (**nido**) day care center

aspettare to wait (for); **aspettarsi** to expect

l'**aspetto** aspect, appearance

l'**aspirapolvere** (m.) vacuum cleaner

l'**aspirazione** (f.) aspiration (13)

l'**aspirina** aspirin

assaggiare to taste

assai much; enough

assaporare to savor; to taste

assediato besieged

l'**assegno** check

assente absent

l'**assenza** absence

assicurare to assure

le assicurazioni (pl.) insurance

assieme together (1)

assimilare to assimilate

l'**assistente** (m. or f.) assistant

assistere to help

l'**asso** ace; **piantare in asso** to abandon, "leave in the lurch"

associare to associate, join

l'**associazione** (f.) association

assolutamente absolutely

assoluto absolute

assomigliare (a) to resemble, look like (4)

assorbito absorbed

assumere (p.p. **assunto**; p.r. **assunsi**) to take on, adopt, assume (5); to hire

assurdo absurd

l'**asterisco** asterisk

l'**astrologia** astrology

l'**astronauta** (m. or f.) astronaut

l'**atmosfera** atmosphere

atmosferico atmospheric

atroce atrocious, terrible

l'**atteggiamento** attitude (14)

attentamente attentively

attento attentive; **stare attento** to pay attention

l'**attenzione** (f.) attention; **fare attenzione** to pay attention

l'attesa wait; **in attesa di** awaiting

l'attimo moment

attirare to attract (7)

l'attivista (*m. or f.*) activist

l'attività activity

attivo active

l'atto act

l'attore (*m.*) actor

attorno around; about

attrarre (*p.p.* attratto; *p.r.* attrassi) to attract

attraversare to cross

attraverso across

l'attrazione (*f.*) attraction; appeal

attrezzato equipped

attribuire (isc) to attribute

l'attrice (*f.*) actress

attuale present-day, current (5)

l'attualità current event or topic

attuare to carry out

l'aula classroom

aumentare to raise, increase

l'aumento increase, rise

l'autista (*m. or f.*) chauffeur

autobiografico autobiographical

l'automa (*m.*) robot

l'automobile (*f.*) (l'auto *f.*; *pl.* le auto) car

automobilistico motor

l'autonomia autonomy

l'autore (*m.*) author

l'autorità authority

autoritario authoritative

l'autostop (*m.*) hitchhiking (10); **fare l'autostop** to hitchhike (10)

l'autostrada freeway (12)

l'autovettura motorcar

l'autunno autumn, fall

avanti forward; **andare avanti** to go on, go ahead

avanzare to advance

avanzato advanced

avere (*p.r.* ebbi) to have; **avere ragione** to be right; **avercela con** to be angry at, bear a grudge against

l'avvenimento event

*avvenire (*p.r.* avvenni) to take place, happen (11)

l'avvento advent

l'avventura adventure

avventuroso adventurous

avverbiale adverbial

l'avverbio adverb

l'avversario opponent

l'avvertimento warning

avvertire to warn (14)

avvicinarsi to approach, get close to (11)

avvincente charming, fascinating

avvistare to sight

l'avvocatessa/l'avvocato lawyer

l'azione (*f.*) action, activity

azzurro blue

B

il babbo dad

il baccalà dried, salted cod

il baccano noise, clamor

la bacchetta chop stick

baciare to kiss

il bacio kiss; **il bacino** little kiss

badare (a) to pay attention (to)

il bagno bath; bathroom; bathtub; **fare il bagno** to take a bath; **il costume da bagno** bathing suit

il balcone balcony

la balena whale

ballare to dance

il bambino / la bambina child

la banca bank; **in banca** in/to the bank

la bancarella booth, stand

bancario banking

il banchiere banker

la banchina platform

la bandiera flag

il bar cafe

la baracca hut

barare to cheat

il barattolo jar

la barba beard; **che barba!** what a bore! **farsi la barba** to shave

barbaresco barbaric, uncouth

il barbiere barber

la barca boat; **in barca** by boat

la barena sandbank, shoal

barocco Baroque

il barone baron

basato (su) based (on)

la base basis; **a base di** based on; **in base a** on the grounds of

basso low, short

basta enough

*bastare to suffice, last, be enough

la battaglia battle

battere to type; **battersi** to fight

la battuta witty remark

beato: **beato Lei (te)** lucky you!

il bebè baby

la beffa practical joke; jest

la bellezza beauty

bello beautiful, fine; **fa bello** the weather is fine

ben at least; quite; **ben pochi** very few

benché although

il bene good; **i beni** goods, property; **benino** nicely, pretty well; **benone** great, very well indeed

benedetto blessed

il beneficio benefit

il benessere well-being, welfare

la benzina gasoline (6)

bere (*p.p.* bevuto; *p.r.* bevvi) to drink

la bestia beast

bestiale bestial, brutish

la bevanda drink, beverage

la biancheria laundry, linen

bianco white; **passare la notte in bianco** to spend a sleepless night

la bibita drink

bibliografico bibliographical

la biblioteca library; **in biblioteca** in the library

il bicchiere glass

la bicicletta (la bici) bicycle

biennale biennial, two-year

il biglietto ticket

il bilione billion

il binario track, platform, line

bioagricolo organic

la bioagricoltura organic farming

biodegradabile biodegradable

biologicamente biologically

biologico biological

biondo blond

bipartitico two-party

la birra beer

la birreria beer house, brewery

il bis (*inv.*) encore

la bischerata stupid action

bisestile: **l'anno bisestile** leap year

bisognare to be necessary; **bisogna** one must (1)

il bisogno need; **avere bisogno di** to need

il blocco pad; **il bloc** pad

il blouson lumber jacket

blu (*inv.*) blue

la blusa blouse

la bocca mouth

il boccale jug; mug

bocciare to flunk

boh *expression of uncertainty*

bollato stamped

bollente boiling (4)

la bomba bomb

il bombardamento bombing

il bonaccione good-natured, easygoing fellow

bordo: **a bordo di** on board (*a ship*)

borghese bourgeois, upper middle-class (8)

il borgo district

la borsa purse; **la borsa di studio** scholarship

la bottega shop
la bottiglia bottle
la bozza draft, sketch, rough copy
il braccialetto bracelet
il bracciante day laborer
il braccio (*pl.* **le braccia**) arm
la brama desire, yearning
il brano passage, selection
bravo good, clever, skillful
breve short; brief; **in breve** in short
brevemente briefly
brillante shining
il brindisi toast (*to one's health*)
il brivido shiver
il brodo broth
bruciare to burn; **bruciarsi** to get burned
bruciato burned
brunetto brunette
bruno brown
brutto ugly; **fa brutto tempo** it's bad weather
il bucato laundry; **fare il bucato** to do the washing
il bue (*pl.* **i buoi**) ox
buffo funny
la bugia lie
il bugiardo liar
buio dark
buono good
burocratico bureaucratic
il burocrate bureaucrat
il burro butter
la bustina packet
il buttafuori bouncer
buttare to throw; **buttare via** to throw away

C

il cabotaggio coasting trade
la caccia hunt (10)
il cacciatore hunter
cadere to fall (10)
il caffè coffee; café
il caffellatte coffee with milk
il calciatore soccer player
il calcio soccer
calcolare to calculate
il calcolo calculus
caldo hot
il calendario calendar
la calma calm, peacefulness
la calza stocking; **il calzino** sock
il cambiamento change
cambiare to change, alter; **cambiare casa** to move; **cambiare idea** to change one's mind; **cambiarsi (i vestiti)** to change (one's clothes)
la camera room; **la camera da letto** bedroom

la cameriera / il cameriere waitress/waiter
la camicia shirt
camminare to walk
la campagna country; **in campagna** in (to) the country
il campanile bell tower
il campeggio camping
il campione champion; sample
il campo field
il canale channel (7)
cancellare to cancel
la candidata / il candidato candidate
la candidatura candidature
il cane dog
il canguro kangaroo
il canneto thicket of canes or reeds
il/la cantante singer
cantare to sing
il cantautore singer-songwriter
la cantina cellar; **in cantina** in the cellar
la canzone song
capace capable (3)
la capacità ability, capability (13)
i capelli (*pl.*) hair
capire (isc) to understand
la capitale capital city
il capitolo chapter
il capo head; chief, boss
il capoluogo capital of a region (1)
il capostazione stationmaster
capovolgere (*p.p.* **capovolto**; *p.r.* **capovolsi**) to turn upside-down
il cappello hat (11)
il cappotto overcoat (11)
il cappuccetto hood
il cappuccino frothy, white coffee
il capriccio caprice; whim
la caramella candy
il carattere character
caratteristico characteristic
caratterizzare to be characteristic of, characterize
il carburante fuel
carcerario prison
il carcere prison; **in carcere** in prison
la caricatura caricature
il carico burden, load
la carità: per carità for goodness sake
la carne meat
il Carnevale Carnival (*Mardi Gras*)
il carnivoro flesh-eating animal, carnivore
caro dear; expensive; **carino** pretty, lovely
il carosello merry-go-round
la carriera career
la carta card; **la carta di credito** credit card
la cartolina postcard

il cartoncino piece of thin pasteboard
il cartone cardboard; **i cartoni animati** cartoons
la casalinga homemaker (13)
cascare to fall; to drop
la casetta small house
il casinò club
il caso case; chance; event; **per caso** by chance (12)
caspita (*interj.*) good grief
la cassa case; cashier's desk
la casseruola (*pl.* **le casseruole**) pot (pots and pans) (10)
la cassetta cassette
il cassiere / la cassiera cashier
il castello castle
le catacombe the catacombs
il catalogo catalogue
la categoria category
la catena chain
cattivo naughty, bad; wicked; **cattivaccio** naughty
la causa cause, reason; **a causa di** because of
causare to cause
la cautela caution
il cavagno basket
il cavaliere knight
il cavallo horse; **andare a cavallo** to ride
il cavalluccio marino sea horse
cavare to take out; **cavarsela** to get by, to manage
la caviglia ankle
cedere to give up, hand over (11); **cedere il posto** to give up one's place (11)
celibe unmarried (*applies to men*) (13)
la cena supper
Cenerentola Cinderella
il centesimo hundredth
il centimetro centimeter
il centinaio (*pl.* **le centinaia**): **un centinaio di** about a hundred
cento one hundred; **per cento** per cent
la cera wax
la cerca search; **in cerca di** looking for
cercare to look for; **cercare di** + *inf.* to try to
la cerimonia ceremony
certamente certainly
certo certain; certainly
il cervello brain
cessare to cease
il cestino basket
il cherubino cherub
chiacchierare to talk; to chat
le chiacchiere chats; **fare quattro chiacchiere** to have a chat
il chiacchierone chatterbox, gossip

chiamare to call; **chiamarsi** to be called

chiaramente clearly

chiarire (isc) to make clear, clarify (9)

chiaro clear; **chiaro e netto** clear and obvious (9)

il chiasso noise

la chiave key; **in chiave triste** in a sad vein

chicchessia anyone, anybody

i chicchirichi (*pl.*) cock-a-doodle-doo; **fare i chicchirichi** to crow like a rooster

chiedere (*p.p.* **chiesto**; *p.r.* **chiesi**) to ask, ask for; **chiedersi** to wonder

la chiesa church; **in chiesa** in church

il chilo kilo

il chilometro kilometer

il chilowattore kilowatt

la chimica chemistry; **chimico** (*adj.*) chemical

la chiocciola snail

il chiodo nail (10)

il chiosco stand, kiosk

la chiromanzia fortune-telling; palmistry

la chirurgia surgery

chissà who knows

la chitarra guitar (11)

il/la chitarrista guitarist

chiudere (*p.p.* **chiuso**; *p.r.* **chiusi**) to close; **chiudersi** to retire (*into oneself*), close up

chiunque whoever

chiuso closed

la ciabetta great talker, chatterbox

ciascuno each, each one

il cibo food

il ciclomotore motorbike; moped

il cielo sky

la cifra numeral

il ciglio (*pl.* **le ciglia**) eyelash

il cinema (**il cinematografo**) movie theater

la cinematografia cinematography

cinematografico cinematographic

il cinese Chinese

cinese (*adj.*) Chinese

il cinghiale wild boar

la cintura belt

il cioccolatino chocolate candy

cioè that is (1)

circa about, approximately (4)

circolare (*adj.*) circular

circolare to circle; to move on

la circolazione circulation; **mettere in circolazione** to put in circulation

circondare to surround

circostante surrounding

citare to cite, quote

la citazione quotation

la città city, town; **in città** in town

il cittadino citizen

la civetta owl

civico civic

la civiltà civilization

il clacson car horn

clamoroso loud

clandestinamente secretly (3)

la classe class; **in classe** in class

la classifica classification

classificato classified

il/la cliente client, customer

il clima climate

climatico climatic

la coalizione coalition (3)

la coccinella ladybug

il cocomero watermelon

la coda tail

il codice code

la coesistenza coexistence

coetaneo contemporary

cogliere (*p.p.* **colto**; *p.r.* **colsi**) to pick

il coinquilino co-tenant

coinvolgere (*p.p.* **coinvolto**; *p.r.* **coinvolsi**) to involve (*people in an initiative, program, etc.*) (6)

coinvolto involved

la colazione breakfast; lunch; **fare colazione** to have breakfast/lunch

il colesterolo cholesterol

la collaborazione collaboration

il/la collega colleague

collegare to connect, join

la collera anger; **andare in collera** to lose one's temper

la collettività collectivity

collettivo collective

il collettore: collettore solare solar collector

la collezione collection

la collina hill

il collo neck

il colloquio conference

la colonna column

colorato colored

il colore color

coloro those (*people*)

la colpa fault

colpevole guilty

colpevolizzarsi to feel guilty

colpire (isc) to strike, hit

il colpo blow; **di colpo** suddenly (10)

coltivato cultivated

colui he; that man

il comandante commander

il comando command

combattere to fight

combinato combined, arranged

la combinazione combination

il combustibile fuel

la combustione combustion

cominciare to begin

il comitato committee

il comizio assembly, meeting

la commedia comedy, play

il commediografo playwright

commentare to comment on

il commercio commerce, trade; **in commercio** on the market (6)

commettere (*p.p.* **commesso**; *p.r.* **commisi**) to commit

il commissario commissioner; officer

la commissione commission

commovente touching, moving

commuoversi (*p.p.* **commosso**; *p.r.* **commossi**) to be (emotionally) moved, stirred (14)

comodo comfortable

la compagna / il compagno companion; **il compagno di camera** roommate

la comparsa appearance

il compendio summary

il compenso reward; **in compenso** in return, on the other hand (10)

la compera purchase; **fare le compere** to do the shopping

compiere (compire) to complete

il compito homework

compiuto completed, carried out (9)

il compleanno birthday

la complessità complexity

complessivo total (6)

il complesso complex

completamente completely

completare to complete

complicato complicated

comporre (*p.p.* **composto**; *p.r.* **composi**) to make up; to constitute, form

il comportamento behavior

comportare to result in (15); **comportarsi** to behave; to act

il compositore composer

comprare to buy

comprendere (*p.p.* **compreso**; *p.r.* **compresi**) to include; to understand

comprensivo comprehensive

compreso including

il compromesso compromise (3)

compromettere (*p.p.* **compromesso**; *p.r.* **compromisi**) to compromise

comunale municipal, town

il comune city

la comune commune

comune (*adj.*) common

comunemente commonly, usually
comunicare to communicate
comunicativo communicative
la comunicazione communication
comunista (*adj., inv.*) communist
la comunità community; **in comunità** into the community
comunque however (1); anyway (3)
concedere to grant, concede, allow; **concedersi** to grant oneself (15)
concentrarsi (su) to concentrate (on) (9)
la concentrazione concentration
concepito conceived
la concessione concession
il concetto concept
la concezione conception, idea
conciliabile reconcilable
concludere (*p.p.* **concluso**; *p.r.* **conclusi**) to conclude
la conclusione conclusion
la concorrenza competition (7)
concorrere (*p.p.* **concorso**; *p.r.* **concorsi**) to concur
il concorso *competitive test or examination (for college admission, job openings, etc.)*
concretamente concretely
concreto concrete
condannare to condemn
condividere (*p.p.* **condiviso**; *p.r.* **condivisi**) to share (13)
la condizione condition; **a condizione che** on condition that
condurre (*p.p.* **condotto**; *p.r.* **condussi**) to conduct; to lead, drive
il conduttore / la conduttrice TV or radio show host
la conferenza conference; lecture
conferito given
confermare to confirm
confessare to confess
la confessione confession
la confezione packaging
la confidenza confidence; **in confidenza** confidentially
il confine boundary, border (1)
confondere (*p.p.* **confuso**; *p.r.* **confusi**) to confuse
conforme corresponding
confrontare to compare
il confronto comparison; **a confronto (con)** in comparison (with)
la confusione confusion
confuso confused
la congettura conjecture, supposition
il congiuntivo subjunctive
la congiunzione conjunction

coniugare to conjugate
coniugato conjugated
la coniugazione conjugation
la conoscenza knowledge
conoscere (*p.p.* **conosciuto**; *p.r.* **conobbi**) to know; to meet
conquistare to conquer; to win
la consegna delivery
consegnare to hand in (2)
conseguente consequently
la conseguenza: di conseguenza consequently (7)
conseguito achieved
il consenso consent
consentire to allow (6)
conservare to keep, conserve
il conservatorio conservatory
considerare to consider
la considerazione consideration; **prendere in considerazione** to take into consideration
consigliare (di + *inf.*) to advise
il consigliere town councilor
il consiglio advice
consistere to consist
il consorzio consortium
la constatazione ascertainment
consueto usual, customary
la consulenza advice
il consulente consultant
consultare to consult
consumare to consume
consumato worn out; used up
il consumatore consumer
il consumismo consumerism
consumista consumer (*adj.*)
il consumo consumption; use; wear
contare (su) to count (on)
il contatto contact; **essere in contatto** to be in contact; **mettersi in contatto** to contact
contemporaneo contemporary
contenere to contain
il contenitore container
il contenuto content (7)
il contesto context
continuare (a + *inf.*) to continue (to)
il conto bill; check; **per conto suo** by himself/herself; **rendersi conto di** to realize; **tenere conto di** to take into account (9)
contraddire (*p.p.* **contraddetto**; *p.r.* **contraddissi**) to contradict
la contraddizione contradiction
contrapporsi (a) (*p.p.* **contrapposto**; *p.r.* **contrapposi**) to contrast (with) (8)
il contrario opposite
contrastante contrasting

il contrasto contrast; **in contrasto** in contrast
contribuire (isc) to contribute (3)
contro against
controbattere to counter; to refute
controllare to control
il controllo control
il controllore the controller
il contrordine counterorder
controverso controversial
la conversazione conversation
convincere (*p.p.* **convinto**; *p.r.* **convinsi**) to convince
convinto convinced
la convinzione belief, conviction
convivente living together
la convivenza cohabitation
*** convivere** (*p.p.* **convissuto**; *p.r.* **convissi**) to cohabit, live together (15)
la copertina cover, jacket
coperto covered; cloudy
la copia copy
copiare to copy
il copione script
la coppa cup
coprire (di) (*p.p.* **coperto**) to cover
coraggio courage
la corda string (10)
coreano Korean
il cornetto croissant
correggere (*p.p.* **corretto**; *p.r.* **corressi**) to correct
corrente: essere al corrente to be wellinformed; **mettersi al corrente** to inform oneself
correre (*p.p.* **corso**; *p.r.* **corsi**) to run
la correttezza correctness, propriety
corretto correct
il corriere courier
corrispondente correspondent
corrispondere (*p.p.* **corrisposto**; *p.r.* **corrisposi**) to correspond
la corruzione corruption
la corsa race; **di gran corsa** at full speed
il corso course; main street
la corte court
cortese courteous
corto short
il cortometraggio short subject (*cinema*)
la coscienza conscience
così so; thus; like this
cosidetto so-called
cosmopolita cosmopolitan
costante constant
costituire (isc) to set up, establish
il costo cost, expense
costoso expensive

costretto forced (3)

costringere (*p.p.* **costretto**; *p.r.* **costrinsi**) to force, compel

costruire (**isc**) to build, construct

costruito built

la costruzione construction

il costume custom, habit; costume; **il costume da bagno** bathing suit

cotto cooked

creare to create (3)

la creatività creativity

creativo creative

il creatore creator

credere (**a**) to think, believe (in)

crescente growing, increasing

crescere (*p.p.* **cresciuto**; *p.r.* **crebbi**) to grow, increase

la crescita growth (1)

la criminalità crime (*in general*) (15)

la criniera mane (*of hair*)

la crisi crisis; **in crisi** in crisis; **mettere in crisi** to threaten, put in a critical position

la cristalleria glassware, crystal (*pl.*)

cristallo crystal

cristiano Christian

il criterio criterion

la critica criticism

criticare to criticize

il critico critic, reviewer

il crogiuolo crucible, melting pot

crollare to collapse (10)

il crollo downfall, crash

la cronica chronicle

la cronologia chronology

cronologico chronological

il crostino piece of toast

cubano Cuban

il cucchiaio spoon

la cucina kitchen; **in cucina** in the kitchen

cucinare to cook

cucire to sew

la cugina / il cugino cousin

la cultura culture

culturale cultural (7)

culturalmente culturally

cuocere (*p.p.* **cotto**; *p.r.* **cossi**) to cook

il cuoco cook

il cuore heart; **di buon cuore** kindhearted (10); **stare a cuore a qualcuno** to be important to somebody

la cura care; cure; **a cura di** edited by; **prendere gran cura di** to take care of, treat

la curiosità curiosity

curioso odd, strange (9)

curvo curved, bent

il cuscino pillow

D

danneggiare to harm (6)

il danno damage, harm (6), (15)

dannoso harmful (6)

la danza dance

dappertutto everywhere

dare (*p.p.* **dato**; *p.r.* **diedi**) to give; **dare del tu** to use the **tu** form; **dare un esame** to take an exam (2); **dare fastidio** to bother; **darsi un appuntamento** to arrange to meet with someone; **può darsi** perhaps

il dato fact, statistic (15)

dato: dato che since, seeing as (11)

davanti in front; **davanti a** (*prep.*) in front of

davvero really, indeed

il debito debt (12)

la decadenza decadence, decline

deceduto deceased

il decennio decade (6)

decente decent

il decesso decease, death

decidere (**di** + *inf.*) (*p.p.* **deciso**; *p.r.* **decisi**) to decide; **decidersi** (**a** + *inf.*) to make up one's mind

la decina ten, about ten

decisamente decidedly

decisionale decisional, decision-making

la decisione decision

la decorazione decoration

dedicarsi to devote oneself

dedurre (*p.p.* **dedotto**; *p.r.* **dedussi**) to deduce; to deduct

definire (**isc**) to define

la definizione definition

degradante degrading

degradato demoted

la degradazione degradation

il degrado decay (5)

il delegato delegate

delicato delicate

la delinquenza delinquency, criminality

il delitto crime (*specific*) (15)

delizioso delightful

deluso disappointed

democratico democratic

la democrazia democracy

il denaro money

il dente tooth

il dentista dentist

dentro inside

la denuncia indictment

denunciare to denounce

deporre (*p.p.* **deposto**; *p.r.* **deposi**) to depose; to remove

depositare to deposit; to leave

depresso depressed

deprimente depressing

il deputato deputy

descrivere (*p.p.* **descritto**; *p.r.* **descrissi**) to describe

la descrizione description

il deserto desert

deserto (*adj.*) deserted

il desiderio desire

destare to awaken

destinato destined

il destino destiny

la destra right

deteriorare to deteriorate

determinare to determine

determinativo definite (*article*)

detestare to detest

dettagliato detailed

il dettaglio detail

dettare to dictate; **dettare legge** to lay down the law

il diabete diabetes

il diagramma diagram

il dialetto dialect

il dialogo dialogue

la diapositiva slide

il diario diary

il diavolo devil

il dibattito debate

dichiarato declared

la dichiarazione declaration

la dieta diet

dietetico dietetic

dietro behind

difendere (*p.p.* **difeso**; *p.r.* **difesi**) to defend

difensivo defensive

la difesa defense

il difetto fault, defect

la diffamazione slander

la differenza difference

differire (**isc**) to differ

difficile difficult; improbable

difficilmente with difficulty

la difficoltà difficulty

la diffidenza mistrust, distrust (14)

diffondere (*p.p.* **diffuso**; *p.r.* **diffusi**) to circulate, spread; **diffondersi** to spread

la diffusione circulation

dignitoso dignified

diligente diligent

diligentemente diligently

la diligenza diligence

diluviare to pour down

dimagrante slimming

dimagrire (**isc**) to lose weight, become thinner

dimenticare (**dimenticarsi**) (**di** + *inf.*) to forget

diminuire (**isc**) to diminish

la diminuzione decreasing, diminishing
la dimissione resignation; **dare le dimissioni** to hand in one's resignation
dimostrare to show; to prove
dimostrativo demonstrative (*pronoun*)
la dinamica dynamics
i dintorni surrounding areas
il dio (*pl.* **gli dei**) god
il dipartimento department
dipendere (*p.p.* **dipeso**; *p.r.* **dipesi**) to depend
dipingere (*p.p.* **dipinto**; *p.r.* **dipinsi**) to paint
dipinto painted
i diplopodi diplopods
dire (*p.p.* **detto**; *p.r.* **dissi**) to say, tell
direttamente directly
diretto direct
il direttore / la direttrice director
la direzione management
dirigente ruling class
dirigere (*p.p.* **diretto**; *p.r.* **diressi**) to direct
il diritto right (14)
dirotto torrential; **piovere a dirotto** to pour, rain cats and dogs
disabitato uninhabited
il disaccordo disagreement; **trovarsi in disaccordo** to disagree
il disagio discomfort
la disapprovazione disapproval
disastro disastrous
il disco record
discografico of a record company
il discorso speech; **fare un discorso** to make a speech
la discoteca discotheque, disco; **in discoteca** in the discothèque
la discrepanza discrepancy
discretamente discretely
discreto discrete
discriminato absolved from criminal liability
la discussione discussion
discutere (*p.p.* **discusso**; *p.r.* **discussi**) to discuss, argue; **discutere la tesi** to defend one's thesis (2)
discutibile questionable (9)
disegnare to draw
il disegno drawing
il disgraziato unfortunate
disgustoso disgusting, nauseating (10)
il disinquinamento pollution cleanup
disinteressato disinterested
disinvolto casual, free and easy
disoccupato unemployed
la disoccupazione unemployment
il disordine disorder, mess
disordinato (*adj.*) messy
disorganizzato disorganized

la disparità disparity, inequality, difference
disperatamente desperately
disperato desperate
il dispetto spite; **a dispetto di** despite (13)
* **dispiacere** (*p.p.* **dispiaciuto**; *p.r.* **dispiacque**) to be sorry; to mind
disponibile openminded, willing (14)
la disponibilità availability
disporre (*p.p.* **disposto**; *p.r.* **disposi**) (**di**) to dispose (of)
la disposizione arrangement, disposition; **a disposizione di** at one's disposal
disposto willing
la dissimulazione dissimulation, concealment, feigning
dissoluto profligate, wanton
dissolversi (*p.p.* **dissolto**; *p.r.* **dissolsi**) to disperse; to dissolve
la distanza distance
distinguere (*p.p.* **distinto**; *p.r.* **distinsi**) to distinguish
distinto distinct
la distinzione distinction
distrarre (*p.p.* **distratto**; *p.r.* **distrassi**) to distract
distratto: in modo distratto distractedly
distribuire (**isc**) to distribute
la distribuzione distribution
distruggere (*p.p.* **distrutto**; *p.r.* **distrussi**) to destroy
distrutto destroyed
disturbare to bother
la disuguaglianza inequality
il dito (*pl.* **le dita**) finger
la ditta company, firm (1)
* **divenire** (*p.p.* **divenuto**; *p.r.* **divenni**) to become
* **diventare** to become
la diversità diversity
diverso different, diverse (1)
divertente fun
il divertimento pleasure, pastime
divertirsi to have a good time
dividere (*p.p.* **diviso**; *p.r.* **divisi**) to divide (1)
il divieto prohibition
divino divine
diviso divided
divorziato divorced
il divorzio divorce
il dizionario dictionary
la doccia shower; **fare la doccia** to take a shower
il documentario documentary (7)
il documento document
il dolce dessert
dolce (*adj.*) sweet, mild

la domanda question; **fare una domanda** to ask a question
domandare to ask; **domandarsi** to wonder
il domani tomorrow
la domenica Sunday
domestico domestic
il domicilio residence
la dominazione domination
il dominio dominion
Don Father (*religious*)
donare to give (*as a present*)
la donna woman
dopo after; **il dopodomani** the day after tomorrow; **il dopoguerra** postwar period (8)
il doppio double
dormire to sleep
il dormitorio dormitory
il dottore / la dottoressa doctor
dovere (*p.p.* **dovuto**; *p.r.* **dovei** or **dovetti**) to have to; must
dovunque wherever
il dramma drama
drammatico dramatic
la droga drug
il droghiere grocer
il dubbio doubt
dubitare to doubt
dunque well then, therefore
durante during
* **durare** to last (7)
duraturo lasting, long-lived; sound

E

ebbene (*interj.*) well
eccellente excellent
eccentrico eccentric
eccessivo excessive
eccetera (**ecc.**) etcetera (etc.)
eccezionale exceptional
l'eccezione (*f.*) exception
eccitante exciting
ecco here is, here are
l'eclisse (*f.*) eclipse
l'ecologa/l'ecologo ecologist
l'ecologia ecology
ecologico ecological
l'economia economy
economico economical
l'ecosistema (*m.*) ecosystem
l'edicola newspaper stand, kiosk
l'edificio building
l'edilizia building trade
l'editore (*m.*) editor
l'edizione (*f.*) edition
educativo educational (7)

effervescente effervescent

l'effetto effect; **l'effetto serra** greenhouse effect (6)

effettuato carried out

efficace efficient

l'efficacia efficiency; **con efficacia** effectively (6)

efficiente efficient

egoista egoistic

l'elefante elephant

elegante elegant

elementare elementary

elencare to list

l'elenco list

eletto elected

elettorale electoral

l'elettore (*m.*) voter, elector

l'elettricista electrician

l'elettricità electricity

elettrico electric

elettrodinamico electrodynamic

l'elettrodomestico appliance (6)

elevato high, elevated

l'elezione (*f.*) election

l'elicottero helicopter

l'elisir (*m.*) elixir

l'emarginazione (*f.*) social ostracism, "second-class citizenship" (8)

l'emergenza emergence

emesso emitted (6)

* **emigrare** to emigrate

l'emigrato emigrant

l'emissione (*f.*) emission (6)

emozionarsi to get excited, be moved

l'emozione (*f.*) emotion

energetico giving energy, energetic

l'energia energy

l'enfasi (*f.*) emphasis

ennesimo umpteenth

enorme enormous

enormemente enormously

l'ente (*m.*) agency (*of the government*)

* **entrare** to come in; to go in

entusiasta enthusiastic

enumerare to enumerate

epico epic

l'epidemia epidemic

l'episodio episode

l'epoca time

eppure yet, nevertheless (1)

equilibrato balanced

l'equilibrio balance

l'equipe (*m.*) (*Frn.*) team

l'equivalente equivalent

l'equivoco equivocation

l'eroe (*pl.* **gli eroi**) hero

l'eroina heroine

erotico erotic

l'errore (*m.*) error

esagerato exaggerated

esaltare to exalt

l'esame (*m.*) exam; **dare l'esame** to take an exam

esaminare to examine

esattamente exactly

esatto exact

esaurire (**isc**) to exhaust, deplete; **esaurirsi** to wear oneself out

escludere (*p.p.* **escluso**; *p.r.* **esclusi**) to exclude

esclusivamente exclusively

escluso excluded, out of the question (9)

l'escursione (*f.*) excursion

l'esecutore (*m.*) executor; performer

eseguire (**isc**) to perform (11)

l'esempio example

esercitare to practice

l'esercizio exercise

esigente demanding

l'esigenza need (15)

esigere (*p.p.* **esatto**) to demand, insist on

esistente existing

l'esistenza existence

esitare to hesitate

l'esodo exodus

esorcizzare to exorcize

l'esordio beginning

l'espansione (*f.*) expansion; **in espansione** in expansion

espansivo expansive

l'esperienza experience

esperto expert

esplicare to explain

esplodere (*p.p.* **esploso**; *p.r.* **esplosi**) to explode

l'esploratore (*m.*) explorer

esplosivo explosive

esporre (*p.p.* **esposto**; *p.r.* **esposi**) to expose

l'esposizione (*f.*) exposition

esposto exposed

l'espressione (*f.*) expression

esprimere (*p.p.* **espresso**; *p.r.* **espressi**) to express

* **essere** (*p.p.* **stato**; *p.r.* **fui**) to be; **essere in grado** (**di**) to be able (in a position) to (6)

l'est (*m.*) east

l'estate (*f.*) summer; **d'estate** in the summer; **in estate** in the summer

l'estensione (*f.*) extension

estero foreign; **all'estero** abroad (10)

estivo summer

l'estorsione (*f.*) extortion

estrarre (*p.p.* **estratto**; *p.r.* **estrassi**) to extract

estratto extracted

l'estrazione (*f.*) extraction

estremamente extremely

estroverso extrovert

l'età age

l'etica label

l'etnia ethnic group

europeo European

l'evasione (*f.*) escape; escapism (8)

l'eventualità eventuality

evidente evident

evidentemente evidently (9)

evitare to avoid

evolvere (*p.p.* **evoluto**; *p.r.* **evolvetti** *or* **evolvei**) to evolve

l'expo exposition

l'extracomunitario *a person from outside the European community*

extraurbano extraurban

extravergine extra virgin (olive oil)

F

il fabbisogno requirements, needs

la fabbrica factory; **in fabbrica** at the factory

la fabbricazione manufacture

la faccenda household chore; matter

la faccia face; **ridere in faccia** (**a qualcuno**) to laugh in someone's face (12)

facile easy

facilmente easily

la facolta academic department (2)

la fame hunger; **avere fame** to be hungry

familiare familiar

la fantascienza science fiction

la fantasia imagination (13)

fantasticare to dream about

fare (*p.p.* **fatto**; *p.r.* **feci**) to do; to make; **fare l'autostop** to hitchhike (10); **fare bel tempo** it's nice weather; **fare brutto tempo** it's bad weather; **fare una carriera in** to make a career in; **fare le compere** to go shopping; **fare un discorso** to make a speech; **fare fatica** (**a fare qualcosa**) to have a hard time (*doing something*) (14); **fare il footing** to go jogging; **fare un paragone fra** to compare; **fare una passeggiata** to take a walk; **fare paura** to frighten; **fare un piacere** to do a favor; **fare un picnic** to have a picnic; **fare ricerche** to do research; **fare la spesa** to go grocery shopping; **fare l'università** to attend a university; **fare le vacanze** to go on vacation; **fare un viaggio** to travel; **farsi male** to hurt oneself

il farfallino bow tie

la farina flour

la farmacia pharmacy

la fascetta a blurb (*advertising a book, film, etc.*)

la fascia wrapper; band **fascia d'età** age group; **fascia pubblicitaria** blurb (*advertisement*)

il fascino fascination, charm

il fascismo Fascism

la fase phase; **in fase** in a stage

il fastidio nuisance, bother; **dare fastidio a** to bother

la fata fairy

fatale fatal

fatato magic, bewitched (11)

la fatica effort, difficulty (13); **fare fatica** to have a hard time (*doing something*) (14)

faticoso tiring, exhausting

fatidico prophetic

il fatto fact; matter

il fattore factor

la fattoria farm

la fauna fauna

la favola fable, fairy tale

favoloso fabulous

il favore favor; **per favore** please

favorevole favorable

favorire (isc) to favor

il fazzoletto handkerchief

la febbre fever

la fede faith

felice happy

la felicità happiness

la felpa sweatshirt

la femmina woman, female

femminile female (*adj.*)

il fenomeno phenomenon

le ferie (*pl.*) vacation, holidays (4)

fermarsi to stop

la fermata stop

il ferragosto mid-August holiday (August 15)

la ferrovia railway

il fertilizzante fertilizer

la festa party; holiday

festeggiare to celebrate

il fettino thin slice

la fiaba fairy tale; **la fiabetta** short fairy tale

fiammante flaming (*color*); **nuovo fiammante** brand new

il fiammifero match

fidarsi (di) to trust

la fiducia trust, faith (2)

la fiera fair

il fifone coward, "chicken"

il figliuolo son, boy

la figura face; figure

figurarsi to imagine

la fila line (*of people*) (2); **fare la fila** to line up, form a line

il filamento filament

la filastrocca nursery rhyme

filmare to film

il filone tendency (8)

la filosofia philosophy

il filosofo philosopher

finalmente finally, at last

la finanza finances

finché (non) (*conj.*) till, until

il fine purpose

la fine end

la finestra window; **il finestrino** car window

fingere (*p.p.* **finto**; *p.r.* **finsi**) to pretend (11)

finire (isc) to finish

fino a (*prep.*) up to, until (4); as far as

finora until now

la finta pretense; **far finta** (**di** + *inf.*) to pretend (to)

la finzione pretense

il fiore flower

firmare to sign

il fischio whistle

la fisica physics

fisicamente physically

la fisionomia physiognomy

fissare to establish; **fissare un appuntamento** to make an appointment

fisso fixed; regular

il fiume river

la flora flora

fluorescente fluorescent

fluviale fluvial, river

la foglia leaf

il foglio sheet (*of paper*)

fondamentale fundamental

il fondamento foundation

fondare to found

il fondatore founder

fondere to melt, blend

il fondo background; end; **in fondo (a)** at the end (of)

fonetico phonetic

la fontana fountain

la fonte fountain; source; spring

il footing jogging

la forbice (le forbici) scissors

la forchetta fork

la foresta forest

la forma shape

il formaggio cheese

formare to form, shape; **formarsi** to study and gain professional experience (8)

la formazione training

il fornello stove

fornire (isc) to provide (3)

la fornitura surplus; supply

forse perhaps, maybe

forte strong

la fortuna fortune; **per fortuna** by chance

la forza strength

il forzato convict; prisoner condemned to hard labor

la foschia haze; **c'è foschia** it is hazy

la fotografia (la foto) photo

fotovoltaico photovoltaic

il foulard (*Frn.*) scarf

fra between; in

francamente frankly

il francobollo stamp

la frase sentence

il fratello brother; **fratellino** little brother

frattempo: nel frattempo in the meantime (7)

freddo cold; **avere freddo** to be cold; **fare freddo** to be cold (weather)

frenare to brake

frequentare to attend; **frequentare i corsi** to attend classes

frequentato attended

il fresco cool temperatures (4)

fresco cool

la fretta haste, hurry; **avere fretta** to be in a hurry; **in fretta** in a hurry

frettolosamente hastily

frettoloso hasty

il frigorifero (il frigo) refrigerator

fronte opposite; **di fronte** opposite

fronteggiare to face, oppose

la frontiera border, frontier

fruibile usable, accessible

il fruitore user, beneficiary

frustrato frustrated

la frutta fruit

la fuga escape (10); **in fuga** escaped, "on the run" (10)

***fuggire** to flee, run away

il fulmine thunderbolt

fumare to smoke

il fumatore smoker

il fumetto comic strip; **i fumetti** comics

funzionare to work, function

la funzione function; **in funzione di** on the basis of (13)

il **fuoco** fire; **mettere a fuoco** to put on fire
fuorché except, but, save
fuori out, outside; **fuori di** (*prep.*) outside
furbo shrewd, sly
la **furia** haste; **di furia** in haste
la **futurologia** futurology

G

galleggiare to float
la **galleria** balcony with standing room
    (*theater*)
il **gallo** rooster (10)
la **gamba** leg
la **gara** competition, contest
garantire (isc) to guarantee (5)
garantito guaranteed
il **gatto** cat
il **gattopardo** leopard
la **gazzetta** newspaper
gelare to freeze
la **gelateria** ice cream store
il **gelato** ice cream
gelato frozen (12)
il **gelo** intense cold (*frost*)
geloso jealous (13)
la **gemella** / il **gemello** twin
generale general; **in generale** in general
generalizzare to generalize
generare to generate
la **generazione** generation
il **genere** genre, type (8); **in genere** in gen-
    eral, generally
generoso generous
il **genio** genius; **andare a genio** to appeal to
    someone, to be to one's liking
il **genitore** parent
la **gente** people
gentile nice, kind
genuino natural; sincere
la **geografia** geography
geograficamente geographically
geografico geographic
il **germoglio** shoot, bud
il **gerundio** gerund
il **gessato** black and white striped suit
la **gestione** management
gettare to throw; **gettare via** to throw away
il **gettone** token, chip
il **ghiaccio** ice; **con ghiaccio** with ice
la **ghiandola** gland
la **ghigliottina** guillotine
già already, yet; sure
la **giacca** jacket, short coat
il **giallo** thriller, detective story
il **giapponese** Japanese
giapponese (*adj.*) Japanese

il **giardiniere** gardener
il **giardino** garden
il **gigante** giant
la **ginnastica** gymnastics
il **ginocchio** (*pl.* le **ginocchia**) knee
giocare to play; **giocare a** to play (*a game,
    sport*)
il **giocatore** player
il **giochetto** child's game
il **gioco** game; **il gioco a premi** game show
    (7); **il giochino** small game
la **gioia** joy
il **giornale** newspaper
giornaliero daily
il/la **giornalista** journalist
giornalistico journalistic
giornalmente daily
la **giornata** day; la **giornataccia** bad day
il **giorno** day
il/la **giovane** young person
giovane (*adj.*) young
giovanile youthful; early
il **giovanotto** young man
la **giovinezza** youth
girare to direct (*film*); to turn around; to visit
il **giro** tour; **andare in giro** to go around,
    drive around; **fare un giro** take a tour; **il
    giro d'affari** (financial) turnover; **il
    giretto** short tour
la **gita** short trip; **fare una gita** to take a short
    trip
giudicare to judge (9)
il **giudizio** judgment
* **giungere** (*p.p.* **giunto**; *p.r.* **giunsi**) to arrive
la **giunta regionale** regional council
la **giurisprudenza** jurisprudence
giustamente rightly
giustificare to justify
la **giustificazione** justification
la **giustizia** justice; legal establishment (15)
giusto right, correct
globale global
godersi to enjoy; **godersela** to have a good
    time
il **golf** golf; gulf
la **gomma** tire; **su gomma** on wheels
la **gonna** skirt
il **governo** government
il **grado** level (9); **essere in grado (di)** to be
    able, in a position to (6)
il **grafico** graph
grande big, great; **il grande magazzino**
    department store (4)
la **grandezza** size (1)
la **grandine** hail
grandinare to hail

granulare granular
grasso fat; **grassoccio** plump, chubby
gratis free
il **grattacielo** skyscraper
grave serious
gravemente seriously
greco (*pl.* **greci**) Greek
gridare to shout
grigio grey
grosso big
la **grotta** grotto
il **gruppo** group
guadagnare to earn
il **guadagno** earnings
Guai (a...!) heaven help . . . ! (11)
il **guanto** glove
guardare to look (at); **guardarsi intorno** to
    look around (12)
la **guardia** guard; **il cane da guardia** watch
    dog
guasto broken down
la **guerra** war; **il dopoguerra** postwar; **la
    seconda guerra mondiale** the Second
    World War
il **guerriero** warrior
il **gufo** owl
guidare to drive
il **gusto** taste

I

l'**idea** idea
ideale ideal
l'**idealismo** idealism
identificare to identify
l'**identità** identity
idiomatico idiomatic
l'**idraulico** plumber
idrico (*adj.*) hydric
idroelettrico hydroelectric
l'**idroscalo** seaplane airport
ieri yesterday
l'**igiene** (*f.*) hygiene
l'**ignoranza** ignorance
ignoto unknown
illegalmente illegally
illuminato enlightened
l'**illuminazione** (*f.*) lighting, illumination
l'**illusione** (*f.*) illusion
imbarazzante embarrassing
l'**imbecille** (*m. or f.*) imbecile
imbiancare to whiten, whitewash
imbrogliato tricked
imbucare to mail
imitato imitated
immaginare to imagine
l'**immaginazione** (*f.*) imagination

l'immagine (*f.*) image (3)
immediatamente immediately
immediato immediate
immerso immersed
l'immigrante (*m. or f.*) immigrant
l'immigrato immigrant (3)
immigratorio pertaining to immigration
l'immigrazione (*f.*) immigration
l'immobilità immobility
l'immondizia garbage
immutato unchanged
imparare to learn
imparziale impartial
l'impatto impact
impazzire (**isc**) to go crazy (14)
impedire (**isc**) (**di** + *inf.*) to prevent
impegnato busy, engaged
l'impegno commitment, involvement (13)
impensabile unthinkable
l'imperatore (*m.*) emperor
l'imperfezione (*f.*) imperfection
l'impermeabile (*m.*) raincoat
l'impianto plant; system
l'impiegato clerk
imporre (*p.p.* **imposto**; *p.r.* **imposi**) to impose, require
l'importanza importance
* **importare** to import; to matter
l'importazione (*f.*) import
l'impossibilità impossibility
l'impotenza helplessness (8)
l'imprenditrice (*f.*) entrepreneur
l'impressione (*f.*) impression
imprevisto unexpected (9)
l'improvvisata surprise
improvviso sudden; **all'improvviso** suddenly
inarrestabile unstoppable (5)
incamminarsi to set out
incantato enchanted
incantevole enchanting
incapace incapable
l'incarico job, task
incartare to wrap
l'incertezza uncertainty
incerto uncertain
l'inchiesta inquiry
incisivo effective, to the point (6)
includere (*p.p.* **incluso**; *p.r.* **inclusi**) to include
incominciare to begin
l'incomunicabilità incommunicability
inconciliabile irreconcilable
inconsueto unusual
incontaminato uncontaminated
incontrare to meet; **incontrarsi** to meet with
l'incontro meeting
incredibile incredible

l'incremento increase
l'indagine (*f.*) survey (9)
indeciso undecided
indefinito indefinite
indicare to indicate
l'indicativo indicative
l'indicazione (*f.*) indication
l'indice (*m.*) index; indicator
indietro back; behind; **rimanere indietro** to fall behind
l'indifferenza indifference
l'indigestione (*f.*) indigestion
indimenticabile unforgettable
l'indipendenza independence
indiretto indirect
indirizzare to address, direct to
l'indirizzo address
indisciplinato undisciplined
indiscriminatamente indiscriminately
indispensabile indispensable
indisturbato undisturbed
l'individuo individual
l'indizio clue
l'indole (*f.*) nature, disposition, character
indovinare to guess
l'indovinello riddle, puzzle
indubbiamente undoubtedly
indurre (*p.p.* **indotto**; *p.r.* **indussi**) to induce
l'industria industry
l'industriale (*m. or f.*) industrialist
industriale (*adj.*) industrial
inedito unpublished
inefficiente inefficient
ineluttabile ineluctable, inescapable
inesistente inexistent
inestimabile inestimable; invaluable
infantile childish
l'infanzia childhood
infatti in fact; actually
infelice unhappy
inferiore inferior
l'infermeria infirmary
l'infermiere / l'infermiera nurse
infernale infernal
l'inferno hell
infimo lowest
l'infinito infinity
l'inflazione (*f.*) inflation
l'influenza influence; flu
influenzare to influence
l'influsso influence
informare to inform
l'informatica computer science
informativo informative
l'informazione (*f.*) information
l'infrastruttura infrastructure

infrastrutturale infrastructural
ingannare to swindle, deceive
ingannevole deceptive; unsteady
l'ingegnere (*m.*) engineer
l'ingegneria engineering
ingenuo naive
l'ingiustizia injustice
ingiusto unjust
l'ingorgo traffic jam (6)
ingrandirsi (**isc**) to grow (1)
l'ingresso entrance (15)
† **iniziare** to begin
l'inizio beginning
innamorarsi (**di**) to fall in love (with)
l'innamorato lover
innanzitutto first of all
innescato primed
«**l'innoccupazione**» (*f.*) "non-employment"
innocente innocent
innumerevole countless (9)
inoltre moreover (1)
l'inquadratura shot (*cinema*)
inquietante disquieting, alarming
l'inquilino tenant
l'inquinamento pollution
inquinatore polluter (*one who pollutes*)
l'insalata salad
inscritto inscribed
l'insediamento installation
l'insegnamento teaching
l'insegnante (*m. or f.*) teacher
insegnare to teach
inserirsi to become part of, fit into (3)
inserito inserted
l'insetto insect
l'insicurezza insecurity
insieme together (1); **insieme a** (*or* **con**) together with
insignificante insignificant
insistere (*p.p.* **insistito**) to insist
insoddisfatto dissatisfied
l'insoddisfazione (*f.*) dissatisfaction
insolito unusual
insomma in short, anyway
insopportabile unbearable
insospettabile above suspicion
l'installazione (*f.*) installation
insufficiente insufficient
intanto in the meantime (4)
integrato integrated
intellettuale intellectual
intendere (*p.p.* **inteso**; *p.r.* **intesi**) to mean; **intendersene** to have an understanding
intenso strong, deep
l'intenzione (*f.*) intention; **avere l'intenzione di** to intend to

interessare to interest; **interessarsi (a** or **di)** to be interested (in)

l'interezza wholeness, totality

intermedio intermediate

internazionale international

l'interno inside, interior

intero whole (12)

interpellato consulted

l'interprete (*m.* or *f.*) interpreter

interrogativo interrogative

interrompere (*p.p.* **interrotto**; *p.r.* **interruppi**) to interrupt

l'intervallo pause, break

* **intervenire** (*p.p.* **intervenuto**; *p.r.* **intervenni**) to intervene

l'intervento intervention, measure (6)

l'intervista interview; **fare un'intervista** to conduct an interview

intervistare to interview

intimo intimate

intitolato called, entitled

intoccabile untouchable

intollerabile intolerable

l'intolleranza intolerance

l'intonaco plaster

intorno around; **intorno a** (*prep.*) around; **guardarsi intorno** to look around (12)

l'intraprendenza enterprise; initiative

intrapreso undertaken, embarked upon

l'intrattenimento entertainment; **d'intrattenimento** entertainment (*adj.*) (7)

l'intreccio plot

intrinseco intrinsic

introdurre (*p.p.* **introdotto**; *p.r.* **introdussi**) to introduce, insert, bring in

l'introduzione (*f.*) introduction

intromettersi (*p.p.* **intromesso**; *p.r.* **mi intromisi**) to intervene; to interfere

introverso introvert

inutile useless

invariato unchanged, stationary

l'invasione (*f.*) invasion

invaso invaded

invece instead, rather (1); **invece di** instead of

inventare to invent

l'inventore (*m.*) inventor

l'inverno winter; **d'inverno** in the winter

l'investimento investment

investire to invest

investito invested

inviare to send

inviato sent

invidiato envied

invidioso envious (11)

invitare to invite

l'invito invitation

l'ipocrisia hypocrisy (8)

l'ipotesi (*f.*) hypothesis (6)

ipotetico hypothetical

l'ironia irony

ironico ironic

irregolare irregular

irresponsabilmente irresponsibly

l'irruzione (*f.*) irruption, sudden increase

iscritto registered

iscrivere (*p.p.* **iscritto**; *p.r.* **iscrissi**) to enroll; **iscriversi (a)** to register, enroll (2)

l'iscrizione (*f.*) inscription, registration

l'isola island

l'isolante (*m.*) insulator

isolato isolation

l'ispettore (*m.*) inspector

istruire (**isc**) to instruct, educate

l'istituto institute

l'istituzione (*f.*) institution

istruito educated (14)

istruttivo instructive

l'istruzione (*f.*) instruction

l'itinerario itinerary

J

il jazzista jazz player

L

il labbro (*pl.* **le labbra**) lip

il laboratorio lab

il lago lake; **il laghetto** little lake

la laguna lagoon (5)

lagunare lagoon

il lamé (*Frn.*) fabric of wool or other fibers interwoven with metallic thread

lamentarsi (di) to complain (about)

la lamentela complaint

la lampada lamp

lampeggiare to flash with lightning

il lampo lightning

la lana wool

largamente widely

lasciare to leave; to let; **lasciare stare** to leave alone

lassù up there

latente dormant, latent

il lato side (12)

il latte milk

la lattina can

la laurea university degree (2)

laurearsi (a) to graduate (*from a university*) (2); **laurearsi (in)** to get a degree (in) (2)

il laureato graduate

la lavabiancheria (*inv.*) washing machine

la lavagna blackboard

lavare to wash; **lavarsi** to wash up

la lavastoviglie (*inv.*) dishwasher

la lavatrice washing machine

lavorare to work

il lavoratore worker

il lavoro work; job; **il lavoraccio** hard work

la lega league

legale legal

legalizzare to legalize

il legame connection, bond (14)

legare to tie

la legge law; **dettare legge** to lay down the law

la leggenda legend

leggere ⟨*p.p.* **letto**; *p.r.* **lessi**⟩ to read

leggermente lightly

leggero light, superficial (7)

lentamente slowly

lento slow

il leone lion

la lettera letter; **la letterina** short letter; **le lettere** humanities

il letterario author, man of letters

letterario literary

il letto bed; **stare a letto** to stay in bed

il lettore/la lettrice reader

la lettura reading

levare to rise; take flight; **levarsi** to take off (*clothing, etc.*)

liberale liberal

la liberazione liberation

libero free

la libreria bookstore; **in libreria** in the bookstore

licenziare to fire

il liceo high school (2)

limitare to limit

il limite limit

il limone lemon

la linea line; **in linea** lined up

la lingua language

il linguaggio language

linguistico linguistic

il liquore liqueur, liquor

lirico lyric

litigare to argue, quarrel

il litro liter

il livello level (7); **a livello (di)** at/on a level (of) (7)

la località resort; place

la locuzione idiom, locution, expression

logicamente logically

logico logical

la longevità longevity

lontano far

la lotta struggle, fight (8)

il Lotto lottery

la luce light

la luna moon

il lunapark amusement park

il lunario almanac
lunatico moody
lungo long; a lungo a long time
il luogo place; avere luogo to take place
il lupo wolf
il lusso luxury; di lusso deluxe

M

la macchina car; machine; in macchina by car; scrivere a macchina to type
il macchinario machinery
il macchinista engineer
macinato ground, crushed, pulverized
macrobiotico macrobiotic
la Madonna Our Lady, The Virgin Mary
il maestro / la maestra elementary school teacher (2)
la mafia Mafia
il mafioso member of Mafia
magari if only; perhaps
il magazzino store; il grande magazzino department store
maggior(e) greater, bigger; il maggior(e) the highest
la maggioranza majority (3)
la magia magic spell
magico magic
magistrale professional; l'istituto magistrale teacher's college; le magistrali high school for teacher training (2)
la maglia cardigan; il maglione polo sweater
magno great; l'aula magna assembly hall
il mago magician, wizard (11)
mai ever; non... mai never
il malato sick person; malato (adj.) sick
la malattia illness
il malcostume corruption
il male pain; disease; farsi male (4) to hurt oneself
male (adv.) badly, poorly; fare male to do badly; sentirsi male to feel unwell; stare male to be unwell
maledetto cursed
maleducato ill-mannered, rude
il malgoverno misgovernment
malgrado in spite of
malinconico sad
il malinteso misunderstanding, quarrel
la malizia cunning; per malizia with cunning
maluccio (adv.) rather badly, not very well
malvagio wicked (11)
malvolentieri unwillingly, against one's will
la mancanza shortage, lack (1)
* mancare to be lacking, missing (4); mancare di (+ inf.) to fail; to omit
mandare via to send (12)
il mandolino mandolin

mangiare to eat; dare da mangiare to feed; fare da mangiare to make something to eat
la mania mania, craze
la manicure manicure; fare la manicure to do a manicure
la manifestazione display, demonstration
il manifesto poster
la maniglia handle
la mano (pl. le mani) hand; dare una mano to give a helping hand, help; fatto a mano handmade
il manoscritto manuscript
il manovale unskilled worker
mantenere (p.r. mantenni) to support; to keep
il manto cloak
il manuale manual
la mappa map
la marca brand; di marca with a (good) brand name
marcire (isc) to rot, decay
il mare sea; al mare at (to the) sea
la marea tide
il margine margin; ai margini on the fringe of
marino marine, sea
il marito husband
la marmellata jam
marrone (inv.) brown
il martello hammer (10)
marziano Martian
la maschera mask
il maschio male
massacrante exhausting
massicciamente massively
massiccio massive (14)
il massimo maximum
masticare to chew
la matematica mathematics
la materia subject (of study)
il materiale material
il materialismo materialism
materno maternal
la matricola (m. and f.) freshman
la matrigna stepmother
matrimoniale matrimonial
il matrimonio wedding, matrimony
il mattino (la mattina) morning
il matto madman
il mattone brick
la mattonella tile
il mazzo bunch (of flowers)
il meccanico mechanic
la media average; in media on (the) average; le medie middle, junior high school (2)
medio (adj.) average (7)

mediato mediated
il medico doctor
mediocre mediocre
il medioevo Middle Ages
la medusa jelly fish
la megacentrale large power plant
meglio (adv.) better; fare meglio to do better; il meglio the best
la mela apple
il membro member
la memoria memory
meno less; il meno the least
la mensa canteen; cafeteria
il mensile monthly pay; mensile (adj.) monthly
la mentalità mentality
la mente mind; tenere in mente to keep in mind; venire in mente to come to mind
mentre while
meravigliarsi to wonder, marvel
meravigliosamente wonderfully, marvellously
meraviglioso marvelous
il mercato market
la merce (pl. le merci) goods
il/la meridionale southerner
meridionale (adj.) south, southern (9)
meritato deserved
il merito merit; in merito a regarding
il merletto lace
il mese month
il messaggio message
il messicano Mexican
messo put
il mestiere job, trade (12)
la metà half
metafisico metaphysical
la metafora metaphor
meteorologico meteorological, pertaining to the weather
il metodo method
il metro meter
la metropoli metropolis
la metropolitana subway
mettere (p.p. messo; p.r. misi) to put; mettere da parte to set aside, save up (12); mettere in crisi (5) to threaten, put in a critical position; mettere in ordine to put in order; mettersi to put on (clothes); mettersi (a) (11) to begin (doing something); mettersi in viaggio (10) to set out on a trip
la mezzanotte midnight
mezzo half
il mezzo means (8)
il mezzogiorno noon; il Mezzogiorno southern Italy (15)

la miccia fuse

il microfono microphone

migliaia thousands; **a migliaia** by thousands

il miglio (*pl.* **le miglia**) mile

il miglioramento improvement (15)

migliorare to improve

migliore better; **il migliore** the best

il miliardo billion

il milione one million

il millepiedi millipede

la minaccia threat

minacciare to threaten

minacciato threatened

la minestra soup

la minigonna miniskirt

minimo the least, smallest

il ministero ministry, cabinet office

il ministro minister, secretary (of State)

minore smaller, lesser; **il minore** younger

il minuto minute

minuziosamente meticulously, scrupulously

miope nearsighted (10)

miracolistico inspired by belief in miracles

il miracolo miracle

la miseria poverty (8)

misterioso mysterious

il mistero mystery

mistico mystic

la misura extent; **in misura maggiore** to a greater extent

mite mild

il mito myth, false idealization (3)

il mitra submachine gun

la moda fashion

il modello model

modificare to modify

il modo the way, manner; **in modo logico** in a logical way; **in ogni modo** at any rate

la moglie (*pl.* **le mogli**) wife

il momento moment

mondiale world, worldwide

il mondo world

il monello little rogue

la moneta coin (11)

il monopolio monopoly

la montagna mountain; **in montagna** in (into) the mountains

montare to climb, go up; **montare in superbia** to grow proud

il monte mountain, mount

la morale moral

la moralità morality

morbido soft, tender

mordente biting, mordent

mordere (*p.p.* **morso**; *p.r.* **morsi**) to bite

***morire** (*p.p.* **morto**) to die

la morta / il morto dead person

morto (*adj.*) dead

la mosca fly

la mostra show, exhibition

mostrare to show

il motivo reason; **per motivi di** for reasons of

la motocicletta (la moto) motorcycle

il motorino moped

il movimento movement

la multa fine; **fare una multa** to levy a fine

multirazziale multiracial (14)

municipale municipal

muovere (*p.p.* **mosso**; *p.r.* **mossi**) to move; **muoversi** to move, change place

murale mural; wall

il museo museum

il muso muzzle; front; nose

le mutande panties, underpants

mutevole changeable, inconstant

muto silent, dumb

N

la narrativa fiction

***nascere** (*p.p.* **nato**; *p.r.* **nacqui**) to be born

la nascita birth (15)

nascondere (*p.p.* **nascosto**; *p.r.* **nascosi**) to hide

il naso nose

naturalistico naturalistic

naturalmente naturally

la nave ship

la navetta shuttle

il navigatore navigator

il naviglio navigator; shipping

la nazionalità nationality

la nazione nation

neanche not even

la nebbia fog; **il nebbione** thick fog

la necessità necessity

negare to deny (3); **negarsi** to deny oneself (15)

il negoziante trader; storekeeper

il negozio store

il nemico enemy

nemmeno not even

il neorealismo neorealism

neorealista neorealist

neppure not even (3)

nero black

il nervo nerve; **dare sui nervi (a qualcuno)** to get on one's nerves

nervoso nervous

nessuno nobody; not . . . any

netto clearly defined (9); **chiaro e netto** clear and obvious (9)

la neve snow

nevicare to snow

nevrotico neurotic

la nicotina nicotine

il nido nest; **l'asilo (nido)** day care center (13)

il nipotino / la nipotina little nephew/niece; grandchild

la noia boredom

noioso boring

noleggiare to rent (*movable things*)

il nome name; **il nomignolo** nickname

nondimeno nevertheless, however

il nonno / la nonna grandfather/grandmother

nonostante in spite of (1); **ciò nonostante** in spite of that (8)

la normativa normative

nostalgico nostalgic

notare to notice

notevole considerable, notable (1)

notevolmente notably

la notizia piece of news; **le notizie** news

noto well-known

la notte night; **di notte** at night

la novella short story

la novità novelty

nubile unmarried (*applies to women*) (13)

il nucleo nucleus

nudo naked; **mettere a nudo** to lay bare, to strip

nulla nothing

numerato numbered, counted

il numero number

numeroso numerous

nuovo new; **di nuovo** again

la nuvola cloud

nuvoloso cloudy

O

obbedire (isc) to obey

obbligatorio required

obbligazionario concerning bonds and finances

l'obbligo obligation; **la scuola dell'obbligo** legally required schooling (2)

obiettivo objective

l'occasione (*f.*) opportunity, bargain

gli occhiali glasses; **occhialuto** wearing glasses (*slang*)

l'occhiata glance

l'occhio eye

***occorrere** (*p.p.* **occorso**; *p.r.* **occorsi**) to have to; to be necessary

occupare to occupy; **occuparsi (di)** to take care (of), attend (to) (2)

l'oculista (*m. or f.*) oculist

odiare to hate; **odiarsi** to hate oneself

offendere (*p.p.* **offeso**; *p.r.* **offesi**) to offend
offerto offered
offeso offended
offrire (*p.p.* **offerto**) to offer
l'oggetto object
oggi today
ogni each; **ogni tanto** now and then
ognuno everybody, each one
l'olio oil
oltre more (greater) than, beyond (5)
oltretutto after all
l'ombra shade
l'ombrello umbrella
omettere (*p.p.* **omesso**; *p.r.* **omisi**) to omit
l'omiciattolo shrimp; little man
l'omicidio homicide
omogeneo homogeneous
l'omone (*m.*) large man
l'onda wave; **andare in onda** to be broadcast
ondata wave
onorevole honorable
l'opera opera; work
l'operaio blue-collar worker
l'operatrice (*f.*) operator
l'operazione (*f.*) operation
l'opinione (*f.*) opinion
opporre (*p.p.* **opposto**; *p.r.* **opposi**) to oppose; **opporsi** to object to, counter
l'opportunità opportunity
oppure or
l'ora hour, time; **l'oretta** about an hour
l'orario schedule, timetable (13); **in orario** on time
l'orchestra orchestra
l'ordinamento order, system
ordinare to order
l'ordine (*m.*) order; **mettere in ordine** to straighten
l'orecchio ear
gli orecchini earrings
organizzare to organize
l'organizzazione (*f.*) organization
l'orgoglio pride
orgoglioso proud
l'orientamento orientation
l'oriente the east; **in medio oriente** in the Middle East
ormai by now
l'oro gold
l'orologio watch; clock
l'oroscopo horoscope
orribile horrible
l'orrore (*m.*) horror
l'orto vegetable garden
l'ortografia spelling
ortografico (*adj.*) orthographic (*spelling*)

l'ospedale (*m.*) hospital; **in ospedale** in the hospital
ospitare to accommodate (4)
l'ospite (*m. or f.*) guest; host
osservare to observe
l'osservazione (*f.*) observation
l'osso (*pl.* **le ossa**) bone
l'ostacolo obstacle (13)
l'osteria inn, tavern
ostile hostile (9)
l'ostilità hostility (14)
ottenere (*p.r.* **ottenni**) to obtain
ottimamente very well, excellently
l'ottimista (*m. or f.*) optimistic person
ottimistico optimistic
ottimo very good, excellent
l'ottopode (*m.*) octopod
l'ovest west
ovviamente obviously, evidently
ovvio obvious

P

il pacco package
la pace (*f.*) peace
il padrone / la padrona boss, owner (12)
il paesaggio landscape
il paese country; town (1)
la paga salary, paycheck (12)
il pagamento payment
pagare to pay
la pagina page; **a(lla) pagina** on page
il pagliaccio clown
il paio (*pl.* **le paia**) pair
la palandrana long, loose garment
il palazzo palace; apartment building; **il palazzone** large apartment building (12)
il palco stage (11)
la palestra gymnasium
la palla ball; **il palloncino** balloon; **il pallone** football
il palto winter coat
la panchina bench
il panino roll; sandwich
il pannello panel; **il pannello solare** solar panel (6)
i pantaloni pants, trousers
paradossalmente paradoxically
parafrasato paraphrased
paragonabile comparable
paragonare to compare (1)
il paragone comparison (9)
il paragrafo paragraph
paralizzato paralyzed
il parametro parameter
il parcheggio parking
il parco park

parecchio quite a bit (1); **parecchi** several
il/la parente relative
la parentesi parenthesis
* **parere** (*p.p.* **parso**; *p.r.* **parvi**) to seem
il parere opinion
pari equal; **di pari passo** at the same rate (15)
parlamento parliament
parlare to speak, talk; **parlare di** to talk about; **sentire parlare di** to hear of (12)
la parola word
il paroliere lyricist
la parrocchia parish; **in parrocchia** in the parish
il parrucchiere hairdresser
la parte part; **a parte** separately; **da parte** aside; **in gran parte** for the most part; **la maggior parte** most; **mettere da parte** to set aside, save up (12)
partecipare to participate
la partecipazione participation
particolare particular; **in particolare** in particular
particolarmente particularly
* **partire** to leave, go on a trip, depart
la partita game
il partito (political) party (3)
il passaggio ride; **dare un passaggio** to give a ride
passare to spend (time); to stop by, pass by, go by; **passarsela bene** to get on well
il passatempo pastime
il passeggero passenger
la passeggiata a walk; **fare una passeggiata** to take a walk
passionale passionate
la passione passion
il passo step; **di pari passo** at the same rate (15)
la pasta pastry
la pastasciutta pasta
la pasticceria pastry shop
il pasto meal
paterno paternal
la patina (patine) coating
patire (**isc**) to suffer
la patria homeland (3)
il patrimonio patrimony
il patrocinio patronage, sponsorship
pattinare to skate
il patto condition; **a patto che** on condition that
la paura fear; **avere paura** to be frightened; **fare paura** to frighten
pazientemente patiently
la pazienza patience
pazzo crazy, mad

peccato! (*interj.*) what a pity!
il pediatra pediatrician
peggio worse; **il peggio** the worst
il peggioramento worsening, aggravation
peggiorativo pejorative
la pelle skin; leather
il pellegrino pilgrim
la pellicola film
il pelo fur
la pena suffering, punishment; **fare pena** to feel sorry (for someone)
penare to suffer
la penetrazione penetration
la penisola peninsula
la penna pen
pensare (a) to think (about); **pensare di qualcosa o di qualcuno** to have an opinion about something or somebody; **pensare di** (+ *inf.*) to plan
il pensiero thought
la pensione inexpensive hotel; **andare in pensione** to retire
il pentagono pentagon
la pera pear
la percentuale percentage
la percezione perception
perché why; because; so that
perciò therefore
perdente losing
perdere (*p.p.* **perso**; *p.r.* **persi**) to lose
la perdita loss, waste
perdonare to forgive
perdutamente hopelessly, desperately
perentorio decisive; decisively
perfettamente perfectly
perfetto perfect
perfido perfidious, treacherous
perfino even (12)
pericoloso dangerous
la periferia outskirts (12)
il periodico magazine (9)
la perla pearl
permaloso touchy, fretful
permanentemente permanently
il permesso permission
permettere (di) (*p.p.* **permesso**; *p.r.* **permisi**) to allow (3); **permettersi** to allow oneself
però however
il pero pear tree
la perplessità perplexity
perplesso perplexed (3)
la persecuzione persecution
perseguitato persecuted, oppressed
persino even
la persona (*pl.* **le persone**) person
il personaggio important person; character

la personalità personality
personalmente personally
pertinente pertinent, relevant
* **pervenire** (*p.p.* **pervenuto**; *p.r.* **pervenni**) to reach, attain
pesante heavy
pesare to weigh; **pesare sulle spalle (di)** to weigh heavily (upon), rest on the shoulders (of) (13)
il pescatore fisherman
il pesce fish
il peso weight (5)
pessimamente pessimistically
il pessimismo pessimism
pessimista pessimistic
il pesticidio pesticide
la pestilenza pestilence
la petizione petition
pettegolare to gossip
il pettegolezzo gossip, idle talk
pettinarsi to comb
il pezzo piece; piece (*musical*) (11); **il pezzettino** tiny piece
* **piacere** (*p.p.* **piaciuto**; *p.r.* **piacqui**) to like
il piacere pleasure; **fare piacere a** to give pleasure or please; **per piacere** please
piangere (*p.p.* **pianto**; *p.r.* **piansi**) to cry, weep
pianificato planned
la pianificazione planning
il/la pianista pianist
piano slowly
il piano piano; plan
la pianta plant
piantare to plant; **piantare un chiodo nel muro** to drive a nail into the wall; **piantare in asso** to abandon, "leave in the lurch" (10)
il pianterreno ground floor
il piatto dish, plate
la piazza piazza, square; **il piazzale** large square
picchiarsi to fight
piccolo small, little; **da piccolo** as a child
il piede foot; **a piedi** on foot; **in piedi** standing up
pieno full (1)
pietoso pitiful, piteous
pigro lazy; **pigrone** extremely lazy
la pila heap
la pillola pill
pilotare to pilot
la pioggia rain
* **piovere** (*p.r.* **piovve**) to rain
il pippistrello bat
la piscina swimming pool (4)

il pittore painter
pittoresco picturesque
la pittura painting
più more; plus; **il più** the most; **non più** no more; no longer; **per di più** moreover, what's more (13); **sempre più** more and more
piuttosto rather
la platea theater stall
la pochette (*Frn.*) clutch bag
poco not much; **da poco** of little value, insignificant (10); **fra poco** shortly; **un poco (un po')** a little
il poema poem
la poesia poem, poetry
il poeta / la poetessa poet; **il poetastro** bad poet
poetico poetic
poggiare to put (your foot on the ground)
poi then, afterwards; **da... in poi...** from... on (8)
poiché since, because (14)
la polenta polenta, (corn) mash
la politica politics
la politicizzazione politicization
politico political
la polizia police
poliziesco detective story
il poliziotto policeman
il pollo chicken
il polso wrist
la poltrona armchair; **la poltroncina** small armchair
polveroso dusty (4)
il pomodoro tomato
il pompiere fireman
il ponte bridge
popolare popular
la popolazione population
la porcellana porcelain
il porco pig
il porcospino porcupine
la pornografia pornography
porre (*p.p.* **posto**; *p.r.* **posi**) to put; to place
la porta door; **il portone** main door
«il portaborse» "yes man," flunky
il portafoglio wallet
portare to bring; to take to; to carry; to accompany; to wear
il portico arcade
la posizione position, standing
posporre (*p.p.* **posposto**; *p.r.* **posposi**) to postpone
possedere to possess, own
la possibilità possibility
la posta mail; post office

il posto place (10); job (14); seat; **cedere il posto** to give up one's place (11)
i potenti powerful individuals
la potenza power
la potenzialità potentiality
potenzialmente potentially
potere to be able
il potere power (3)
povero poor
la povertà poverty
pragmatico pragmatic
il pranzo dinner
la pratica practice
precario precarious
precedente preceding
la precedenza precedence
il precetto precept
precisamente exactly
precisare to define exactly
predicare to preach
predisposto prearranged; prepared
predominante predominant
la preferenza preference
preferibile preferable
preferire (isc) to prefer
pregare (di + *inf.*) to pray, beg
la prelettura prereading
prematuramente prematurely
premere (*p.p.* **premuto**; *p.r.* **premetti**) to press
premiare to reward
il premio prize (7); **il gioco a premi** game show (7)
prendere (*p.p.* **preso**; *p.r.* **presi**) to take, pick up; to have (*food*); **prendere in prestito** to borrow (9); **prendere la laurea** to get a university degree (2); **prendersela** to take offense
prenotare to reserve
la prenotazione reservation
preoccupare to worry, trouble; **preoccuparsi (di)** to be worried (about)
preoccupato worried
la preoccupazione worry
preparare to prepare; **prepararsi** to prepare oneself, get ready
la preparazione preparation
la preposizione preposition
prepotente overbearing, domineering
presentare to present, introduce; **presentarsi** to present oneself
il presentatore / la presentatrice announcer
la presenza presence
presidenziale presidential
preso taken
presso near, at

pressoché almost; all but
prestare to lend
prestato rendered
il prestito loan; **prendere in prestito** to borrow (9)
presto early, soon, quickly; **al più presto** as soon as possible; **fare presto** (+ *inf.*) to hurry
presumere (*p.p.* **presunto**; *p.r.* **presunsi**) to presume
il prete priest
pretendere (*p.p.* **preteso**; *p.r.* **pretesi**) to demand, expect
prevalente prevalent
prevalentemente prevalently
prevalere (*p.p.* **prevalso**; *p.r.* **prevalsi**) to prevail
prevedere (*p.p.* **previsto** *or* **preveduto**; *p.r.* **previdi**) to foresee (14)
prevedibile predictable
il prezzo price
prima before
il primato: tempo di primato record time
la primavera spring; **di primavera** in the spring
principale principal
principalmente principally, chiefly
il principe / la principessa prince/princess
il/la principiante beginner
probabilmente probably
il problema problem
problematico problematic
la procedura procedure
il processo process
il procrastinatore procrastinator
procreare to procreate, give birth
procurare to procure, get
il prodotto product
la produttività productivity
produttivo productive
il produttore producer
la produzione production
professionale professional
la professione profession
il/la professionista professional
il professore / la professoressa teacher (*at middle school, high school and university levels*) (2)
il profeta prophet
il profitto profit
profondamente deeply
profondo deep, profound
il profugo refugee (3)
il progetto project
il programma program; **programma di varietà** variety show (7)

programmare to program
la programmazione programming
progredito progressive, advanced (15)
progressista progressive
il progresso progress
proibire (isc) (di + *inf.*) to prohibit
proiettato projected
il proiettore projector
la proiezione projection
il proiezionista projectionist
la promessa promise
promettere (di + *inf.*) (*p.p.* **promesso**; *p.r.* **promisi**) to promise
il promontorio promontory
promulgare to promulgate
promuovere (*p.p.* **promosso**; *p.r.* **promossi**) to promote
pronto ready
la pronuncia pronunciation
pronunciare to pronounce
la propensione propensity, tendency
il proponente proponent
proporre (*p.p.* **proposto**; *p.r.* **proposi**) to propose, support
il proposito purpose; **a proposito** by the way; **a proposito di** with regard to
la proposta proposal (6)
la proprietà property
il proprietario owner; landlord
proprio own; (*adv.*) really (4)
il propugnatore champion
proseguire to continue (on), carry on (11)
la prosperità prosperity
prospero prosperous
prospettare to show; to appear
la prospettiva perspective
prossimo next
il/la protagonista protagonist
proteggere (*p.p.* **protetto**; *p.r.* **protessi**) to protect
protetto protected
il protettore protector
la protezione protection
provare to try; try on; to feel; **provare a** (+ *inf.*) to try
la provincia province
provocare to provoke
la provocazione provocation
il provvedimento measure
lo/la psichiatra psychiatrist
lo/la psicologo(a) psychologist
psicologico psychological
pubblicare to publish
pubblicato published
la pubblicazione publication
la pubblicità advertising, publicity (7)

pubblicitario commercial; **lo spot pubblici-**
tario commercial (7)
pubblicizzato publicized (7)
il pubblico public, general audience (7); **pub-**
blico (*adj.*) public
pulire (**isc**) to clean
pulito cleaned
la pulizia cleanliness
il pullman (*inv.*) bus
pungente biting, penetrating
pungere (*p.p.* **punto**; *p.r.* **punsi**) to sting
punito punished
la punizione punishment
la punta point; **l'ora di punta** rush hour
la puntata installment
il punto point (1) stitch; **punto di vista** point
of view (1); **essere sul punto di** (+ *inf.*) to
be on the verge of
puntuale punctual
puramente purely
purché provided that
pure also
purtroppo unfortunately
puzzare to stink, smell bad
la puzzola skunk
puzzolente stinking, smelly (5)

Q

qua here
il quaderno notebook
quadrato square; **il metro quadrato** square
meter
il quadro painting
qualche some
qualcosa something
qualcuno someone
la qualità quality
qualitativo qualifying
qualsiasi any
qualunque whatever
la quantità quantity
quantunque although
il quartiere neighborhood
il quarto one fourth
quasi almost, nearly
la questione question
quindi then; therefore (1)
quotidiano daily (1)
il quotidiano daily newspaper (9)

R

la rabbia anger, rage (8)
la racchetta racket
raccogliere (*p.p.* **raccolto**; *p.r.* **raccolsi**) to
collect, gather
la raccolta collection

raccomandare to recommend; **raccomandarsi**
(**a**) to depend (on); to ask a favor (of)
raccontare to tell, narrate
il racconto short story
racimolare to glean; to pick up, scrape
together
raddoppiare to double, redouble
radicalmente radically
la radice root; origin, source
la radio radio; **la radiolina** small radio
radiofonico radio; **la trasmissione radio-**
fonica radio broadcast
rado rare; **di rado** seldom, rarely
raffigurare to represent
il raffreddore cold; **prendere un raffreddore**
to catch a cold
il raffronto comparison
il ragazzo boy; **il ragazzaccio** bad boy
raggiungere (*p.p.* **raggiunto**; *p.r.* **raggiunsi**)
to reach, arrive at (3)
raggranellare to scrape up, scrape together
ragionato well-reasoned
la ragione reason; **avere ragione** to be right;
dare ragione a qualcuno to concede that
someone is right
la RAI: Radio Audizioni Italiane (*Italian TV*
station)
rammendare to mend; to darn
rampante rampant
la rapina robbery (15)
rapito kidnapped
il rapporto relationship (5)
il/la rappresentante representative, delegate
rappresentare to represent
rassegnarsi (**a**) to resign oneself (to), settle
for (10)
rassomigliare to resemble, be like
la razza race (14)
razziale racial
il razzismo racism (14)
il re (*pl.* **i re**) king
reagire (**isc**) to react (14)
reale real
il realismo realism; **il neorealismo** neorealism
realizzare to put into effect, bring about (6);
realizzarsi to come true; to materialize
la realizzazione accomplishment
realmente actually, really
la realtà reality; **in realtà** in reality
la reazione reaction
recare to bring; **recarsi** to go
la recensione review
il recensore reviewer
la recessione recession
il recipiente container

reciprocamente reciprocally
reciproco reciprocal
recitare to play, act
il record record
la recrudescenza new outbreak, surge
il recupero recuperation
il reddito income; revenue
il referendum referendum
regalare to give (*as a gift*)
il regalo gift
reggere (*p.p.* **retto**; *p.r.* **ressi**) to govern; to
support
la regia direction, production
la regina queen
regionale regional
la regione region
il/la regista film director (8)
registrare to register; to record
il registratore tape recorder
la regola rule
il regolamento rule
regolare to control, regulate (3)
la regolarità regularity
regolarmente regularly
reimbarcare to re-embark
relativamente relatively
la relatrice reporter
la relazione report
remoto distant
rendere (*p.p.* **reso**; *p.r.* **resi**) to return, give
back; **rendere** + *adj.* to make; **rendersi**
conto (**di**) to realize, become aware (of)
il rendimento production
la repubblica republic
reputare to repute, to consider
il/la residente resident
residenziale residential
respingere (*p.p.* **respinto**; *p.r.* **respinsi**) to
repel, drive back
responsabile (**di**) responsible (for)
la responsabilità responsibility
*__restare__ to stay, remain
restio restive; reluctant
restituire (**isc**) to return, give back
il resto remainder; **del resto** besides
la resurrezione resurrection
la rete (**televisiva**) TV network (7)
la retta: dare retta a to listen to, heed
riassumere (*p.p.* **riassunto**; *p.r.* **riassunsi**) to
summarize (8)
il riassunto summary
il ricamo embroidery
ricco rich
la ricerca research; **fare ricerca** (**fare**
ricerche) to do research
ricercato sought after

il ricercatore researcher
la ricetta recipe
ricevere to receive
il ricevimento reception
richiamare to call back
richiedere (*p.p.* **richiesto**; *p.r.* **richiesi**) to demand; to require
la richiesta demand; request
richiesto in demand
il riciclaggio recycling (6)
riciclare to recycle (6)
riconoscere (*p.p.* **riconosciuto**; *p.r.* **riconobbi**) to recognize
ricoprire to cover
ricordare to remember; **ricordarsi (di)** to remember; **ricordare qualcosa a qualcuno** to remind someone of something
il ricordo memory
ricorrente recurrent (8)
ricreativo recreative; recreational
ridere (di) (*p.p.* **riso**; *p.r.* **risi**) to laugh (at); **ridere in faccia (a qualcuno)** to laugh in someone's face (12)
ridimensionato reorganized; reappraised
ridurre (*p.p.* **ridotto**; *p.r.* **ridussi**) to reduce
la riduzione reduction
* **rientrare (in)** to come back to town (*following a holiday or vacation*) (4)
riequilibrare to balance
rievocare to recall
la rievocazione commemoration
rifare (*p.p.* **rifatto**; *p.r.* **rifeci**) to do again
rifiutarsi (di) to refuse (to)
il rifiuto, i rifiuti trash, waste (products) (6)
la riflessione reflection
riflessivo reflexive
riflettere to reflect, think
la rifondazione re-establishment
riforestare to reforest
la riforestazione reforestation
la riforma reform
la rigidità inflexibility
riguardare to concern
riguardoso respectful, considerate
riinserito put in again
il rilancio relaunching
rilassante relaxing
rilassarsi to relax (11)
rileggere (*p.p.* **riletto**; *p.r.* **rilessi**) to reread
rilento slowly, cautiously; **a rilento** slowly
rilevante noteworthy (9)
rimanente remaining, left over
* **rimanere** (*p.p.* **rimasto**; *p.r.* **rimasi**) to remain, stay
il rimborso reimbursement
il rimedio remedy

il rimmel mascara (11)
rinascimentale of the Renaissance
la rinascita rebirth
rincorrere (*p.p.* **rincorso**; *p.r.* **rincorsi**) to run after
rinfrescare to cool down, refresh (4), **rinfrescarsi** to refresh oneself
ringraziare (di *or* **per)** to thank someone (for)
rinnovabile renewable
rinnovarsi to happen again, recur
rinunciare (a) to give up (*something*) (4)
riparare to repair
la ripartizione distribution
ripetere to repeat
ripiantare to replant
riposare to rest; **riposarsi** to rest
riprendere (a + *inf.***)** (*p.p.* **ripreso**; *p.r.* **ripresi**) to resume, start again
riprodurre (*p.p.* **riprodotto**; *p.r.* **riprodussi**) to reproduce
il risanamento restoration (5)
risanare to restore, improve (5)
il riscaldamento heating
riscaldare to heat
rischiare (di) to risk (3)
il rischio risk
riscontrabile verifiable, checkable
riscuotere (*p.p.* **riscosso**; *p.r.* **riscossi**) to collect; to shake again
riservato reserved
risiedere to reside
il riso laughter
la risoluzione resolution
risolvere (*p.p.* **risolto**; *p.r.* **risolsi**) to resolve
le risorse (*pl.*) resources (6)
risparmiare to save (6)
il risparmio saving(s) (6); conservation (6)
rispecchiare to reflect again
rispettare to respect
rispettivamente respectively
il rispetto respect; **rispetto a** compared to
rispettosamente respectfully
rispettoso respectful
rispondere (*p.p.* **risposto**; *p.r.* **risposi**) to answer
la risposta answer
il ristorante restaurant
risultare (in) to result (in)
il risultato result
il ritardo delay; **in ritardo** late
il ritmo rhythm
il ritorno return
la riunione meeting
riuscire (a) to succeed (in), manage (to) (2)
la riuscita success; result
riutilizzare to reuse

la riva bank (*of river*)
rivedere (*p.p.* **rivisto** *or* **riveduto**; *p.r.* **rividi**) to see again; **rivedersi** to meet again
rivelarsi to prove to be (5)
la rivista magazine
† **rivivere** (*p.p.* **rivissuto**; *p.r.* **rivissi**) to live again
rivolgersi (a) (*p.p.* **rivolto**; *p.r.* **mi rivolsi**) to turn to, apply (to)
la rivoluzione la revolution
la roba (*pl.* **le robe**) stuff, things, belongings (10)
romantico romantic
il romanzo novel; **il romanzo storico** historical novel (8)
rompere (*p.p.* **rotto**; *p.r.* **ruppi**) to break
rosa (*inv.*) pink
il rossetto lipstick (11)
rosso red
il rotolo roll (*of film*)
rotto broken
la rottura breaking off
rovente redhot, fiery
rovesciare to turn inside out
rovinare to ruin, spoil; **rovinarsi la salute** to ruin one's health
la rovina ruin
rubare to steal (11)
la rubrica heading; column (*in paper*)
il rumore noise
il ruolo role (8)
la ruota wheel; **a ruota libera** freewheeling, free (*conversation*)
ruotare to whirl around, rotate
rurale rural
la ruralità rurality, rural character
il russo Russian; Russian language

S

sabbioso sandy
il sacco sack
il saccopelista *tourist who often uses his sleeping bag when he travels*
sacrificare to sacrifice
il sacrificio sacrifice; **fare un sacrificio** to make a sacrifice
il saggio essay
il/la saggista essayist
i salatini salt biscuits; snacks
il sale salt
salire to climb, go up
salubre healthy
salutare to greet; to say good-bye to; **salutarsi** to greet each other
la salute health (12)
il saluto greeting

salvaguardare to safeguard
salvare to save
il salvataggio rescue
il sandalo sandal (4)
la sanità health care (15)
sano healthy (15)
sapere (*p.r.* **seppi**) to know, have knowledge of; to find out
il saponcino saponin (*chemical compound used as detergent*)
il sapore taste (10)
la saracinesca rolling shutter
la sarta / il sarto tailor
il sassofono saxophone
la satira satire
sbagliare to make a mistake; **sbagliarsi** to be mistaken
sbagliato wrong
sbarcare to disembark
lo sbarco disembarkation; unloading
sbrigarsela to hurry up
scabroso difficult; embarrassing
scadente poor quality (8)
lo scaffale shelf, set of shelves
lo scaldabagno water heater
le scale stairs; **gli scalini** steps
lo scambio exchange
scandire (**isc**) to scan; to pronounce carefully
lo scandalo scandal
la scansione scanning
lo scapolo bachelor
scappare to escape, rush off; to run along
la scarica elettrica electric charge
scaricato discharged into; unloaded
lo scarico waste (5); exhaust (*automobile*)
la scarpa shoe; **scarpa da ballo** dance shoe; **lo scarpone** boot
scarseggiare to lack, be scarce
scarso insufficient
scattante quick
scegliere (*p.p.* **scelto**; *p.r.* **scelsi**) to choose
la scelta choice (2)
scemo stupid, silly
la scena scene; stage; **la scenetta** short scene, skit
lo scenario scenery
* **scendere** (*p.p.* **sceso**; *p.r.* **scesi**) to sink, descend
lo sceneggiatore script-writer
scherzare to joke
scherzoso playful
schiattare to burst with
la schiavitù slavery
la schiena back; **avere mal di schiena** to have a backache
lo schifo disgust; **mi fa schifo** it makes me sick
schizofrenico schizophrenic

lo sci ski
la sciarada charade
la sciarpa scarf (11)
lo sciatore / la sciatrice skier
scientifico scientific
la scienza science
sciistico (related to) skiing
sciogliersi (*p.p.* **sciolto**; *p.r.* **sciolsi**) to loosen, come untied; to melt; to dissolve
la scintilla sparkle
la sciocchezza stupidity, foolish thing
lo sciopero strike; **fare sciopero** to go on strike
sciupare to spoil, ruin; to waste
scivolare to slip, slide (11)
lo scocciatore squirrel; **fare lo scocciatore** to be a nuisance
la scolarità school attendance index
scolastico scholastic, related to school
scommettere (*p.p.* **scommesso**; *p.r.* **scommisi**) to bet
la scommessa bet, wager
scomodo uncomfortable (13)
* **scomparire** (*p.p.* **scomparso**; *p.r.* **scomparvi**) to disappear
scomparso disappeared; deceased (11)
scomporre (*p.p.* **scomposto**; *p.r.* **scomposi**) to break up, undo
sconosciuto unknown (1)
scontato reduced (price); **dare per scontato** to take for granted
scontentare to displease (3)
scontento discontented, unhappy
lo sconto discount
scontrarsi (**con**) to run up against (13)
scontroso irritable, testy
lo sconvolgimento disturbance
sconvolto very upset, devastated (8)
la scoperta discovery
lo scopo purpose
scoprire (*p.p.* **scoperto**) to discover (10)
scorso last, past; **l'anno scorso** last year
gli scritti writing(s)
scritto: per scritto in writing
lo scrittore / la scrittrice writer
scrivere (*p.p.* **scritto**; *p.r.* **scrissi**) to write
scrutare to scrutinize
lo scultore / la scultrice sculptor
scuola: la scuola dell'obbligo legally required schooling (2)
scuro dark
la scusa apology; **chiedere scusa** to apologize; **domandare scusa** to beg someone's pardon
scusare to excuse; **scusarsi** to apologize
sebbene although, though
seccante boring, annoying

secco dry; **lavare a secco** to dryclean
secondo second; according to
la sede seat; main office
sedersi to sit down
seducente seductive
sedurre (*p.p.* **sedotto**; *p.r.* **sedussi**) to seduce
seduto seated
segnalato indicated
il segnale sign, signal, message
il segno sign; **è segno che** it's a sign that (12)
il segretario / la segretaria secretary
la segreteria administrative offices (2)
il segreto secret
seguente following
seguire to follow; **seguire un corso** to take a course
seguito popular; followed (7); **a seguito di** following from
la selezione selection
selvaggio primitive, wild, uncivilized
sembrare to seem; **sembra che** it seems that; **mi sembra che** it seems to me that
il semestre semester
seminare to sow
il seminario seminary
semplice simple
semplicemente simply
semplificare to simplify
sempre always, all the time; **sempre più** more and more
il senatore/la senatrice senator
la sensibilità sensitivity (13)
il senso sense
sentimentalmente sentimentally
il sentimento feeling
sentire to feel; to hear; **sentire parlare di** to hear of (12); **sentirsi** to feel
senza without; **senz'altro** of course
separare to separate; **separarsi** to part
separatamente separately
separato separated
la separazione separation
la sequenza sequence
il sequestro kidnapping
la sera evening; night; **di sera** in the evening; **la serata** evening
serale evening (*adj.*)
il serbatoio tank, cistern
sereno clear
seriamente seriously
la serie (*inv.*) series
serio serious; **sul serio** seriously, really
il serpente snake
la serra greenhouse; **l'effetto serra** greenhouse effect (6)
servire to serve; to help; **servire (per)** to be necessary (for) (5); **servirsi di** to use

servito served; used
il servizio service
sessista sexist
il sesso sex
la seta silk
la sete thirst; **avere sete** to be thirsty
settentrionale northern (9); **in settentrione** in the north
la settimana week
settimanale weekly
il settore sector
severo severe, austere
la sfida challenge
la sfiducia distrust
la sfilata parade
sfiorato touched upon
sfogliare to leaf through
lo sfogo outlet
sfondato broken down, crashed
lo sfondo background
sfortunatamente unfortunately
sforzare to force
lo sforzo effort
lo sfruttamento exploitation
sfruttato exploited, utilized (6)
sgretolarsi to fall to pieces, crumble
sgridare to scold
la sgridata scolding
lo sguardo glance; **offrire lo sguardo** to glance
la siccità drought
siccome as, since
sicuramente surely
la sicurezza safety
sicuro sure; safe
la sigaretta cigarette
siglare to initial
significare to mean
significativo meaningful
il significato meaning
la signora / il signore lady/gentleman
il silenzio silence
la silhouette silhouette
il simbolo symbol
simile similar
la simpatia liking, attraction
simpatico nice, likeable
sincero sincere
il sindaco mayor
la sinfonia symphony
singolare remarkable, singular
singolo single
«la sinistra» "the left" (*politically*)
sinistro left; **a sinistra** to the left
il sinonimo synonym
la sintesi synthesis; summary
il sintetizzatore synthesizer
il sintomo symptom

la sirenetta little mermaid
il sistema system
sistemarsi to settle down, get organized
la situazione situation
slogarsi to dislocate
smaltato enameled
smarrire to lose
smarrito lost
smettere (di) (*p.p.* **smesso**; *p.r.* **smisi**) to stop (*doing something*) (11)
il sobborgo suburb
soccorrere (*p.p.* **soccorso**; *p.r.* **soccorsi**) to help, assist
il soccorso help; **i soccorsi** relief
socialista socialist
socialmente socially
la società society
la sociologia sociology
il sociologo sociologist
soddisfare (*p.p.* **soddisfatto**; *p.r.* **soddisfeci**) to satisfy
soddisfatto satisfied
la soddisfazione satisfaction
la sofferenza suffering
soffocante suffocating
soffocato suffocated
soffrire (*p.p.* **sofferto**) to suffer; to stand, to tolerate; **soffrire di** to suffer from
il soggetto subject
il soggiorno stay
sognare to dream (of *or* about)
il sogno dream; **fare un brutto sogno** to have a bad dream
solare solar
il soldato soldier
il soldo penny; **i soldi** money
il sole sun
la solidarietà solidarity
solitario solitary
solito usual; **di solito** usually
la solitudine solitude
il sollievo relief (*comfort*)
solo alone; lonely; solo (*adv.*) only
soltanto only
la soluzione solution
somigliare (a) to resemble, look like (4)
la somma sum, amount
sommabile summable
il sommario summary
sommato summed up; **tutto sommato** all in all (15)
sommerso (da) submerged (5)
il sondaggio survey
sondare to sound; to probe
il sonno sleep; **avere sonno** to be sleepy
sopportare to sustain, support (5); to bear, put up with (10)

sopra on; above; over
sopraffino excellent
«i soprannaturali» supernatural beings
soprattutto above all, especially
il sopravvissuto survivor
la sopravvivenza survival (8)
la sorella sister; **la sorellastra** stepsister
sorgente rising
il sorpasso overtaking, passing
sorprendente surprising (1)
sorprendere (*p.p.* **sorpreso**; *p.r.* **sorpresi**) to surprise
la sorpresa surprise
sorpreso surprised
sorridente smiling
sorridere (*p.p.* **sorriso**; *p.r.* **sorrisi**) to smile
la sorte fate
sospeso suspended, hanging on
il sospetto suspicion
sospirare to long for, yearn for
sospirato longed-for (4)
il sospiro sigh
il sostantivo noun
la sostanza substance
sostanziale substantial
sostanzialmente substantially
il sostegno support
sostenere (*p.r.* **sostenni**) to support; to maintain
il sostenitore / la sostenitrice supporter
sostenuto elevated, sustained
sostituire (isc) to substitute
sostituito substituted
la sostituzione substitution
sottile thin
sottoelencato listed
sottolineare to underline
sottoporre (*p.p.* **sottoposto**; *p.r.* **sottoposi**) to subdue; to subject
il sottosegretario assistant minister, secretary (*of state*)
sottosviluppato underdeveloped
il sottosviluppo underdevelopment
il sottotitolo subtitle
sottovoce under one's breath, in a whisper (11)
il sovrintendente supervisor
la sovrintendenza supervision
lo spaccio trafficking
la spada sword
spaesato disoriented, lost
spagnolo Spanish
la spalla shoulder; **alle spalle di (qualcuno)** behind, behind (someone's) back (11); **pesare sulle spalle (di)** to weigh heavily (upon), rest on the shoulders (of) (13)
sparire to disappear (10)

lo spasimo pang, spasm
spassoso funny
spaventare to frighten
spaventato frightened
lo spavento fright
lo spazio space
spazzare to sweep
lo specchio mirror
la specialità specialty
la specializzazione specialization
specialmente especially
la specie kind, sort
specificamente specifically
speculare to speculate in
lo speculatore speculator
la speculazione (real estate) speculation
spedire (isc) to send
spegnere (*p.p.* **spento**; *p.r.* **spensi**) to turn off (the light), extinguish
spendere (*p.p.* **speso**; *p.r.* **spesi**) to spend
la speranza hope
sperare to hope (for)
sperimentale experimental
sperimentato experienced
la spesa shopping; **fare la spesa** to go grocery shopping
spesso often (*adv.*)
lo spettacolo show (11)
lo spettatore spectator
lo spettro spectrum
la spiaggia beach
gli spiccioli small change (11)
spiegabile explainable
spiegare to explain
la spiegazione explanation
spietato ruthless, pitiless
lo spillo stiletto; **tacchi a spillo** stiletto heels
spingere (*p.p.* **spinto**; *p.r.* **spinsi**) to push, urge (2)
lo spinotto gudgeon, piston pin
lo spirito spirit
spiritoso witty
sponsorizzare to sponsor
spontaneo spontaneous
spopolarsi to become depopulated (5)
sporcarsi to get dirty
la sporcizia dirtiness, filthiness
lo sportello window (*in bank, ticket office*) (2)
sportivo sporting, sports (*adj.*)
sposarsi to get married
lo sposo / la sposa groom/bride
spostare to move; **spostarsi** to move, travel (1)
lo spot pubblicitario commercial
sprecare to waste

lo spreco waste (6)
sprofondato sunken
la spugna sponge
lo spumante sparkling wine
la squadra team
squilibrato unbalanced (13)
lo stabile building
stabile stable, steady
stabilirsi to settle (*in a place*)
stabilizzare to stabilize
staccare to take off
lo stadio stadium
stagionale seasonal
la stagione season
stamattina this morning
la stampa print
stampato printed
la stamperia printing press
stanco tired
la stanza room; **lo stanzino** small room
* **stare** (*p.r.* **stetti**) to stay, remain; **stare** (**per** + *inf.*) to be about to
starnutire (isc) to sneeze (10)
stasera this evening
statale (*adj.*) state (*as refers to government*)
la statistica statistics
la stella star
lo stereotipo stereotype
stesso same
lo/la stilista stylist
la stima estimate
stimolante stimulating
stimolare to stimulate
lo stipendio salary
stirare to iron
lo stivale boot
la storia history; story; **la storiella** funny story
storico historical; **romanzo storico** historical novel (8)
stracotto overdone; **lo stracotto** beef stew
la strada road, street
stralunato upset
stranamente strangely
straniero foreign (1)
strano strange
straordinario extraordinary
strapieno over full; full
la strategia strategy
stravagante extravagant
stravolto upset, disturbed
la strega witch
lo stregone sorcerer
stressante stressful
stressato stressed out
stretto tight

lo strillone newsboy
la striscia strip of paper; **la striscia quotidiana** daily TV program
stropicciarsi to rub (*one's eyes, hands, etc.*)
la strozzatura choking
strumentalizzato used
lo strumento instrument
la struttura structure
strutturale structural
lo studio study; **lo studio legale** attorney's office
studioso studious
stufo (di) fed up (with)
stupendo stupendous
stupito amazed
lo stupore stupor
subire (isc) to undergo
subito at first; at once, immediately (1)
* **succedere** (*p.p.* **successo**; *p.r.* **successi**) to happen (3)
il successo success
il succo juice
il sud south
sudato perspiring
la sufficienza sufficiency
il suffisso suffix
il suggerimento suggestion
suggerire (isc) to suggest
il suicidio suicide
lo suocero father-in-law
suonare to play (*an instrument*)
il suono sound
superalcolico high in alcoholic content (over 21%)
superare to exceed (4); **superare un esame** to pass an exam, test (2)
la superbia pride; **montare in superbia** to grow proud
superficiale superficial
superiore superior; advanced
il supplemento supplement, extra charge
supporre (*p.p.* **supposto**; *p.r.* **supposi**) to suppose
la supposizione supposition, conjecture
il supremo supreme; highest
surgelato frozen
surreale surreal
surrealistico surrealistic
il sussidio subsidy; benefit
lo svago diversion, leisure activity (15)
lo svantaggio disadvantage
svegliare to wake; **svegliarsi** to wake up
svilupparsi to develop (1)
sviluppato developed
lo sviluppo development (1)
svogliato unwilling; listless; indolent

svolgere (*p.p.* **svolto**; *p.r.* **svolsi**) to turn
la svolta turning point
svuotarsi to empty

T
il tabacco tobacco
la tabella table; schedule
il tacco heel; **il tacco a spillo** stiletto heel; **il tachetto** low heel
tacere (*p.p.* **taciuto**; *p.r.* **tacqui**) to be quiet; to keep quiet
tagliare to cut
il tailleur (*Fm.*) woman's suit
tale such
il talento talent
il tampone buffer solution
tangenti illegal profits
tanto so; so much
tapparsi to stop up (one's ears)
tardi late
il tarocco tarot; pack of tarot cards
la tartaruga turtle
la tarteletta little tart (cake)
la tasca pocket
tascabile pocket-size
la tassa tax
il tassista taxi-driver
il tasso rate, degree (1)
la tastiera keyboard
la tavola table; **il tavolino** little table
il tè tea
teatrale theatrical
il teatro theater
la tecnica technique
tecnico technical
la tecnologia technology
tecnologicamente technologically
il tedesco German; German language
il telecronista TV reporter
il telefilm TV series (7)
telefonare (**a**) to call, phone
telefonico telephonic
il telefono telephone; **al telefono** on the telephone
il telegiornale newscast (7)
la telenovela (*pl.* **le telenovelas**) soap opera (7)
il telespettatore televiewer
televisivo (*adj.*) television; **rete televisiva** TV network (7)
il televisore TV set
il tema (*pl.* **i temi**) topic, theme; essay
tematico thematic
temere to fear (14)
il tempaccio nasty weather
la temperatura temperature

il tempo time; weather; **fare brutto tempo** to be bad weather; **la mancanza di tempo** lack of time
il temporale thunderstorm (4)
la tenda tent
tendere to be inclined to
la tendenza tendency (5)
tendenzialmente tendentiously, in a biased manner
tenere (*p.r.* **tenni**) to keep; to hold; to consider; **tenere conto** (**di**) to take into account (9)
la tenerezza tenderness
il/la tennista tennis player
il tenore way; tenor
la tensione tension
tentare (**di**) to attempt, try (10)
la teoria theory
terapeutico therapeutic
il termine end
termoelettrico thermoelectrical
il termometro thermometer
la terra land; **per terra** on the ground
il terremoto earthquake
il terreno ground, soil
il territorio territory
il terrore terror
il terziario tertiary
la tesi (*inv.*) thesis (2)
il tesoro treasure
la testa head; **a testa** per head; **avere mal di testa** to have a headache; **in testa** at the head; **perdere la testa** to lose one's head
testardo stubborn
la testimonianza testimony
testimoniato witnessed
il testo text
il tetto roof (12)
timido timid; **timiduccio** very timid
il timore fear, dread
tipicamente typically
tipico typical
il tipo character, type
tirare to pull; **tirare vento** to be windy
il titolo title
la tivù TV
toccare to touch; **tocca a** (**qualcuno**) it's someone's turn
togliere (*p.p.* **tolto**; *p.r.* **tolsi**) to remove, take away (14); **togliersi** to take off (*clothing, etc.*)
tollerante tolerant
la tolleranza tolerance
la tomba grave, tomb
il tombino manhole cover
tonico tonic

la tonnellata ton
il tono tone
il topo mouse; **il topino** active little child
tormentare to torment
*** tornare** to return
torrido torrid; burning
la torta cake
il torto wrong; **avere torto** to be wrong
tossico toxic
il/la tossicodipendente drug addict
la tossicodipendenza drug addiction
totale total
totalmente totally
tra between; among
tradizionale traditional
tradurre (*p.p.* **tradotto**; *p.r.* **tradussi**) to translate
il traduttore / la traduttrice translator
la traduzione translation
il traffico traffic
il traghetto ferry
la trama plot
tranquillamente quietly
la tranquillità tranquillity
tranquillo quiet
la transizione transition
il trapassato past perfect
trarre (*p.p.* **tratto**; *p.r.* **trassi**) to take out
trascorrere (*p.p.* **trascorso**; *p.r.* **trascorsi**) to spend (time) (15)
la trascrizione transcription
trascurare to neglect
trasferirsi to move, to relocate
trasformato transformed
la trasformazione transformation
trasmettere (*p.p.* **trasmesso**; *p.r.* **trasmisi**) to transmit (7)
la trasmissione transmission, broadcast, program (7)
il trasporto transportation
trattare to treat; to be about; **trattarsi** (**di**) to be a matter of (3)
la trattoria restaurant
tremendo awful, horrible
il treno train; **il trenino** toy train
il triangolo triangle
la tribuna court; **montare la tribuna** to go up on the platform
il tribunale court; **in tribunale** in the court
il tricheco walrus
il triciclo tricycle
il trimestre term, period of three months
trionfale triumphal
il trionfo triumph
triste sad
troncare to cut off; to break off

tropicale tropical

trovare to find; to visit; **trovarsi** to be situated, find oneself; to get along

truccarsi to put on make-up

truccato made up (11)

il truccatore make-up artist (*cinema*)

tuffarsi (in) to dive (4)

il tumore tumor

turbato disturbed, troubled

il turismo tourism

il/la turista tourist

turistico tourist (*adj.*)

tuttavia however

tutti all, everybody; **tutti e due** both

tutto all, whole; **del tutto** completely; **tutto sommato** all in all (15)

tuttora still (13)

U

ubbidire (isc) to obey

ubriaco drunk

uccidere (*p.p.* **ucciso**; *p.r.* **uccisi**) to kill (11)

udire to hear (11)

l'ufficio office; **in ufficio** in the office

l'uguaglianza equality

uguale equal

ugualmente equally

ulteriormente farther on, later on; subsequently

ultimamente ultimately

ultimo last; latest

ultramoderno ultramodern

umano human

l'umanista (*m. or f.*) humanist

umanistico humanistic

l'umanità humanity

umanitario humanitarian

l'umidità humidity

umido humid

l'umore (*m.*) mood

l'umorismo humor

unanime unanimous (3)

l'unghia fingernail

unico only

l'unificazione (*f.*) unification

l'unità unity

l'università university

universitario of the university

l'uomo (*pl.* **gli uomini**) man

l'uovo (*pl.* **le uova**) egg

urbanizzato urbanized

l'urbanizzazione (*f.*) urbanization, town planning

urbano urban

l'usanza (*f.*) habit, custom (1)

urlare to scream

usare to use

* **uscire** to go out, leave; **uscire di casa** to leave the house

l'uso use

utile useful

utilizzare to use

l'utilizzo use

utopico utopian

l'utopista (*m. or f.*) utopian, idealist, impractical dreamer

utopistico utopian, impracticable

V

la vacanza vacation; **andare in vacanza** to go on vacation; **fare una vacanza** to go on vacation; **passare le vacanze** to spend the vacation

valere (*p.p.* **valso**; *p.r.* **valsi**) to be worth; **valere un'acca** to be worthless (10)

valido valid

la valigia suitcase

la valle valley

il valore value (9); worth, merit

la valutazione valuation; estimate

il vantaggio advantage

vantaggioso advantageous

la varietà variety; **il programma di varietà** variety show (7)

vario varied

il vaso vase

vasto vast

il vecchio the old man; **vecchio** (*adj.*) old

vedere (*p.p.* **visto** *or* **veduto**; *p.r.* **vidi**) to see, watch, meet; **fare vedere a** to show; **non vedere l'ora (di** + *inf.*) to look forward (to); **vedersi** to see each other

il vedovo / la vedova widower/widow

il veicolo vehicle

la vela sail; **la barca a vela** sailboat

velato veiled

veloce fast

velocemente fast, quickly

la velocità speed

la vendemmia grape harvest; grape crop, vintage

vendere to sell

la vendetta revenge

vendicare to avenge

la vendita sale (9); **in vendita** for sale

* **venire** (*p.r.* **venni**) to come

il vento wind; **tirare vento** to be windy; **il venticello** little breeze

veramente truly, really

verde green; **essere al verde** to be broke

la verdura vegetables

la verità truth

vero true, real

il versamento payment; deposit

versare to deposit

verso toward, towards; about, around

il verso verse, line

il vertigo dizziness

la vespa wasp

la vestaglia dressing gown

vestire to dress; **vestirsi** to get dressed

il vestito dress, suit; **mettersi il vestito** to put a dress on; **i vestiti** clothes

il veterinario veterinarian

la vetrina shop window

il vetro glass

vezzeggiativo fondling; coaxing

via away; **mandare via** to send away (12); **via aerea** by air mail

viaggiare to travel

il viaggio trip, travel; **essere in viaggio** to be traveling; **fare un viaggio** to take a trip; **mettersi in viaggio** to set out on a trip (10)

il viale avenue

la vicenda story, plot (8)

vicino near

il vicino neighbor

la videoteca videocassette store

vietare to forbid

vietato forbidden

la vigilanza vigilance

la villa villa; **la villetta** small house

il villaggio village

la villeggiatura vacation; **il posto di villeggiatura** vacation place

la viltà cowardice; **per viltà** out of cowardice

vincere (*p.p.* **vinto**; *p.r.* **vinsi**) to defeat, beat; to win; to conquer

violento violent

la violenza violence

il violino violin

la virtù virtue

visibile visible

la visione vision; **il film di prima visione** first-run movie

la visita visit

visitare to visit

il viso face

la vista view, sight; **in vista** in sight; **il punto di vista** point of view (1)

la vita life; **fare una vita** to have a life

la vitalità vitality

la vitamina vitamin

il vitellone lazy good-for-nothing

la vittima (*m. or f.*) (*pl.* **le vittime**) victim (3)

il vittimismo persecution complex

vittimizzare to victimize

vivace lively
la vivacità vivacity, liveliness
* vivere (di) (*p.r.* vissuto; *p.r.* vissi) to live (on)
vivibile liveable
viziato spoiled
il vizio vice, weakness
la voce voice; ad alta voce out loud; a tutta
    voce at the top of one's voice
la voglia desire; avere (la) voglia di to feel like
volentieri with pleasure, gladly
volere (*p.r.* volli) to want; volere bene a to care
    for; volere dire to mean; *volerci to take
il volgare vernacular; in volgare in Italian

volgere (*p.p.* volto; *p.r.* volsi) to turn
la volontà will
volonteroso willing, keen, eager
la volta time; turn; a volte sometimes; c'era
    una volta once upon a time; di una volta
    of former times (7); poco alla volta a few
    at a time; qualche volta sometimes; tutte
    le volte every time
il/la votante voter
votare to vote
il voto vote; grade
il vulcano volcano
il vuoto emptiness; vuoto (*adj.*) empty

Z

lo zaino knapsack; lo zainetto small knapsack
la zecca mint; nuovo di zecca brand new
lo zecchino sequin
zeppo packed full
lo zio / la zia uncle/aunt
zitto silent; stare zitto to keep quiet
lo zoccolo wooden clog
zodiacale zodiacal
la zona zone
lo/la zoologa zoologist
lo zucchero sugar
la zuppa soup

INDEX

ABOUT THE AUTHORS

Romana Habeković is Lecturer-Coordinator of Italian at the University of Michigan, where she received her Ph.D. in Italian, specializing in twentieth-century Italian literature. She is author of *Tommaso Landolfi's Grotesque Images* and numerous articles in the areas of Italian literature and film. She is an experienced instructor and has been teaching Italian at the university level since 1972.

Claudio Mazzola is Assistant Professor of Italian at Vassar College where he teaches all levels of Italian, including courses in Italian cinema and culture. He received his Ph.D. in Comparative Literature from the University of Washington, after completing his undergraduate studies in Milan, Italy. He is co-author of an Italian reading anthology, *Racconti del Novecento: realtà regionali*. His research interests include Italian cinema, culture, and twentieth-century literature.

Grateful acknowledgment is made for use of the following:

Photographs: **page 1** Peter Menzel/Stock, Boston; **24** R. Cavallini/Tony Stone Images; **29** Stuart Cohen/Comstock; **43** Franco Origlia/Sygma; **45** Reuters/Bettmann Newsphotos; **48** D. Aubert/ Sygma; **65** Jonathan Blair/Woodfin Camp & Associates; **86** Peter Menzel/Stock, Boston; **89** (*left*) F. Scianna/Magnum; (*right*) Hugh Rogers/Monkmeyer Press Photos; **112** Mike Mazzaschi/Stock, Boston; **135** Beryl Goldberg; **157** Ten Studio/Granata Press Service; **180** Granitsas/The Image Works; **201** "A Tumultuous Assembly: Numerical Sensibility," an illustration by Filippo Tommaso Marinetti, in *Les Mots en liberté futuristes* (Milan: 1919), from the Beinecke Rare Book and Manuscript Library, Yale University; **239** Giorgio de Chirico, *The Soothsayer's Recompense*, Philadelphia Museum of Art, Louise and Walter Arensberg Collection; **261** Eligio Paoni/Agenzia Contrasto; **270** Ida Wyman/ Monkmeyer Press Photos; **286** S. Ferraris/Marka; **299** P. Cipelli/Marka; **309** Agenzia Contrasto/ Photo Researchers; **315** Philippe Roy/Explorer/Photo Researchers

Realia: **page 9** Copyright *L'Espresso*; **15** from *Oggi*; **36** from *Sí, Parlo Italiano*, by Katerinov et al. © Edizioni Scolastiche Bruno Mondadori, 1980; **38** cartoon reprinted from *La Settimana Enigmistica*, Italy. Copyright reserved; **39** ad reprinted with permission of Pioneer Electronics Italia SpA; **50** cartoon reprinted from *Panorama*; **52** exclusive property of Scott SpA; **57** from *La Settimana Enigmistica*, Italy. Copyright reserved; **59** bar graph reprinted from *Panorama*; **69** from *Il Corriere della Sera*; **74** cartoon reprinted courtesy of A. Manzoni & Co.; **110** weather map from *La Repubblica*; **115** Copyright *L'Espresso*; **116** (electricity graph and table) copyright *L'Espresso*; **117** bar graph copyright *L'Espresso*; **126** World Wildlife Fund, Italia; **129** from *Domenica Quiz*; **132** from Serono Istituto Farmacologico; **138** from *Sorrisi e Canzoni TV*; **139** from *La Settimana Enigmistica*, Italy. Copyright reserved; **140** cartoon reprinted from *La Notte*; **142** from *La Notte*; **149** from *Europeo*; **160** from *Cinema: Il Sogno Continua*, by Bruno Amatucci (Perugia: Edizione Aguiscuola-Sarin, 1989); **162** from *Cinema: Il Sogno Continua*, by Bruno Amatucci (Perugia: Edizione Aguiscuola-Sarin, 1989); **168** from *La Grande Enigmistica Italiana*; **169** ad reprinted from *Cinema: Il Sogno Continua*, by Bruno Amatucci (Perugia: Edizione Aguiscuola-Sarin, 1989); **171** ad courtesy of Columbia TriStar Home Video—Italy. Reprinted with permission; **172** (movie chart) from *CIAK*; (list) from *Cinema: Il Sogno Continua*, by Bruno Amatucci (Perugia: Edizione Aguiscuola-Sarin, 1989); **182** from *Avvenimenti*; **184** (photo) from *Sí, Parlo Italiano*, by Katerinov et al. © Edizioni Scolastiche Bruno Mondadori; (illustration) from *La Repubblica*; **188** © by ALI; **194** reprinted courtesy of A. Manzoni & Co.; **198** ad reprinted courtesy of Warner Home Video; **199** ad reprinted courtesy of Warner Home Video; **205** cartoon copyright *L'Espresso*; **215** cartoon reprinted from *La Grande Enigmistica Italiana*; **221** illustration by Glielmo Wohlgemuth, from *Cento Favole di Trilussa* (Segrate: Arnoldo Mondadori Editore); **225** illustration by Glielmo Wohlgemuth, from *Cento Favole di Trilussa* (Segrate: Arnoldo Mondadori Editore); **234** from *Gioia*; **242** from *Grande Dizionario della Lingua Italiana* (Torino: UTET, p. 409); **249** cartoon reprinted from *La Grande Enigmistica Italiana*; **256** illustrations from *Avvenimenti*; **264** (illustration) by Claire Bretecher. © *Le Nouvel Observateur*; (graph) from *Panorama*; **266** from *Panorama*; **274** bar graph reprinted from *Avvenimenti*; **279** cartoon by Matticchio, from *Smemoranda* (Milan: GUT Edizioni, 1992); **289** Copyright *L'Espresso*; **290** Copyright *L'Espresso*; **296** pie graph copyright *L'Espresso*; **308** cartoon by Allegra, from *Smemoranda* (Milan: GUT Edizioni, 1992); **312** from *Il Corriere della Sera*; **314** bar graphs reprinted from *Il Corriere della Sera*; **324** bar graph reprinted from *Avvenimenti*; **328** cartoon reprinted from *Domenica Quiz*

Readings: **page 69** from *Il Corriere della Sera*, 7 luglio 1991; **90** from *Il Venerdi*, 29 giugno 1990; **115** from *Il Venerdi* (supplement to *La Repubblica*); **183** from *La Repubblica*, domenica 1/lunedi 2 dicembre 1985; **204** from *Favole al telefono* (Torino: EMME, 1990); **224** Milano: Giangiacomo Feltrinelli Editore, 1986, p. 27; **242** Luggi Malerba, from *Storiette tascabili*, Torino: Einaudi, 1984; **289** from *L'Espresso*, 23 giugno 1991.